Eugen Biser

# DIE GLAUBENS-
# GESCHICHTLICHE
# WENDE

Eugen Biser

# DIE GLAUBENS-GESCHICHTLICHE WENDE

Eine theologische Positionsbestimmung

Verlag Styria

CIP-Kurztitelaufnahme der Deutschen Bibliothek

**Biser, Eugen:**
Die glaubensgeschichtliche Wende:
e. theol. Positionsbestimmung / Eugen Biser. –
Graz; Wien; Köln: Verlag Styria, 1986.
ISBN 3-222-11721-7


Printed in Austria
Umschlaggestaltung:
Zembsch'Werkstatt, München
Gesamtherstellung:
Druck- und Verlagshaus Styria, Graz
ISBN 3-222-11721-7

*Im Gedenken an meinen Vorgänger*
*auf dem Münchener Lehrstuhl für*
*Christliche Weltanschauung und Religionsphilosophie*

KARL RAHNER

*Zum Umschlagbild:*
Dem sturmgepeitschten Gefährt der Glaubenden wird nicht durch Bremsmanöver, umso mehr jedoch durch zusätzliche Antriebe zu helfen sein.
Sofern von der Idee der Glaubenswende ein derartiger Anstoß ausgeht, ist sie ganz dazu angetan, das schlingernde Boot wieder auf Kurs zu bringen.
(Aus dem Vorwort)

# Inhalt


Vorwort . . . . . . . . . . 9

I.
VORZEICHEN

1. Die Fragestellung . . . . . . . . . . 13
2. Der Sinndruck . . . . . . . . . . 19
3. Der Faktendruck . . . . . . . . . . 23
4. Der Leidensdruck . . . . . . . . . . 31
5. Paradigmen und Anstöße . . . . . . . . . . 40

II.
DIAGNOSE

1. Kann man glauben lernen? . . . . . . . . . . 45
2. Die totale Medienwelt . . . . . . . . . . 57
3. Die Krise der Fortschrittsidee . . . . . . . . . . 65
4. Die utopisch-anachronistische Zeit . . . . . . . . . . 75
5. Das utopisch-antiquierte Wesen . . . . . . . . . . 80

III.
SYMPTOME

1. Religiöse Spurensuche . . . . . . . . . . 88
2. Epochale Gottsuche . . . . . . . . . . 93
3. Der universale Nachhall . . . . . . . . . . 102
4. Identität und Innerlichkeit . . . . . . . . . . 111
5. Die Sinnsuche . . . . . . . . . . 119

IV.
HEMMNISSE

1. Mit dem Rücken zur Zukunft . . . . . . . . . . 124
2. Das Problemfeld der Angst . . . . . . . . . . 131
3. Der Erfahrungs- und Realitätsverlust . . . . . . . . . . 145
4. Eine Klimaverschlechterung? . . . . . . . . . . 153
5. Die Winter-Diagnose . . . . . . . . . . 164

V.
PERSPEKTIVEN

1. Die Glaubenswende . . . . . . . . . . . . . . . . . . . . . . . . . . . . 171
2. Vom Wissens- zum Erfahrungsglauben . . . . . . . . . . . . . 177
3. Vom Satz- zum Vertrauensglauben . . . . . . . . . . . . . . . 185
4. Vom Gehorsams- zum Verstehensglauben . . . . . . . . . . . 193
5. Die »Krypta« des Glaubens . . . . . . . . . . . . . . . . . . . . 199

VI.
PROZESSE

1. Theologie im Stadium der Selbstkorrektur . . . . . . . . . . . 209
2. Die Einholung der Sozialdimension . . . . . . . . . . . . . . . 217
3. Die Einholung des Ästhetischen . . . . . . . . . . . . . . . . . 222
4. Soll Glaube heilen? . . . . . . . . . . . . . . . . . . . . . . . . . 242
5. Das Zentralereignis . . . . . . . . . . . . . . . . . . . . . . . . . 254

VII.
PROGNOSEN

1. Die prospektiven Modelle . . . . . . . . . . . . . . . . . . . . . . 267
2. Am Wendepunkt des Säkularisierungsprozesses? . . . . . . 275
3. Das mystische Stadium . . . . . . . . . . . . . . . . . . . . . . . 282
4. Die Konturen des Kommenden . . . . . . . . . . . . . . . . . . 290
5. Identität im Umbruch . . . . . . . . . . . . . . . . . . . . . . . . 295

Schlußwort . . . . . . . . . . . . . . . . . . . . . . . . . . . . . . . . . 302

Anmerkungen . . . . . . . . . . . . . . . . . . . . . . . . . . . . . . . 304
Namenregister . . . . . . . . . . . . . . . . . . . . . . . . . . . . . . 341
Sachregister . . . . . . . . . . . . . . . . . . . . . . . . . . . . . . . . 346

# Vorwort

Ist es in einer von Verunsicherungen und Ängsten heimgesuchten Zeit sinnvoll, von einer ›Glaubenswende‹ zu sprechen, gar noch darauf zu hoffen? Sollte sich der Glaube unter den gegenwärtigen Bedingungen nicht im Gegensinn dazu als der unerschütterliche Fels im unruhigen Strom des Zeitgeschehens erweisen? Und sollte er deshalb nicht auch in seiner Selbstauslegung vor allen Dingen auf seine Konstanten hin durchsichtig gemacht und so, gerade auch im öffentlichen Disput, als das stabilisierende Element von Kirche und Gesellschaft herausgestellt werden? Steht somit das Wort von der ›Glaubenswende‹ nicht auf fatale Weise zu dem quer, was nach Ansicht vieler um den Fortbestand des religiösen Elements in der heutigen Gesellschaft besorgter Zeitgenossen das vordringlichste Glaubensinteresse ausmacht?

Doch kaum hat man diese Fragen gestellt, so wird ihnen auch schon durch die unvermeidliche Erinnerung an die Stellung Jesu zu ihnen der Wind aus den Segeln genommen. Denn Jesus tritt mit dem Programm der großen Geistes- und Glaubenswende an, auch wenn das »Metanoeite«, das nach Ausweis der Evangelien zum Grundbestand seiner Reich-Gottes-Verkündigung gehört, in Übersetzung und Auslegung zu einem »Bußruf« abgeschwächt und damit seiner Dynamik beraubt wurde. Demgegenüber klingt sein Wort im Originalton nicht nur radikaler, sondern vor allem auch bewegter und bewegender:

> Die Zeit ist erfüllt und das Reich Gottes nahgekommen;
> kehrt um und glaubt an die Heilsbotschaft! (Mk 1,15)[1]

Wie ein Durchblick durch die christliche Glaubens- und Theologiegeschichte lehrt, haben sich so gut wie alle, die als Beweger und Initiatoren in die Chronik dieser Geschichte eingingen, auf diesen »Originalton« eingestimmt. Ob theoretisch, also mit ihren Beiträgen zur tieferen Erfassung der Glaubensgeheimnisse, oder praktisch, also mit ihren Anstößen zu radikaler Verwirklichung der Botschaft Jesu, oder spirituell, also mit ihrer Anregung zu tieferem Eindringen in seinen Geist, redeten sie jeweils einer »Umkehr« und damit einer Glaubenswende das Wort. Und in einer überraschend großen

Anzahl von Fällen stand ihnen dabei das Wort als Hebel und Hilfe zu Gebot. Man denke nur an die Prägekraft solch programmatischer Wendungen wie des augustinischen »Deus et anima«, des anselmischen »Credo, ut intelligam«, des reformatorischen »Sola fides« oder des ignatianischen »Omnia ad maiorem Dei gloriam«. In all diesen Fällen gelang es ihren Schöpfern, das, was ihnen als Zielbild vorschwebte, auf eine gleicherweise einleuchtende und suggestive Formel zu bringen. Auch darin standen sie in engster Übereinkunft mit dem, der sein Lebensprogramm auf denkbar einfache und mitreißende Weise ausgesprochen hatte, als er von der andringenden Nähe des Gottesreiches (Mk 1,15; Lk 17,20), von der über Gerechten und Sündern aufscheinenden Gottessonne (Mt 5,45) sprach und sich in der johanneischen Widerspiegelung seiner Botschaft das »Brot des Lebens« (Joh 6,35.48) und das »Licht der Welt« (Joh 8,12; 9,5) nannte. In diesem Zusammenhang wird man sich grundsätzlich fragen müssen, wie in Lebensprozessen, zu denen doch auch der Glaube gehört, überhaupt Kontinuität erreicht wird. Offensichtlich nicht durch Tendenzen zur Verfestigung, sondern durch Akte organischer Fortgestaltung. Das eine, die Verfestigung, würde zu einem gefährlichen, wenn nicht gar tödlichen Erstarrungszustand führen, während nur das andere, die Fortgestaltung, das Überleben garantiert. Demgemäß wird auch dem – nach verbreitetem Gefühl – sturmgepeitschten Gefährt der Glaubenden nicht etwa durch Bremsmanöver, um so mehr jedoch durch zusätzliche Antriebe zu helfen sein. Sofern von der Idee der Glaubenswende ein derartiger Anstoß ausgeht, ist sie ganz dazu angetan, das schlingernde Boot wieder auf Kurs zu bringen.

Aber sind die Zeitverhältnisse inzwischen nicht so komplex geworden, daß kaum noch eine Aussicht darauf besteht, die davon mitbetroffene Sache des Glaubens auf den Nenner einer einfachen Formel zu bringen? Geriete eine derartige Formel nicht sogar in den Verdacht, die bestehenden Verhältnisse und die sich damit auferlegende Aufgabe auf unzulässige Weise zu vereinfachen? Um dieser Gefahr von vornherein zu entgehen, unternehmen die folgenden Überlegungen gar nicht erst den Versuch, eine programmatische Formel vorzuschlagen; statt dessen begnügen sie sich damit, eine Frage aufzuwerfen. Es ist die Frage, die sich angesichts des herrschenden Antagonismus, der sich von der Theologie her des religiösen Bewußtseins zusehends bemächtigt, geradezu aufdrängt: Stehen wir vor einer glaubensgeschichtlichen Wende? Bekanntlich nannte *Heidegger* das Fragen die »Frömmigkeit des Denkens«.[2] Ohne daß dem widersprochen werden soll, geht die an die gestellte Frage geknüpfte Erwartung doch eher in die Gegenrichtung. Sie möchte in den komplexen, bisweilen geradezu verworrenen Verhältnissen heutiger Frömmigkeit jene Klärung herbeiführen, die seiner ganzen Natur nach das Denken bewirkt. So gesehen zielt die aufgeworfene Frage – wie eine Sonde – auf jenes Zentrum, in welchem die scheinbar widerstreitenden Tendenzen letztlich doch zusammenlaufen, so daß sie von dorther in einen verstehbaren Zusammenhang treten. Wenn es dazu käme, wenn also im angezielten Sinngrund des heutigen Glaubensbewußtseins etwas Verstehbares zum Vorschein käme, hätte die Frage am Ende doch dieselbe strukturierende Wirkung, wie sie von den großen Programmworten, die den Glauben der jeweiligen Stunde ebenso durchlichteten wie bewegten, ausging. Ob es gelingt, kann freilich erst die Durchführung lehren; doch ist der Sinndruck, der schon von der Frage ausgeht, zu groß, als daß der Versuch der Durchführung unterbleiben dürfte.

# I.
# Vorzeichen

## *1. Die Fragestellung*

Wie die tägliche Erfahrung lehrt, gehört es zur Tragik des Menschen, daß er sich nur zu oft weder der Gefahren noch der Vergünstigungen bewußt ist, unter denen sich sein Leben abspielt. Im ersten Fall läuft er ahnungslos in sein Unglück hinein, im zweiten bräuchte er nur zuzugreifen, um sein Glück zu machen. So aber ergeht es ihm wie dem bedauernswerten Mann vom Lande in *Franz Kafkas* Erzählung ›Vor dem Gesetz‹, der sein ganzes Leben vor dem geheimnisvollen Tor zum Gesetz zubringt, das er, eingeschüchtert durch die schreckenerregende Gestalt des Türhüters, nicht zu durchschreiten wagt, obwohl ihm aus seinem Inneren immer helleres Licht entgegendringt. Als er sich schließlich, schon vom Tod gezeichnet, doch noch zu der Frage aufrafft, warum denn während der ganzen Zeit kein anderer außer ihm Einlaß verlangte, schreit ihm der Türhüter in das schon ertaubte Ohr:

> Hier konnte niemand sonst Einlaß erhalten, denn dieser Eingang war nur für dich bestimmt. Ich gehe jetzt und schließe ihn.[1]

Nichts Schlimmeres könnte dem heutigen Christen widerfahren als dieses Mißgeschick. Doch bei der derzeit herrschenden Bewußtseinslage, die allgemein auf einen depressiven Grundton gestimmt ist, liegt kaum eine Gefahr so nah wie die einer defätistischen Einschätzung der bestehenden Situation und der durch sie freigesetzten Möglichkeiten. Zwar verhindert die deutlich unter den Pegelstand des Normalgefühls gesenkte Stimmungslage den Ausbruch von Animositäten und Aggressionen; doch lähmt sie gleichzeitig auch die Entwicklung kreativer Initiativen und Energien und, schlimmer noch, die emotionale Selbstaneignung des Menschen. Bedenklichstes Indiz dieser Reduktion ist aber zweifellos jene Blickverengung, die die augenblickliche Erfassung der sich bietenden Chancen verhindert. Großräumig betrifft das auch den Gang der kirchengeschichtlichen Entwicklung während der Nachkriegszeit, die sich bei allem Großen, das sie zeitigte, zugleich als eine Geschichte verpaßter Chancen darstellt. Sie betrafen vor allem die sich wiederholt anbietende Möglichkeit, mit dem sich wie kaum einmal zuvor für religiöse Fragen öffnenden Zeitgeist ins Gespräch zu kommen, kaum weniger aber auch die sich wiederholt anbietende Gelegenheit, den tief verunsicherten und an seinem Lebenssinn irregewordenen Menschen dieser Zeit für die christliche Sache zu gewinnen.

Diese offenkundige Tragik könnte nur noch von der Verkennung der inneren Möglichkeiten überboten werden. Es erginge uns dann wie den Beobachtern in bewegten Systemen, die sich über die von ihnen tatsächlich vollzogene Eigenbewegung täuschen, weil alles stillzustehen scheint, oder wie einem Meteorologen, der über einer hartnäckig verharrenden Kleinklimatik das übersieht, was sich von der Großwetterlage her ankündigt. Damit ist auch schon der ›Weg‹ der thematischen Frage angezeigt. Sie greift hypothetisch auf etwas aus, das sich allenfalls in Form von An- und Vorzeichen ankündigt, das aber von diesem Ziel her Licht auf die bestehenden Verhältnisse wirft. Denn der Vorgriff hat den kognitiven Vorteil der perspektivischen Verkürzung. Was jetzt in seiner breiten Fächerung kaum zu überblicken, geschweige denn auf einen Begriff zu bringen ist, konzentriert sich in dem, worauf er sich richtet, zumindest optisch zu einfachen und durchsichtigen Verhältnissen. Insofern ›weiß‹ der Vorgriff, wie es weitergeht. Am besten läßt sich das mit den beiden Formeln verdeutlichen, mit denen *Romano Guardini* nach seinem eigenen Ausdruck ins Zeitgeschehen »eingriff«.[2] Schon mit der ersten, die vom »Erwachen der Kirche in den Seelen« sprach, bezog er sich weit mehr auf etwas, was »im Kommen war« als auf einen bereits eingetretenen Tatbestand, der nur noch festgestellt zu werden brauchte. Daran ließ schon der sprachliche Ausdruck keinen Zweifel, wenn er der von ihm angesprochenen Generation, zweifellos gegen ihr unmittelbares Empfinden, jedoch aus der Klarsicht des religiösen Diagnostikers versicherte:

> Ein religiöser Vorgang von unabsehbarer Tragweite hat eingesetzt: die Kirche erwacht in den Seelen.[3]

Noch weit mehr gilt das von dem Appell zur »Annahme seiner selbst«, sofern er nach Art eines kategorischen Imperativs nicht so sehr von dem spricht, was ist, als vielmehr von dem, was sein soll. Hier wie dort gelang es ihm, eine Wendung zu finden, die eine Hoffnungsperspektive eröffnete. In dieser Perspektive wurde beide Male fast schlaglichtartig deutlich, was in Gang gekommen war, wohin die Entwicklung ging und worauf es ankam. Von beiden Formulierungen ging aber auch eine starke Rückwirkung aus. In der Gegenrichtung, also auf das Bestehende hin besehen, wirkten sie wie Pflugscharen, die unter der Oberfläche der Verhältnisse die ungeahnten Möglichkeiten freilegen. So kam es, daß die jeweils Angesprochenen sich in ihren uneingestandenen Sehnsüchten und unbewältigten Problemen verstehen lernten und, stimuliert durch dieses tiefere Selbstverständnis, der jeweiligen Direktive nur um so bereitwilliger folgten. Ein geistiger Vorgang war jeweils ausgelöst worden, der aufs genaueste dem entsprach, was *Joseph von Eichendorff* in dem mit dem Titelwort »Wünschelrute« überschriebenen Vierzeiler gedichtet hatte:

Schläft ein Lied in allen Dingen,
Die da träumen fort und fort,
Und die Welt hebt an zu singen,
Triffst du nur das Zauberwort.[4]

Wenn auch nicht so hoch gegriffen werden sollte, wie es die Rede vom »Zauberwort« suggeriert, kam es doch darauf an, die thematische Frage auf einen Begriff aufzubauen, der das Bestehende in Bewegung versetzte, indem er eine Zukunftsperspektive eröffnete. Dafür bot sich kein Begriff auch nur annähernd so unmittelbar wie der Begriff ›Wende‹ an, schon allein im Interesse der Überwindung der gegenwärtig herrschenden Lethargie. Anknüpfungspunkt war hierbei der Impuls der »anthropologischen Wende« in der neueren Theologie, wobei die Wortwahl ferner durch die zum Grundbestand der Denkwelt *Heideggers* gehörende Vorstellung von der »Kehre« mitbestimmt wurde, sofern ihr der Gedanke von einer sich eigengesetzlich vollziehenden Änderung der Denkrichtung zugrunde liegt.[5] Orientierend war aber vor allem das alttestamentliche Prophetenwort:

Kehrt um zu mir – Spruch des Herrn der Heere; dann kehre ich um zu euch! (Sach 1,3)

Nicht nur, daß dieses Wort auf erstaunliche Weise den Schlüsselsatz der kusanischen Gottesmystik »Sei dein eigen, dann bin auch ich dein eigen – Sis tu tuus, et ego ero tuus« vorwegnimmt, der sich seinerseits fast wie eine »personalistische« Umsetzung des Prophetenwortes darstellt; vielmehr ist es auch dazu angetan, den Aufruf Jesu zur Umkehr (metanoia), den er unentflechtbar mit seiner Ansage des heraufkommenden Gottesreichs verknüpft (Mk 1,15), in einen umfänglicheren Zusammenhang zu stellen.[6] Danach »reagiert« der Mensch in der ihm abverlangten Umkehr immer nur auf eine vorgängige Zuwendung Gottes zu ihm, die in der Heraufkunft seines Reiches ihre zuständliche Besiegelung findet.[7] Das gibt dem Begriff der Wende von vornherein eine sachbezogene Blickrichtung. Sosehr damit der Gedanke einer geistigen Umorientierung verbunden ist, hat er doch primär einen Vorgang im Blick, der diese

Umorientierung gleicherweise begründet wie fordert. Insofern bringt das Adjektiv »glaubensgeschichtlich« lediglich eine Verdeutlichung; es bezeichnet im weiten Feld der geistigen Abläufe den speziellen Bereich, in dem die vermutete Wende vor sich geht. Doch kann im Zusammenhang mit der Glaubensgeschichte überhaupt sinnvoll von einer Wende gesprochen werden? Muß hier nicht vielmehr, sofern überhaupt im strengen Sinn des Wortes von einer »Geschichte« gesprochen werden kann, der damit angesprochene Ablauf in strenger Linearität gedacht werden? Legt somit nicht schon der Ausdruck »Wende« eine Vorstellung nah, die nicht sorgfältig genug vom Glauben ferngehalten werden kann, da der Glaube doch gerade nach heutigem Verständnis eine sich im Wandel der Zeiten in strenger Identität durchhaltende Größe ist und insofern den Gegenbegriff zu »Veränderung« bildet?

Mit diesen Fragen ist bereits deutlich gemacht, daß es sich bei der aufgetretenen Schwierigkeit um eine ausgesprochen zeitbedingte Komplikation und nicht etwa um ein Veto handelt, das von der Sache selbst eingelegt wird. Aus einer ganzen Reihe von Gründen ist in letzter Zeit das Stabilitätsinteresse auf vielen Sektoren des geistigen Lebens, vor allem aber in Glaubensdingen vorherrschend geworden. Unbewältigte Spannungsmomente wirkten genauso darauf hin wie die Stagnation, der der theologische Disput nach dem Abflauen der letzten Kontroversen verfiel. Genau genommen gilt dies sogar nur von dem Streit, den der »Fall Küng« auslöste; denn im »Fall Boff« war die geistige Flaute bereits so ausgeprägt, daß es noch nicht einmal zu einem Disput von vergleichbarer Größenordnung kam. So hat das gegenwärtige Stabilitätsstreben ganz unterschiedliche Gründe: denn es ist gleicherweise die Besorgnis gegenüber unkontrollierbaren Spannungen wie die Lähmung, die Kontroversen erst gar nicht mehr aufkommen läßt, die ihm in die Hand arbeiten. Um so begreiflicher, daß es auch auf das Glaubensverständnis durchschlägt und das dynamische Konzept der Vorzeit zugunsten eines statischen aufgibt. Wer glaubt, so will es heute scheinen, der hat im uferlos wogenden Strom des Zeitgeschehens den ihm trotzenden Pfeiler zu fassen bekommen, der in den allenthalben zerfallenden Strukturen und zerfließenden Konturen Festigkeit und Eindeutigkeit garantiert. Versuche des kirchlichen Lehramts, den »Glauben des Kirchenvolks« in lückenloser Totalität zu formulieren, weisen ebenso in diese Richtung wie der in konservativen Kreisen herrschende Horror gegenüber allem, was auch nur den Anschein einer theologischen Innovation aufweist.

Doch das Stabilitätsinteresse bestimmte keineswegs von Anfang an das Bild des Glaubens. Vielmehr wurde es immer erst in ausgesprochenen Spätzeiten sinn- und formbestimmend. Nicht umsonst steht – nach dem bekannten Wort von *Martin Grabmann* – die dynamische Formel »Credo, ut intelligam« über dem Portal der mittelalterlichen Scholastik.[8] Denn diese Formel spricht sich wahrhaft programmatisch für einen im Prozeß erkennender Selbstüberschreitung begriffenen Glauben aus.[9] Geradezu paradigmatisch wirkt im Vergleich dazu die Position, die *Vinzenz von Lerin*, ein jüngerer Zeitgenosse *Augustins*, des großen Erneuerers des paulinischen Geisteserbes, in vergleichbarem Zusammenhang bezog.[10] Obwohl dem durch die Kriterien der Universalität, des unvordenklichen Alters und des allgemeinen Konsenses charakterisierten Traditionsprinzip zutiefst verpflichtet, votiert Vinzenz doch in der Frage, ob ein Fortschritt im Glauben denkbar sei, in aller Form zustimmend, wenngleich er das von ihm befürwortete Wachstum sorgfältig gegen den Gedanken an eine inhaltliche Veränderung abschirmt:

> Zum Fortschritt gehört es, daß etwas in sich selber zunimmt, zur Veränderung dagegen, daß etwas sich aus dem einen in ein anderes verwandelt. Wachsen und kräftig zunehmen soll also sowohl bei den einzelnen wie bei allen, bei dem individuellen Menschen wie in der ganzen Kirche, nach den Stufen des Alters und der Zeiten, die Einsicht, das Wissen und die Weisheit, aber lediglich in der je eigenen Form, nämlich in derselben Lehre, in demselben Sinn und in derselben Bedeutung.[11]

Wenn Vinzenz im gleichen Zusammenhang davon spricht, daß der Glaube eine ähnliche Entwicklung durchlaufen müsse wie das Samenkorn zur ausgereiften Pflanze und das Kind zum Mann, bezieht er sich unverkennbar auf die Epheserstelle zurück, die den Sinn der kirchlichen Dienstleistungen dahin bestimmt,

> daß wir alle hingelangen zur Einheit des Glaubens und zur Erkenntnis des Gottessohns, zum vollen Mannesalter, zum Vollmaß der Fülle Christi (Eph 4,13).[12]

Fündig wird man bei dieser Suche aber vor allem, wenn man von der Paulus-Schule auf den Apostel selbst zurückgeht, der seinen Glauben als ein Dialoggeschehen zwischen dem an ihn (nach Gal 1,15f) ergangenen Zuspruch Gottes und dem dadurch zu seinem gottgeschenkten Selbstsein aufgerufenen Ich begreift und der die Dynamik dieses gläubigen Ergriffenseins schließlich in die bewegenden Worte faßt:

> Nicht, als hätte ich es schon ergriffen oder als wäre ich bereits vollendet; doch strebe ich danach, es zu ergreifen, weil ich von Christus Jesus ergriffen bin (Phil 3,12).[13]

Wie schon die lineare Zielstrebigkeit des von Paulus angesprochenen »Prozesses« erkennen läßt, steht dieses Konzept dem Gedanken der »Glaubenswende« noch relativ fern; doch ist es immerhin dazu angetan, seine Plausibilität zu sichern. Wer den Glauben mit Paulus als ein im Wachsen begriffenes »Ergriffensein« begreift, muß sich fragen, worauf sich dieses Wachstum begründet. Und dies umso mehr, als sich die Vorstellung von einem nur durch bessere Interpretation gewonnenen Erkenntnisfortschritt offensichtlich als unzulänglich erweist. Sie schiebt Paulus schon mit dem bekenntnishaft klingenden Satz beiseite: »Ihn will ich kennenlernen und die Macht seiner Auferstehung und die Gemeinschaft mit seinem Leiden« (Phil 3,10); denn damit wird der denkbar größte Gegensatz in der Lebensgeschichte Christi, Passion und Auferstehung, zum Erkenntnisziel erklärt, sofern in dieser Aussage nicht sogar schon der pseudo-dionysische Gedanke anklingt, daß Gott tiefer noch durch das Erleiden seines Geheimnisses als durch dessen Erforschung erkannt wird.[14] Wenn es auch überzogen wäre, den gläubigen Erkenntnisfortschritt hier schon von dem durch die Begriffe Passion und Auferstehung bezeichneten Perspektivenwechsel herzuleiten, läßt sich doch nicht mehr übersehen, daß er im Licht dieser Aussage nicht mehr allein auf die hermeneutische Kompetenz des Glaubenden zurückzuführen ist, sondern mit einem Vorgang im Glaubensinhalt selbst zu tun hat. Wenn der Begriff der Wende somit im Horizont der neutestamentlichen Glaubensaussagen formell nicht auftaucht, liegt er ihnen doch auch nicht so fern, daß er als undenkbar oder gar als unzulässige Neuerung empfunden werden müßte.

Freilich, um ihm ein Heimatrecht im System der theologischen Kategorien zu sichern, müßten zusätzliche Gründe hinzukommen. Denn im religiösen Denkraum herrschen offensichtlich andere, womöglich geradezu gegensinnige Verhältnisse wie im philosophischen, wo in der Regel zunächst das Instrumentarium erarbeitet und dann, als die kognitive Frucht dieser Bemühung, der Erkenntnisfortschritt erzielt wird. Dagegen ist im religiösen Denkraum die Entwicklung neuer Kategorien fast durchweg die Folge eines Erfahrungs- und Realitätsgewinns, der erkannt sein will und deshalb die Kategorienbildung erzwingt. Im Grenzfall kann es sich dabei freilich auch um die Erfahrung eines Defizits handeln. Und wenn es zutrifft, daß das Gottesgeheimnis mehr noch durch Erleiden als durch Forschen erkannt wird, liegt dieser Grenzfall dem theologischen Gedanken sogar besonders nah. In diesem Sinn gilt es nun Umschau zu halten, wenn jene Antriebe ausfindig gemacht werden sollen, die dem Gedanken der Glaubenswende zu seiner vollen Plausibilität verhelfen.

## 2. *Der Sinndruck*

Wenn *Martin Luther* die Ansicht vertritt, daß das Christentum nur »von der Not gedrungen« zum Stadium der Schriftreligion übergegangen sei, bringt er damit eine weit über den angesprochenen Problemzusammenhang hinaus geltende Einsicht zum Ausdruck.[15] Denn im theologischen Denkraum gilt nicht nur das Sprichwort »Not lehrt beten«; vielmehr gilt hier darüber hinaus: Not lehrt denken. Das zeigt sich schon daran, daß religiöse Innovationen, auch wenn sie sich in der Folge als noch so fruchtbar erwiesen, im Regelfall nur zögernde Aufnahme fanden, wenn sie nicht sogar anfänglich auf heftigen Widerstand stießen. Was ihnen dann Einlaß verschaffte, war in der Regel nicht die Anerkenntnis ihrer Gültigkeit, sondern die Erfahrung, daß es ohne sie kaum noch sinnvoll weiterging, also die Erfahrung ihrer Praktikabilität. Wie die Theologiegeschichte lehrt, verhielt es sich mit dem Einzug neuer Denkformen nicht anders; wenn sie schließlich doch zur Geltung gelangten, dann nicht aufgrund ihrer theoretischen Akzeptanz, sondern unter dem Druck einer geistigen Notlage, die nur noch mit ihrer Hilfe zu bewältigen war.

Dieser Modellvorstellung folgten, um nur die wichtigsten Beispiele in Erinnerung zu rufen, ebenso *Kierkegaard*, als er im Gegenzug zur herrschenden Theologie, die über ihrem Systeminteresse die Sache des Menschen aus den Augen verloren hatte, in seiner ›Einübung im Christentum‹ (von 1850) eine auf die Sinnsuche abgestimmte »Identitätschristologie« entwarf, wie *Blaise Pascal*, als er im Bewußtsein eines vergleichbaren Versagens der zeitgenössischen Theologie seinen skeptischen Zeitgenossen die Wahrheit des Christentums von der menschlichen Existenznot her zu erschließen suchte.[16] Und nicht anders verhielt es sich mit dem unter dem Druck der islamischen Herausforderung eingegangenen Wagnis der hochmittelalterlichen Theologie, die als ausgesprochen »mundan« empfundenen Denkformen des Aristotelismus in den Dienst ihrer Glaubensinterpretation zu stellen.[17] Nicht weniger dürfte aber auch die umfassende Erneuerung des paulinischen Geisteserbes durch *Augustinus* unter dem Eindruck einer mit anderen Mitteln nicht mehr zu bewältigenden kulturellen Notsituation ins Werk gesetzt worden sein. Wenn *Reinhold Seeberg* von Augustinus sagt, daß er »wirklich über die Köpfe der Schüler und die Zäune der Schulen hinweg mit den großen Geistern der Vorzeit« verkehrt habe, so gilt dies, wie schon seine Anthropologie und Gnadenlehre ausweisen, in erster Linie von Paulus, und von diesem nicht zuletzt deshalb, weil er mit ihm das Bild einer gleicherweise vergehenden« und »aus den Fugen gehenden« Welt vor Augen hatte.[18]

Und wie steht es schließlich, um zum Kern dieses Problemkreises durchzustoßen, mit der Rezeption der Botschaft Jesu? Setzte sie sich in der von wachsender Weltangst besetzten Spätantike nicht zuletzt deswegen durch, weil ihr Ausgangserlebnis, die Verwurzelung aller Lebensängste in der Gottesangst, zum allgemein herrschenden Lebensgefühl geworden war?[19] Dann aber drängt sich geradezu die Folgerung auf, daß für das Wirksamwerden von religiösen Innovationen die Überzeugungskraft des Gedankens allein nicht genügt; vielmehr muß er in die Lauge eines diffusen, meist von Noterfahrungen »gestauten« Bewußtseins fallen, um sich auskristallisieren zu können. Es muß somit, um es mit einem anderen Bild ausdrücken zu können, ein »Sinndruck« bestehen, wenn er seiner inneren Dignität entsprechend wirksam werden soll.

Daß das auch für die zur Diskussion gestellte »Glaubenswende« gilt, hat indirekt, dafür aber umso überzeugender, *Friedrich Gogarten* deutlich gemacht, der in diesem Zusammenhang um so mehr genannt werden muß, als er vermutlich als erster den Begriff der Wende theologisch gebrauchte. In seinen ›Grundfragen der Christologie‹ (von 1966) nennt er Christus im Haupttitel geradezu die »Wende der Welt«.[20] Danach behaupten die neutestamentlichen Aussagen, insbesondere die der paulinischen Gefangenschaftsbriefe, nichts Geringeres,

> als daß das, was durch Jesus Christus geschehen ist, eine so tiefe Verwandlung der Welt bewirkt hat, daß man, wie Paulus es tut, sagen kann, die Welt sei eine schlechthin neue geworden und der alten Welt sei ihr Ende gesetzt: »das Alte ist vergangen, siehe, Neues ist geworden« (2 Kor 5,17).[21]

Obwohl sich die neutestamentlichen Schriften »weithin in einem dualistischen Schema« bewegen, gipfelt ihre christologische Aussage doch in dem Gedanken, daß die alte in eine neue Welt verwandelt worden sei, wenn freilich auch nur für denjenigen, der »sich selbst bis in sein innerstes Wesen als aus Gott und nicht aus der Welt seiend erfährt«.[22] Damit reden sie nicht etwa einer »substantiellen« Verwandlung das Wort, wohl aber bekennen sie sich zu der Überzeugung, daß das gewandelte Verhältnis des Menschen zu Gott für den in dieses neue Verhältnis Eingetretenen auch ein neues Verhältnis zur Welt nach sich zieht.[23] Damit nimmt Gogarten eine Spur auf, die bereits *Guardini* verfolgte, als er sich wiederholt zu der Überzeugung bekannte, daß durch den Eintritt Christi in diese Weltzeit die innersten Bedingungen des Menschseins so verändert worden seien, daß dieses einen »neuen Ernst«, wie ihn die Antike nicht kannte, gewonnen habe.[24] Mit noch mehr Recht als zuvor könnte hier von einer, nein, von *der* Wende der Welt gesprochen werden.

Für die Frage nach der Glaubenswende führt das zu der überraschenden Einsicht, daß sich im Rückgang auf die erste und größte der christlichen Innovationen der Begriff »Wende« einstellt. Indessen zeigt dieser Rückgang noch mehr; wenn es nämlich zutrifft, daß die Innovation Jesu im Zusammenhang mit der menschlichen Urangst – und ihrer Überwindung durch ihn – gesehen werden muß, ist damit auch schon eine grundlegende Auskunft über den Sinndruck gefunden, der auf der heutigen Glaubenssituation lastet und eine Wende provoziert. Auch wenn diese Wende ohne innovatorische Impulse nicht auskommt, besteht das auslösende Moment doch auch hier in erster Linie in einer Verdüsterung des Lebensgefühls, die als emotionales Spannungsmoment der Innovation erst wirklich zum Durchbruch verhilft. Was die Wende heute wie damals herbeiruft, ist, mit einem Wort ausgedrückt, die unstillbare Lebensangst des heutigen Menschen. Sie suggeriert ihm, wie schon die Grundbedeutung des Wortes erkennen läßt, ein Gefühl der Enge, das sich nicht selten zu einem Eindruck der Unausweichlichkeit steigert und ihn, wie einen Erstickenden, nach Atemraum und Freiheit verlangen läßt. Was diese Metapher relativ grobmaschig erfaßt, weist bei Licht besehen eine Reihe spezieller Erscheinungsformen auf. Dazu gehört etwa das wiederum von *Guardini* artikulierte Gefühl vieler Zeitgenossen, in einer Spät- und Endphase der geschichtlichen Entwicklung zu leben, deren Zukunft, sofern es sie überhaupt noch gibt, nicht abzusehen ist.[25]

Doch wird man in diesem Zusammenhang nicht weniger auch an den von *Herbert Marcuse* eingeführten Begriff der »Eindimensionalität« zu denken haben, sofern er nicht nur existenzkritisch, sondern daseinsanalytisch gemeint ist und insofern etwas über die »Befindlichkeit« des heutigen Menschen besagt.[26] Denn unter dieser Voraussetzung suggeriert der Begriff das Bild eines auf einen »herabgesetzten« Status reduzierten Menschseins, dem gerade jene Dimension verlorenging, die volle Selbstaneignung und freie Selbstentfaltung ermöglicht.

Mit dem Stichwort »Freiheit« ist eine wichtige Komponente dessen angesprochen, was mit dem auf die Wende hinarbeitenden »Sinndruck« gemeint ist. Denn Freiheit gehört, wie *Karl Jaspers* in seiner Friedenspreisrede (von 1958) betonte, zur Trilogie jener höchsten Begriffe, die in einem unentflechtbaren Verweisungszusammenhang stehen und überdies, wie dem hinzuzufügen ist, durch ihre Gegensatzlosigkeit gekennzeichnet sind; demgemäß betont Jaspers:

Erstens: Kein äußerer Friede ist ohne den inneren Frieden der Menschen zu halten. Zweitens: Friede ist allein durch Freiheit. Drittens: Freiheit ist allein durch Wahrheit... Erst in der Hingabe an Wahrheit ist erfüllte Freiheit möglich. Kein Friede ohne Freiheit, aber keine Freiheit ohne Wahrheit.[27]

Wenn aber erst einmal eingesehen wurde, daß es zu Wahrheit ebensowenig einen gleichsinnigen – und gleichwertigen – Gegenbegriff gibt wie zu Friede und Freiheit, verbindet sich mit der Bildung dieser Begriffe das Ansinnen, ihnen zu der ihrer inneren Bedeutung entsprechenden allgemeinen Geltung und Anerkennung zu verhelfen. Dann ist *Lessings* Demutsgeste, mit der er, von Gott vor die Wahl zwischen Wahrheit und Irrtum gestellt, ihm in die Linke fällt, um sich den Irrtum zu erbitten, da die reine und volle Wahrheit ja doch nur die Sache Gottes sei, ebenso als Fehlgriff zu beurteilen wie der neuerdings von *Franz Alt* ausgegebene Slogan »Frieden ist möglich«.[28] Vielmehr fordern beide, Wahrheit und Friede, von seiten des Menschen einen Akt bedingungsloser und ausschließlicher Zustimmung.[29] Für die Freiheit aber besagt dies, daß sie als eine beständige Provokation begriffen werden muß, die darauf abzielt, ihr zu immer vollständigerer Anerkenntnis zu verhelfen. Wie es die Weisheit im alttestamentlichen Spruchbuch für sich in Anspruch nimmt, will sie als Einladung zu sich und zu den durch sie eröffneten Möglichkeiten begriffen – und akzeptiert – werden. Insofern bildet sie den exzeptionellen Fall einer Idee, die in relativer Unabhängigkeit von ihrem Gedachtsein für sich und ihre Sache werbend eintritt, die also nicht nur gilt, sondern zu sich ruft.[30] So gesehen geschieht dem Freiheitsbegriff erst dann voll Genüge, wenn sich mit seiner Bildung die Absicht verbindet, das, was ihm entgegensteht und ihn niederhält, nach Kräften aus dem Weg zu räumen und so einer freiheitlichen Lebensordnung zum Durchbruch zu verhelfen. Man könnte auch sagen: Freiheit gehört zu jenen höchsten Formen menschlicher Denkbarkeiten, die man entweder mit allen gemeinsam oder überhaupt nicht hat.

Es gehört zu den großen Beschämungen der Christenheit, daß ihr erst durch *Hegel* in Erinnerung gerufen werden mußte, wie sehr dieser exklusive Freiheitsbegriff ihr ureigenes Proprium, eingeschrieben in die Urkunde ihres Glaubens, ist.[31] Tatsächlich hatte es so – und nicht anders – bereits Paulus in dem Schlüsselsatz seines Galaterbriefs ausgesprochen:

Zur Freiheit hat uns Christus befreit.[32]

Selbst wenn die hier gleicherweise angesprochene und befürwortete Glaubenswende damit nur am Rand zu tun hätte, wäre damit schon das Wichtigste über den auf sie hinwirkenden Sinndruck gesagt. Zur vollen Verdeutlichung müßte nur noch bedacht werden, daß die sie »erzwingende Not« primär in Erfahrungen eines inneren Freiheitsverlustes und einer existentiellen Friedlosigkeit besteht. Es ist das diffuse Gefühl zahlreicher, besonders jugendlicher Christen, in einer Situation der Ausweglosigkeit, zumindest aber der stagnierenden und sich verfestigenden Verhältnisse zu leben, die kein Aufatmen, keine Zukunftshoffnung aufkommen läßt. Nur eine Wende könnte hierin Abhilfe schaffen. Gleichzeitig wird aber auch schon klar, daß sich dieses Desiderat nicht einmal in erster Linie auf die vieldiskutierten Kirchenstrukturen bezieht, denn das weitverbreitete Gefühl der Stagnation und Lähmung hat tiefere Gründe als diejenigen, die in der Schicht der strukturellen Gegebenheiten angesiedelt sind. Strukturen ergeben sich aus dem Sein. Wenn sie sich verfestigen, ist das nicht selten die Folge eines Realitätsverlustes. Wenn das Wort von der Glaubenswende nicht zum Schlagwort verflachen soll, muß die damit angesprochene Sache bis in diese Tiefenschicht zurückverfolgt werden. Bevor dies geschieht, steht aber aufgrund ihres Zusammenhangs mit Wahrheit, Friede und Freiheit eins schon fest: sie muß sein!

### *3. Der Faktendruck*

In seiner Vorlesungsreihe ›Religion in the Making‹ (von 1926) beantwortete *Alfred North Whitehead* die Frage »Wie entsteht Religion?« mit ihrem Eintritt in ein »Weltbewußtsein«.[33] Danach steht das Aufkommen der rationalen Religionen in einem ursächlichen Zusammenhang mit ihrem Ausbruch aus dem »begrenzten Horizont der einen Sozialstruktur«, innerhalb deren sie entstanden waren, und ihrem Eintritt in die Dimension der Weltöffentlichkeit.[34] Wörtlich bemerkt Whitehead dazu:

> Was nun die Religion angeht, so bedeutet Weltbewußtsein im Unterschied zu Gesellschaftsbewußtsein eine Schwerpunktverlagerung im Begriff der Richtigkeit. Ein Gesellschaftsbewußtsein betrifft Menschen, die man individuell kennt und liebt. Richtigkeit ist hier also mit der Vorstellung der Bewahrung durchsetzt. Das Verhalten ist richtig, das einen Gott dazu bringt, uns zu beschützen; und es ist falsch, wenn es irgendein reizbares Wesen dazu anstachelt, unsere Vernichtung zu planen. Eine solche Religion ist also ein Zweig der Diplomatie. Aber ein Weltbewußtsein ist weniger eingebunden. Es schwingt sich auf zu der Konzeption einer substantiellen Richtigkeit von Dingen ... Der

neue und beinahe profane Begriff der Güte Gottes tritt an die Stelle der früheren Betonung des göttlichen Willens. In einer Gemeinschaftsreligion erforscht man den Willen Gottes, auf daß Er einen bewahrt; in einer gereinigten, unter dem Einfluß des Weltbegriffs rationalisierten Religion erforscht man seine Güte, um zu sein wie Er. Es ist der Unterschied zwischen dem Feind, den man beschwichtigt, und dem Gefährten, den man nachahmt.[35]

Unter diesem Gesichtspunkt bilden Christentum und Buddhismus für Whitehead die Spitze der von der Religionsgeschichte erreichten Entwicklung; denn ihnen verdanken die Menschen die rationale Religion und mit ihr die Höchstform einer »bewußten Reaktion« auf das Universum, in dem sie sich befinden. Doch sieht er beide Religionen gegenwärtig in einem Stadium des Verfalls, da sie seinem Urteil zufolge »ihren ehemaligen Zugriff auf die Welt« weitgehend verloren.[36] Dem stimmt neuerdings der Soziologe *Franz Xaver Kaufmann* mit der differenzierteren These zu, daß die kirchlich verfaßte Religion zwar gesellschaftlich akzeptiert werde, jedoch gerade nicht »um des Gottesglaubens willen, sondern nur wegen ihrer sozialen Nützlichkeit«.[37] So sei eine domestizierte und vom »absoluten Anspruch des Göttlichen desinfizierte Religion« zwar zu einem Element der Gesellschaftsordnung geworden, jedoch nur so, wie auch Regierungen, Verbände oder Konzerne zu deren Bestand gehören. Gott sei für viele heute nur noch »ein Gerücht«, nicht zuletzt auch aufgrund des Mitverschuldens der Theologie; denn diese habe der Beschränkung der Religion auf eine Teilwirklichkeit dadurch zugestimmt, daß sie selbst der Umwandlung des persönlichen Gottesverhältnisses in ein nur noch indirektes vorgearbeitet habe. So sei ein in ungreifbare Ferne gerückter Gott der unerträglich hohe Preis für die gesellschaftliche Akzeptanz des Christentums durch die gegenwärtige Lebenswelt.

Wer jemals Juden an der Klagemauer von Jerusalem beten sah, wird sich der bestürzenden Wucht dieser Argumentation kaum entziehen können. Dort ein voll in die alltägliche, kulturelle und politische Lebenswelt integrierter Gottesglaube; hier ein weithin abstrakt gewordenes Christentum, das im selben Maß, wie es politisch integriert und zu den »Ordnungsmächten« der gegenwärtigen Gesellschaft gezählt wird, kaum noch ein elementares, das Lebensgefühl und die existentielle Kompetenz seiner Anhänger bestimmendes Gottesverhältnis vermittelt. Von dieser Erfahrung geht ein unübersehbarer »Faktendruck« auf die angesprochene Glaubenswende aus. Freilich besteht er, wie sich nunmehr zeigt, nahezu im Gegenteil dessen, was der Begriff vermuten läßt. Es sind nicht etwa greifbare, womöglich durch peinigende Aufdringlichkeit gekennzeichnete Fakten, die auf die Wende hinwirken, sondern defizitäre Erscheinungen, die sie nach Art einer »Sogwirkung« provozieren. In einer Reflexion über den Einfluß der neuen Medien auf die Gesellschaft und insbesondere auf das gegenwärtige Erziehungssystem hat *Hartmut von Hentig* dafür den programmatischen Titel gefunden: Das allmähliche Verschwinden der Wirklichkeit![38] Nur reicht der damit angesprochene Vorgang tiefer als nur in die von Hentig angesprochenen Kausalitäten. Er ist vielmehr so wenig die Folge der neuen Medien, daß diese geradezu als sein Epiphänomen erscheinen. Denn man muß sich fragen, was letztlich zur Heraufkunft der totalen Medienwelt führte, die sich, Zug um Zug, einen der bisherigen »Spontanbereiche« nach dem anderen, nach der Information und der Unterhaltung nun zunehmend auch die Erziehung und Bildung, erobert. Es wäre oberflächlich, bei der Beantwortung dieser Frage lediglich an den eigengesetzlichen Gang der technischen Entwicklung zu denken; vielmehr spricht alles dafür, daß diese Entwicklung zumindest partiell auch in einer – zugestandenermaßen schwer erklärbaren – Synchronizität mit der jeweiligen Verfassung des Menschseins steht. Ohne Übertreibung kann man sagen, daß die Menschheit jederzeit die Technik hat, die sie »verdient«. Das aber wirft die von Hentig thematisierte Frage nach dem »allmählichen Verschwinden der Wirklichkeit« auf die von *Whitehead* untersuchte Region zurück.

Genauer noch geht es um den, wie Whitehead sich ausdrückt, »Zugriff« der Religion auf die Welt. Die zwei großen »rationalen« Weltreligionen, Christentum und Buddhismus, haben seinem Urteil zufolge diesen Zugriff »verloren«. Bei der Suche nach einer Erklärung für diesen schwerwiegenden Vorwurf wird man auf den Grund der von ihm vorgenommenen Zuordnung achten müssen. Denn Christentum und Buddhismus kommen nicht nur darin überein, daß sie im Vergleich zu ihren Konkurrenten die »weiter reichende bewußte Reaktion der Menschen auf das Universum« darstellen, sondern nicht weniger auch in ihrem asketischen Grundzug, bei dem sogar an buddhistische Einflüsse auf das Christentum zu denken ist. Zumindest sah es *Nietzsche* in der Hellsichtigkeit seines Hasses so, als er in einer Nachlaßnotiz zu den »über das Christentum Herr gewordenen« Strömungen – nach Judaismus, Platonismus und den Mysterienkulten – auch den orientalischen Asketismus, verstanden als die Feindschaft gegen die Natur, die Vernunft und die Sinne, rechnete.[39] Wenn damit auch der Sinn der Botschaft Jesu deutlich von der gesellschaftlichen Selbstdarstellung des Christentums unterschieden wird, kann der restriktive Zug, zumindest im Erscheinungsbild der kirchlichen Praxis, doch keinesfalls übersehen werden. Darin scheint es nun aber gerade in der gegenwärtigen Stunde zu einem folgenschweren Umschlag gekommen zu sein. Es ist, als sei das »asketische Defizit« auf die christliche Verkündigung zurückgefallen, ja als habe es sich gerade des Herzstücks der von ihr bezweckten Wirklichkeitsvermittlung bemächtigt. Denn das Christentum ist auch in seinem gesellschaftlichen Erscheinungs- und Wirkbild allenfalls in dem Sinn »asketisch«, daß es den triebhaften Wirklichkeitsdurst des Menschen zügelt, um ihn statt dessen in der unverbrüchlichen Gotteswirklichkeit zu verankern. Seine Verneinung ist insofern immer nur Durchgang zu einer um so größeren Bejahung.

Doch gerade dieser »dialektische Prozeß« erscheint nunmehr tief gestört. Der »Zugriff auf die Welt« will nicht mehr gelingen, weil die religiöse Kompensation des dem Menschen abverlangten Weltverzichts in Frage gestellt ist. Das meint *Kaufmann* mit seiner – offensichtlich an *Peter L. Berger* angelehnten – These, daß Gott für viele kaum mehr als »noch ein Gerücht« sei.[40] Damit ist tatsächlich der sensibelste Punkt im Verhältnis des Christentums zum heutigen Menschen getroffen. Anders als der Adressat der christlichen Seelsorge in früheren Epochen sieht er sich für den ihm zugemuteten Verzicht nicht mehr durch jenen unvergleichlichen Realitätsgewinn belohnt, der ihm durch das ihm eröffnete Gottesverhältnis erwächst, sondern im Gegenteil auf zweifache Weise frustriert: gleicherweise aus seiner welthaften Verankerung gerissen und von dem, was er sich statt dessen versprechen durfte, enttäuscht. Dem Bruch mit der Welt folgt nicht mehr das kompensatorische Erlebnis, von Gott aufgefangen, in seine Obhut genommen und auf seine Wirklichkeit begründet zu sein. Um das zu verdeutlichen, braucht man sich nur das zu vergegenwärtigen, was *Jean Paul* unter dem »größten Gedanken des Menschen« verstand:

> Erhebe deinen Geist und fasse den größten Gedanken des Menschen! Da, wo die Ewigkeit ist, da, wo die Unermeßlichkeit ist und wo die Nacht anfängt, da breitet ein unendlicher Geist seine Arme aus und legt sie um das große fallende Welten-All und trägt es und wärmt es. Ich und du, und alle Menschen, und alle Engel und alle Würmchen ruhen an seiner Brust, und das brausende schlagende Welten- und Sonnenmeer ist ein einziges Kind in seinem Arm ... Die Schöpfung hängt als Schleier, der aus Sonnen und Geistern gewebt ist, über dem Unendlichen, und die Ewigkeiten gehen vor dem Schleier vorbei, und ziehen ihn nicht weg von dem Glanze, den er verhüllt.[41]

Daß Jean Paul diesen »größten Gedanken« im Rahmen eines Traumbildes entwickelte, mutet heute, nach der härtesten Prüfung, die der Gottesgedanke in der bisherigen Menschheitsgeschichte erlitt, wie ein Zeichen besonderer Hellsichtigkeit an. Denn der heutige Mensch hat nach den Erfahrungen dieses Jahrhunderts nicht mehr das Gefühl, von den Armen des ewigen Vaters aufgefangen oder gar an sein Herz gezogen zu sein. Wie nie zuvor ist ihm vielmehr bewußt, daß ihm das, was er ist und besitzt, immer nur »auf Abruf« zu eigen ist: ein »gestundetes« Sein, das gleichwohl von ihm angenommen und durchgetragen sein will. Wie nie zuvor versteht er sein Leben als die sich mit seiner Existenz stellende Lebens-Aufgabe, die ihm im Maß, wie er sich ihr stellt, das Gegebensein seiner Existenz vor Augen führt. Doch der Geber dieses ihm gleicherweise gegebenen und aufgegebenen Seins ist ihm unerreichbar, die tragende Gotteshand unfühlbar geworden. Wie nie zuvor sieht er sich, mit dem suggestiven Bildwort *Nietzsches* ausgedrückt, von jener »ungeheuren Lücke« umstellt, die er im Grunde schon zu fühlen bekam, als er die Frage nach dem Sinn seines Daseins aufwarf.[42] Seine nach einem letzten Halt tastende Hand greift ins Leere. Das macht ihm Angst.

Wenn nun aber die Beeinträchtigung des gegenwärtigen Glaubens gerade darin besteht, daß Gott zum »Gerücht« wurde, daß sich also mit seinem Begriff und seiner sachgerechten Benennung nicht mehr, wie *Anselm von Canterbury* mit seinem Gottesbeweis zu zeigen suchte, die Gewißheit seiner allumgreifenden Wirklichkeit verbindet, geht von der statt dessen empfundenen »Lücke« ein mächtigerer Anstoß der Glaubenswende aus als von irgendeinem darauf hinwirkenden Faktum. Denn die Sogwirkung der Lücke verlangt mit der Überzeugungskraft eines Naturgesetzes danach, ausgefüllt zu werden. Um nichts anderes geht es dann auch bei der von ihr geradezu »heraufbeschworenen« Glaubenswende.

Einer Bestätigung – wenn nicht gar Verschärfung – dieses Befundes kommt die bestürzende These *Friedrich H. Tenbrucks* von der »Abschaffung des Menschen« im Einzugsfeld der modernen Sozialwissenschaften gleich.[43] Zwar sei der Mensch, so Tenbruck, als Person von Anfang an aus dem soziologischen Weltentwurf »ausgeschaltet« worden, da er darin zunächst zu einer »technischen Aufgabe« herabgesetzt und schließlich durch den Begriff des Rollenträgers zur »Selbstabdankung« gezwungen worden sei.[44] Seine komplette Abschaffung sei jedoch erst durch *René König* eingeleitet worden, als er die Person zur Schnittstelle von Prozessen erklärte, die lediglich »Verhaltensmuster« hervorbringen, so daß das Individuelle ins Abseits der Sinnlosigkeit gerät.[45] Theoretisch wird der Mensch damit, wie schon bei *Marx*, als bloßes Gattungswesen begriffen, »das als Produkt seiner Verhältnisse durch die Einrichtung dieser Verhältnisse ebenso zu beglücken wie zu lenken ist«; davon ist die heutige Bewußtseinslage weiterhin bestimmt:

> Praktisch folgt man dem Grundsatz der Sozialwissenschaften, daß alles aus gesellschaftlichen Ursachen zu erklären und mit gesellschaftlichen Verschreibungen zu kurieren sei. Die Mißweisung, die im Weltbild der Sozialwissenschaften steckt, bestimmt das öffentliche Bewußtsein. Der Mensch, der sich selbst die Frage ist, wie er sein will, hat abgedankt.[46]

Schon die Vorstellung, daß es in einer für das herrschende Bewußtsein grundlegenden Wissenschaft zu der von Tenbruck registrierten »Abdankung des Menschen« kommt, ja schon der Gedanke, daß dieses Theorem ernsthaft für eine »Ortsbestimmung« dieser Wissenschaft in Erwägung gezogen werden kann, nötigt zur Rückfrage nach der Rolle des Menschen im Glaubensbewußtsein der Gegenwart. Denn das Bild von einer vom Strom des Zeitgeschehens unbehelligten Glaubenswelt erweist sich zunehmend als illusionär. Nicht nur, daß gerade jene Tendenzen, gegen die sich das religiöse Bewußtsein abzuschirmen oder doch zu immunisieren sucht, fast mühelos »Hintertüren« der Beeinflussung finden; vielmehr stellt sich auch bei näherem Zusehen vielfach heraus, daß in den den Glauben besonders irritierenden Zeiterscheinungen oft nur in verzerrter und gesteigerter Form das auf ihn zukommt, was er als meist nur partiell bewältigte Gefährdung in sich trägt.

Um dem Begriff des »Faktendrucks« gerecht zu werden, muß jedoch zunächst noch auf die Vorfrage nach möglichen Entsprechungen im Erscheinungsbild der heutigen Lebenswelt eingegangen werden. Und da wird alles Gerede von der »Vermenschlichung« der gesellschaftlichen Verhältnisse, aber auch alle ernsthafte Bemühung um Respektierung der Menschenwürde nicht darüber hinwegtäuschen können, daß der von Tenbruck erhobene Vorwurf nur das auf den Begriff bringt, was die moderne Gesellschaft dem Menschen zufügt und als dessen »Abdankung« von ihrer Theorie, den Sozialwissenschaften, gespiegelt wird. Die von Tenbruck mehr angedeutete als ausgeführte Analyse läßt auch mit aller Deutlichkeit die »Stoßrichtung« dieses Vorgangs erkennen. Indem der Mensch zum »Rollenträger« degradiert und auf »Verhaltensmuster« festgelegt wird, widerfährt ihm, mit *Max Müller* gesprochen, die Reduktion von der Person auf die Funktion.[47] Was dem heutigen Gesellschaftssystem entspricht, ist der auf die ihm vorgegebenen Programme ausgerichtete Mensch, genauer noch die von ihnen geforderte menschliche Leistung, nicht aber sein unvertretbares Personsein, das dem gesellschaftlichen Grundprinzip der universalen Vertretbarkeit diametral entgegensteht und deshalb als ebenso obsolet wie überflüssig gilt. Ihr Ziel ist demgemäß der von *Herbert Marcuse* beschriebene »eindimensionale Mensch«, der durch die Preisgabe seines personalen Eigenprofils den »Frieden« mit den bestehenden Verhältnissen gemacht und gefunden hat. In diesem Bereich liegen die nur allzu handgreiflichen Fakten, die drängend und bewegend auf das Glaubensbewußtsein einwirken.

Doch was hat der Glaube, um damit zur Hauptfrage zurückzukehren, damit konkret zu tun? Weist der alarmierende Gedanke von der Abschaffung des Menschen, so drängt die Frage weiter, am Ende wie so vieles, was an Schrecknissen und Befürchtungen in der Luft liegt, auf ein theologisches Defizit zurück? Kaum aber stellt man die Frage in dieser Form, so verdichtet sie sich auch schon zu dem Zweifel, ob es der Gegenwartstheologie gelang, die soziale Natur des Menschen so strikt mit seiner unvertretbaren Personwürde zu verknüpfen, daß die Vorstellung von einer auf die bloße Funktionalität des Menschen gegründeten Gesellschaft in ihrem Umfeld gar nicht erst aufkommen konnte. Und dieser Zweifel verdichtet sich schließlich zu der Vermutung, daß sich in dem personfeindlichen Gesellschaftsmodell der modernen Sozialwissenschaften eine Theologie spiegelt, die das Verhältnis von Individuum und Gesellschaft nicht ins volle Gleichgewicht zu bringen vermochte, die dann aber umgekehrt im Blick auf dieses Ungleichgewicht schon von sich her nach einer Glaubenswende ruft.

Wenn das nicht eine vage Mutmaßung bleiben soll, ist ein Durchblick durch die von der Gegenwartstheologie entwickelten Formen des Personbegriffs unerläßlich. Dabei geht es, wie kaum hervorgehoben zu werden braucht, keineswegs um die inhaltliche Korrektheit dieses Begriffs, obwohl eine Erkundigung danach angesichts »sozialistischer« wie »integralistischer« Randerscheinungen im Spektrum der heutigen Theologie nicht unberechtigt wäre, sondern ausschließlich um den ihm jeweils zugemessenen Stellenwert. Daß bei dessen Bestimmung unerwartet starke Differenzen auftreten, macht schon ein Vergleich *Karl Rahners* mit dem – eher binnentheologisch argumentierenden – *Hans Urs von Balthasar* deutlich. Während Rahner dazu neigt, den Personbegriff als eines der großen Geschenke des Christentums an die Menschheit aufzufassen, möchte ihn Balthasar im Grunde für den reservieren, der seinem – von *Guardini* übernommenen – Ansatz zufolge die Bedingungen des Personseins als einziger ganz erfüllt: für Jesus Christus. Demgemäß ist für Rahner die menschliche Personalität die »Voraussetzung der christlichen Botschaft«; denn:

> Als erstes ist vom Menschen hinsichtlich der Voraussetzungen für die Offenbarungsbotschaft des Christentums zu sagen: Er ist Person, Subjekt.[48]

Danach konstituiert schon die mit dem »Vorgriff auf das Sein« vollzogene Transzendenzbewegung den Menschen als die in unvertretbarem Selbstsein existierende Person.[49] Demgegenüber bildet für Balthasar auch die Einsicht in die »Komplementarität von allgemeiner und individueller Geistnatur« im Menschen noch keinerlei Grund, den »Begriff ›Person‹ einzuführen«, da dieser im strengen Sinn nur auf den in der vollkommenen »Identität zwischen Ich und Sendung« existierenden Gottmenschen zutrifft, so daß ein jeder, der »neben Jesus noch Anspruch auf die Bezeichnung Person verdient«, ihn immer nur aufgrund seiner Beziehung zu ihm und in der »Abkünftigkeit von ihm erheben« kann.[50] Von der Urpersönlichkeit Gottes gehalten, wird der Mensch, wie Balthasar mit einem Wort des Hegelianers *Marheineke* betont, »erst wahrhaft persönlich«.[51] Vom Personsein des Menschen kann somit im Rahmen einer christlichen Anthropologie nach Rahner nicht früh genug, nach Balthasar nicht spät genug gesprochen werden.

Wie eine aktuelle Spiegelung dieses nahezu aporetischen Verhältnisses nimmt sich die Bestimmung der menschlichen Personalität in *Wolfhart Pannenbergs* ›Anthropologie in theologischer Perspektive‹ (von 1983) aus.[52] Danach stellt die heute vorherrschende Auffassung von der Konstitution des Personseins den Fichteschen Ansatz von der Selbstsetzung des Ich geradezu auf den Kopf. Ihrzufolge ist das Ich gerade nicht das sich im Prozeß der Selbstwerdung durchhaltende Subjekt:

> Das Ich ist vielmehr primär augenblicksgebunden und empfängt Kontinuität und Identität erst im Spiegel des sich entwickelnden Bewußtseins des Individuums von seinem Selbst als der Totalität seiner »Zustände, Qualitäten und Handlungen«.[53]

Diese Positionsbestimmung erreicht Pannenberg, indem er zunächst die Herleitung der Personalität aus der Ich-Du-Beziehung durch die Vertreter des dialogischen Prinzips, dann aber auch ihre Herleitung aus dem »sozialen Selbst« durch den Sozialpsychologen *Mead* verwirft, um sich schließlich der Position eines »theologischen Aktualismus« anzunähern. In dieser Sicht ist die Person die »Gegenwart des Selbst im Augenblick des Ich, in der Beanspruchung dieses Ich durch unser wahrhaftes Selbst und im vorwegnehmenden Bewußtsein unserer Identität«; anders ausgedrückt:

> Person ist das Ich als das »Antlitz«, durch das hindurch sich das Geheimnis der noch unabgeschlossenen Geschichte eines Individuums auf dem Wege zu sich selbst, zu seiner Bestimmung bekundet.[54]

Wenn Pannenberg schließlich das menschliche Personsein »auf eine noch offene Bestimmung und darin auf Gott bezogen« sieht, bewegt er sich, im Rahmen der Ausgangspositionen gesehen, von Rahner weg und auf Balthasar zu. Denn die personale Optimierung erreicht der Mensch dieser Konzeption zufolge nur in seiner aktuellen Hinordnung auf Gott; gibt er sie auf, so stellt er sich damit als Person in Frage. Er genügt nicht mehr der Bedingung, an die das kostbarste Geschenk des Christentums an die Menschheit geknüpft ist. Ist aber gerade hier, an dieser sensibelsten Stelle im Verhältnis von Gott und Welt, das Pauluswort von der Unwiderruflichkeit der göttlichen Gnadengaben (Röm 11,29) außer Kraft gesetzt? Und gilt hier nicht die Überzeugung, zu der sich ein urchristlicher Hymnus mit dem beglückenden Satz bekennt:

> Wenn wir untreu sind, bleibt er doch treu;
> denn er kann sich selbst nicht verleugnen (2 Tim 2,13).

Das aber genügt schon zum Beweis einer Zurückhaltung, die für die von *Tenbruck* beklagte »Abdankung des Menschen« zwar nicht verantwortlich zu machen ist, jedoch auf einen nur ungenügenden Widerstand der Theologie gegenüber dieser Tendenz schließen läßt. Bei aller Bereitschaft, sich neuen Problemfeldern zu öffnen, entwickelt die Gegenwartstheologie nicht die Energie und Entschlossenheit, die angesichts des »personalen Defizits« im Erscheinungsbild und Selbstverständnis des heutigen Menschen von ihr zu erwarten wäre. Wenn irgendwo, steht sie somit hier in einem anachronistischen Mißverhältnis zur zeitgeschichtlichen Situation, dem nur durch Gegensteuerung in Gestalt einer Wende begegnet werden kann. Und wenn irgendwo, muß diese Wende ihre ›Achse‹ in einer Wiedergeburt der Innerlichkeit haben.

### *4. Der Leidensdruck*

Vieles deutet darauf hin, daß ein lange verschollenes, vielleicht auch verdrängtes Erkenntnisprinzip neu »an der Zeit« ist: die Einsicht in die erkenntnisvermittelnde Kraft des Leidens. Gestützt auf paulinisches Gedankengut bekannte sich schon der große Unbekannte der griechischen Väterzeit, *Pseudo-Dionysius Areopagita*, zu der Überzeugung, daß das Gottesgeheimnis mehr noch durch Leiden als durch Forschen erkannt werde: non solum discens, sed etiam patiens divina.[55] Tatsächlich läßt sich zeigen, daß die großen Entdeckungen dieses Jahrhunderts aufgrund von Leiderfahrungen, zumindest aber stimuliert durch sie, gemacht worden sind. Zwar berief sich *Martin Buber* in seinem Rückblick auf die »Geschichte des dialogischen Prinzips« vornehmlich auf dessen Anbahnung durch *Feuerbach, Cohen, Rosenzweig* und *Ebner*; doch hätte er, wie alle anderen Protagonisten des modernen Sprach-Denkens, nicht weniger auch auf die Herausforderung durch den ungeheuren Sprachverschleiß in der gegenwärtigen Kommunikationswelt und damit auf die »Passion des Wortes« im Zeitgeschehen verweisen können.[56]

Nicht anders verhält es sich mit dem Durchbruch zum gegenwärtigen Todesverständnis, mit dem verglichen der bisherige Erkenntnisstand allenfalls ein Wissen um das Sterben bedeutete; soviel dazu das von *Kierkegaard* begründete Existenzdenken beigetragen haben mag, so spiegelt sich in ihm doch unverkennbar nicht weniger auch die Erfahrung des massenhaften, organisierten – und industrialisierten – Sterbens in diesem Jahrhundert der beiden Weltkriege und der Konzentrations- und Vernichtungslager.[57] Und schließlich wäre auch der Friede schwerlich als das alternativelose Prinzip menschlicher Gemeinschaft begriffen worden, wenn die Kriegsdrohung in der Gegenwart nicht extreme, ja geradezu utopische Formen angenommen hätte.[58] Selbst die Erweckung des ökologischen Bewußtseins dürfte nur teilweise auf wirtschaftliche und futurologische Erwägungen zurückgehen; zum anderen Teil hat sie zweifellos auch mit – wörtlich zu verstehenden – Sympathiegefühlen mit der durch die technische Ausbeutung aufs schwerste »in Mitleidenschaft gezogenen« Natur zu tun. So erweist sich das Leiden ebenso wie das Mitgefühl mit Leidenden als eine zwar noch kaum erkannte, darum aber nicht weniger ergiebige Quelle der Erkenntnis, und dies nicht zuletzt in den für eine sinnvolle Lebensgestaltung ausschlaggebenden Fragen.

Wenn mit der Frage nach der Glaubenswende mehr als nur eine oberflächliche Umschichtung, womöglich sogar ein an den Fortgang der Christentumsgeschichte rührender Vorgang angesprochen ist, wäre es zumindest auffällig, wenn bei ihrer Artikulation nicht ebenfalls Leiderfahrungen mit ins Spiel kämen. In einer zunächst diffusen Weise bekunden sie sich schon dort, wo in der religiösen Gegenwartssprache von einem »Leiden an der Kirche« die Rede ist. Denn nicht zuletzt trat im Verhältnis der Christen zu ihrer Kirche darin ein – so zuvor noch nie registrierter – Wandel ein, daß sie, die Kirche, nicht nur als die große Instanz der Leidüberwindung in einer schmerz- und todverfallenen Welt, sondern zunehmend auch als Verursachung von Leiden erfahren wird. Im Prinzip ist diese bestürzende Erfahrung freilich keineswegs neu; vielmehr sprach schon der Initiator des modernen Kirchenbewußtseins, *Romano Guardini*, der der durch den Zusammenbruch nach dem Ersten Weltkrieg verunsicherten Jugend mit seinem Wort vom »Erwachen der Kirche in den Seelen« zu religiöser Besinnung verholfen hatte, in einem Rückblick auf die Folgezeit von »Regungen des Ungenügens« an der Kirche, und dies in einer Form, die deutlich genug erkennen läßt, daß er mit dieser Wendung mehr verschwieg als zu erkennen gab.[59] Indessen kann man die Spur noch ungleich weiter, konkret gesprochen, bis in die paulinischen Gefangenschaftsbriefe zurückverfolgen. Besonders aufschlußreich ist die Stelle im Kolosserbrief:

> So freue ich mich denn über die Leiden, die ich für euch auszustehen habe; denn ich erfülle so an meinem Leib das Leidensmaß Christi für seinen Leib, die Kirche (Kol 1,24).[60]

Wenn dieser Satz auch im Kontext der Leidensgemeinschaft zu sehen ist, in die sich der Apostel, stellvertretend für seine Gemeinden, mit Christus gezogen weiß (Phil 3,10), hindert doch nichts, in seinen Umkreis auch jene Aussagen einzubeziehen, in denen von seinem Leiden an den Gemeinden die Rede ist, an erster Stelle das bewegende Wort des Galaterbriefes:

> Aufs neue leide ich um euch, meine Kinder, Geburtswehen, bis Christus in euch Gestalt gewinnt. Ich wollte bei euch sein, um mit anderer Stimme zu euch reden zu können; denn euretwegen bin ich ganz ratlos (Gal 4,19f).[61]

In dieser Konstellation hat sich inzwischen freilich darin ein grundlegender Wandel zugetragen, daß Gegenstand des vielfach beklagten »Unbehagens« und »Leidens« an der Kirche nicht mehr, wie bei Paulus, das in seinem Glauben noch unsichere – und verunsicherte – Gottesvolk, sondern die hierarchische Kirchenspitze ist. Soviel dabei an vordergründigem Ressentiment mitspielen mag, schlägt dieser Tatbestand doch schon dadurch zu Buch, daß er deutlichere Konturen des auf eine Glaubenswende hinwirkenden »Leidensdrucks« erkennen läßt. Die Klagen sind zu bekannt, als daß sie im einzelnen aufgeführt werden müßten. Nur ihre bestürzende Spannweite sei vergegenwärtigt, die sich von der Beschwerde über dirigistische Eingriffe in die Lebensformen der Ortskirchen über das Unbehagen an der einseitigen Kanalisierung des kirchlichen Informationsflusses bis hin zu der bloß administrativen »Lösung« der auftretenden Krisen erstreckt.[62] Damit sind auch schon einige jener Kontroverspunkte bezeichnet, die zu tieferen Aufschlüssen verhelfen. Man könnte sie schlagwortartig mit den Begriffen »Uniformität«, »Indoktrination« und »Autorität« verdeutlichen. Dabei springt, die Richtigkeit der Analyse einmal vorausgesetzt, die Tatsache in die Augen, daß es sich in keinem dieser Fälle um eine inhaltliche Kritik, sondern lediglich um Fragen des Glaubenskonzepts, der Glaubensvermittlung und der Glaubensstruktur handelt. Das rückt die angesprochenen Spannungen von vornherein in ein vergleichsweise milderes Licht. Da sich keine von ihnen auf Inhaltsfragen bezieht, läßt sich nirgendwo ein »häretisches Potential« ausmachen. Denn Häresien entstanden nach Ausweis der Kirchen- und Dogmengeschichte immer aus Kontroversen, die Glaubensinhalte zum Gegenstand hatten. Davon kann heute, allen Kassandrarufen zum Trotz, nicht die Rede sein. So leidenschaftlich sich das Unbehagen der kirchlichen Basis auch bisweilen äußern mag, handelt es sich dabei doch stets um Konfliktstoffe innerhalb der prinzipiell akzeptierten Kirche, keineswegs jedoch um Versuche, ihre Einheit aufzusprengen und ihren Bestand zu gefährden.

Dennoch sind mit den drei Stichworten echte Konfliktstoffe, um nicht zu sagen »Reibungsstellen« angesprochen, an denen das Leiden an der Kirche seinen Ausgang nimmt. Das gilt schon von der neuerdings besonders stark betonten »Glaubenseinheit«, die immer dann, wenn sie als Zwang zur Uniformität empfunden wird, in einen aggressiven Anschein gerät. Entweder erscheint sie dann als Angriff auf den durch die neueste Glaubensentwicklung, konkret gesprochen durch die Impulse des Zweiten Vatikanums, freigesetzten theologisch-spirituellen Pluralismus oder aber als gezielte Behinderung des ökumenischen Fortschritts. In beiden Fällen werden besonders sensible Stellen des gegenwärtigen Glaubensbewußtseins berührt. Denn das vom Epheserbrief geforderte Heranreifen zur Einheit im Glauben (Eph 4,13) wird heute, anders als in der kirchlichen Vorzeit, nicht mehr exklusiv, sondern komprehensiv verstanden, und das besagt, als Appell, diese Einheit mit allen herzustellen, die sich zu dem der Welt in Christus angebotenen Heil bekennen.

Im Hintergrund steht zweifellos die sich immer deutlicher durchsetzende Einsicht, daß der Glaube zu jenen höchsten Gütern des Menschen zählt, die man entweder mit allen gemeinsam oder nur partiell und befristet hat. Ein Einheitskonzept, das auch nur den Anschein des Uniformitätszwangs aufweist, wird deshalb spontan als obsolet, wenn nicht gar als Verhinderung der umfassenden Glaubenseinheit empfunden. Verstärkt wird dieser Eindruck durch den Pluralismusbegriff, wie er sich in der nachkonziliaren Epoche ausbildete und zusehends an Boden gewann. Er hat mit der stärkeren Beachtung der situativen Bedingungen des Glaubens zu tun, also mit der Erkenntnis, daß es nicht nur den von *Vinzenz von Lerin* geforderten Glaubensfortschritt, sondern auch so etwas wie eine je andere Profilierung ein und desselben Glaubens gibt und geben muß.[63] Sie bemißt sich an den unterschiedlichen Gegebenheiten geographischer, geschichtlicher und ethnologischer Art und führt in der Konsequenz zur Vorstellung von einer vielfältig strukturierten »Landschaft« des Glaubens, die sich in den einzelnen Regionen der Weltkirche ganz unterschiedlich darstellt, ohne seiner inneren Einheit im mindesten Abbruch zu tun. Ein auf völlige Uniformität drängendes Konzept erscheint, daran gemessen, als ein geschichtsblinder Anachronismus, besonders dort, wo es mit Mitteln der Gleichschaltung gegen einen bereits bestehenden Pluralismus durchgesetzt wird.

Ein durchaus vergleichbarer Konfliktherd ist mit dem Begriff »Indoktrination« angesprochen, der die einseitige Kanalisierung des Informationsflusses im kirchlich-religiösen Kommunikationsfeld zu verdeutlichen sucht. Das konfliktauslösende Moment ist in diesem Fall das dialogische Kommunikationskonzept, das sich durch das Zweite Vatikanum weltweit Bahn brach. Es stand in eklatantem Widerspruch zu dem jahrhundertelang durchgehaltenen Modell, demzufolge im Grunde nur die hierarchische Spitze »das Sagen hatte«, während die »Basis« des Kirchenvolks in die Rolle des gehorchenden Rezipienten verwiesen war.[64] Daß es sich nicht weniger rasch als das pluralistische Glaubensmodell durchzusetzen vermochte, erklärt sich nicht nur daraus, daß es in den Vertretern des »dialogischen Prinzips« philosophische Fürsprecher von beträchtlichem Einfluß fand, sondern mehr noch aus seiner Verankerung im ur- und altchristlichen Bewußtsein. Bei aller Betonung seiner apostolischen Autorität räumt Paulus den Adressaten seiner Briefe stets ein legitimes »Mitspracherecht« ein, am deutlichsten dort, wo er sie geradezu zum »verlängerten Arm« seiner Verkündigung erklärt und sie mit dem von ihm erstmals in Anspruch genommenen Medium des apostolischen Briefs in Vergleich setzt:

> Unser Empfehlungsschreiben seid ihr, eingeschrieben in unser Herz und allen Menschen lesbar und verständlich. Denn unverkennbar seid ihr ein Brief Christi, ausgefertigt durch unseren Dienst, geschrieben nicht mit Tinte, sondern mit dem Geist des lebendigen Gottes, und nicht auf steinernen Tafeln, sondern auf fleischernen Herzenstafeln (2 Kor 3,3).[65]

Wenn Paulus dann seinen Gemeinden sogar versichert, daß er sie in seinem Herzen trage (Phil 1,7) und daß er ihnen verbunden sei »im Leben wie im Sterben« (2 Kor 7,3), entsteht der Eindruck einer dialogischen Gemeinschaft, die über alles hinausgeht, was das Normalverständnis dieses Ausdrucks besagt. Sosehr er seinen Gemeinden aus der Position des von Gott bestellten Herolds der Offenbarungswahrheit entgegentritt, steht er doch mit ihnen zugleich in einem Herzensdialog, in dem er ebenso der vernehmende Hörer wie der bezeugende Künder seiner Botschaft ist. Nicht zuletzt bestätigt das sein Glaubensbegriff, der dieselben Strukturen aufweist wie der Offenbarungsempfang, dem er seine apostolische Würde verdankt.[66] Wenn es sich aber so verhält, muß der Akt der Verkündigung zumindest in dem Sinn dialogisch gesehen werden, daß er in den Hörern der Botschaft ein antwortendes Echo zu wecken sucht und erst dann sein Ziel erreicht sieht, wenn er dieses Echo auch tatsächlich findet. Das aber besagt, daß sich die konziliare Konzeption einer dialogisch strukturierten Verkündigung auf jenes paulinische Modell berufen kann, das noch in dem auf das eucharistische Geheimnis bezogenen Augustinussatz nachklingt: »Quod accipitis, vos estis – Ihr seid, was ihr eßt!«[67] Begreiflich, wenn Tendenzen, die auf die Wiederherstellung des linearen Indoktrinationsmodells abzielen, auf Widerstand und Empörung stoßen, begreiflicher noch, wenn sie zu den ausgesprochen leid- und schmerzerregenden Faktoren in dem vielfach beklagten »Leiden an der Kirche« gerechnet werden.

Dazu gehört aber nicht zuletzt auch die administrative »Bewältigung« binnenkirchlicher Konflikte, wie sie nach dem »Fall *Küng*« nun auch im »Fall *Boff*« gehandhabt wurde. Dabei entzündet sich der Widerstand noch nicht einmal so sehr an dem administrativen »Eingriff« selbst als vielmehr an dem sich in ihm bekundenden Verständnis von kirchlicher Autorität. Was damit in Frage gestellt wird, ist eine Autorität, die sich primär aus einer göttlichen »Ermächtigung« herleitet und sich demgemäß als innerweltliche Repräsentanz der Oberhoheit des absoluten Gottes versteht. Wie aus einer Hohlform geht dieses Autoritätsverständnis aus dem Gehorsamsbegriff hervor, der die Achse der von *Hans Urs von Balthasar* entwickelten und mit seiner dokumentarischen Schrift ›Unser Auftrag‹ (von 1985) »besiegelten« Konzeption bildet.[68] Obwohl mit Nachdruck als »Liebesgehorsam« ausgewiesen, ist Gehorsam hier doch gleichbedeutend mit einem Akt des bedingungslosen Sich-zur-Verfügung-Haltens, der sich selbst entäußernden Unterwerfung und Übereignung an den sich im Befehlenden manifestierenden Gotteswillen. Mag sich der darin spiegelnde Autoritätsbegriff auch aus unvordenklicher Tradition herleiten und durch sie gerechtfertigt wissen, so entspricht er doch keinesfalls dem Sinnverständnis, wie es aus der Katharsis der mit der Jahrhundertmitte einsetzenden Autoritätskrise hervorging. Daß diese durchaus nicht als eine bloß sozialpsychologische – wenngleich die Fundamente der bisherigen Gesellschaftsordnung erschütternde – Erscheinung abgetan werden kann, zeigt ihre religiöse Eskalation, die, paradox genug, lange vor ihrem offenen Ausbruch der Sensibilität *Peter Wusts* fühlbar geworden war.[69]

Im Vorgriff auf die von der philosophischen Hermeneutik

gebotene Radikallösung des religiösen Autoritätsproblems, die in späterem Zusammenhang zu würdigen ist, sei hier zunächst nur an die – im höchsten Sinn des Ausdrucks – »beschwichtigende« Lösung erinnert, in der *Heinz Robert Schlette* seine auf dem Höhepunkt der Studentenrevolte erschienene ›Skeptische Religionsphilosophie‹ (von 1972) ausmünden ließ.[70] Er gewinnt sie im Blick auf die von *Dostojewskij* geschaffenen Protagonisten der scheinbar unversöhnlichen Prinzipien Kritik und Pietät in Gestalt der beiden ungleichen Brüder Iwan und Aljoscha Karamasow, wobei er noch nicht einmal auf die unvergleichliche Szene Bezug nimmt, in welcher Aljoscha dem verzweifelten Bruder mit dem »literarischen Diebstahl« vom Schluß der Großinquisitorlegende, dem ihm schweigend aufgedrückten Kuß, sein liebendes Einverständnis erklärt.[71] Zuletzt aber gelangt er doch noch so weit, jetzt nur auf dem Umweg über den mit der Schöpfungsordnung überworfenen *Günter Eich*, dessen Absage sich zudem seltsam in dem – an *Horkheimer* angelehnten – Schlußgedanken des Werkes spiegelt; und das besagt: In einem gebrochenen Bekenntnis zum anselmischen Argument, das in dieser Version zwar nicht mehr der Vergewisserung der Gotteswirklichkeit dient, wohl aber der schmerzlichen Verifizierung der menschlichen Verlassenheit. Hätte *Eich* in dieser Ableitung das letzte Wort behalten, so hätte dies kaum überzeugender geschehen können als mit der Strophe aus seinem die »Trauer der Welt« beschwörenden Gedicht ›Schuttablage‹, die auf den Scherben einer goldbeschrifteten Tasse die Namen der göttlichen Tugenden entziffert und die traurigen Reste zugleich geheimnisvoll zur Symbolfigur eines Herzens überwachsen sieht:

Wo sich verwischt die goldene Tassenschrift,
Im Schnörkel von Blume und Trauben,
Wird mir lesbar, – oh wie es mich trifft:
Liebe, Hoffnung und Glauben.

Ach, wer fügte zu bitterem Scherz
So die Scherben zusammen?
Durch die Emaille wie durch ein Herz
Wachsen die Brennesselflammen.[72]

Mit Hoffnung und Liebe zusammen wird hier auch der Glaube an ganz unvermuteter Stelle, wo der Abraum der Konsumwelt liegt, »lesbar«, ganz so, als komme er erst hier, am Ort der Verwesung und des Verfalls, wo die Dinge dem gestalterischen Zugriff der Menschen entgleiten, zur Geltung, und wäre es auch nur in Form eines hilflos-rührenden Hinweises auf die überweltlichen Möglichkeiten des Daseins. So werden hier Kritik und Pietät im Sinn eines

Verweisungszusammenhangs miteinander versöhnt, sofern nur die »Schuttablage« als die »Stelle« zu gelten hat, an der die Konsumwelt ihre Grenzen offenlegt, gleichzeitig aber auch, inmitten des Ruins, das im paulinischen Sinne »Bleibende« – »Nun bleiben Glaube, Hoffnung, Liebe; diese drei« (1 Kor 13,13) – lesbar wird.

Mit der Rede von der Lesbarkeit des Glaubens ist auch schon das Stichwort für die hermeneutische Radikallösung des Autoritätsproblems gefallen, die sich insofern auf das Verhältnis von Kritik und Pietät zurückbezieht, als sie die Frage der Kritik mit der des Gebets verbindet und den Glauben als die »Antwort« auf beide erweist. Denn die Kritik fragt, gerade auch in der von *Eich* gemeinten Form, nach dem letzten Sinn der Welt, so wie sich in und mit dem in seiner »Logik« begriffenen Gebet die Gottesfrage stellt; der Glaube aber ist, hermeneutisch gesehen, ein »Gott verstehen«, dem, zusammen mit dem unbegreiflichen Gottesgeheimnis auch die als absurd empfundene Welt »verständlich« wird – verständlich, wie dies von einem unerträglich gewordenen Lebenskreuz im Augenblick der Ergebung und »Annahme« gilt.

Aus biblischer Sicht entspricht dem erstaunlich genau die »Hermeneutik« der johanneischen Abschiedsreden, die das furchtbare Geschehen, das der Jüngergemeinde bevorsteht, den ihre eigene »Drangsal« ankündigenden Kreuzestod ihres Herrn, zwar keineswegs durchsichtig macht, wohl aber Brücken baut, wie das Kreuz in seiner Unannehmbarkeit doch noch akzeptiert und dadurch in einen existentiellen Sinnkontext gebracht werden kann.[73] So fern liegt den von der Todesankündigung verstörten Jüngern der Gedanke der nahen Trennung, daß sie sich noch nicht einmal zu der Frage »Wohin gehst du?« (Joh 16,5) aufraffen. Doch gerade in dieser Rat- und Fassungslosigkeit müssen sie sich sagen lassen, daß der Fortgang ihres Herrn »gut für sie« ist, weil er die Bedingung für die Geistsendung und damit für den Eintritt in die volle Gottesoffenbarung schafft, die gleicherweise im Opfertod Jesu wie im Werk des von ihm gesandten Gottesgeistes besteht: des »Beistands«, von dem es heißt, daß er die Jünger »in alle Wahrheit einführen« werde (Joh 16,13), während Jesus seinen nahen Tod als das große Lebensopfer für sie, seine »Freunde«, zu verstehen gibt. Darum aber geht es, auch wenn der Ausdruck selbst nicht fällt, im Zentrum des hermeneutisch begriffenen Glaubens. So sehr sich der mit der Offenbarung konfrontierte Mensch von dieser zunächst überfordert und in die Rolle des gehorchenden »Knechtes« genötigt sieht, weiß er sich von ihr in der Folge immer persönlicher angesprochen und schließlich zur Höhe mitwissender Gottesfreundschaft erhoben. Das sagt die aus der Mitte des johanneischen Offenbarungsverständnisses gesprochene Zusicherung:

Nicht mehr Knechte nenne ich euch; denn der Knecht weiß nicht, was sein Herr tut. Freunde habe ich euch genannt, weil ich euch alles mitgeteilt habe, was mir von meinem Vater gesagt worden ist (Joh 15,15).[74]

Wenn irgendwo, liegt hier der Schlüssel zur definitiven Bewältigung des Autoritätsproblems, wie es sich dem glaubenswilligen Menschen stellt. Die Lösung hat die Form der Erlösung. Demnach besteht sie nicht etwa darin, daß der Vorrang der Autorität gebrochen und ein Zustand der Nivellierung geschaffen wird, sondern darin, daß Gott den Menschen zu sich erhebt und ins Einvernehmen zieht. Das aber hat – jetzt schon erkennbar – zur Voraussetzung, daß die Gottesautorität nicht als Machtposition, sondern dem Grundansatz zufolge selbst hermeneutisch, und das heißt, als die Vorrangstellung dessen begriffen wird, der dem Menschen das für ihn Unentbehrlichste und Hilfreichste »zu sagen hat«. Gleichwohl liegt der Schwerpunkt des gewonnenen Einvernehmens nach wie vor in der existentiellen Kompetenz. Wer zur »Mitwisserschaft« des Gottesfreundes gelangte, gewinnt nicht so sehr Einblick in die »Tiefen der Gottheit« als vielmehr die Kraft, die »Last Gottes«, von der *Ida Friederike Görres* sprach, auf sich zu nehmen.[75]

Damit hat sich die ganze Fragestellung allerdings so nachhaltig verschoben, daß von einem ›Leidensdruck‹ nur noch in eigentümlich sinnverkehrtem, genauer noch »systemimmanentem« Sinn die Rede sein kann. Auf der einen Seite lassen alle Anzeichen darauf schließen, daß das hermeneutische Offenbarungs- und Glaubenskonzept ebensosehr dem Bedürfnis des heutigen Menschen entgegenkommt wie es der durch die Autoritätskrise gekennzeichneten Situation entspricht, so daß es in jeder Weise »an der Zeit« ist. Auf der anderen Seite besteht in der wissenschaftlichen Theologie, nach dem Stand der Rezeption zu schließen, ihm gegenüber eine auffällige Sperre, die eine angemessene Erörterung bis zur Stunde verhinderte, zumindest aber in unerwartetem Umfang erschwert. »Leidtragender« dieses Widerstrebens war, wie die nach seinem Tod einsetzende Kritik beweist, in erster Linie *Karl Rahner*, der nur vordergründig wegen seiner ökumenischen Modellvorstellungen, substantiell jedoch, wie die von *Helmut Kuhn* an ihm geübte Kritik bestätigt, wegen seines repressionsfrei-hermeneutischen Offenbarungsverständnisses angegriffen wurde.[76] Wie so oft in der Menschheitsgeschichte wurde damit der Wohltäter für seine »Tat« bestraft. Die von ihm ins Werk gesetzte »Befreiungsszene« wandelt sich zu einem über ihn verhängten »Tribunal«. Unwillkürlich ruft das den Ausgang des platonischen »Höhlengleichnisses« in Erinnerung, der, mit *Heidegger* gesprochen, von dem »Rückstieg des Befreiten in die Höhle zu den noch Gefesselten« und dem von ihm dort erlittenen Schicksal berichtet, wie es nach *Platons* unmißverständlicher Andeutung auf paradigmatische Weise seinem Lehrer Sokrates widerfahren war. Offensichtlich hat die Frage, in welche die Gleichniserzählung ausmündet, bis zur Stunde nichts von ihrer bestürzenden Aktualität verloren:

> Wenn er sich nun wieder mit den Gefesselten befassen würde, bevor er sich an ihre Schattenwelt gewöhnt hat, würde er dann nicht dort unten der Lächerlichkeit preisgegeben sein, und würde man ihm nicht zu verstehen geben, daß er nur hinaufgestiegen sei, um mit verdorbenen Augen zurückzukehren, daß es sich also überhaupt nicht lohne, sich auf den Weg nach oben zu begeben? Und werden sie denjenigen, der Hand anlegt, um sie von den Fesseln zu befreien und hinaufzuführen, wenn sie nur seiner habhaft werden und ihn töten könnten, nicht auch wirklich umbringen?[77]

Dem kann man allenfalls hinzufügen, daß es aus christlicher Sicht auch ein stellvertretendes Leiden gibt, das Leiden derer, die in ihrer befreienden Wirksamkeit nicht begriffen wurden, daß aber gerade davon der womöglich noch größere Druck auf den von ihnen intendierten Wandel der Verhältnisse ausgeht.

## *5. Paradigmen und Anstöße*

Der religiöse Erkenntnisfortschritt verfolgt keine geradlinig auf sein Ziel zusteuernde Bahn; er hat vielmehr die Form einer Spiralbewegung, die im Maß ihrer wachsenden Distanzierung stets auf die überschrittenen Positionen zurückkommt, gerade so aber dem auf Rückvergleich gerichteten Interesse des theologischen Denkens besonders entspricht. Den Sinn der »Spirale« neu entdeckt und in seinem Werk nachgezeichnet zu haben, ist das Verdienst *Hans Erich Nossacks*, der damit eine Struktur freilegte, die sich über *Nietzsche* und *Kleist* bis auf *Maximus Confessor* zurückverfolgen läßt. Für ihn, den großen Geisteserben der spekulativen Mystik, ist der Menschheit der Rückweg in das verlorene Paradies – und man glaubt dabei einen Vorklang von *Kleists* Studie über das Marionettentheater zu vernehmen – ein für allemal verlegt:

> Denn es durfte der Ursprung nicht so gesucht werden, als ob er im Rücken läge; vielmehr sollte er als das Ziel erkundet werden, das vorne liegt. So sollte der Mensch durch das Ende den

verlassenen Ursprung kennenlernen, nachdem er das Ende nicht aus dem Ursprung zu erkennen wußte.[78]

Wenn die Bahn des religiösen Erkenntnisfortschritts aber, anders als die geradlinige des wissenschaftlichen Erkenntnisweges, spiralförmig verläuft, liegt die Rück-Sicht auf paradigmatische Gestalten und programmatische Impulse hier geradezu in der Natur der Sache. Anders als im Fall des wissenschaftlichen Erkenntnisfortschritts hat dann hier das Vorbild nahezu das Gewicht eines Arguments, jedenfalls aber einer bestätigenden Abstützung. Doch so viele ›Beweger‹ und ›Anreger‹ im Lauf der Glaubensgeschichte auch auftraten, so haben doch Gestalten, mit denen sich die Erinnerung an eine Glaubenswende verbindet, ausgesprochenen Seltenheitswert. Und fast noch seltener geschah es, daß programmatische Formeln gefunden wurden, die inspirierend und bewegend auf den Gang der Glaubensgeschichte einwirkten. Hier bewahrheitete sich vielmehr die schöne Strophe aus *Rilkes* ›Stundenbuch‹:

Werkleute sind wir: Knappen, Jünger, Meister,
und bauen dich, du hohes Mittelschiff.
Und manchmal kommt ein ernster Hergereister,
geht wie ein Glanz durch unsere hundert Geister
und zeigt uns zitternd einen neuen Griff.[79]

Für eine Religion, die sich so wurzelhaft wie das Christentum als Offenbarungsreligion begreift, besteht der weiterführende ›Griff‹ naturgemäß in erster Linie in worthaften Impulsen, weil sie dem göttlichen Zuspruch, aus dem es insgesamt hervorging, am unmittelbarsten entsprechen. Damit ist auch schon ein Auswahlkriterium genannt. Ihmzufolge kommen als Orientierungsfiguren nicht so sehr jene in Betracht, die aus ganz unterschiedlichen Gründen als »Beweger« in die Christentumsgeschichte eingingen, als vielmehr diejenigen, denen es gegeben war, ihren innovatorischen Beitrag auf eine einfache und damit besonders suggestive Formel zu bringen, die sich also zugleich als die sprachlichen Vermittler ihrer Anstöße erwiesen. Das grenzt die Anzahl der in diesem Zusammenhang zu Benennenden erheblich ein. Innerhalb der verbleibenden Gruppe gewinnen aber einige gleichzeitig an Profil. Doch werden auch sie um Haupteslänge von dem überragt, der die genannten Bedingungen wie kein anderer erfüllt, von Paulus.

Nach der von *Adolf Deissmann* geäußerten Überzeugung hat sich der Apostel schon durch Wendungen wie »die Gnosis bläht auf, die Liebe erbaut« (1 Kor 8,1), »unser Wissen ist Stückwerk« (1 Kor 13,9) oder »der Geist erforscht alles, auch die Tiefen Gottes« (1 Kor 2,10), die seine überragende Formulierungskunst bezeugen, unvergeßlich in das Gedächtnis der Menschheit eingeschrieben.[80] In noch viel höherem Maß gilt das von jenen Formeln des Apostels, die nicht nur komplexe Sachverhalte schlaglichtartig erhellen, sondern wie Pflugscharen, aufreißend und umbrechend, in das Erdreich des Geistes eindringen. Nach Ausweis seiner Wirkungsgeschichte gehört dazu in erster Linie sein Wort von der rechtfertigenden Kraft des Glaubens (Röm 1,17), nicht weniger aber auch seine Ankündigung des neuen, die ganze Weltzeit überstrahlenden Gottestages (2 Kor 6,2), sein Bekenntnis zu der in der Torheit des Kreuzes aufleuchtenden Gottesweisheit (1 Kor 2,7f) und nicht zuletzt seine auf das kartesianische ›Cogito sum‹ vorausweisende Umschreibung des im Glauben gewonnenen Ausgangspunktes: »Ich glaube, darum rede ich« (2 Kor 4,13). So steht Paulus an der Spitze derer, denen es gegeben war, die Glaubensgeschichte durch eben jene Kraft zu bewegen, aus der sie hervorging, sofern man sie nur als die durch das offenbarende Gotteswort in Gang gesetzte Geschichte begreift. So gesehen sind seine Innovationen von einer unübersehbaren Rückbezüglichkeit durchwaltet. Sie bewegen die Glaubensgeschichte durch Impulse, die sich wie die menschliche Antwort auf die göttliche Selbstbekundung ausnehmen. Nicht zuletzt besteht darin ihre Wirkmacht und Plausibilität.

Nicht zuletzt bestätigt sich das dadurch, daß die folgenden Innovationen, genauer besehen, auf Paulus zurückweisen. Das gilt für Augustinus ebenso wie für Anselm von Canterbury, für Luther ebenso wie für Lessing. Was *Augustinus* im »Ausschließlichkeitsprinzip« seiner ›Soliloquien‹ vorwegnahm – »Gott und die Seele will ich kennenlernen. Sonst nichts? Sonst überhaupt nichts!« (I,2,7) – , steigerte er bekanntlich in seinen Konfessionen zu einer innovatorischen Aussage, die in aller Form den Tatbestand eines Paradigmenwechsels erfüllt:

> Jetzt erforschen wir nicht mehr die Himmelskreise noch messen wir die Zwischenräume der Gestirne aus oder fragen nach dem Horizont der Erde: ich selbst bin es vielmehr, der über sich nachdenkt, ich, der Menschengeist.[81]

Diese ›Kehre‹ weist aber gleich zweifach auf Paulus zurück: einmal schon durch die Abkehr von dem das ganze Interessefeld des antiken Theoretikers einnehmenden Kosmos, dessen »Gestalt (nach 1 Kor 7,31) vergeht«; sodann – und vor allem – durch die Konzentration auf das über sich reflektierende Ich, dem der Glaube (nach 2 Kor 4,13) nicht nur für das Bekenntnis, sondern zuvor für das Selbstgespräch der Reflexion die Zunge löste. Paulinischen Ursprungs ist nicht weniger auch das anselmische Programmwort von der fides quaerens intellectum, das nach *Martin Grabmann* als die »weithin strahlende Aufschrift über dem Portal der eigentlichen Scholastik« steht.[82] Denn schon für Augustinus gilt:

> Die Einsicht ist der Lohn des Glaubens. Suche also nicht Einsicht, um zum Glauben zu gelangen, sondern glaube, damit du Einsicht gewinnst ... Durch den Glauben werden wir verbunden, durch das Verständnis werden wir lebendig gemacht. Zuerst aber sollen wir durch den Glauben anhangen, damit es dazu kommt, daß wir durch das Verständnis belebt werden.[83]

In bewußter Paulus-Nachfolge bewegt sich demgegenüber *Luther*, der nach *Gerhard Ebeling* das paulinische Begriffspaar Geist und Buchstabe »wie eine Pflugschar gehandhabt« hat, wobei sich dieses Urteil sicher nicht nur auf Luthers theologische Arbeit, sondern kaum weniger auch auf seine Nachwirkung bezieht.[84] Und zweifellos hat Luther den ›Boden‹ der neuzeitlichen Frömmigkeitsgeschichte noch weit nachhaltiger durch seine eigenen Wortprägungen wie die Programmworte von der »sola scriptura«, der »sola gratia« und dem »gerechtfertigten Sünder« (simul iustus et peccator) »umgepflügt«.[85] Ähnliches gilt, vor allem im Blick auf den paulinischen Rückbezug, von *Lessing*, der mit seinem Wort von dem »garstigen breiten Graben«, über den er trotz aller Versuche nicht hinwegkommen könne, dem Christentum seiner Zeit den vielleicht schwersten Vorwurf machte: zu einer Reproduktion seiner selbst herabgesunken zu sein, und der damit die christliche Glaubensgeschichte, wie die insistente Reaktion *Kierkegaards* auf diesen Vorwurf zeigt, für die ganze Folgezeit in Atem hielt.[86]

Daß derartige Wortprägungen auch heute noch Glaubens- und Bewußtseinsgeschichte machen können, bewies – wie schon eingangs vermerkt – der freilich durch die dramatischen Bedingungen seiner Lebenszeit begünstigte *Guardini,*[87] als er mit der Formel vom »Erwachen der Kirche in den Seelen« der durch die Niederlage des Ersten Weltkriegs verstörten Generation das Stichwort neuer Selbst- und Sinnfindung zurief[88] und als er in der noch radikaleren Umbruchsituation nach dem Zweiten Weltkrieg mit dem Programm der »Annahme seiner selbst« den »kategorischen Imperativ« der Gegenwart formulierte.[89] Und selbstverständlich gehört auch der Titel »Nur wer Gott kennt, kennt den Menschen« in diesen Zusammenhang, da Guardini mit ihm der »anthropologischen Wende« im theologischen Denken der Gegenwart nachhaltiger, als es durch theoretische Begründungen geschehen konnte, das Wort redete.[90] Es steht noch dahin, ob das hart umstrittene *Rahner*-Wort von den »anonymen Christen« im Dialog der Christenheit mit einer weithin säkularisierten Umwelt zu ähnlicher Bedeutung und Wirksamkeit gelangen wird; zweifellos aber liegt die von Rahner erhobene Forderung nach »Kurzformeln des Glaubens« auf der Linie der angesprochenen Modelle.[91] Wenn damit auch kein inhaltliches Programm ausgegeben wird, ist doch, wie in dieser Klarheit noch nie in der gesamten Theologiegeschichte, der formale Rahmen abgesteckt und die Kategorie bezeichnet, innerhalb deren programmatische »Formeln« entwickelt werden können.[92] Das aber zeigt, auch bei noch so zurückhaltender Beurteilung dieser Beispiele, daß sich die glaubensgeschichtlichen Innovationen in Vergangenheit und Gegenwart immer wieder mit Direktiven in Gestalt von programmatischen und inspirierenden Formeln verbanden und daß derartige Formeln vor allem im Zusammenhang mit konzentrativen Tendenzen im Glaubensbewußtsein gebildet wurden. Wäre es angesichts dieses Tatbestands vermessen, anzunehmen, daß auch das Wort von der glaubensgeschichtlichen Wende auf dieser Linie liegt?

# II.
# Diagnose

## *1. Kann man glauben lernen?*

Der Einstieg in den eigentlichen Gedankengang wird am besten mit der scheinbar leichthin gestellten Frage nach der Lernbarkeit des Glaubens gewonnen. Denn die Einsicht in die großen Zusammenhänge und Entwicklungen wird ebenso wie durch schwere Verstörungen durch übersehene Differenzen und verkürzende Modelle behindert. Durch kaum etwas aber wird der glaubensgeschichtliche Sinn so sehr getrübt wie durch die zwar relativ junge, jedoch inzwischen tief eingewurzelte Vorstellung von der Lernbarkeit des Glaubens. Obwohl ansatzweise schon in der Scholastik des Mittelalters vorgegeben, kam sie doch erst in der mit der Aufklärung konfrontierten neuzeitlichen Theologie voll zum Zug, so schon in der als Unterweisung für Seeleute gedachten und deshalb in holländischen Versen abgefaßten und erst nachträglich ins Lateinische übersetzten Abhandlung des Staatsrechtlers *Hugo Grotius* ›De veritate religionis christianae‹ (von 1627), in wissenschaftstheoretisch ausgearbeiteter Form sodann in der ›Apologetik‹ des Tübinger Theologen *Johann Sebastian von Drey* (von 1838 und 1847), der als der eigentliche Protagonist der wissenschaftlichen Glaubensbegründung zu gelten hat.[1] Für die Grundkonzeption ist es sicher nicht ohne Belang, daß als definitive Bezeichnung für die Disziplin der Name ›Fundamentaltheologie‹ etwa zur gleichen Zeit aufkam, als die noch von ihrem Begründer Drey vertretene Richtung eines romantischen Denkens in harten Kämpfen niedergerungen und durch die machtvoll aufsteigende Neuscholastik aus dem theologischen Spektrum verdrängt wurde.[2] Der endgültige Name enthielt insofern ein Programm, als er sich mit einer der bekanntesten Wendungen des Ersten Vatikanischen Konzils zur argumentativen Verkettung von philosophischen und theologischen Propositionen bekannte. »Recta ratio fidei fundamenta demonstrat«, so hatte das Konzil in einer für seine Denkweise charakteristischen These versichert: »Die geordnete Vernunft zeigt die Voraussetzungen des Glaubens auf«.[3] Von diesen ›Fundamenten‹ aus führt ein auf Vernunftgründe gestützter Weg zur Einsicht in die Glaubenspflicht; und das besagt, pädagogisch ausgedrückt, daß der Glaube lehrbar ist.

Dieser Ansatz liegt heute wieder so sehr im Zug der Zeit, daß seine Problematik längst nicht mehr so rasch, wie noch vor kurzem, in die Augen springt. Als er um die Mitte des vorigen Jahrhunderts entstand, trat aber nicht nur die intellektualistisch gestimmte Neuscholastik ihren Siegeszug an; vielmehr erlebte die Kirche damals auch die bisher schärfste Ausprägung ihrer hierarchischen Verfassung mit der Konsequenz eines selbst im Mittelalter nicht erreichten Zentralismus. Ohne daß der fatale Zungenschlag des Ausdrucks bemerkt wurde, begann man von ihrem »Anstaltscharakter« zu reden und die in ihr herrschende »Disziplin« zu rühmen. Doch darin drückte sich nur sprachlich das Konzept aus, das die Vermittlung des Glaubens primär als Unterweisung im Glauben begriff. Das begünstigte die Vorstellung von der Lehrbarkeit des Glaubens nicht nur; es forderte sie geradezu heraus. Doch damit erwies sie sich eindeutig als das theoretische Komplement zu einem auf den Anstaltsbegriff gegründeten Kirchenverständnis, aber auch zu einer Auffassung von Verkündigung und Pastoration, die sich weitgehend als Akt einer religiösen Disziplinierung der Gläubigen begriff. Daß die Modellvorstellung von der Lehrbarkeit des Glaubens heute zu neuer Plausibilität gelangte, hängt offensichtlich mit den überhandnehmenden restaurativen Tendenzen im Erscheinungsbild der Gegenwartskirche zusammen. Man wird sogar sagen können, daß der pädagogische Hintergrund des Modells heute erst wirklich zum Vorschein kommt. Konnte es um die Jahrhundertwende noch so erscheinen, als komme das Modell der Lehrbarkeit einem durch die Hochkonjunktur der Wissenschaften bestimmten Zeitgefühl entgegen, so kann heute, in dieser von wachsender Wissenschaftsskepsis gekennzeichneten Situation, davon nicht mehr die Rede sein. Wer heute dem lehr- und lernbaren Glauben das Wort redet, hat dabei primär einen Menschen im Auge, den es aus einer alles überflutenden Chaotik in eine feste Ordnung zurückzuführen gilt und dem in diesem Interesse auch der Glaube als ein geistiges Ordnungsgebilde vermittelt werden muß. Nicht umsonst hatte das Erste Vatikanum davon gesprochen, daß *der* eine gewisse Einsicht in den Glaubensinhalt gewinne, der auf den Sinnkontext der geglaubten Geheimnisse und deren »existentiellen Rückbezug« achtet. Die auffällige Nähe dieser Wegweisung zur modernen Sinndiskussion läßt darauf schließen, daß das traditionelle Glaubenskonzept hier, in dieser geistvollen Wiederaufnahme der scholastischen Lehre vom »Glaubenssinn« (intellectus fidei), seine größte Gegenwartsnähe erreicht.[4]

So einleuchtend dieses Modell auf den ersten Blick wirken mag, darf man doch die Konsequenzen nicht übersehen, die man mit ihm auf sich nimmt. Wenn man glauben lernen kann, engt sich fürs erste der Kreis der zum Glauben Gelangenden prinzipiell auf jene ein, für die ein Lehrer in Glaubensdingen zur Verfügung steht. Von welcher Brisanz diese erste Konsequenz ist, zeigt die heftige Diskussion, die um *Rahners* Theorem vom »anonymen Christentum« entbrannte.[5] Denn mit diesem Theorem hatte Rahner den nachgerade verzweifelten Versuch unternommen, den Kreis der – zumindest potentiell – Glaubenden auch auf die von der aktuell vernehmbaren Botschaft nicht Erreichten auszudehnen und damit erneut dem alten Anliegen Rechnung zu tragen, das bereits der patristischen Vorstellung von einem »logos spermatikos«, der in kleinen und kleinsten Partikeln über die ganze Welt hin verstreuten Gotteswahrheit, zugrunde lag. Darin griffen die Väter aber nur in harmonisierender Form auf das abgründige Problem zurück, das dem größten Missionar der Christenheit, dem Apostel Paulus, die selbstquälerischen Fragen abnötigte:

> Wie sollen sie den anrufen, an den sie nicht glauben? Und wie sollen sie an den glauben, von dem sie nicht gehört haben? Wie aber sollen sie hören, wenn niemand verkündet? Und wie soll einer verkünden, wenn er nicht gesendet ist? (Röm 10,14f).[6]

Und doch ist das erst die Peripherie des Problems! In seine Tiefenschicht führt die Erkenntnis, daß der als lehr- und lernbar gedachte Glaube dem Menschen wie alles, was von ihm erlernt werden kann und insofern Gegenstand der auf ihn gerichteten pädagogischen Bemühung ist, äußerlich bleibt. Radfahren und tanzen können wir lernen, und es beeinträchtigt unser Menschsein nur ganz unerheblich, wenn es unterbleibt; gehen dagegen nicht: es braucht nur eingeübt zu werden, weil es in der Physiologie des Menschen angelegt und mit ihr gegeben ist. Auf das Glaubensproblem zurückbezogen, ergibt sich daraus, daß dem didaktischen Modell ein Glaubensbegriff zugrunde liegt, der wie alles Lernbare additiv zum Menschsein hinzukommt und als derartige »Zugabe« sehr wohl zu seiner Bereicherung und Perfektionierung beitragen kann, der aber nicht in ihm selbst verankert ist. Ein so verstandener Glaube knüpft zwar an die naturgegebenen Daten des Menschseins an, ohne jedoch aus ihm wie diese hervorzugehen. Genauso entsprach es der Auffassung des Ersten Vatikanums, derzufolge der Glaube zwar keineswegs fremdgesetzlich in die Struktur des Menschseins einbrach, aber doch als ungeschuldete Gottesgabe zu seiner natürlichen Verfassung hinzukam, so daß die Frage einer inneren Entsprechung offenblieb. Wenn aber nicht alles täuscht, ist eben dies die Frage, an der sich die Glaubensbereitschaft des heutigen Menschen letztlich entscheidet.

Der Kern des Problems wird jedoch erst mit der Frage nach dem Offenbarungs- und Wahrheitskonzept erreicht, das dem didaktischen Modell zugrunde liegt. Wenn der Glaube lernbar ist, und wenn insbesondere seine Vermittlung den Charakter der Lehre hat, verfolgt die durch ihn vermittelte Offenbarung offensichtlich einen letztlich informativen Zweck. Sie dient, anders ausgedrückt, in erster Linie der Belehrung des um Gottes- und Welterkenntnis bemühten Menschengeistes. Obwohl die Aussagen des Ersten Vatikanums mit größtem Nachdruck darauf abhoben, daß die christlich verstandene Gottesoffenbarung das mit den Mitteln der Vernunft niemals aufzuklärende ewige Geheimnis zum Inhalt hat, gerieten sie doch in eine verblüffende Nähe zu dem pädagogischen Offenbarungsverständnis, zu dem sich der späte *Lessing* in seiner ›Erziehung des Menschengeschlechtes‹ durchgerungen hatte, als er »Offenbarung« und »Erziehung« wechselseitig definierte:

> Erziehung gibt dem Menschen nichts, was er nicht auch aus sich selbst haben könnte: sie gibt ihm das, was er aus sich selber haben könnte, nur geschwinder und leichter. Also gibt auch die Offenbarung dem Menschengeschlechte nichts, worauf die menschliche Vernunft, sich selbst überlassen, nicht auch kommen würde: sondern sie gab und gibt ihm die wichtigsten dieser Dinge nur früher.[7]

Schon der Verdacht einer Annäherung müßte den theologischen Gedanken zurückschrecken lassen, so genial sich das von Lessing entwickelte ›Befriedungskonzept‹ aus der Sicht seines Urhebers auch ausnimmt. Denn eine als erzieherischer Eingriff aufgefaßte Offenbarung brächte den Offenbarer nicht nur in das schiefe Licht eines Pädagogen, der das Ergebnis seiner Bemühung selbst vereitelt, indem er es, sei es aus Ungeduld oder Mitleid, von sich aus vorwegnimmt; vielmehr käme dadurch der Offenbarungsgedanke als solcher zum Erliegen, da eine bloß funktional verstandene Offenbarung in letzter Konsequenz auf ihre Selbstaufhebung in bloße Vernunft hinausliefe.

Doch gibt es dazu eine überzeugende Alternative? Die Antwort legt sich aus dem Umkreis jener Verhaltensweisen nahe, die nicht oder doch nur vom Rand her erlernt werden können, weil sie sich aus dem natürlichen Selbstvollzug des Menschseins schon vor jeder Anleitung ergeben. Sprechen lernen wir ebensowenig wie gehen, es sei denn, in der Randzone der bestimmten, von der jeweiligen Sprachgemeinschaft verfügten Ausdrucksformen. Gleiches gilt von der Arbeit, vom Gesang und von der Liebe, die zwar von *Dieter Wyss* »als Lernprozeß« beschrieben, damit aber keineswegs in ihrer unableitbaren Ursprünglichkeit in Frage gestellt wurde.[8] Man braucht nur noch den Schritt zum Vertrauen zu tun, um dasselbe auch für den Glauben in Anspruch zu nehmen. Der Glaube erweist sich dann, grundsätzlich gesehen, als ein Urakt menschlicher Selbstverwirklichung, durch den der Mensch ebenso wie in seinem Wort, jene Beziehungen aufnimmt, ohne die er weder sein noch sinnvoll leben kann.[9] Was für einen auf den Glauben hinführenden Lernprozeß zu überbrücken bleibt, ist dann nur noch die Distanz, die nach scholastischem Sprachgebrauch von dem Begriffspaar »formlos« und »geformt« ausgemessen wird, die also mit der Prägung des Glaubens durch die christliche Botschaft und Lehre zu tun hat.[10] Doch selbst wenn man dann so weit geht, von einer Neubegründung des Glaubens durch das Christentum und die von seinem Stifter ins Werk gesetzte Innovation zu sprechen, kann sich diese wiederum nur auf die naturgegebene Glaubensform zurückbeziehen, so daß von beiden gilt, daß sie nicht wirklich erlernt, sondern nur freigesetzt und ›getätigt‹ werden können. Auf jeden Fall aber käme ein durch einen ›Lernprozeß‹ bewirkter Glaube für die Sinnerwartung des heutigen Menschen zu spät; er sähe darin nur eine, wenn auch noch so kostbare ›Zutat‹, einen Beitrag zur Ornamentik des Menschseins, während doch seine Erwartung darauf gerichtet ist, den Glauben im Kontext der menschlichen Selbstverwirklichung sehen zu dürfen.

Dennoch bleibt ein Rest von Unbehagen, solange für den neuen Ansatz kein Theorem von vergleichbarer Prägnanz gefunden wurde. Doch dieses braucht noch nicht einmal weit hergeholt zu werden, wenn man sich nur dazu versteht, vom Werden des Glaubens auf sein Wesen überzugehen. Dann kann anstelle von der Lernbarkeit von der Verstehbarkeit des Glaubens gesprochen und der Glaube selbst als ein religiöser Verstehensakt gedeutet werden.[11] Das bringt den Glauben in jene neue Perspektive, die gleichzeitig seiner ureigenen ›Sache‹ wie dem Interesse des Menschen entgegenkommt. Da er nach Paulus dem Hören des Offenbarungswortes entstammt (Röm 10,17), ist er damit auf seinen eigenen Grund gestellt, gleichzeitig aber auch auf den Selbstvollzug des Menschseins zurückgenommen. Zumindest bestätigt das die philosophische Hermeneutik, die in ihrer Ausgestaltung durch *Heidegger* darauf abhebt, daß das Verstehen ursprünglicher noch, als es die hermeneutische Verwendung des Ausdrucks vermuten läßt, ein praktisches »Sich verstehen auf etwas« bedeutet, wie es zu den elementaren Vollzügen und Verrichtungen des Menschenlebens gehört. In diese Richtung geht der Schlüsselsatz von Heideggers ›Sein und Zeit‹, der dieser Ausdrucksweise zugleich einen Hinweis auf die innerste Verfassung des Menschseins entnimmt:

Wir gebrauchen zuweilen in ontischer Rede den Ausdruck »etwas verstehen« in der Bedeutung von »einer Sache vorstehen können«, »ihr gewachsen sein«, »etwas können«. Das im Verstehen als Existential Gekonnte ist kein Was, sondern das Sein als Existieren. Im Verstehen liegt existential die Seinsart des Daseins als Seinkönnen.[12]

In diesem Zusammenhang gesehen, tritt der Glaube aber definitiv in die Reihe jener Grundakte, die nicht erlernt zu werden brauchen, weil sie mit dem Menschsein selbst gegeben sind. Mit diesem unbestreitbaren Gewinn ist aber auch, am ursprünglichen Konzept gemessen, ein Verlust verbunden. Was nicht erlernt zu werden braucht, kann auch durch Argumentation nicht mehr vermittelt werden. Zwar behalten die argumentativen Glaubenshilfen ihren guten Sinn; denn im ständig wachsenden Informationsangebot der heraufziehenden Medienwelt wächst auch das Informationsbedürfnis des gläubigen und glaubensbereiten Menschen, der wissen will, worauf er sich bei seiner religiösen Grundentscheidung, dem Glauben, beziehen kann. Im Blick auf die durch die modernen Medien bestimmte Situation kann darum diesem Interesse nicht intensiv genug entsprochen werden: die Ausarbeitung der vom Gedankengang der klassischen Fundamentaltheologie bezeichneten Beweisgründe leistet somit nach wie vor wichtige Dienste.[13] Nur darf man darüber die Tatsache nicht aus dem Auge verlieren, daß es sich dabei in der Frage nach der zeitgemäßen Glaubensbegründung nur noch um einen »Nebenweg« handelt, da der als menschlicher Existenzakt begriffene Glaube eine ganz andere Begründung verlangt. Doch worin besteht sie?

Wenn man durch die in der Theologiegeschichte entwickelten Glaubenstheorien hindurchstößt, um den Glauben so wahrzunehmen, wie er sich im Ursprung des Christentums darstellt, drängt sich die Antwort geradezu auf: in einem inspirativen Impuls! Was den Hörern der Verkündigung Jesu und der Predigt seiner Apostel so »ins Herz schneidet« (Apg 2,37), daß sie zur Umkehr und damit zum Glauben kommen, ist entweder ein Wort oder ein Ereignis von zündender, erschütternder und verwandelnder Intensität. »So wirkte Jesus sein erstes Zeichen«, resümiert der Johannes-Evangelist nach seinem Bericht von der Hochzeit in Kana; »er offenbarte seine Herrlichkeit, und seine Jünger glaubten an ihn« (Joh 2,11). Doch wiederholt er damit nur in seiner Sprache, was das Markus-Evangelium ungleich lebendiger miterleben läßt, wenn es von den Zeugen einer Wundertat Jesu berichtet:

> Da erschraken alle, und einer fragte den anderen: Was hat das zu bedeuten? Eine neue Lehre, und sie wird mit Vollmacht verkündet! (Mk 1,27).[14]

In die Tiefe des Zusammenhangs führen jedoch erst jene ›Glaubensszenen‹, in welchen Jesus am Rande der Glaubensmöglichkeit stehenden Menschen durch einen ausdrücklichen oder unausgesprochenen Appell zum Glauben verhilft. In hilfreicher Ausdrücklichkeit geschieht das, wenn er dem von der Todesnachricht bestürzten Vater der Zwölfjährigen zuruft: »Keine Angst; glaube nur!« (Lk 8,50) Doch setzt auch der ›hoffnungsvolle Verzweiflungsruf‹ des um Gesundheit und Leben seines Sohnes bangenden Vaters »Ich glaube; hilf meinem Unglauben!« (Mk 9,24) voraus, daß er eines ähnlichen Appells gewärtig ist, durch den er wie der sinkende Petrus (in Mt 14,22–33) die Hand seines Retters zu fassen bekommt. Damit ist aber auch schon klar, daß hier an die Stelle der zum Glauben bewegenden Argumente etwas ganz anderes getreten ist: eine belebende, bestärkende und bewegende Inspiration, die in einem jeden der angesprochenen Fälle mehr noch als von dem Wort von der Person Jesu ausging. Was bei den Evangelien nur Andeutung bleibt, gewinnt bei Paulus volle Kontur. Von ihm ist schon deshalb die vollgültige Auskunft zu erwarten, weil er, um es mit einer Anspielung an das Schlußwort des Johannes-Evangeliums »Selig, die nicht sehen und doch glauben« (Joh 20,29) zu sagen, gleichzeitig auf der Seite der Augenzeugen, der ›Sehenden‹ also, und der ›Nichtsehenden‹ steht, die erst auf deren Wort hin zum Glauben kommen. Das bringt es mit sich, daß für Paulus der Christenglaube grundsätzlich transparent auf sein eigenes Berufungserlebnis ist, das für ihn (nach 1 Kor 15,8) in einer Schau des Auferstandenen besteht. Von ihr aber sagt er in der Schlüsselstelle des Galaterbriefs, daß ihm in seiner Berufungsstunde das Geheimnis des Gottessohnes ins Herz gesprochen worden sei (Gal 1,15f).[15] Was seiner Überzeugung nach zum Glauben bewegt, ist somit eine vom Gottesgeheimnis ausgehende Inspiration, verstanden als eine den Menschen über seinen Wissens- und Seinsstand hinaushebende, mit neuer Kompetenz erfüllende und zur vollen Selbstfindung führende Erfahrung.

Um diesen Daten Rechnung zu tragen, wird man den christlichen Glauben, auch im Interesse seiner Unterscheidung von anderen Glaubensformen, als einen »inspirierten Glauben« bezeichnen müssen. Damit ist seine Deutung als religiöser Verstehensakt erst voll gerechtfertigt. Weil sich wirkliches Verstehen niemals auf eine bloße Repetition des vom Sprecher Gemeinten im Bewußtsein des Rezipienten erschöpft, sondern seiner letzten Absicht nach darauf abzielt, ihn besser zu verstehen, als er sich selbst begreift, gehört zu seinem Vollzug nicht nur der zu deutende ›Text‹, sondern ebensosehr auch das ›Licht‹, in welchem er vollgültiger ›lesbar‹ wird. Im Fall des Glaubens fallen Text und Licht in eins. Der ›Text‹ der göttlichen Selbstmitteilung ist zugleich das ›Licht‹, das sie verstehbar macht. Der Glaube aber ist jenes geistige Ereignis, in welchem das eine zum anderen kommt: der Text in das von ihm selbst ausgehende Licht, und dies zugleich so, daß der glaubende Mensch, der gleichzeitig ›Ort‹ und ›Zeuge‹ dieses Ereignisses ist, dadurch voll zu sich selbst gelangt.

Es liegt auf der Hand, daß der so begriffene Glaube aus innerer Nötigung selbst zu einer Quelle der Inspiration wird, weil das, was er empfing, danach drängt, mit gleicher Münze weitergegeben zu werden. Bevor man sich jedoch zu dieser Hoffnungsperspektive bekennen kann, wird man sich, eher besorgt und beklommen, fragen müssen, wo denn die zum Glauben führende Inspiration in der depressiv gestimmten Lebenswelt des heutigen Menschen präsent und wirksam ist. Ist das alles nicht viel zu schön, um wahr zu sein? Die Frage stellt sich um so dringlicher, als auch das kirchliche Leben einen eher spröde und unterkühlt wirkenden Gesamteindruck erweckt, der durch überhitzte Einzelerscheinungen nicht aufgehoben, sondern nur schmerzlich kontrastiert wird. Gibt es in der kirchlichen und religiösen Szene der Gegenwart, so wird man angesichts dessen nun zurückhaltender fragen, wenigstens Spuren der noch heute nachwirkenden Inspiration der ersten Stunde? Solange man bei der damit aufgenommenen Spurensuche nur an der Oberfläche des Geschehens bleibt, wird eine verläßliche Antwort schwerfallen. Anders, wenn man einen von *Guardini* wiederholt geäußerten Gedanken als Wegweisung nimmt.[16] Für den Zeitkritiker Guardini gewinnt das menschliche Dasein zunehmend einen »Ernst, den die Antike nicht gekannt hat«.[17] Das sucht er mit einem Satz zu begründen, der zu den bedeutungsvollsten Intuitionen des theologischen Denkens zu zählen ist:

> Er stammt nicht aus der eigenmenschlichen Reife, sondern aus dem Anruf, den die Person durch Christus von Gott her erfährt: sie schlägt die Augen auf und ist nun wach, ob sie will oder nicht. Er stammt aus dem jahrhundertelangen Mitvollzug der Christus-Existenz, aus dem Miterleben jener furchtbaren Klarheit, mit welcher Er »gewußt hat, was im Menschen ist« und jenes übermenschlichen Mutes, womit Er das Dasein durchgestanden hat.[18]

Kaum kann dieser Gedanke ernst genug genommen werden, vorausgesetzt, daß man ihn als Hinweis auf die Anwendung versteht, nach der Guardinis wahrhaft grundstürzende Bestimmung des »Wesen des Christentums« schreit.[19] Denn für Guardini kann vom »Wesen« des Christentums nur so gesprochen werden, daß der Begriff unter dem Eindruck einer Gestaltwahrnehmung alsbald wieder aufgegeben wird, da im Zentrum des Christentums nichts von Art einer Wesenheit, sondern die konkret-individuelle Person Jesu, sie jedoch in der Bedeutung des Universalen, steht. Das bedingt nicht nur einen Bruch mit dem gesamten kategorialen System der abendländischen Denktradition, sondern, wichtiger noch, eine Umstrukturierung der Wirklichkeit. Darauf bezieht sich die Anwendung des »christologischen Prinzips«, die er mit seiner Rede von dem »neuen Ernst des Daseins« in Angriff nimmt. Wer die Welt im Licht des »für uns zur Weisheit Gewordenen« (1 Kor 1,30) sehen lernt, gewahrt zunächst, so seltsam dies klingt, daß sich die Strukturen des Daseins durch das Heilsereignis der Menschwerdung Gottes geändert haben. Gott hat, bildlich gesprochen, die Hand an die Wurzel der Dinge und Verhältnisse gelegt und damit den Anfang mit jener Neuordnung gemacht, die in der Sprache Jesu »Reich Gottes« heißt. Für den Pessimisten Guardini gewinnt damit das Dasein, insbesondere in Gestalt der menschlichen Existenz, den von ihm angesprochenen »neuen Ernst«. Er hätte genausogut – und besser noch – von seiner Würde und dem damit gestifteten Glück sprechen können. Dann hätte er nämlich auch schon den Quellgrund der Inspiration genannt, aus welcher der Glaube lebt.

Um das nachvollziehen zu können, tut man gut daran, sich an die Botschaft zu erinnern, mit welcher Jesus die Welt buchstäblich aus den Angeln zu heben sucht. Es ist die Botschaft von dem kommenden und doch in ihm selbst schon angebrochenen Gottesreich, deren Deutungsgeschichte durch zwei markante Begriffe gekennzeichnet ist. In hellsichtiger Erfassung des mit »Gottesreich« letztlich Gemeinten nannte *Origenes* Jesus die leibhaftige Wirklichkeit dieses Reiches, die »autobasileia«.[20] Demgegenüber spricht die neuere Exegese in diesem Zusammenhang von einer »realized eschatology«, was allgemeinverständlicher auch mit »verwirklichte Utopie« wiedergegeben werden könnte.[21] Das eine wie das andere ist dazu angetan, den inspirativen Beweggrund des Glaubens zu verdeutlichen. Das gilt zunächst schon von der These der »realisierten Utopie«; denn sie rückt, fast schlagartig, das utopische Glaubensmoment ins Licht. Wer glaubt, findet sich mit der auf die Fakten eingegrenzten und dem Prinzip der Zweckrationalität unterworfenen Welt nicht ab; er glaubt, weil er hinter den Fakten den Sinn, hinter dem Sinn die Weisheit und in ihrem Grund die Liebe sucht; er glaubt, weil für ihn Gewalt, Leiden, Tod und Nichts nicht das letzte Wort im Weltgeschehen behalten dürfen; er glaubt, weil er das letzte Wort auch nicht von der Vernunft und ihrer Weltauslegung, sondern vom ewigen Seins- und Sinngrund aller Dinge erwartet; er glaubt, weil er die Vorzeichen dieser Mitteilung zu sehen, ihre Ankündigung zu hören vermeint; er glaubt, weil er sich zu seinem Glauben – bewogen fühlt.

Demgegenüber schafft die These des *Origenes* Klarheit über den Grund der Utopie. Er besteht nicht in einem Programm oder einer Suggestion, sondern in der Person dessen, den dieser größte Systematiker der Christenheit das Gottesreich »in Person« genannt hat. So ist für ihn Jesus selbst der lebendige Garant dafür, daß seine Sache, mit dem von *Willi Marxsen* ausgegebenen Leitwort gesprochen, »weitergeht«.[22] Und damit erklärt er Jesus gleichzeitig zur Quelle der zum Glauben bewegenden Inspiration. Denn in seinem Fall stehen, wie *Milan Machovec* der christlichen Theologie in Erinnerung rief, Werk und Person in einer unaufhebbaren Einheit, so daß er in seiner Wirkung selbst gefunden, erkannt und erfahren werden kann.[23] Das ist schon deshalb im höchsten Maße inspirativ, weil diese Einheit die gewohnten Unterscheidungen außer Kraft setzt und in einer Welt der Differenzen und Gegensätze als das Prinzip ihrer Aufhebung wirksam wird. Und noch ungleich mehr geht die inspirative Wirkung von jener Energie aus, die – wie schon im mikrophysikalischen Bereich – immer dort freigesetzt wird, wo Getrenntes in seine ursprünglichere Einheit zurückschlägt. Aber gibt es auch nur Ansätze dazu in der heutigen, von Polarisierungen und Konflikten beherrschten Lebenswelt?

Kaum der Sache, wohl aber der Intention und Sehnsucht nach; doch auch sie sind bestimmende Faktoren der Wirklichkeit! So steht, um nur den wichtigsten Beleg zu nennen, das politische Bewußtsein der Gegenwart unter dem Druck der mächtig anschwellenden Friedenssehnsucht in aller Welt im Begriff, den Frieden anstatt wie bisher als wünschbares Desiderat als Postulat von zwingender Dringlichkeit zu begreifen. Nicht »Frieden ist möglich«, wie *Franz Alt* mit dem wachsweichen Titel seines gleichnamigen Erfolgsbuchs in Aussicht stellt, sondern »Friede muß sein!« heißt das Gebot der Stunde.[24] Wenn das noch nicht deutlich genug für sich selbst spräche, würde es noch zusätzlich durch das ungeheure Potential der den heutigen Menschen bedrückenden Ängste akzentuiert, das gebieterisch nach Überwindung, besser gesagt, nach einem Überwinder verlangt. Seiner ganzen Natur nach richtet sich dieser Appell an das Christentum, das sich kaum einmal in seiner Geschichte so eindringlich herausgefordert sah, seine helfenden und rettenden Energien zu mobilisieren wie heute. Um sich dem verstörten Menschen der Gegenwart verständlich zu machen, bräuchte es sich ihm nur als die Religion der Angstüberwindung zu präsentieren; das würde genügen.

Damit ist ein, nein *der* entscheidende Fingerzeig für die Beantwortung der Frage nach der Inspiration gegeben, die vor jeder argumentativen Begründung zum Glauben bewegt. Auf ihren Kern zurückgeführt, besteht sie in dem, was zur Angstüberwindung und zum Frieden verhilft und, christlich gesehen, als das rettende Fortwirken Jesu in der gegenwärtigen Lebenswelt verstanden sein will. Dem kirchlichen Bewußtsein ist der Gedanke längst schon durch die Vorstellung vom »fortlebenden Christus« vertraut. Um ihm sein aktuelles Profil zu verleihen, müßte er lediglich noch auf jene Vorgänge bezogen werden, in denen das »Weitergehen der Sache Jesu« manifest geworden ist, vor allem aber auf die Neuentdeckung Jesu, wie sie sich zu Beginn der siebziger Jahre in der religiösen Randszene Nordamerikas vollzog und in der Folge für den religiösen Disput der Gegenwart themenbestimmend wurde.[25] Neu durchzusetzen beginnt sich demgegenüber die Einsicht, daß es auch so etwas wie eine »kulturgeschichtliche Selbstvergegenwärtigung Jesu« gibt, nachdem sich schon *Guardini* zu der Überzeugung bekannte, daß durch die Einwirkung Jesu auf den abendländischen Kulturkreis das menschliche Dasein einen vordem nicht gekannten »Ernst« gewonnen habe, und nachdem *Friedrich Gogarten* im gleichen Zusammenhang sogar von einer kulturgeschichtlichen »Wende« gesprochen hatte.[26] Vor diesem Hintergrund wird man sich fragen müssen, ob im Interesse der Weckung der Glaubensbereitschaft nicht eine systematische ›Spurensuche‹ aufgenommen werden müßte, die darauf abzielt, gerade auch die spezifischen Inhalte des abendländischen Bewußtseins wie Freiheit, Menschenwürde und Friede als Werte zu begreifen, die in letzter Provenienz der Botschaft und Selbstgewährung Jesu entstammen. Damit wären dann auch schon die Brennpunkte der von ihm ausgehenden Faszination gefunden.

Zweifellos träte bei dieser Suche ein deutlicher Unterschied zutage. Die Trennungslinie würde durch den von *Rahner* eingeführten Begriff der ›Anonymität‹ gezogen. Diesseits dieser Linie stünde alles, was mit der bewußten Neuentdeckung Jesu zu tun hat, außer dem um seine Gestalt und Botschaft in Gang gekommenen ›Disput‹ *(Kern)* somit vor allem auch die Tatsache, daß er gerade für die Angehörigen der in ihrem Welt- und Selbstgefühl verstörten Generation zur hilfreichen Orientierungs-, Emanzipations- und Identifikationsfigur geworden ist: Licht, Weg und Leben, wie er sich schon in den Schlüsselworten des Johannes-Evangeliums zu verstehen gibt.[27] Jenseits dieser Demarkationslinie läge dagegen das, was zum Erscheinungsbild des »anonymen Christentums« gehört und zusammen mit den großen Inhalten auch die subjektive Denkweise und Sprache des abendländischen Kulturkreises prägt.[28] Denn in diesen Daten stößt der Angehörige des vom Christentum, wenn auch von noch so fern her inspirierten Kulturkreises auf die Spuren Jesu, so daß er zu ihm eine geistig-spirituelle Beziehung gewinnt, auch wenn ihm diese nur vom Effekt, nicht aber von der ›Sache‹ her zu

Bewußtsein kommt. Der Wert dieser Unterscheidung liegt, wie sich fast von selbst versteht, in der Lösung der vom Theorem der Lernbarkeit des Glaubens offengelassenen Frage, wie diejenigen, die keiner missionarischen Vermittlung erreichbar sind, zu einem wenigstens anonymen Glauben finden. Wie die ›Insider‹ kommen auch sie dazu aufgrund der von Jesus ausgehenden Inspiration, nur daß ihnen der Grund ihres Bewogenseins verborgen bleibt. Um so eindringlicher weisen sie in ihrem »unvollständigen« Glauben auf die Grundform der »vollständigen« Anbahnung zurück. Und davon wird nun mit letzter Klarheit deutlich, daß man zum Glauben nicht erzogen und angeleitet, sondern bewogen wird, bewogen durch die von Jesus vielfältig ausgehende Inspiration, die in dem Maß, wie sich Menschen von ihr berühren lassen, den Glauben in ihnen erweckt.[29]

In der depressiv gestimmten Lebenswelt der Gegenwart kann das nicht ohne einen kritischen Seitenblick vermerkt werden. Er gilt den Faktoren, die das für das Wirksamwerden der Inspiration unerläßliche Hochgefühl gar nicht erst aufkommen lassen, sondern alles wie mit einem Grauschleier überziehen. Mit *Herbert Marcuses* Analyse der »fortgeschrittenen Industriegesellschaft« könnte man auch von den Faktoren sprechen, die alle Lebensverhältnisse auf die »Eindimensionalität« niederschlagen.[30] Übereinstimmend damit hatte *Guardini* von dem beängstigenden Überhandnehmen der »Es-Mächte« in der gegenwärtigen Gesellschaft gesprochen und es für den Verfall der Persönlichkeitskultur und den Niedergang der Menschlichkeit verantwortlich gemacht.[31] Dabei hatte Guardini freilich die Übermächtigung des Menschen durch die totalitären Systeme noch zu sehr im Sinn, als daß er mit gleicher Deutlichkeit auch von der weniger spektakulären, dafür aber um so wirksameren Übermächtigung durch die heutigen Medien hätte sprechen können. Zweifellos liegt aber in ihrem Feld der Kernpunkt des angesprochenen Problems. In dieser Vermutung sieht man sich auch dadurch bestätigt, daß Marcuse im Durchgang durch die in der modernen Gesellschaft herrschenden Zwänge schließlich bei einem Stadium anlangt, das er durch die »Absperrung des Universums der Rede« gekennzeichnet sieht.[32] Eine derartige »Absperrung« ist aber nicht erst die Folge der modernen Medien, sondern bereits die der die Gesamtkultur tragenden Textualität, die ihr den Charakter einer ausgesprochenen ›Schriftkultur‹ verleiht.[33] Kulturgeschichtlich gesehen liegt hier dann auch der innerste Grund für die Verkürzung der Frage, wie man denn zum Glauben komme, zum Konzept der argumentativen Glaubensbegründung und damit gesehen der Ursprung des Theorems von der Lehrbarkeit des Glaubens. Denn bei aller kulturstiftenden Effizienz hat die Schriftlichkeit darin ihre

Grenze, daß sie dialogische Übertragungsvorgänge nur in verkürzter oder transformierter Form wiederzugeben vermag. In der Frage der Glaubensbegründung machte sich das in der Form geltend, daß an die Stelle des Modells der suggestiven Glaubensinduktion das der argumentativen Anleitung zum Glauben trat. Indessen handelt es sich dabei offensichtlich nur um die Spitze eines Eisbergs, so daß die grundsätzliche Rückfrage nach dem Einfluß der Medien auf die heutige Lebens- und Glaubenswelt unumgänglich wird.

## *2. Die totale Medienwelt*

Bei seiner Diagnose der Neuzeit glaubte *Guardini* das grundlegende Unheil im Faktor ›Macht‹ gefunden zu haben; und er wurde darin neuerdings durch *Elias Canetti* nachdrücklich bestätigt.[34] Inzwischen erfuhr diese Diagnose jedoch durch den amerikanischen Medientheoretiker *Neil Postman* eine bemerkenswerte Korrektur. Nicht die Macht, noch nicht einmal in ihren totalitären Erscheinungsformen, sondern die Medien sind seiner Überzeugung nach die schwerste Herausforderung der gegenwärtigen und künftigen Menschheit; und er begründet diese Ansicht im Rückblick auf das Orwell-Jahr ›1984‹ mit einer Gegenüberstellung der Orwellschen Schreckensvision mit der von *Aldous Huxley* angekündigten ›Schönen neuen Welt‹:

> Orwell fürchtete jene, die Bücher verbieten würden. Huxley hatte die Befürchtung, daß es gar keinen Grund mehr geben werde, Bücher zu verbieten, weil kein Mensch überhaupt noch eines lesen wollte. Orwell hatte Angst, man würde uns die Wahrheit vorenthalten. Huxley fürchtete, daß die Wahrheit in einem Meer von Belanglosigkeiten untergehen werde. Orwell fürchtete, wir würden alle in permanenter Gefangenschaft enden. Huxley sah uns dagegen zu völlig oberflächlichen Menschen verkommen ... In Orwells Buch, meint Huxley, werden die Menschen durch zugefügten Schmerz in Schach gehalten. In der ›Brave New World‹ erfülle das schiere Vergnügen denselben Zweck.[35]

Der Text hebt nicht nur darauf ab, daß die Strategien der modernen Medienszene die Absichten der Diktatoren leichter und vollständiger erreichen, als dies durch den Einsatz von Machtmitteln jemals bezweckt werden könnte; er suggeriert vielmehr insgeheim auch den Gedanken, daß sie sich dabei eine strukturelle Tendenz der Schriftkultur selbst zunutze machen. Zwei scheinbar disparate, tatsächlich aber aufeinander verweisende Gründe sprechen dafür. Ihrer Grundtendenz nach ist alle Schrift entweder

Gesetz oder Chronik. Im letzten Fall steht sie im Wettlauf mit der Zeit, den sie für die Dauer der von ihr geschaffenen Dokumente für sich zu entscheiden vermag, zuletzt aber unvermeidlich an ihre über den größeren Atem verfügende Gegnerin verliert.[36] Wer den Menschen das Bücherlesen abgewöhnt, nimmt durch seine Strategie die bereits beginnende Zukunft der Schriftlosigkeit vorweg; denn es gehört zu den spezifischen Erfahrungen der Gegenwart, daß diese Zukunft nicht nur durch den Untergang der schriftlichen Dokumente herbeigeführt werden kann, sondern – ungleich wirksamer noch – durch medientechnische Entwicklungen, durch welche die gewohnten Formen der Schriftlichkeit wie Briefe und Bücher zusehends überflüssig werden. Demgegenüber besteht der zweite Grund in der These des späten *Sigmund Freud*, wonach alle Errungenschaften der Kultur auf Akte des »Triebverzichts« zurückgehen.[37] Das aber impliziert den Gedanken, daß der institutionalisierte Verzicht schließlich derart schwächend auf das menschliche Energiepotential zurückschlägt, daß das kulturstiftende Spannungsmoment entfällt und in der Folge dann auch seine Hervorbringung in sich zusammenbricht. Bekanntlich hatte das schon *Nietzsche* mit seiner These von der »Selbstauflösung« aller großen Kulturgestalten vorweggenommen:

> Alle großen Dinge gehen durch sich selbst zugrunde, durch einen Akt der Selbstaufhebung: so will es das Gesetz des Lebens, das Gesetz der notwendigen ›Selbstüberwindung‹ im Wesen des Lebens, – immer ergeht zuletzt an den Gesetzgeber selbst der Ruf: »Patere legem, quam ipse tulisti«. Dergestalt ging das Christentum als Dogma zugrunde, an seiner eigenen Moral; dergestalt muß nun auch das Christentum als Moral noch zugrunde gehn, – wir stehen an der Schwelle dieses Ereignisses. Nachdem die christliche Wahrheit einen Schluß nach dem andern gezogen hat, zieht sie am Ende ihren stärksten Schluß, ihren Schluß gegen sich selbst; dies aber geschieht, wenn sie die Frage stellt »Was bedeutet aller Wille zur Wahrheit?«[38]

Daß Nietzsche für seine These von der Selbstauflösung der Kulturgestalten vor allem das Christentum in Anspruch nimmt, schlägt die Brücke zurück zu *Lessing*, der in seiner Streitschrift ›Vom Beweis des Geistes und der Kraft‹ (von 1777) eben diesem Christentum den Vorwurf macht, im Lauf seiner geschichtlichen Selbstdarstellung zu einer Reproduktion seiner selbst herabgesunken zu sein; denn es sei immer mehr unter die Herrschaft des »toten Buchstabens« geraten, so daß seine Verkündigung im Unterschied zur inspirativen Predigt der Apostel weder Geist noch Kraft aufweise.[39] Damit fiel aber auch schon das Stichwort für das

Theorem, mit dem die größten Medientheoretiker der Christenheit, Paulus und Luther, dem restriktiven Zug der Schriftlichkeit nachgegangen waren. Obwohl *Luther* nicht zuletzt dem von ihm systematisch genutzten Buchdruck den Siegeszug des reformatorischen Gedankens zu verdanken hat, bekennt er sich doch in der ›Kirchenpostille‹ (von 1522) zu der Überzeugung, daß es »schon ein großer Abbruch und ein Gebrechen des Geistes« war, daß überhaupt Bücher geschrieben werden mußten, und daß diese ›Notmaßnahme‹ dem Evangelium nur unter dem Druck der Zeitverhältnisse abgerungen worden sei.[40] Denn das Evangelium sei ursprünglich die mündlich verkündigte Botschaft, weil nur sie die volle Kraft des Wortes vermittle. Und nicht weniger stehen dem Schöpfer des Theorems ›Geist und Buchstabe‹, dem Apostel *Paulus*, die Grenzen des von ihm in den Dienst seiner Verkündigung gestellten Mediums, des apostolischen Briefes, vor Augen, wenn er, bekümmert vom Wissen um den verkürzten Aktionsradius der schriftlichen Mitteilung, im Galaterbrief versichert:

> Von neuem leide ich um euch, meine Kinder, Geburtswehen, bis Christus in euch Gestalt gewinnt. Ich wollte, ich könnte bei euch sein und mit anderer Stimme zu euch reden; so aber bin ich ganz ratlos (Gal 4,19f).[41]

Übereinstimmend kommt in diesen Zeugnissen das Wissen um das der Schriftlichkeit anhaftende Defizit zum Ausdruck. Mit der Benennung des Prinzips der ›Komparativität‹ hat *Walter Wimmel* neuerdings aber auch auf die der Textualität innewohnende Tendenz zur Strukturierung ihrer Inhalte hingewiesen.[42] Damit bringt er auf den Begriff, was jedem Schriftverwender als der überragende Vorteil des von ihm gebrauchten Mediums ersichtlich ist: die strukturelle Rückbezüglichkeit, die es ihm erlaubt, die von ihm entwickelten Gedanken in einen – kritischen oder kombinatorischen – Vergleich miteinander zu setzen. Daß schon damit eine Favorisierung des informativen Elements verbunden ist, wird vollends deutlich, wenn man von den Schrift- und Druckmedien zu den elektronischen übergeht. Hier macht schon der Ursprung im militärischen Interesse an möglichst rascher Nachrichtenübermittlung deutlich, daß vom Strukturgesetz dieser Medien her mit einer »informativen Engführung« zu rechnen ist. Zur wirklichen Anerkenntnis verhilft dieser schlichten Feststellung jedoch erst die sich allmählich durchsetzende Bereitschaft, die Eigengesetzlichkeit dieser Medien überhaupt in Rechnung zu stellen.

Den entscheidenden Denkanstoß dazu gab längst schon der kanadische Medientheoretiker *Marshall McLuhan* mit seinem programmatischen Satz von der Dominanz des Mediums gegenüber der von ihm übermittelten Botschaft. Für seinen Grund-Satz »the medium is the message« führt er die schlagenden Beispiele des Lichts und der Maschine ins Feld. Wie die Maschine die Welt mehr durch ihre Existenz verändert hat als durch die jeweils von ihr hergestellten Produkte, ist auch die vom Licht ausgehende Helle, die es erlaubt, etwas zu sehen, wichtiger als das, was konkret gesehen wird. »Viele Menschen«, schreibt er, »sind wohl eher geneigt zu sagen, daß nicht in der Maschine, sondern in dem, was man mit der Maschine tut, der Sinn oder die Botschaft liege«; in Wirklichkeit verhalte es sich jedoch gerade umgekehrt.[43] Zum zweiten Beispiel führt er aus:

> Elektrisches Licht ist reine Information. Es ist gewissermaßen ein Medium ohne Botschaft, wenn es nicht gerade dazu verwendet wird, einen Werbetext Buchstabe um Buchstabe auszustrahlen. Diese für alle Medien charakteristische Tatsache bedeutet, daß der ›Inhalt‹ dieses Mediums immer ein anderes Medium ist. Der Inhalt der Schrift ist die Sprache, genauso wie das geschriebene Wort Inhalt des Buchdrucks ist und der Druck wieder Inhalt des Telegraphen. Auf die Frage: ›Was ist der Inhalt der Sprache?‹ muß man antworten: ›Es ist ein effektiver Denkvorgang, der an sich nicht verbal ist‹. Ein abstraktes Bild stellt eine direkte Äußerung von schöpferischen Denkvorgängen dar, wie sie etwa in Mustern von Elektronenrechnern erscheinen könnten. Was wir jedoch hier betrachten, sind die psychischen und sozialen Auswirkungen der Muster und Formen, wie sie schon bestehende Prozesse verstärken und beschleunigen. Denn die ›Botschaft‹ jedes Mediums oder jeder Technik ist die Veränderung des Maßstabs, Tempos oder Schemas, die es der Situation des Menschen bringt.[44]

Auf das Beispiel vom Licht zurückkehrend, schließt er aus der Tatsache, daß es völlig gleichgültig ist, welchen Vorgang sein Schein konkret beleuchtet, auf die Bestätigung seiner These, »daß das Medium die Botschaft ist«.[45] Und er glaubt das auch aus der Beobachtung ableiten zu können, daß der »Inhalt jedes Mediums der Wesensart des Mediums gegenüber blind« mache.[46] Es geht somit in erster Linie um die Aufhebung dieser ›Blindheit‹, wenn ein erster Schritt zur Annahme der von der totalen Medienwelt ausgehenden Herausforderung getan werden soll.

Für den von den vielfältigen Todesdrohungen der Gegenwart erschreckten Menschen dieser Zeit könnte es eine heilsame – und seine Medienblindheit heilende – Schockwirkung sein, wenn er sich der militärischen Herkunft des gesamten modernen Nachrichten- und Medienwesens bewußter würde, als dies gemeinhin geschieht.[47] Zumindest würde dadurch der Blick auf die von den elektronischen

Medien ausgehende Transformation der vermittelten Inhalte freigegeben, von der die Verstärkung des informativen Gehalts nur einen ersten Teilaspekt bildet. Die interessantesten Sendungen, die das Fernsehen ausstrahlt, sind unzweifelhaft die Nachrichtensendungen, auch wenn sie im Einzelfall als noch so langweilig empfunden werden. Doch läßt gerade dieser Einzelfall erkennen, daß neben der Informationsverstärkung noch andere, damit konkurrierende Tendenzen ins Spiel kommen. Am wichtigsten ist davon die Vermittlung eines Unterhaltungswertes. Was das Fernsehen ausstrahlt, wird, schon vor jeder bewußten Regie, zum Konsumgut. Damit ist aber nicht nur ein Entgegenkommen gegenüber dem menschlichen Spiel- und Unterhaltungsbedürfnis verbunden, sondern nicht weniger auch eine signifikante Entschärfung der dargestellten Sachverhalte. Eine vom Fernsehen übertragene Tragödie größten Ausmaßes hat nicht von ferne die erschütternde Wirkung, wie sie selbst von einem relativ glimpflich verlaufenen, aber unmittelbar erlebten Verkehrsunfall ausgeht. Schuld daran trägt freilich nicht nur die qualitative Verflachung, die insbesondere auch eine Ausblendung aller »Zwischentöne« nach sich zieht, sondern nicht weniger die geradezu »strukturelle Indiskretion des Mediums«, die selbst so persönliche Äußerungen wie Entsetzen, Schmerz und Trauer schonungs- und hemmungslos der Neugierde des Betrachters preisgibt. So kommt es zwar einer Übertreibung gleich, doch trifft es den Kern der Sache, wenn man behauptet, daß alles, was das Fernsehen vermittelt, zur ›Show‹ werde. Dem entspricht durchaus auch der von den neuesten Medien wie Bildschirm- und Videotext ausgehende Zwang zu möglichst knapper, einfacher und allgemeinverständlicher Darstellung, da diesem Zwang eine »reduktive Tendenz« innewohnt. Daß sich damit das bereits angedeutete Ende der Schriftkultur abzeichnet, ergibt sich schon aus dem Umstand, daß der für die Textualität form- und sinnbestimmende Rückvergleich bei der Abfassung derartiger Texte so gut wie ganz entfällt. Mit dem extremen Zwang zu Kürze und Deutlichkeit geht der unausweichliche Verzicht auf das einher, was das Eigenprofil der ›alten‹ Medien geprägt hatte. Die schon bei ihnen zu verzeichnende, durch die Komparabilität jedoch gleichzeitig auch kompensierte Tendenz zur Verflachung setzt sich fort in die zur platten Eindimensionalität.

Damit ist ein Stichwort von erheblicher diagnostischer Erhellungskraft gefallen, da es, in seinem Vollsinn genommen, auf einen viel zu wenig beachteten Tatbestand abhebt. Er wurde bereits mit dem Hinweis auf eine Privilegierung der informativen Sprachinhalte bei der Vermittlung durch die schriftlichen und elektronischen Medien angesprochen. In seiner kritischen Intention besagt er, daß die übrigen Sprachqualitäten, insbesondere die empirie- und evidenzvermittelnden, im Durchgang durch die Medien mehr oder weniger stark ausgefiltert werden. Für den Fall des reproduzierten Kunstwerks hat das *Walter Benjamin* längst schon mit seinem berühmten Wort vom »Verfall der Aura« deutlich gemacht.[48] Von ihrer Ursache her besagt diese Minderung: durch die mediale Vermittlung wird das Original zur Reproduktion. Daß das nicht nur von einem Text, sondern sogar von einer überragenden Kulturgestalt ausgesagt werden kann, wurde erstmals, wie bereits angemerkt, von *Lessing* gesehen und in einer für seine Zeit erstaunlich insistenten Weise ausgesprochen.[49] Was er als das Schicksal des mit ihm zeitgenössischen Christentums beschrieb, steht heute im Begriff, zum Schicksal der gesamten unter das Diktat der totalen Medienwelt geratenden Lebenswelt zu werden: die Gefahr, zu einer Reproduktion seiner selbst herabzusinken. Auch das ist in *Hentigs* diagnostischem Hinweis auf das »allmähliche Verschwinden der Wirklichkeit« mitgesagt.[50] Man könnte auch von der medienbedingten Zurückdämmung der Primärerfahrungen und in deren Gefolge von der fortschreitenden Frustration des auf primäre Erfahrungswerte angewiesenen Menschen sprechen. Daß diese Krise nicht offen zutage liegt, sondern durch einen diagnostischen Vorstoß erst zu Bewußtsein gebracht werden muß, hängt mit der kompensatorischen Kaschierung dieses Tatbestands zusammen. Denn durch ihre strukturelle Tendenz, die Lebenswirklichkeit des Rezipienten in eine Nachrichten- und Konsumwelt zu verwandeln, gelingt es den Medien, ihn mit einer Fülle von sekundären Erfahrungen zu überschütten, die er als solche um so weniger durchschaut, als sie ihm unter dem Anschein von Primärerfahrungen dargeboten werden.

Indessen kommt die Diagnose erst dadurch zum Ziel, daß sie in der Komplexität dieser Befunde den illusionistischen Grundzug des Zeitalters wahrnimmt. Längst schon fiel kritischen Beobachtern auf, wie sehr sich die Anfälligkeit für utopische Zielvorstellungen und Versprechungen steigerte, und wie sehr die Neigung zu Wahnvorstellungen wuchs. Scharlatane politischer, weltanschaulicher, pseudowissenschaftlicher und medizinischer Provenienz haben Hochkonjunktur, und kaum etwas findet rascher eine leichtgläubige Gemeinde als wissenschaftlich aufgezäumte oder religiös getönte Heilslehren. Dazu wäre es nie gekommen, wenn der heutige Mensch fest auf dem Boden der Wirklichkeit stünde und dadurch ein existentielles Unterscheidungskriterium für Glaubwürdiges und Betrügerisches besäße. Weil ihm dieser feste Rückhalt fehlt, nimmt er nur allzuleicht die Illusion für Realität, und dies mit dem bedenklichen Erfolg, daß sich beides in seiner Vorstellungswelt verhängnisvoll vermischt. Fast hat man den Eindruck, daß das Zeitalter der Wissenschaft eine Generation von Traumwandlern hervorgebracht habe, die schon durch ihre Erscheinung das Ende der Epoche signalisiert.

Daß an der Entstehung dieser illusionistischen Gesamttendenz die ›Traumfabrik‹ der neuen Medien beteiligt ist, bedarf angesichts der von ihnen betriebenen Transformation aller Verhältnisse keines weiteren Beweises. Darüber hinaus kommen jedoch noch weitere Faktoren ins Spiel, die im Interesse einer vollständigen Diagnose nicht unerwähnt bleiben dürfen. Nur zwei seien ausdrücklich erwähnt: die Angst und die Unfähigkeit zur Zukunft. Im Vorgriff auf die spätere Erörterung der beiden Komplexe sei hier nur darauf abgehoben, daß der eine wie der andere zu Illusionen führt; die Angst, sofern sie, mit der von *Heidegger* vorgetragenen Analyse gesprochen, den von ihr Befallenen in einen eigentümlichen Schwebezustand versetzt, der ihn umgebenden Wirklichkeit »enthebt« und dadurch seine Beziehung zu ihr lockert, nicht weniger aber auch die Unfähigkeit zur Zukunft, weil sich der von ihr abgeschnittene Mensch unwillkürlich in eine Traumwelt flüchtet.[51]

Daß dieser Illusionismus gravierende Folgen hat, leuchtet ohne weiteres ein. Nicht nur, daß sich darin der Wirklichkeitsverlust des heutigen Menschen spiegelt, der im gleichen Maß, wie er den Boden unter den Füßen verliert, nach den Strohhalmen illusionärer Wunschbilder greift; vielmehr ist auch sein Selbstverhältnis davon zutiefst betroffen. Wer sich Illusionen hingibt, beweist damit, daß er sich in einem Zustand der Exzentrizität befindet, daß er also im buchstäblichen Sinn des Ausdrucks »nicht mehr bei sich ist«. Hier liegt der Schlüssel zu der ständig eskalierenden Erzeugung neuer Illusionen – und Ängste – durch die modernen Medien. Wie nicht deutlich genug gesagt werden kann, beweist die Heraufkunft der totalen Medienwelt den unbestreitbaren Zusammenhang zwischen technischer Erfindung und menschlicher Grundverfassung. So sehr die Erfindungen vom jeweiligen Stand der Wissenschaft und Technik abhängig sind, kommt bei ihrer Entstehung doch fraglos ein zusätzlicher Steuerungsfaktor ins Spiel, der es dazu bringt, daß die signifikanten Erfindungen einer Epoche mit dem jeweiligen Stand des Menschseins auffällig korrespondieren. In diesem Sinn kamen weder die Erfindung der Atombombe noch die der Gentechnik von ungefähr; vielmehr spiegelt sich in ihnen die humanitäre Verfassung einer Generation, der es sowohl gegeben ist, Hand an die eigene Evolution zu legen und diese durch gezielte Eingriffe in Geschichte zu verwandeln, als auch auf ihre Selbstvernichtung hinzuarbeiten.[52]

Nicht anders verhält es sich mit der Entstehung der modernen Medien. Mit ihnen schuf sich eine Gesellschaft, der im Sinn der von ihr erstrebten totalen Funktionalität daran gelegen ist, den Menschen auf einen standardisierten Typus zu reduzieren, das bisher wirksamste Instrument, die menschliche Selbstentfremdung größten Stils ins Werk zu setzen. Wer sich dem durch dieses Instrument insinuierten Medienkonsum hingibt, hört damit auf, sein unverwechselbares Personsein zu kultivieren, indem er sich statt dessen den ihm durch die Medien insinuierten Anschauungen, Urteilen und Verhaltensmustern überläßt. Verhängnisvoller als der jeweils aufgenommene Inhalt, wie abträglich er auch immer sei, wirkt sich dabei das Medium als solches aus, sofern es den Benützer durch seine dominante Eigengesetzlichkeit – »The medium is the message« – zu einer »konsumierenden Rezeptivität« und in ihrem Gefolge zu einer »existentiellen Indolenz« überredet. Daran ändert auch der zur Rechtfertigung geltend gemachte Umstand nichts, daß dem Medienangebot eine Menge nützlicher Informationen und Unterhaltungswerte zu entnehmen sind. Entscheidend ist vielmehr, daß der Rezipient der Fähigkeit entwöhnt wird, das, was er aufgrund der Primäraneignung »hat«, in seinen personalen Inbesitz zu überführen. So aber verfällt er, mit *Erich Fromm* gesprochen, dem Lebensstil des bloßen »Habens« – zum Schaden jenes »Seins«, das er im Akt der Selbstverwirklichung stets »aus sich machen« sollte.[53]

Dennoch steckt in dem von dieser Diagnose erhobenen Befund, bei allen Negativtendenzen, ein positiver Kern. Er wurde neuerdings schon durch die Veröffentlichung von Forschungsergebnissen ans Licht gehoben, die im Unterschied zu der auf radikale Desillusionierung abzielenden Psychotherapie Freudscher Provenienz auf die therapeutische Funktion von Illusionen aufmerksam machten und damit doch nur das wiederentdeckten, was längst schon *Henrik Ibsen* in seinem hintergründigen Schauspiel ›Die Wildente‹ in den Satz gefaßt hatte:

> Nehmen Sie einem Durchschnittsmenschen die Lebenslüge, und Sie nehmen ihm zu gleicher Zeit das Glück, das heißt die Daseinsfreude.[54]

Der volle Schritt in die Positivität ist jedoch erst mit der Erkenntnis getan, daß der illusionistische Zug im heutigen Bewußtsein der Rolle entspricht, die den Utopien im Gegenwartsdenken zukommt. Fast hat es den Anschein, als wiederhole sich damit auf rückläufige Weise die offenkundige Neigung zur Utopiebildung, die beim Aufgang der Neuzeit zu beobachten war und, um nur die wichtigsten Beispiele zu nennen, in der ›Utopia‹ von *Thomas Morus* (von 1517), dem ›Sonnenstaat‹ *Tommaso Campanellos* (von 1623) und in *Francis Bacons* ›Neu-Atlantis‹ (von 1638) ihren literarischen Niederschlag fanden.[55] Indessen waren es offensichtlich diametral entgegengesetzte Gründe, die den utopischen Gedanken wie beim Aufgang so am Ende der Neuzeit beflügelten. Wenn nicht alles täuscht, betreffen sie die ganz unterschiedliche Einschätzung des Fortschrittsprinzips, dem die frühneuzeitlichen Utopien jenen Auftrieb verliehen, der seinen Siegeszug im Selbstvollzug der Epoche erst voll ermöglichte, während die heutigen Utopien eher den Eindruck erwecken, als weiche das Denken mit seiner Hilfe in Bereiche aus, die von dem ins Zwielicht geratenen Fortschrittsgedanken nicht abgedeckt sind. Noch bevor dieser Komplex ganz ausgeleuchtet werden kann, nötigt schon die getroffene Feststellung dazu, dem Schicksal des Fortschrittsgedankens im heutigen Bewußtsein genauer nachzugehen.

### *3. Die Krise der Fortschrittsidee*

Als neuestes Kompositum zu ›schreiben‹ bürgerte sich in letzter Zeit der rasch zu fast modischer Gängigkeit gelangende Ausdruck »fortschreiben« im heutigen Sprachgebrauch ein. Obwohl er den Höhepunkt seiner Konjunktur schon wieder überschritten zu haben scheint, ist er doch dazu angetan, einen bisher kaum beachteten Zusammenhang zum Bewußtsein zu bringen. Denn es muß schon zu denken geben, daß die Vokabel zu eben dem Zeitpunkt aufkam, als alle Welt von der Krise der Fortschrittsidee zu sprechen begann. Fast erweckt dieser Zusammenhang den Eindruck, als habe sich der krank gewordene Fortschrittsgedanke in dem Augenblick in »fortschreiben« einen sprachlichen Ableger geschaffen, als es mit ihm nach allgemeiner Einschätzung zu Ende zu gehen schien. Auf jeden Fall wirkt »fortschreiben« wie ein schwächliches Derivat von »Fortschritt«. Doch in geistigen Dingen sollte man sich durch den Anschein von Schwäche nicht täuschen lassen. Hier gilt vielmehr immer noch die Einsicht *Nietzsches,* wonach gerade die Gedanken, welche die Welt bewegen, »auf Taubenfüßen« einherkommen.[56]

Von einer ›Weltveränderung‹ kann hier freilich nur in der ganz abkünftigen Form die Rede sein, daß durch die Vokabel »fortschreiben« der Fortschrittsgedanke in einen unvermutet engen Zusammenhang mit der modernen Medienszene tritt. Das gilt sowohl im positiven wie im negativ-kritischen Sinn. Auf der einen Seite lebt die Fortschrittsideologie kaum irgendwo so ungebrochen wie in der rapid expandierenden Medienszene fort. Während etwa in der Frage des Umweltschutzes die warnenden Stimmen schon in vergleichsweise kurzer Zeit Einfluß auf die politischen Entscheidungen gewannen, fallen hier, in der Frage der Medienverwaltung, die mit kaum geringerer Dringlichkeit erhobenen Warnungen kaum ins Gewicht: zu groß ist in diesem Fall der ›Schubeffekt‹ der eigengesetzlich wirkenden Formkräfte. Das aber heißt, aufs Ganze gesehen, daß der Fortschrittsgedanke auf kaum einem Sektor des kulturellen Lebens noch so ungebrochen am Werk ist wie auf dem der modernen Medien.

In seltsamer Paradoxie gilt jedoch gleichzeitig auch das Gegenteil dessen. Denn kaum irgendwo wird so wie in der Medienszene manifest, daß der Fortschritt, im mythischen Bild gesprochen, seine eigenen Hervorbringungen verschlingt. Ob das schon auf den Wechsel im Gebrauch der Schreibmaterialien, also auf den Übergang von Stein und Ton zu Leder, Stoff, Pergament und Papyrus zutrifft, bleibe dahingestellt. Auf jeden Fall aber brachte die Erfindung des Buchdrucks einen tiefen Einschnitt, der, wenn man dem Orientalisten und Theologen *Adolf Deissmann* folgen darf, einer Verflachung des Ausdrucks gleichkam. Für ihn erleidet insbesondere die briefliche Mitteilung, wie er am Beispiel der Paulusbriefe deutlich macht, schon durch die Abschrift, erst recht aber durch die Druckkopie eine nachhaltige, wenn auch noch kaum empfundene Minderung der Ausdrucksqualität:

> Man darf nicht vergessen, daß man von einem Briefe ohne Kenntnis des Originals eigentlich keinen rechten Begriff erhält; die Buchabschriften und vollends die Druckausgaben haben den Paulusbriefen mehr genommen, als man gewöhnlich ahnt.[57]

Inzwischen hat dieser Minderungseffekt, was die Gattung des Briefs betrifft, fast schon die Radikalform des völligen Verschwindens erreicht; denn im Zeitalter des Telephons ist der briefliche Austausch, gerade dort, wo es um die persönliche Mitteilung ging, so gut wie ganz außer Gebrauch gekommen. Das aber ist, wie jetzt schon mit großer Sicherheit gesagt werden kann, erst der Vorbote einer Entwicklung, die im Endeffekt auf das Ende der Schriftkultur hinarbeitet. Die sich im Augenblick geradezu hektisch steigernde Buchproduktion bildet, schon angesichts der Problematik ihrer Veranlassung, keinen Gegenbeweis dazu; sie verdeutlicht allenfalls, daß es sich bei der angesprochenen Verabschiedung um einen sich lange hinziehenden und streckenweise sogar gegensinnig verlaufenden Prozeß handelt. Doch ist jetzt schon abzusehen, daß ihm nach der Gattung Brief als nächstes die des Lexikons folgen wird, da diesem in Gestalt des Bildschirmtextes jetzt schon eine nicht mehr zu schlagende Konkurrenz erwachsen ist.

Die Symptomatik des skizzierten Zusammenhangs besteht vor allem darin, daß er die Ambivalenz im gegenwärtigen Stadium der Fortschrittsidee klarer als in ihrer gängigen Kritik, klarer aber auch als in ihrer theoretischen Infragestellung zum Vorschein bringt. Was die gängige Fortschrittskritik anlangt, so verweist sie in der Regel auf die verhängnisvollen Folgen einer expansiven Wirtschaftspolitik und Industrialisierung. Doch von ihren praktischen Auswirkungen her läßt sich eine Idee immer nur bedingt widerlegen, da sie in der Regel nicht nur auf sie selbst zurückzuführen sind. Insbesondere ist bei den Folgeerscheinungen der industriellen Produktionsverhältnisse und des modernen Wirtschaftssystems mit einer multifaktoriellen Veranlassung zu rechnen, bei welcher der Fortschrittsgedanke lediglich als kategoriale Direktive ins Spiel kommt. Nie aber tritt ihm in diesen Folgen sein eigenes Spiegelbild entgegen. Anders im Fall der Medien, sofern mit »fortschreiben« zumindest für den Bereich der Schriftlichkeit ein signifikantes Strukturelement hervorgehoben ist. Hier erweist sich der Prozeß des Fortschreibens lediglich als anwendungsbezogene Variante von »Fortschritt«, so daß dieser im expansiven Trend der Medienszene unmittelbar dingfest gemacht werden kann. In dieser Expansion, so könnte man auch sagen, treten Wesen und Unwesen des Fortschritts unmittelbar in Erscheinung. Umgekehrt heißt das, daß es der von der Expansion der Medien Betroffene mit dem Fortschritt selbst zu tun hat. Während man es angesichts der mit Betonburgen überbauten Grünflächen, der im Interesse ihrer technischen Nutzung »regulierten« Flußläufe und der Luft- und Wasserverschmutzung immer nur mit seinen Epiphänomenen zu tun hat, tritt er hier, in der sich gigantisch aufblähenden Medienszene, geradezu gestalthaft in Erscheinung.

Der sich damit ergebende Einblick in sein kategoriales Gefüge ist aber auch seiner theoretischen Analyse überlegen, die spätestens mit dem von *Karl Löwith* geprägten Wort vom »Verhängnis des Fortschritts« in Gang kam.[58] Dabei begegnet sich die atheistische Fortschrittskritik Löwiths auffallend mit der theologischen *Romano Guardinis*, sofern sie im Urteil mit dieser einiggeht, ihr aber in der Art der Begründung widerspricht. Denn für Guardini besteht die Fatalität der Fortschrittsidee darin, daß durch sie die genuin christliche Vorstellung von der personalen Selbstoptimierung des Menschen dem naturalistischen Evolutionsgedanken unterworfen wurde, während es sich für Löwith geradezu umgekehrt verhält: Das naturale Verlangen des Menschen nach Lebenssteigerung und ständiger Perfektionierung seiner Fähigkeiten und Künste geriet, mit *Friedrich Schlegel* gesprochen, unter das Diktat des »revolutionären Wunsches, das Reich Gottes zu realisieren«.[59] So wurde ein naturhaftes Verlangen durch die Ideologie des im Hier und Heute zu verwirklichenden Gottesreichs stimuliert und schließlich zum selbstzerstörerischen Exzeß getrieben. Ihr kritisches Stadium erreichte die Kategorie in diesem Entwicklungsgang, als das »Verlangen nach Fortschritt«, wie Löwith formuliert, »selbst progressiv« wurde. Die entscheidende Weichenstellung auf diesem Weg vollzog *Descar-*

*tes* mit seinem »Entwurf einer mathematischen Universalwissenschaft zum Zweck der Erklärung und Beherrschung der Naturkräfte«; ihren Exzeß erreichte diese Entwicklung dagegen erst mit dem von *Francis Bacon* ausgegebenen Programmziel, »möglichst alle Dinge bewerkstelligen zu können«, da dieses Programm vom Gedanken der Koinzidenz von Wissen und Macht unterbaut war.[60] Dieses Ziel erreicht der Fortschritt um so sicherer, als er in einer Art ideeller Mimicry tatsächlich noch viel größer ist, als er aussieht, und damit kaschiert, daß er in seiner Maßlosigkeit um so mehr fordert, als durch ihn jeweils erreicht wird. Tatsächlich ist in der Baconschen Utopie ›Nova Atlantis‹ nahezu alles schon vorausentworfen, was der technische Fortschritt inzwischen realisierte, angefangen von automatischen Schiffen, Flugzeugen und Unterseebooten bis hin zur Steigerung der Größe von Blüten, Früchten und Tieren, Züchtung künstlicher Mißgeburten und zu Kühlhäusern, Klimakammern, Wasserkraftwerken und Wolkenkratzern.[61]

Dennoch krankt diese Kategorienkritik an der umgekehrten Schwäche, wie sie an der ›Faktenkritik‹ zu beobachten war. Gelang ihr der Rückstieg von den Folgen zu ihrer ideellen Ursache nicht oder doch nur unvollständig, so ist hier nicht einzusehen, wie es zur Umsetzung der utopischen Entwürfe in Realitäten kommt – es sei denn, daß man den Gedanken von der Koinzidenz von Wissen und Macht als Erklärungsschlüssel gelten läßt. Tatsächlich steht das Baconsche Motto in der Tradition einer ständig wechselnden Verhältnisbestimmung, die das Fundament der menschlichen Geistes- und Lebensgeschichte betrifft. Wie *Löwith* an anderer Stelle deutlich machte, ist in diesem Zusammenhang noch vor Bacon *Giambattista Vico* zu nennen, der die klassische Lehre von der Äquivalenz von Wahrheit und Sein, wie sie der Grundsatz »Ens et verum convertuntur« zum Ausdruck brachte, im Sinne seines Theorems von der Äquivalenz von Wahrheit und Geschichte, niedergelegt in dem Satz »Verum et factum convertuntur«, zu korrigieren wagte.[62] Danach wird die Brücke von der Wahrheit zum Sein nur durch die Gewißheit geschlagen; die aber wird nach Vico nicht durch reflexives Denken, sondern nur durch geschichtsmächtiges Handeln gewonnen. Denn aus dem Meer des Bezweifelbaren ragt als Insel nur die »ganz gewiß vom Menschen gemachte Menschenwelt«, die Welt der geschichtlichen Fakten, hervor. Wie aber gelingt dem Denken der Eingriff in die Ordnung der geschichtlichen Fakten? Muß sich nicht sogar die »instrumentelle Vernunft«, wie *Hermann Lübbe* fragt, mit der »Bereitstellung von Mitteln für Zwecke« begnügen, die sie sich von außen vorgeben lassen muß?[63] In diese Aporie stößt das Baconsche Motto mit seiner Verknüpfung von Denken und Macht. Danach folgt im Gesamtablauf der

Bewußtseinsgeschichte auf die Gleichung von Denken und Sein und die Gleich-Setzung von Denken und Tat als dritter Schritt das Theorem von der Koinzidenz von Wissen und Macht. Dazu konnte es jedoch erst kommen, nachdem die durch die Fortschrittsidee stimulierte Vernunft zum Prinzip einer Experimentalwissenschaft wurde, die ihre Theoreme als instrumentelle Entwürfe zur Realitätsgestaltung und Realisierung verstand. Damit stellt sich die Äquivalenz von Denken und Sein auf gleichzeitig intensivere und »niedrigere« Weise, auf dem Weg technischer Vermittlung, her. Und das besagt, wie die nach Löwith realisierten Utopien Bacons beweisen, daß sich die Distanz von Utopie und Wirklichkeit, wenn zunächst auch nur für den Bereich der »instrumentellen Vernunft«, auf signifikante Weise verringerte.

Obwohl dabei als tragende Formkraft die Technik ins Spiel kommt, läßt sich der Vorgang insgesamt doch am einleuchtendsten durch theologische Modellvorstellungen erläutern. Dabei zeichnet sich eine verblüffende Konsekution ab, die von *Anselm von Canterbury* über *Nietzsche* zum späten *Freud* führt. Von diesem stammt die schon eingangs erwähnte Vorstellung, daß sich der Mensch der Gegenwart mit Hilfe technischer »Prothesen« göttlicher Attribute bemächtigte, auch wenn er es auf diesem Weg nur zur Karikatur eines »Prothesengottes« brachte.[64] In diesem Sinn hatte es bereits *Nietzsche* als das Ziel seiner Gotteskritik bezeichnet, die in Akten einer Selbstverschwendung an die Gottheit abgetretenen Qualitäten für den Menschen als sein »Eigentum und Erzeugnis« zurückzufordern; denn darin bestehe »seine schönste Apologie«.[65] Unübersehbar aber schimmert in beiden Positionen das Modell des anselmischen Gottesbeweises durch, von dem man geradezu sagen könnte, daß er durch die progressive Einholung der Utopien eine ›technologische Bestätigung‹ erfahren habe.

Damit soll in keiner Weise der These *Guardinis* von der Verstärkung des säkularistischen Zeitcharakters durch die Fortschrittsidee widersprochen oder gar der Versuch unternommen werden, ihre evident »fatalen« Folgeerscheinungen herabzuspielen. Wohl aber ist diese Ableitung als Plädoyer für die Möglichkeit einer »theologischen Lesart« der gleicherweise durch den Siegeszug wie durch die Fatalität des Fortschritts geprägten Lebenswelt der Gegenwart gemeint. Doch schon damit wäre im thematischen Interesse viel gewonnen. Denn wie jede geistige Bewegung ist auch eine religiöse Wende an die Eröffnung neuer Perspektiven gebunden. *Marx* verfiel einem seiner schwersten Irrtümer, als er die Möglichkeit einer Veränderung der faktischen Verhältnisse in seiner elften Feuerbach-These vom Wechsel der philosophischen Interpretationen abzukoppeln suchte. Darin sah *Nietzsche* tatsächlich richtiger als er; denn es waren noch immer die auf den »Taubenfüßen« neuer Perspektiven einherkommenden Gedanken, denen es gegeben war, die festgefahrenen Verhältnisse zu ändern. Erst recht gilt das, wenn die neue Interpretation in der Subsumierung des Gegebenen unter den Gottesgedanken besteht. Eben dies ist aber der Fall, wenn die Verkürzung der Distanz von Utopie und Wirklichkeit religiös gedeutet wird, sei es, daß man sie mit *Freud* und *Nietzsche* als Annäherung des Kontingenten an das Absolute versteht, oder daß man sie mit *Anselm von Canterbury* auf die Möglichkeit eines Gottesbeweises aus der Idee bezieht. Hier wie dort erscheint das endlich Gegebene unter dem denkbar höchsten Gesichtspunkt. Doch das genügt auch schon, um es aus seiner Erstarrung herauszulösen und ihm neue Möglichkeiten der Gestaltung abzugewinnen. Und was könnte man sich von der behaupteten Glaubenswende mehr versprechen als jene »Bewegung«, die nach der klassischen Metaphysik in der Aktuierung noch ungehobener Möglichkeiten besteht?

Führte die einleitende Medienanalyse zu einer überraschenden Annäherung von Denken und Wirklichkeit, so tendiert die nunmehr fällige Bewußtseinsanalyse in die Gegenrichtung eines nicht weniger signifikanten Wirklichkeitsverlustes. Ausgangspunkt ist dabei die Erkenntnis, daß das heutige Denken mit der Fortschrittsidee, genaugenommen schon mit ihrer Bezweiflung, die ›Klammer‹ verlor, die seinen Realitätsbezug gewährleistete. Bei näherer Betrachtung erweist sich diese Klammer jedoch schon von vornherein als ein reichlich problematisches Gebilde. Was den Fortschritt antrieb, so wird nunmehr deutlich, war nicht etwa das Erlebnis des Überschwangs, verbunden mit dem Bewußtsein wachsender Kompetenz, sondern eher das Gegenteil dessen, zumindest aber die metaphysische Besorgnis, den Wirklichkeitskontakt zu verlieren und das daraus resultierende Verlangen, diesem drohenden Verlust durch kompensatorische Akte zuvorzukommen. Sofern das nicht schon deutlich genug aus der Hektik der Fortschrittsstrategien hervorgeht, wird es wiederum durch die mit dem Fortschrittsgedanken strukturell verkoppelte Medienszene an den Tag gebracht. Daß sich die modernen Medien im Sinn des programmatischen Satzes »The medium is the message« so sehr an die Stelle der von ihnen übermittelten Inhalte setzen konnten, daß diese ihnen gegenüber nahezu irrelevant werden, hat zweifellos nicht nur mit der Macht der Medien, sondern kaum weniger auch mit der Ohnmacht des Medienverwenders zu tun. Offensichtlich lebt er so sehr in dem Gefühl, einem seins- und sinnleeren Vakuum anheimzufallen, daß ihm das Medium, fast nach Art einer Droge – unentbehrlich wird. Deshalb ist es nahezu gleichgültig, ob das Fernsehen Nachrichten,

Quiz-Sendungen oder Kriminalstücke ausstrahlt: wenn nur die Bild- und Geräuschkulisse erhalten bleibt. Ungleich schlimmer als die langweiligste Sendung ist für den Rezipienten die drohende Leere, durch die er mit seinem Erfahrungsdefizit und mehr noch mit seiner Seinsschwäche konfrontiert würde. Damit hängt es offensichtlich auch zusammen, daß sich der Rezipient nur allzu bereitwillig damit abfindet, daß ihm die von den Medien vermittelten Sekundärerfahrungen im betrügerischen Anschein von Primärerlebnissen geboten werden.[66]

In kritischem Blick auf die heutige Medienlandschaft und ihre Rückwirkung auf das menschliche Realitätsbewußtsein sprach *Hartmut von Hentig*, wie schon wiederholt vermerkt, vom »allmählichen Verschwinden der Wirklichkeit«, wohl ohne zu ahnen, daß ihm damit eine der großen zeitkritischen Formeln, vergleichbar etwa dem Nietzschewort »Gott ist tot« oder *Freuds* Rede vom »Unbehagen in der Kultur« gelungen war.[67] Dabei bewegte er sich nur einen, wenngleich entscheidenden Schritt auf der Linie weiter, die bereits *Paul Watzlawick* mit der ihm durch das Studium der modernen Kommunikationsprobleme eingegebenen Frage »Wie wirklich ist die Wirklichkeit?« eingeschlagen hatte.[68] Beiden Autoren ist die Tendenz gemeinsam, auf die bisher fast völlig übersehenen Vermittlungsstrukturen aufmerksam zu machen, die bei der Konstituierung des menschlichen Bewußtseins und insbesondere seines Realitätsbezugs ins Spiel kommen. Insbesondere lebten die Ableitungen der für die moderne Wissenschaftswelt verantwortlichen Subjektphilosophie – bis hinein in ihre transzendentalphilosophische Steigerungsform – von der Fiktion ihrer ›Unmittelbarkeit zu sich selbst‹. Tatsächlich scheint der erste der von ihr ausgearbeiteten Denkschritte, das kartesianische »Cogito – sum«, von keiner Dazwischenkunft belastet zu sein. Kein direkterer Verlauf, so scheint es, ist denkbar, als die reale Selbstwahrnehmung des denkenden Ich. Doch gerade an diesem Eindruck meldeten die großen Kritiker des kartesianischen Denkansatzes ihre Bedenken an. Als erster der Geschichtsphilosoph *Vico* mit dem Hinweis darauf, daß die Selbstvergewisserung nicht so sehr die Sache der theoretischen als vielmehr die der geschichtlichen Vernunft sei; denn nichts sei gewisser als »die ganz gewiß vom Menschen gemachte Menschenwelt«; Ort der genuinen Selbstfindung sei deshalb die aus menschlichem Tun und Leiden hervorgegangene Geschichte.[69] In diesen Zusammenhang gehört auch *Freuds* Theorem von den »drei Kränkungen«, von denen die von ihm selbst dem Autonomiebewußtsein zugefügte dritte im Nachweis der Regionalität der reflexiven Vernunft besteht. Nach der Verdrängung des Menschen aus seiner vermeintlichen Zentralstellung im Kosmos durch Kopernikus und der Zerstörung der Illusion von seiner privilegierten Position in der göttlichen Schöpfungsordnung durch Darwin sei ihm als letzte Illusion immer noch die seiner vermeintlichen Autonomie geblieben; doch habe die Psychoanalyse gezeigt, daß der angebliche Herr im Haus des eigenen Bewußtseins in Wirklichkeit in einem Abhängigkeitsverhältnis zu den ihm unbewußten Triebwünschen und Komplexen stehe, so daß sich der kartesianische Schluß als ein auf Sand gebautes Konstrukt erweise.[70]

Von höchstem Gegenwartsbezug erwies sich jedoch vor allem die Kritik *Nietzsches*, der Descartes vorwarf, mit seiner methodischen Vorsicht zu spät gekommen zu sein, da er »im Fallstrick der Worte« hängengeblieben sei.[71] Denn damit wird erstmals eine der von der Subjektphilosophie übersehenen Vermittlungsinstanzen, die Sprache, zur Geltung gebracht, die freilich insofern eine Sonderstellung einnimmt, als in ihrem Fall der Medialcharakter zugleich gegeben und aufgehoben ist: gegeben, weil die Sprache fraglos als Mittel menschlicher Selbstmitteilung zu gelten hat; aber auch aufgehoben, weil dieses Mittel mit dem Menschsein selbst gegeben und ihm insofern »konsubstantial« ist.[72] Ganz anders verhält es sich mit den von Watzlawick und Hentig aufgedeckten Vermittlungsstrukturen, die sich eigengesetzlich in die von ihnen gesteuerten Prozesse einschalten. Doch genügt der Einwand Nietzsches schon, um die »kartesianische Fiktion« aufzudecken, die dort reine Unmittelbarkeit annimmt, wo die sprachliche Verbindung bereits voll am Werk ist. Denn auch der primordiale Denkakt käme nicht zustande, wenn dem sich selbst denkenden Ich nicht die Vokabeln zur Verfügung stünden, mit Hilfe deren es seine kognitive Selbstvergewisserung artikuliert. Was Nietzsche in seiner Descartes-Kritik nicht mehr reflektiert, ist nun aber die Tatsache, daß diese »Fundamentalfiktion« unvermeidlich auf die sensibelste Stelle der kognitiven Selbstvermittlung durchschlägt: auf den Überstieg vom Denken ins Sein. Unvermeidlich nimmt dadurch der denkerische Realitätsbezug gleichfalls fiktionalen Charakter an. Sofern man die unterschwellige Rückbezüglichkeit alles Denkens in Rechnung stellt, wird man das Wissen um diese Fiktionalität sogar schon im kartesianischen Zweifel ausgedrückt sehen, der sich damit als theoretische Fassung eines erschütterten Realitätsbezugs darstellt.

Ihren bisherigen Höhepunkt erreicht diese Entwicklung in den sich verselbständigenden Vermittlungsstrukturen, wie sie aus unterschiedlicher Sicht von Hentig und Watzlawick angesprochen werden: von diesem, sofern er zu Eingang seines Essays ›Wie wirklich ist die Wirklichkeit?‹ auf den Steuerungs- und Verfälschungscharakter des Übersetzungsvorgangs aufmerksam macht; von jenem, sofern er auf den »Realitätsverlust« hinweist, den die von den Medien vermittelten Inhalte erleiden. Was sie auf die andere Weise denunzieren, wird vom Lebensgefühl des heutigen Menschen schon längst bestätigt. Sosehr er von der Vorstellung bedrängt wird, einer Welt voller Zwänge ausgesetzt zu sein, hat er gleichzeitig doch auch das Gefühl, einem Reich von Traumgebilden gegenüberzustehen, die ihn in eine Art »existentiellen Trancezustand« versetzen. Es sind seltsam halbierte, ihm beim Zugriff immer wieder entgleitende Realitäten, mit denen er es zu tun hat, und die ihn ihrerseits in eine Art »Entrückung« versetzen, ganz so, als werde ihm fortwährend der Boden unter den Füßen entzogen. Deutlicher aber könnte das heutige Lebensgefühl nicht mehr registrieren, was die suggestive Formel vom »allmählichen Verschwinden der Wirklichkeit« besagt.

Das »Ergebnis« ist von denkbar zwiespältiger Art. Auf der einen Seite erscheint die Differenz von Utopie und Wirklichkeit deutlich verkürzt; auf der anderen Seite scheint der Gewinn buchstäblich zwischen den Fingern zu zerrinnen. Einem unübersehbaren Realitätsgewinn steht, scheinbar unversöhnlich, das Faktum eines nicht minder ausgeprägten Wirklichkeitsentzugs entgegen. Der Widerspruch löst sich wenigstens teilweise auf, wenn man bedenkt, daß der Realitätsgewinn von seiner philosophischen Anbahnung her primär konstruktivistisch-instrumentellen Charakter hat. Für die anfängliche Descartes-Rezeption stand es fest, daß der Überstieg im Stil einer Schlußfolgerung erfolgte, so daß die Wirklichkeit letztlich im Resultat dieser Folgerung, dem Begriff, garantiert war. Mit dem begrifflich geleisteten Wirklichkeitsbezug aber war eine Bahn betreten, die dem Herrschaftswissen den Vorrang gegenüber jeder anderen Denkform einräumte und so in letzter Konsequenz in die technisch strukturierte Wirklichkeit hineinführte. Nur die ebenso effiziente wie gefährdete Brücke der Technik führte über den Abgrund zwischen Utopie und Wirklichkeit, der sich als solcher eher noch vertiefte, als daß er sich verkleinert oder gar geschlossen hätte. Das aber genügt schon, um zu verdeutlichen, daß mit diesem instrumentellen Wirklichkeitsgewinn ein gegensinniger Realitätsverlust Hand in Hand gehen konnte.

Es genügt auch schon, um die religiösen Konsequenzen deutlich zu machen. Denn der religiöse Sinn reagiert auf kaum etwas so sensibel wie auf Verschiebungen im Wirklichkeitsbewußtsein. Das ergibt sich schon aus der Art, wie die Zeugnisse der vollzogenen Frömmigkeit den Begriff »Religion« konkretisieren. Für sie ist es mit einer wie immer gearteten »Bindung« an Gott nicht getan; sie suchen seine Wirklichkeit, genauer gesagt, sie suchen ihn als den Grund und Inbegriff aller Wirklichkeit. Deshalb kehren in den Zeugnissen der alttestamentlichen Frömmigkeit die Bildvergleiche des göttlichen Seinsgrunds mit dem tragenden »Felsen«, der schützenden »Burg« und dem schirmenden »Schild« leitmotivartig wieder. Sofern das herrschende Lebensgefühl vom Eindruck eines »Realitätsentzugs« bestimmt ist, wird sich deshalb das religiöse Interesse seinem innersten Bedürfnis zufolge darauf konzentrieren, der Gotteswirklichkeit auf neue und intensivere Weise versichert zu werden, weil aus seiner Perspektive dem gegenwärtigen Wirklichkeitsverlust nur so zu begegnen ist.

Religiöse Konsequenzen ergeben sich aber auch aus der Verkürzung der Differenz von Utopie und Wirklichkeit. Hier ergibt sich der Rückbezug schon daraus, daß die neutestamentliche Forschung die auf den Reich-Gottes-Gedanken konzentrierte Heilsverkündigung Jesu, vor allem bei *Charles Dodd*, mit der Formel von der »realized eschatology« verdeutlichte.[73] Danach bietet die technisch bedingte Veränderung im Wirklichkeitsbezug einen Schlüssel zum Verständnis der Zentralabsicht Jesu, in seiner Person und Wirksamkeit das von ihm angesagte Gottesreich auch wirklich heraufzuführen, so wie sich diese Zielsetzung dann umgekehrt als das inspirierende Modell der im Lauf der Christentumsgeschichte entworfenen Sozialutopien erweist. In letzter Abschattung gilt das sogar für die – auf dem Weg über das revolutionäre Proletariat als »Umschlagstelle« angestrebte – klassenlose Gesellschaft des marxistischen Geschichtsentwurfs. So aber erhärtet sich der Eindruck, daß den in der heutigen Lebenswelt auftretenden Tendenzen zur Verwirklichung des Utopischen insgesamt ein religiöser Nenner zugrunde liegt, der als solcher zur Annahme berechtigt, daß sich diese Tendenzen über den Sektor der »technologischen Wunschziele« hinaus auch auf die größten aller Menschheitsträume erstrecken: auf den »öffentlichen« Traum vom universalen Frieden und auf den »heimlichen« von einer Neugestaltung der zwischenmenschlichen Verhältnisse im Sinn einer »Kultur der Liebe«.

Der wichtigere Rückbezug ist jedoch provokativer Art. Denn wie der Glaube verlangt auch der religiöse Sinn nach Eindeutigkeit. Zwiespältigen Situationen gegenüber reagiert er mit Erscheinungen der Irritation und schließlich der Ermüdung. Doch kommt es bisweilen auch zur gegenteiligen Reaktion in Form kompensatorischer Akte. Zunächst springt freilich die negative Rückwirkung in die Augen. Wenn heute vielfach ein Nachlassen des religiösen Engagements und, schlimmer noch, eine Stagnation des kirchlich-theologischen Lebens beklagt wird, dann hängt das zweifellos mit dem »allmählichen Verschwinden der Wirklichkeit«, genauer noch, mit der Enttäuschung über die vergeblich im religiösen Raum gesuchte Wirklichkeitsvermittlung zusammen. Daß diese Negativ-Reaktion, so sehr sie in Form von Kirchenaustritten und nachlassendem Sakramentenempfang Anlaß zur Sorge gibt, keineswegs das letzte Wort im Verhältnis des heutigen Menschen zum Religiösen behält, zeigt das zwar weniger spektakuläre, dafür aber unbestreitbar umfassendere Verlangen nach religiöser Orientierung und Hilfe, und bestünde es auch nur in so unkonturierten Zeiterscheinungen wie dem Zug zu einer neuen Innerlichkeit, der Suche nach einem erfüllenden Lebenssinn und dem Interesse an meditativen Lebensformen und spiritueller Führung. Auch zusammengenommen ergeben diese Erscheinungen noch keineswegs so etwas wie einen »kompensatorischen Akt«. Doch gewinnen dadurch Vorgänge im Raum der Spiritualität und Theologie, die man sonst als Augenblicksphänomene abtun könnte, einen neuen Stellenwert. Bevor dem aber genauer nachgegangen werden kann, ist es zunächst noch erforderlich, eine wenigstens skizzenhafte Zeitdiagnose zu entwickeln, da nur in ihrem Rahmen abzusehen ist, was es mit der vermuteten ›Glaubenswende‹ auf sich hat.

## *4. Die utopisch-anachronistische Zeit*

Wer der heutigen Zeit ins Antlitz zu schauen sucht, läuft Gefahr, das noch von dem Jenseitswanderer *Dante* befürchtete Schicksal derer zu erleiden, die das Schreckensgesicht der Gorgo zu sehen bekamen, und demgemäß zu versteinern. Denn das Staunen, in das ihn der gewonnene Anblick versetzt, hat nur noch wenig mit jenem staunenden Hinblick zu tun, mit dem nach klassischer Denktradition die philosophische Erkenntnis beginnt, um so mehr aber mit jener Betroffenheit, die *Franz Rosenzweig* in seinem nachgelassenen ›Büchlein vom gesunden und kranken Menschenverstand‹ als den pathologischen Zustand der »Starrheit des Staunens« beschrieb.[74] Die Verfassung des Beobachters und seines Erkenntnisaktes läßt auf die Signatur des Gesehenen schließen: auf eine Zeit, die, mit Hamlet gesprochen, »aus den Fugen« ist, und bestünde dieser Ersteindruck auch nur darin, daß sich das Gesehene zu keinem Gesamtbild runden will und deshalb auch keine Pauschaldiagnose erlaubt.

Das kommt von vornherein einer Verabschiedung jener Bestimmungen gleich, die den zwar naheliegenden, jedoch immer wieder scheiternden Versuch unternahmen, das »Zeit-Bild« der Gegenwart auf einen einfachen – und einheitlichen Nenner zu bringen. Sie setzen mit *Oswald Spenglers* ›Untergang des Abendlandes‹ (von 1917) ein und setzen sich bis zu *Guardinis* ›Ende der Neuzeit‹ (von 1950) fort, jenem Bestimmungsversuch also, der sich wie eine christliche Bestätigung von Spenglers Untergangs-Diagnose ausnimmt. Ihre deutlichste Ausprägung fanden diese Versuche jedoch in der von *Max Picard* und *Hans Sedlmayr* entwickelten Zeitkritik, da sie die gegenwärtige Situation jeweils auf ein einziges Phänomen zurückführten: Picard in seinem Essay ›Die Flucht vor Gott‹ (von 1935) auf die Abkehr von der religiösen Grundorientierung, konkret gesprochen von Gott, Sedlmayr dagegen auf die in seinem Erfolgsbuch ›Verlust der Mitte‹ (von 1948) behauptete und durch zahlreiche Einzelphänomene unterbaute Exzentrizität der Zeit.[75] Daß gegenüber diesen Diagnosen, so Zutreffendes sie im einzelnen ans Licht zu bringen vermochten, jedoch Vorsicht geboten war, machte spätestens die von nicht geringerer Sensibilität und Sorgfalt, jedoch von ungleich größerer Zurückhaltung getragene Zeitkritik klar, die *Karl Jaspers* unter dem neutralen Titel ›Die geistige Situation der Zeit‹ (von 1931) vorlegte. Jaspers sieht durchaus die Konstanten der damaligen und weithin auch heute noch bestehenden Lebenswelt: wissenschaftliche Rationalität und deren Anwendung in Forschung und Technik, Politik zum Ziel eines friedlichen Zusammenlebens der Völker und die theoretische Verklammerung von alledem in der Frage nach dem Sinn und der sinnvollen Verwirklichung des Menschseins; er sieht aber auch die dunkle Kehrseite dieser Lebens- und Erscheinungsformen: die Herabwürdigung des Geistes zum Mittel der Bewußtseinsmanipulation, den Verfall der Autorität, den Schwund des Vertrauens, die Nivellierung der strukturierenden Verhältnisse und zumal den darin waltenden Hang zur Selbstzerstörung.[76] Und er glaubt auch den Grund dieser Entwicklung angeben zu können: die Unfaßlichkeit des Ganzen, die alle Bestrebungen, es dennoch »in den Griff« zu bekommen, in widerstreitende Tendenzen auseinanderbrechen läßt.[77] Ein Konsens dieser gesellschaftlichen Trends läßt sich schon deshalb nicht herbeiführen, weil sie sich auf tendenziöse Weise zur Geltung bringen: der Militarismus, indem er den Krieg verherrlicht, der Pazifismus, indem er seine Folge, die Sklaverei, verschweigt.[78] Das hält den Zeitkritiker freilich nicht davon ab, am Ende seines Essays von »erweckenden« Prognosen, insbesondere in Form der Erinnerung des Menschen »an sich selbst« zu sprechen, nachdem er zuvor schon die Utopie von einer Lösung extremer Weltprobleme durch eine Technik der Zukunft anvisiert hatte.[79]

Inzwischen ist der Griff nach dem Ganzen noch problematischer und eine Einheitsdiagnose demgemäß noch aussichtsloser geworden. Um so deutlicher zeichnen sich demgegenüber die kontrastiven Tendenzen im gegenwärtigen Zeitbild ab. Auf der einen Seite gilt das, was *Sigmund Freud* gleichzeitig mit Jaspers, der seine Diagnose (von 1931) in Erwartung seiner dreibändigen ›Philosophie‹ ein Jahr lang zurückgestellt hatte, in seinem Essay über ›Das Unbehagen in der Kultur‹ (von 1930) als die Grundstruktur des Zeit-Geschehens herausstellte: die progressive Einholung uralter Menschheitsträume durch das, was durch den rapiden Fortschritt der technischen Entwicklung zunehmend »machbar« wurde. Dabei hatte Freud lediglich die Fixierung der visuellen Eindrücke durch die Photographie, die weiträumige Übertragung der menschlichen Stimme durch das Telefon und die Konservierung von Tönen durch die Grammophonplatte vor Augen, als er von der technischen Selbstüberschreitung des heutigen Menschen zum Zielbild eines »Prothesengottes« sprach; denn die ungleich mächtigeren Fortschritte auf dem Weg der realisierten Utopien, die inzwischen mit der Freisetzung der Kernenergie, dem Vorstoß in den erdnahen Weltraum, den Transplantationsverfahren und der Gentechnik erzielt wurden und neuerdings in zweifellos noch höherem Maß von Vorhaben im Stil des SDI- und Heureka-Programms zu erwarten sind, lagen damals noch in unabsehbarer Ferne.[80] Heute kann man im Blick auf die bereits in Gang gekommene und trotz aller Rückschläge rapide fortschreitende Entwicklung mit Freud und dem ungenannten Gewährsmann seines Gedankens *Nietzsche* sagen, daß der Mensch im Bereich seiner technischen Expansion tatsächlich im Begriff steht, ein göttliches Attribut nach dem anderen an sich zu reißen: in der Raumfahrt ein Stück göttliche Allgegenwart, in der Nachrichtentechnik ein Stück göttlicher Allwissenheit, in der – in ihrem dialektischen Zusammenspiel mit der bis an den Rand möglicher Selbstzerstörung getriebenen Rüstungstechnik freilich noch zu wenig begriffenen – Genmanipulation etwas von göttlichem Schöpfertum, während ihn das ins Gigantische angewachsene Waffenpotential gleichzeitig in die Lage versetzt, die »Apokalypse«, vordem Inbegriff göttlicher Geschichtsmächtigkeit, in seine Regie zu nehmen. Das aber verdichtet sich bereits zu einem Gesamteindruck, der im Blick auf die angesprochenen Tendenzen wenigstens eine Teildiagnose erlaubt.

Sie wird, um sich möglichst eng an die Fakten zu halten, am besten von der vor allem im Bereich der technischen Entwicklung zu beobachtenden Verschiebung im Realitätsbezug, der signifikanten Verkürzung der Differenz von Utopie und Wirklichkeit, ausgehen. Was unerreichbar im Reich der Wünsche und Sehnsüchte zu liegen schien, wurde im Lauf der letzten Jahrzehnte Zug um Zug in die durch Fakten definierte Lebenswelt hereingeholt. Damit gewann die Utopie, dieses »Einzugsgebiet« der Phantasien, Mythen und Träume, unversehens einen Überhang zur Ordnung des Machbaren und Gemachten. So hat es den Anschein, als habe *Nietzsche* mit seinem Wort von der »Magie des Extrems«, mit der er die Suggestivität des Immoralismus zu erklären suchte, zugleich die Signatur der Zeit freigelegt:

Der Zauber, der für uns kämpft, das Auge der Venus, das unsere Gegner selbst bestrickt und blind macht, das ist die Magie des Extrems, die Verführung, die alles Äußerste übt: wir Immoralisten – wir sind die Äußersten.[81]

Das aber genügt auch schon, um das gegenwärtige Zeitalter im Sinn der angestrebten Teildiagnose als das »utopische« zu kennzeichnen. Mit dem Hinweis auf die überraschende Affinität der Technik zu ausgesprochenen Traumzielen wurde aber auch schon der Blick in die Gegenperspektive und damit auf die Kehrseite der realisierten Traumwelt gelenkt. Sie wird zunächst schon durch ihre Beschränkung auf den engen Sektor der technischen Verwirklichung zum Vorschein gebracht.

So ist es, um es mit einem vom Auftakt des amerikanischen Mondlandeprogramms hergeholten Bild zu sagen, heute leichter, *Kennedys* Hut auf den Mond zu schießen als Wasser in die Sahel-Zone zu bringen. Vor allem aber zeigt sich diese Einseitigkeit darin, daß im selben Maß, wie sich uralte Menschheitsträume erfüllen, nicht minder alte Menschheitsängste unbewältigt fortbestehen. Trotz des weitgespannten Satellitennetzes ist es offensichtlich noch immer nicht geglückt, ein halbwegs funktionstüchtiges Warnsystem gegenüber den in unschöner Regelmäßigkeit auftretenden Erdbeben-, Sturm- und Überschwemmungskatastrophen oder auch nur eine wirklich verläßliche Wetterprognose zu entwickeln. Und trotz aller Fortschritte auf dem Gebiet der Chirurgie und Pharmazie wurden in der Frage der Bewältigung von Krebs, Multipler Sklerose und Schizophrenie noch keine entscheidenden Durchbrüche erzielt. Mehr noch: Zivilisationskrankheiten wie die signifikante Vermehrung der Allergien oder neu auftretende Krankheitsbilder wie AIDS deuten darauf hin, daß die Entwicklung, der die fast völlige Beseitigung von Cholera, Blattern und Tuberkulose zu danken ist, gleichzeitig krankheitsverursachende Wirkungen nach sich zieht. Das aber läßt den in ihr wirkenden Impuls, den Fortschritt, in einer eigentümlichen Rückschlägigkeit erscheinen. Jeder Sprung nach vorn, so scheint es, beschwört die Gefahr eines Rückfalls herauf. Auf das Zeit-Bild bezogen besagt das, daß neben dem Zug ins Utopische ein nicht minder typischer Gegenzug zu verzeichnen ist, aufgrund dessen die so sehr der Zukunft verschriebene Epoche zugleich hinter ihrem eigenen Standard zurückbleibt. Deshalb ist die volle Kennzeichnung erst dann erreicht, wenn man unter Berücksichtigung dieses Gegenzugs von dem »utopisch-anachronistischen« Zeitalter spricht, in dem sich gegenwärtig die Geschichte der Menschheit entscheidet.

Die geistigen Konsequenzen dieses Befunds springen ebenso in die Augen wie die Folgen, die sich daraus für den Glauben ergeben. Im Interesse einer Ausleuchtung der geistigen Konsequenzen muß nur noch die medien-kritische Gegenthese *Hartmut von Hentigs* hinzugenommen werden, die im offenkundigen Widerspruch zu der behaupteten Annäherung des utopischen Bereichs an den der Realität vom »allmählichen Verschwinden der Wirklichkeit« spricht. Die These verweist zu deutlich auf die »Utopie« der Medienszene, als daß das von ihr registrierte »Verschwinden« der anachronistischen Komponente der Zeitdiagnose angelastet werden könnte. Wenn sie dagegen, wie es nicht anders angeht, auf den Zug der Zeit ins Utopische bezogen wird, ist sie dazu angetan, auf die extreme Instabilität dieses Sektors aufmerksam zu machen. In ihrem Licht ist der technische Fortschritt, wie es die Challenger- und Tschernobyl-Katastrophen drastisch bestätigen, mit einer eigentümlichen Tendenz zur »Rückschlägigkeit« belastet, sofern er nicht sogar, wie im Sinne *Nietzsches* zu sagen wäre, einem Stadium der »Selbstaufhebung« entgegentreibt. Zumindest drängt sich der Eindruck auf, daß der Bereich der realisierten Utopien das, was er mit der Hand seiner technischen Produktionen an Verwirklichung – und Wirklichkeit – gibt, mit der andern, der »Medienhand«, wieder entzieht.

Gleichwohl gewinnt damit das »ganz gewiß von dem Menschen Gemachte« definitiv jenen Stellenwert, der ihm schon von *Giambattista Vico* bei seinem Versuch einer prinzipiellen Descartes-Korrektur zugedacht worden war.[82] Konnte bei Vicos Versuch, die elementare Vergewisserung anstatt aus dem reflektierenden Denkakt des »Cogito« aus dem Wissen um das menschliche Geschichtshandeln herzuleiten noch zweifelhaft sein, ob der Mensch nicht eher ein von der Geschichte Umgetriebener und in Mitleidenschaft Gezogener als ihr »Täter« sei, so steht seine Rolle als »bewirkender« Urheber des technisch Hervorgebrachten außer Frage. Auch die von ihm durch die modernen Produktionsverhältnisse erlittene »Entfremdung« ändert nichts an der Tatsache, daß ihm heute weit mehr das Leitbild des »homo faber« als das des Denkenden und »Weisen« entspricht. Wenn man anstelle von »Produktion« die ungleich brisantere Vokabel »Leistung« setzt, wird klar, in welchem Maß das Selbst- und Selbstwertgefühl des heutigen Menschen davon bestimmt ist und daß er sich in der Frage der elementaren Vergewisserung tatsächlich auf der von Vico gewiesenen Bahn bewegt.

Mit der Verkürzung der Distanz von Utopie und Wirklichkeit ändert sich aber auch das Grundverhältnis zum Utopischen in einer Weise, wie es *Ernst Bloch* mit seinem Programmwort vom ›Geist der Utopie‹ (von 1923) anvisiert. Für ihn ist die Zeit dafür herangereift,

»das Eine, das stets Gesuchte« aus unserem »unzerrissenen Herzen, aus dem Tiefsten, Allerrealsten unseres Wachtraums« hervorzurufen.[83] Dabei ist keineswegs an die technischen Utopien der Freudschen Kulturkritik, umso entschiedener jedoch an die großen Sozialutopien des Friedens, der Liebe und des Glaubens, wenngleich in marxistisch-atheistischer Brechung gedacht. Tatsächlich entspricht ein alternativelos gedachter und deshalb zu personaler wie politischer Verwirklichung drängender Friede, die von den Päpsten des letzten Jahrzehnts wiederholt geforderte »Kultur der Liebe« und ein als Ausbruch aus der Zweckrationalität begriffener und »getätigter« Glaube dem tiefsten Bedürfnis der Gegenwart.[84] Damit ist keineswegs gesagt, daß diese »Utopien« bereits in den Bereich des konkret Erreichbaren gelangten, wohl aber, daß ein kategorialer Aufbruch in Richtung auf sie erfolgte.

Damit ist auch schon Grundsätzliches über die glaubenstheoretischen Folgen gesagt: der Glaube wird durch die Zeitverhältnisse in seine ureigene Perspektive gedrängt, die nach der Bestimmung des Hebräerbriefs die des »Noch-nicht« und seiner »Verwirklichung« (hypostasis) ist (Hebr 11,1). Gleichzeitig wird er, radikal wie seit langem nicht mehr, nach dem Grund seiner Gewißheit und im gleichen Atemzug zudem nach seinem Beitrag zur Existenzbefestigung befragt. Durch die Gewichtsverlagerung auf das Machbare sieht er sich dabei zunächst an seine eigene »Tätigkeit« im Sinn praktischer Glaubensbewährung verwiesen, mittelbar dann aber auch an das ihm eingeschriebene Wort, das ihm, wie die Ausarbeitung seiner hermeneutischen Struktur zeigen wird, zum genuinen Korrektiv einer dem Aktionismus verfallenen Lebenswelt bestimmt. In einem Spannungsverhältnis zum utopisch-anachronistischen Zeitcharakter steht er vor allem aber deshalb, weil er, wie nochmals unterstrichen sei, Eindeutigkeit braucht. Bestehen könnte er im Zwiespalt der Zeit allenfalls, wenn er sich in ihrem Spannungsfeld selbst bewegen würde und wenn diese Bewegung einer Konzentration auf seinen Grund und seinen Zentralgehalt gleichkäme. Das wäre noch weit mehr erforderlich, wenn sich herausstellen würde, daß der Mensch von der Spannung der Zeit mitbetroffen ist. Wie steht es um ihn?

### *5. Das utopisch-antiquierte Wesen*

Spätestens durch *Hitler* mußten der Weltöffentlichkeit die Augen dafür geöffnet worden sein, daß die von der klassischen Anthropologie gegebene Antwort auf die Frage »Was ist der Mensch?« zur Erklärung dessen nicht mehr ausreichte, was durch den Menschen und an ihm in diesem Jahrhundert geschehen war.[85] Doch lag es nicht nur an der Ausarbeitung und dem durch sie zustande gebrachten Ergebnis, daß diese Antwort nicht trug, sondern, wie heute zunehmend deutlicher wird, bereits an der Fragestellung. Denn die noch von *Kant* als Grundriß alles philosophischen Forschens bezeichnete Fragestellung – die auf den Menschen gerichtete Wasfrage – zielt auf das Wesen und erschöpft sich demgemäß darin, eine Auskunft im Sinn einer Wesensbestimmung zutage zu fördern.[86] Inzwischen drängte sich aber geradezu die Einsicht auf, daß auf das durch den Menschen aufgegebene Rätsel nur exklamatorisch, mit dem von *Nietzsche* aufgegriffenen Passionswort ›Ecce homo!‹ geantwortet werden kann; und dieser Antwort entspricht die im Vergleich zur philosophischen Fragestellung radikalere Wo-Frage, die in der biblischen Paradiesgeschichte an den sündig gewordenen Menschen ergeht: »Wo bist du?« (Gen 3,8). Sie zielt nicht auf ein begrifflich umschreibbares ›Wesen‹, sondern führt ihm den Spielraum seiner Werdemöglichkeiten vor Augen. Indem sie in diesen ›Möglichkeitsspielraum‹ einbricht, erweckt sie ihn aber auch schon zum Bewußtsein seiner fundamentalen Aufgabe, das, was er von Natur aus ist, immer erst noch im Sinn personaler Selbstverwirklichung »aus sich zu machen«. Dabei gibt die Rede von ihrem »Einbruch« gleichzeitig zu verstehen, daß mit der Erfassung der Aufgabe auch das Bewußtsein einer extremen Gefährdung einhergeht. Der zur »Tat« seiner Selbstwerdung Berufene schwebt immer auch in der Gefahr, sich in seinem Ausgriff zu »vergreifen«, und das besagt: sich fallenzulassen oder jenen Einflüssen anheimzugeben, die ihn unter das ihm zubestimmte Niveau zu drücken suchen. Ein klares Wissen um diese Gefährdung spricht schon aus dem Gebet, mit dem *Cassiodor* den ihm nach seiner Eingangsbemerkung von seinen Freunden »abgepreßten« Traktat über die Menschenseele (De anima) beschließt, am deutlichsten aus seiner an Christus gerichteten Bitte:

> Entreiße mich mir selbst und bewahre mich in dir. Bekämpfe, was mein Werk ist, erobere dir wieder dein eigenes Werk zurück! Denn mein bin ich nur, wenn ich dir gehöre ... Hilf mir also hassen, was schadet, und lieben, was nützt. In dich verlege ich alles Fördernde, von mir selbst erwarte ich nur alles Hemmende. Möchte ich doch einsehen, wie nichtig ich bin ohne dich, und laß mich erkennen, was ich mit dir zu sein vermag. Wissen will ich, was ich bin, um zu erreichen, was ich noch nicht bin.[87]

Die mit diesem Gebet eröffnete Sicht des Menschen läßt sich über *Anselm von Canterbury* bis zu *Pascal* und von diesem bis zu *Kierkegaard* verfolgen, der sowohl als Protagonist des modernen

Existenzdenkens wie als Erneuerer der biblischen Fragestellung eine Schlüsselposition in der Problemgeschichte einnimmt. Zum einen radikalisierte er den kartesianischen Zweifel in seiner Schrift ›Die Krankheit zum Tode‹ (von 1849) zum Syndrom der Verzweiflung, während er mit seiner Untersuchung ›Der Begriff Angst‹ (von 1844) das Grundgefühl des modernen Menschen erstmals einer philosophischen Würdigung unterzog; zum andern warf er den Hebel der anthropologischen Frage nach der noch für *Kant* ausschlaggebenden Position in seiner Wiederholungsschrift (von 1843) mit aller Entschiedenheit auf die biblische Wo-Frage zurück. An denkwürdiger Stelle gesteht er hier seinem »stummen Mitwisser«:

> Mein Leben ist zum Äußersten gebracht, ich ekle mich am Dasein, es ist geschmacklos, ohne Salz und Sinn ... Man steckt den Finger in die Erde, um zu riechen, in welchem Land man ist; ich stecke den Finger ins Dasein: es riecht nach – Nichts. Wo bin ich? Was will das besagen: die Welt? Was bedeutet dieses Wort? Wer hat mich in dieses Ganze hineingestellt und einfach stehenlassen? Wer bin ich?[88]

In dieser Äußerung hat der Mensch endgültig aufgehört, Gegenstand einer, wie Kierkegaard sagen würde, »Betrachtung« zu sein; denn hier geht so offensichtlich ein Riß durch ihn hindurch, der ihn mehr als von seiner Welt noch von sich selber trennt, daß seine ›Sache‹ im Grunde nur noch »exklamatorisch« zur Sprache zu bringen ist. Hier schafft sich erstmals ein sich selbst entfremdetes Ich Ausdruck, dem mit der Tatsache seines In-der-Welt-Seins *(Heidegger)* das Faktum seiner Existenz zur Problem-Last geworden ist, und das doch in der Not dieses Selbstzerwürfnisses wie vermutlich nie zuvor um die Möglichkeit eines geglückten Selbstseins weiß. Wenn es sich aber so verhält, steht der damit sichtbar gewordene Riß in einem ursächlichen Zusammenhang mit dem Zwiespalt, den das Zeit-Bild der Gegenwart aufweist. In der Chance der Optimierung drückt sich, auf den Mikrokosmos Mensch zurückgenommen, der Zug der Zeit ins Utopische aus, während das Zerwürfnis ihren Anachronismus widerspiegelt. Dabei läßt der offenkundige Überhang zur »Dekadenz« hin freilich von vornherein vermuten, daß sich die beiden Komponenten, zumindest in ihrer durchschnittlichen Manifestation, nicht im Gleichgewicht befinden. Sosehr heute ein Verlangen nach neuer Innerlichkeit und Selbstfindung zu verzeichnen ist, gilt von der Selbstüberschreitung des Menschen im Prinzip doch immer noch das karikaturistische Bild, das *Freud* mit seinem Wort vom »Prothesengott« entwarf. Bei dem großangelegten Unternehmen, das, was die Menschheit früher nur träumte, in seine Verfügungsgewalt zu bringen, meint Freud, gehe es dem heutigen Menschen letztlich um den Versuch, ein göttliches Attribut nach dem anderen an sich zu reißen; und tatsächlich stehe er in der Rüstung seiner technischen »Hilfsorgane« recht großartig da, nur fühle er sich in seiner usurpierten Gottähnlichkeit »nicht glücklich«, da er es nur zu einer »Art Prothesengott« gebracht habe.[89]

Damit ist die technisch vermittelte Form menschlicher Selbstüberschreitung um so zutreffender charakterisiert, als sie nach allem, was abzusehen ist, stets von der Art ihrer Vermittlung beschwert bleibt, auch wenn man davon ausgehen darf, daß es der Mensch der Zukunft zu heute noch kaum vorstellbaren Formen einer »technischen Symbiose« bringen wird.[90] Vor allem aber ist damit die Problematik des menschlichen Anteils am utopischen Zug der Zeit mit aller Klarheit angesprochen. Das schließt freilich, wie bereits angedeutet, gültigere Formen der Selbstüberschreitung keineswegs aus. Im Gegenteil: sie sind nach Art einer kulturellen Insinuation vom heutigen Menschen geradezu gefordert. Nachdem es um die vielberedete »neue Innerlichkeit« in letzter Zeit auffallend still geworden ist, wird man mit um so größerer Aufmerksamkeit auf das Wiedererwachen des philosophischen Interesses an den Fragen der Konstituierung des menschlichen Selbstbewußtseins achten, auch wenn damit erst das theoretische Fundament für den ›Aufbau‹ gelegt ist, den die Verwirklichung der menschlichen Utopie zum Ziel hat. Noch liegt die Zeit nicht lange zurück, als *Gilbert Ryle* in seinem Buch ›The Concept of Mind‹ mit der höhnischen Formel vom »Gespenst in der Maschine« die Vorstellung von einer subjektiven Innerlichkeit im Regiegrund aller menschlichen Akte und Erfahrungsweisen der Lächerlichkeit preiszugeben suchte, und als *Ernst Tugendhat* in seiner Vorlesungsreihe über ›Selbstbewußtsein und Selbstbestimmung‹ (von 1979) einer für den hörenden und antwortenden Mitmenschen verstehbaren Subjektsprache den Weg abzuschneiden suchte: einmal im Anschluß an die These des späten Wittgenstein von der »Unmöglichkeit einer Privatsprache«, zum anderen in der kritischen Aneignung der von *George Herbert Mead* entwickelten Vorstellung vom »kommunikativen«, also gesellschaftlich bestimmten Charakter des Mitsichredens.[91] Indessen war die Gegenbewegung dazu längst schon in Gang gekommen, nachdem *Alfred North Whitehead* in seinem Essay ›Wie entsteht Religion?‹ (von 1926) drei im Moment des Selbstbewußtseins verbundene Grundsätze aufgestellt hatte:

1. Religion ist die Kraft des Glaubens, der die Innerlichkeit reinigt;
2. Religion ist die Kunst und Theorie des inneren menschlichen

Lebens, sofern es von dem Menschen und von dem abhängt, was an der Natur der Dinge beständig ist; und
3. Religion ist das, was das Individuum aus seinem eigenen Solitärsein macht.[92]

Als sei damit der Kristallisationskern in eine längst schon bereitstehende Lauge geworfen worden, reagierte darauf sowohl die Psychologie als auch die Philosophie: jene durch die Akzentuierung des Identitätsproblems in den Schriften von *Erik H. Erikson*, besonders in seinem Aufsatz ›Das Problem der Ich-Identität‹ (von 1956); diese durch die Ausarbeitung einer philosophischen Hermeneutik, wenngleich der grundlegende Entwurf *Hans-Georg Gadamers* diesem Gesichtspunkt eher beiläufig Rechnung trug.[93] Um so energischer wurde das Thema von *Dieter Henrich* in seiner Reflexion ›Selbstverhältnisse‹ (von 1981) aufgenommen, die schon dadurch einen wichtigen Beitrag leistet, daß sie mit ihrer Eingangsbetrachtung über die ›Ethik der Autonomie‹ der von *Guardini* geübten Radikalkritik am neuzeitlichen Autonomieprinzip den Boden entzieht.[94] Für die Rückfrage nach dem Menschen einer utopisch-anachronistischen Zeit ist aber vor allem seine Besinnung über ›Glück und Not‹ bedeutsam, da sie diese ausschließlichen Extremformen menschlicher Selbsterfahrung ausdrücklich auf die »Potentialität« des Menschseins bezieht.[95] Tatsächlich kann die vielfältige Ermunterung des heutigen Menschen, von seinen Möglichkeiten den optimalen Gebrauch zu machen, nicht besser als mit einer an ihn ergehenden Glücksverheißung verdeutlicht werden, da »Glück« als die Innenseite des voll zu sich selbst gebrachten und in diesem Sinn »geglückten« Daseins zu gelten hat.

Auf der Gegenseite entspricht dem Erlebnis der »Not« dann aber die mit der ›Utopie‹ des zu seinen höchsten Möglichkeiten freigegebenen Menschseins unvermeidlich gegebene Gefahr des Absturzes in Selbstentfremdung und Selbstverlust. Nicht umsonst ist sie das große Thema der menschlichen Selbstreflexion in dieser Zeit, nicht zuletzt auch im Bereich der das Identitätsproblem umkreisenden Literatur. Beginnend mit *Rilkes* Wahrnehmung des großen »Fallens« in allen Dingen zieht sich eine kontinuierliche Linie durch die Gegenwartsliteratur, die bis auf *Kleist* und *Büchner* zurückführt und in *Max Frisch* und *Hans Erich Nossack* ihre wohl beredtesten Sprecher gefunden hat. Gemeinsam ist ihnen das Gefühl, daß der Mensch dieser Zeit in eine antipersonale »Abdrift« geraten ist, die ihn von sich selber wegdrängt und in eine eigentümliche Indifferenz zu seinem Existenzinteresse versetzt. So gerät er in ein geradezu konstitutionelles Selbstzerwürfnis, das sich verhängnisvoll mit den desintegrativen Einflüssen seiner Lebenswelt verkoppelt. Dabei kommt noch nicht einmal die anachronistische Rückschlägigkeit des Fortschritts primär ins Spiel; denn ungleich nachhaltiger wirkt sich dahin die moderne Leistungs- und Konsumgesellschaft mit ihren Manipulationen und Zwängen aus.[96] Daraus ergibt sich ein auf den Menschen ausgehender »Entfremdungsdruck«, der sich durch die »technische Überredung« der modernen Medienszene zu der von *Herbert Marcuse* beschworenen ›Eindimensionalität‹ ins Unabsehbare steigert.[97] Wenn auch das Bewußtsein dieser gesellschaftlich und technisch bedingten Desintegration erst schwach entwickelt ist, reagiert die Gefühlswelt des heutigen Menschen darauf doch um so sensibler. Die für ihn zu stellende Diagnose deckt sich verblüffend mit derjenigen, die in der Trostschrift des zum Tod verurteilten *Boethius* die an seinem Krankenlager erscheinende ›Philosophie‹ nach kurzer Fühlung des Herzschlags ihres einstigen Adepten stellt.

> Es besteht keine Gefahr, denn er leidet lediglich an Lethargie, der gewöhnlichen Krankheit eines irregeleiteten Geistes. Er hat sich selbst ein wenig vergessen; bald aber wird er sich wieder erinnern, wenn er nur erst mich zuvor wiedererkannt hat.[98]

Daß diese Diagnose nicht von zu weit hergeholt ist, verdeutlichte *Franz Rosenzweig* in seinem nachgelassenen ›Büchlein vom gesunden und kranken Menschenverstand‹, das den von ihm beobachteten und behandelten »Patienten«, das heutige Bewußtsein, gleichfalls an »Starrsucht« leiden sieht und diese auf die philosophische Fehleinstellung zur Wirklichkeit zurückführt.[99] Kein Beobachter der heutigen Lebensszene wird dieser Diagnose widersprechen wollen; denn sofern der heutige Mensch nicht geradezu einer Lähmung verfallen ist, ist sein Lebensgefühl doch deutlich herabgestimmt, seine »Triebstruktur«, mit *Freud* und *Marcuse* gesprochen, geschwächt, sein Lebenswille gebrochen. So aber wird er nicht nur zum Vorzugsopfer der repressiven und manipulatorischen Tendenzen seiner Lebenswelt, sondern auch, radikaler noch, zu einer Fehlform seiner selbst. Wie ihm aufgrund seines Existenzgewissens nur zu deutlich bewußt wird, lebt er im Zustand einer eigentümlichen Abhaltung von sich selbst dahin. Anstatt das, was er von Natur aus ist, im Akt personaler Selbstergreifung aus sich zu machen, ist er, spiegelbildlich dazu, unter sein eigenes Niveau abgesunken, man könnte auch sagen: zu einem existentiellen Anachronismus geworden.

Doch damit hat ihn die Zeitanalyse endgültig eingeholt. Auch von ihm gilt der Antagonismus, der in den »Zeitverhältnissen« festzustellen war. Es blieb der philosophischen Literatur in der ihr eigentümlichen Sensibilität vorbehalten, ihm dies auch ausdrücklich zu attestieren. So sprach der spanische Kulturphilosoph *Ortega y Gasset* schon um die Jahrhundertmitte vom Menschen als dem »utopischen Wesen«, wobei ihm vor allem die Zugkraft der »Glaubensgewißheiten« im Unterschied zur Statik der Ideen vor Augen stand.[100] Obwohl ihm die Anfälligkeit des Menschen zur »Selbstentfremdung« keineswegs entging, entwarf doch erst der Essayist *Günther Anders* ein Jahrzehnt danach das volle Kontrastbild in seiner Studie über die ›Antiquiertheit des Menschen‹ (von 1961).[101] Mit diesen wahrhaft »sprechenden« Titeln ist im Grunde schon alles gesagt. Für den philosophisch-literarischen Beobachter der heutigen Lebensszene ist der unter die Bedingungen der technischen Lebenswelt gestellte Mensch in exakter Widerspiegelung des Zeit-Diagramms das »utopisch-antiquierte« Wesen. Während ihn ungeheure Tendenzkräfte über seinen »Iststand« hinausdrängen, hängen sich gleichzeitig Gewichte an ihn, die seinen angestammten Hang, sich fallenzulassen und fremder Regie zu übergeben, verhängnisvoll verstärken. So bietet er wie noch nie in seiner bisherigen Werdegeschichte ein zuinnerst zwiespältiges Bild. Der berühmte *Pascal*-Satz, daß er sich um ein Unendliches überschreite, sagt nur die halbe Wahrheit. Denn ebenso gewiß ist, daß er sich beständig »unterläuft«, hinter seinem Seinssoll zurückbleibt, das, was er aus sich zu machen hat, tragisch verfehlt. Daher die zahlreichen Paradigmen jenes »ruinösen Menschentums«, das nach der feinsinnigen Deutung *Hugo Friedrichs* schon die Dichtung Rimbauds beschwört.[102] Daher dann auch die Gleichgültigkeit und zunehmende Distanz gegenüber der eigenen Existenz; und daher nicht zuletzt jener Umbruch im moralischen Bewußtsein, der den Sinn für die Sünde abstumpfen läßt, während der für die »Verschuldung« gegenüber dem eigenen Dasein im selben Umfang wächst.

Damit ist auch schon die Frage nach den religiösen Folgen berührt. Konsequent zu Ende gedacht führt diese Frage zu einer Art Umkehrung des zweifellos bedeutsamsten Vorgangs in der Geschichte der neueren Theologie, der als deren »anthropologische Wende« bezeichnet wird.[103] In ihrer dogmatischen Form besteht diese in der vor allem bei *Karl Barth* und seiner Schule zu beobachtenden Entwicklung der dogmatischen Theologie zur christologischen Dogmatik und schließlich zur theologischen Anthropologie, in ihrer organischen Form dagegen in der wachsenden Erkenntnis, daß in jedem Satz über Gott der Mensch mitgesagt ist. Das könnte man auch damit umschreiben, daß sich die Theologie zunehmend dem Menschen zugewendet und ihn schließlich sogar in ihre Denkbewegung einbezogen habe. Infolge des zusätzlichen »Gewichts« kam es jedoch in Grenzfällen dazu, daß sich diese Bewegung »überdrehte«. In der Extremform der ›Radical Theology‹

verlor die Theologie nicht nur ihre »Sache« so sehr aus dem Blick, daß sie von der »Abwesenheit« und dem »Tod« Gottes zu reden begann; vielmehr bürdete sie nun auch dem dadurch frustrierten Menschen die »göttlichen Folgelasten« in einer Weise auf, daß er vollends dem Zwiespalt verfiel, an dem er aus innerer und äußerer Veranlassung laborierte. Zum »Stellvertreter« des ohnmächtigen Gottes erklärt, geriet er in eben jenes Selbstzerwürfnis, das, wenn überhaupt, dann durch die Intervention von Glaube und Theologie behoben werden sollte.[104]

Sofern die Theologie auf dieser Radikalisierungsstufe nicht ihre Identität verlor, wird sie den angesprochenen Exzeß nur als Anruf und Anstoß zu einer Neuorientierung verstehen können. Und im Zug dieser Besinnung wird sie sich zu einer Gegenbewegung veranlaßt sehen, die, spiegelbildlich zur anthropologischen Wende und doch in voller Übereinkunft mit ihr, den Tatbestand der »Glaubenswende« erfüllt. Dazu wird sie die Einsicht bewegen, daß sie das Interesse des Menschen dann am besten wahrt, wenn sie sich konsequenter, als sie es in ihrer Systemgestalt jemals vermochte, auf ihren ureigenen Grund zurückbezieht und in ihm Einkehr hält, da dieser zugleich der Grund allen Seins und zumal des menschlichen ist. Konnte sich *Guardini* noch zu dem Satz bekennen: »Nur wer Gott kennt, kennt den Menschen«, so wird nun umgekehrt der Mensch zum leibhaftigen Ansinnen an die Theologie, sich mit letzter Entschiedenheit auf sich und ihre Sache zu konzentrieren.[105] Ohne auch nur einen Augenblick aufzuhören, ihr Adressat und »Beweggrund« zu sein, wird er doch gerade in seinem Selbstzerwürfnis zu einer Anfrage an sie, die sie nur durch den konsequenten Mitvollzug der längst schon in Gang gekommenen Glaubenswende beantworten kann.

# III.
# Symptome

## *1. Religiöse Spurensuche*

Aber antwortet denn, so ist nach der ›Diagnose‹ zu fragen, überhaupt etwas im religiös-kirchlichen Bereich auf die drängende Frage nach der in ihm vermuteten Glaubenswende? Herrscht hier nicht vielmehr dieselbe Resignation, die den Menschen dieser Zeit befallen hat, oder doch wenigstens eine damit nur allzu eng verwandte Rückzugsstimmung, genährt von dem pessimistischen Grundgefühl, daß der Christ, zumindest im abendländischen Raum, längst schon auf verlorenem Posten stehe? Es ist somit der immer noch nachwirkende »Aufklärungsschock«, gegen den die Frage nach dem Tatsachenbeweis für eine Glaubenswende zum Zug gebracht werden muß. Zwar konnte *Hermann Lübbe* in seinem Vortrag ›Religionsphilosophie nach der Aufklärung‹ (von 1978) glaubhaft machen, daß die Aufklärung keineswegs die völlige Beseitigung der Religion in der modernen Gesellschaft zum Ziel hatte.[1] Wenn man den Angriff der Aufklärung jedoch auf seinen Kern, das Offenbarungsproblem, zurückverfolgt, besteht der davon ausgehende Schock durchaus zu Recht. Denn das Christentum steht und fällt, wie *Karl Rahner* immer wieder, vor allem aber in seinem ›Grundkurs des Glaubens‹ (von 1976) herausstellte, mit dem Fortleben des Glaubens an eine Selbstbezeugung Gottes in der Menschheitsgeschichte.[2] Und es unterscheidet sich gleichzeitig von jeder anderen, ausgenommen der jüdischen Glaubensform durch die Überzeugung, daß das Wort »Gott«, dieses Schlüsselwort menschlicher Welt- und Selbstdeutung, nicht nur passiv, sondern aktiv genommen werden müßte, daß also am Ende aller menschlichen Worte über Gott das sich selbst sagende Wort Gottes stehe. Das ist gleichbedeutend mit dem von *Joseph Möller* im Anschluß an Überlegungen *Maurice Blondels* entwickelten Gedanken, daß der in seinem Verwirklichungsstreben immer wieder scheiternde Mensch durch diese schmerzliche Erfahrung jener Erfüllung entgegenreife, »die nur der Gott der Gnade geben kann, indem er sich gibt«.[3]

Wenn man den Anspruch des Christentums aber bis auf diesen innersten Kern zurückführt, um nicht zu sagen »zurücknimmt«, tritt der zu führende Tatsachenbeweis in eine gänzlich unerwartete Perspektive. Der spontanen Erwartung zufolge konnte er um so eindrucksvoller erbracht werden, je mehr es gelang, Fakten ins Feld zu führen, in denen sich die Geschichtsmächtigkeit und gesellschaftliche Gestaltungskraft des Christentums dokumentierte. Im Hintergrund dieser Erwartung stand die von der Kirche im Ersten Vatikanum bekundete Überzeugung, daß sie in ihrer Einheit, Heiligkeit und geschichtsüberdauernden Stabilität das von Gott selbst gegebene und als solches weithin sichtbare »Zeichen« sei, an dem die Wahrheit seiner Offenbarung abgelesen werden könne.[4] Doch so vieles im Sinn dieser apologetischen Signalwirkung geltend gemacht werden könnte, so will die ganze Frage so, wie sie von der Konzilsaussage insinuiert wird, heute gar nicht erst in Gang kommen. Zu übermächtig ist ein Gefühl der religiösen Frustration, das sich schon dem Anlauf dazu widersetzt. Kaum braucht dieser Widerstand verdeutlicht zu werden, da er nur zu offenkundig ist. Knappe Hinweise genügen. Obwohl sich das nachkonziliare Papsttum weltweit Gehör zu schaffen wußte – hört die Welt in seinen Bekundungen auch nur noch den leisesten Widerhall der Gottesstimme? Und obwohl es einen erregenden Augenblick lang fast so schien, als gelinge *Johannes Paul II.* mit dem Einsatz spiritueller Mittel der Einbruch in den Ostblock, den kein politisches und militärisches System zuwege gebracht hatte – wurde seine Initiative in der Weltöffentlichkeit tatsächlich als religiöses, auf die Geschichtsmacht Gottes verweisendes Zeichen begriffen?

Wenn aber der Gang der apologetischen Argumentation so offensichtlich gestört ist, muß der angezielte Tatsachenbeweis auf anderem Weg geführt werden. Dazu kann die von *Kurt Wuchterl* angesprochene Wiederannäherung von Philosophie und Theologie einen hilfreichen Fingerzeig geben.[5] Grund dieser Wiederannäherung ist nach Wuchterl die Einsicht, daß sich Philosophie und Theologie in der Gemeinsamkeit der Hauptaufgabe begegnen, die in heutiger Terminologie mit dem Stichwort »Kontingenzbewältigung« umschrieben wird.[6] Tatsächlich dürfte sich die Dialogik ebenso wie das Konkurrenzverhältnis von Philosophie und Theologie am besten – und einleuchtendsten – aus der Kompetenz beider bei der Lösung dieses menschlichen Fundamentalproblems erklären, bei der sich eine »Arbeitsteiligkeit« in der Form abzeichnet, daß der Philosophie die mit der »Sinnsuche« bezeichnete theoretische Lösung, der Theologie dagegen eher die existentiell-praktische zufällt. Das ist, verglichen mit der apologetischen Zielsetzung, ein eher bescheidenes, auf jeden Fall aber im Unscheinbaren verbleibendes Vorhaben. Kein Ideenhimmel wird entworfen, kein System aufgebaut und keine Wertetafel aufgerichtet, wohl aber der Versuch unternommen, dem

Menschen eine Handreichung in dem Schwindelgefühl zu geben, das ihn mit wachsender Einsicht in die Zu-Fälligkeit seines Daseins befällt. Nicht umsonst stellt sich bei dieser Aufgabenskizze die Erinnerung an die neutestamentliche Szene mit dem sinkenden Petrus (Mt 14,22–33) ein. Denn offensichtlich dokumentiert sich in ihr eine Glaubenserfahrung, die mit der religiösen Bewältigung der menschlichen Existenznot zu tun hat und so derselben Wurzel entstammt, die auch das philosophische Fragen hervortrieb. Doch gerade in der Bescheidung liegt der Gewinn; denn im Fluchtpunkt der Wiederannäherung zeichnet sich eine Konvergenz der beiden Konkurrenten in der Form ab, daß die Philosophie die der Kontingenzerfahrung abgewonnene Frage bis zu jenem Grad steigert, an welchem nur noch die von Gott selbst gegebene Antwort genügt, wie sie die Theologie vermittelt. Denn Theologie ist – und auch das gehört zu dem erzielten Gewinn –, wie ein sich von *Emil Brunner* bis *Karl Rahner* spannender Konsens bestätigt, ihrem innersten Wesen nach Offenbarungswissenschaft, und das heißt: der vom denkenden Menschen unternommene Versuch, in immer neuen Annäherungen das von Gott selbst gesprochene Wort nachzusprechen.[7]

Doch damit sieht sich auch schon die Suche nach dem Tatsachenbeweis von dem vermuteten Höhenweg auf ein ungleich bescheideneres Unternehmen zurückgeworfen. Nicht spektakuläre Fakten sind ausfindig zu machen, die mit demonstrativer Deutlichkeit für die Bewegung im Glauben sprechen, sondern allenfalls ›Spuren‹, die erst zusammengenommen darauf hinweisen, daß etwas in Gang gekommen ist. Doch auch hier liegt im Verzicht ein Gewinn. Denn unterderhand wurde damit aus dem angestrebten Tatsachenbeweis eine Methodenfrage. Und die muß geklärt werden, wenn sich das gestartete Unterfangen nicht dem Vorwurf der Improvisation und Beliebigkeit aussetzen will. Jetzt zeigt sich, daß es sinnvoll und methodisch gerechtfertigt nur im Stil einer ›Spurensuche‹ in Gang gesetzt werden kann. So aber entspricht es nicht nur jenem »Minimalkonsens«, in welchem Philosophie und Theologie dann übereinkommen, wenn sie sich als je anders geartete Beiträge zur Aufgabe der menschlichen Kontingenzbewältigung verstehen; sondern nicht weniger auch dem »Stil«, wie Vertreter der heutigen Theologie und der an ihr orientierten Soziologie ihre Probleme in Angriff nehmen. Wiederum trifft es sich seltsam, daß das Programmwort von der ›Spurensuche‹ durch zwei Buchtitel gerechtfertigt wird, die schon durch die von ihnen angezeigten Arbeiten in den vorliegenden Problemzusammenhang gehören. So überschrieb *Peter L. Berger* seine weithin bekannt gewordene Studie über die »Wiederentdeckung der Transzendenz« in der modernen Gesellschaft mit dem Titel ›Auf den Spuren der Engel‹ (von 1969), während *Christian Schütz* seine Einführung in eine spirituelle Christologie mit dem Kennwort ›Auf der Suche nach Jesus Christus‹ betitelte.[8] Wie ernst es Schütz mit der von ihm beschriebenen »Suche« meint, zeigt nicht nur der bewegende Gedanke, daß die große Zeitkrankheit der Einsamkeit den heutigen Menschen in eine besondere Nähe zur »Einsamkeit Jesu« bringe, sofern er sich nur zur »Einkehr in die Einsamkeit« verstehe, sondern, für den Methodenkontext bedeutsamer noch, daß er sich die Annäherung an Jesus von der »Weisheit des Schweigens« verspricht.[9]

Im Feld der zahlreichen affirmativen Versuche, das von der Glaubensgeschichte neu zur Diskussion gestellte Christusthema einzukreisen, ist das eine neue, der Tradition der negativen Theologie und der Erfahrung des monastischen Schweigens verpflichtete Stimme. Doch während sie nur für die »Suche« plädiert, spricht *Berger* in aller Form von den »Spuren«, die ausfindig zu machen seien. Dabei steht ihm, dem Soziologen, der schon von *Hölderlin* beklagte »Fehl« Gottes, also der Transzendenzverlust der modernen Gesellschaft, im Zusammenhang mit der sich immer radikaler durchsetzenden Zweckrationalität besonders deutlich vor Augen. Anders als in der Geschichte von dem paradiesischen Garten, in dem sogar die »Schritte« des sich beim Tagwind ergehenden Gottes zu hören waren (Gen 3,8), deutet in der heutigen Lebenswelt noch kaum etwas auf seine Präsenz hin, so daß ihre Anzeichen zu bloßen »Spuren« verkümmerten. Um so intensiver muß für Berger deshalb die Suche danach aufgenommen werden. Voraussetzung dessen ist, daß dem unterdrückten Bedürfnis nach Religiosität wieder Rechnung getragen und, früher noch, zum Eingeständnis seiner selbst verholfen werde. Dann werden ihm an den Reibungsflächen und Bruchstellen der heutigen Lebenswelt die vermuteten Spuren lesbar. Sie finden sich in der Geste der Mutter, die das weinende Kind beschwichtigt und ihm dadurch zur Wiederherstellung des gestörten Urvertrauens verhilft; und sie finden sich ebenso im Spiel des Kindes, das inmitten der lückenlos funktionierenden Leistungsgesellschaft ein Zeichen zweckfreien Handelns setzt. Daß es zu dieser Minderung kam, liegt dem kühnen Schlußwort des Buchs zufolge durchaus auch in der Konsequenz des Christentums. Während noch für *Thales von Milet* die Welt »voll von Göttern« war, habe der biblische Monotheismus diese Fülle verscheucht, die seitdem nur noch in den Engeln, den Zeugen der göttlichen Glorie, fortlebe:

> Erst seit dem Einbruch der Säkularisierung verringerte sich die göttliche Fülle, bis ein Punkt erreicht war, an dem es schien, als sei die Sphäre der Empirie die allumfassende – allumfassend und zugleich gänzlich in sich abgeschlossen. Wir haben uns von

> Göttern und Engeln weit entfernt. Das Aufbrechen der innerweltlichen Wirklichkeit, das diese Mächtigen einst verkörperten, ist unserem Bewußtsein als eine ernstzunehmende Möglichkeit mehr und mehr entschwunden. Heute siechen sie müde dahin – im Märchen, im Heimweh, in verblichenen Symbolen.[10]

Um so sorgfältiger muß nach Berger diesen Spuren nachgegangen werden, wenn nicht der Mensch auf der Strecke bleiben soll. Was er bietet, sei kein Buch über die Engel, allenfalls das bescheidene Vorwort zu einer »Engelkunde«, das dort einsetze, wo der Wink des Hebräerbriefs hinführt, wonach einige »ohne ihr Wissen Engel beherbergten« (Hebr 13,2).[11]

Die mit den beiden Titeln gegebene Anregung ist jedoch erst dann voll zur Kenntnis genommen, wenn man den ersten als Überbietung des zweiten versteht. Dann darf sich die von ihnen angeregte Spurensuche nicht nur auf jene »Aufbrüche« im scheinbar homogenen Feld der eindimensionalen Lebenswelt erstrecken, die auf das unausrottbare Bedürfnis des Menschen nach Transzendenz zurückzuführen sind; vielmehr muß sie auch – und sogar mit besonderer Konzentration – jenen »Lebensspuren« nachgehen, die der Eintritt Gottes in die Menschheitsgeschichte in Gestalt der Menschwerdung Christi hinterlassen hat. So gewagt sich dieser Gedanke auf den ersten Blick ausnimmt, gewinnt er doch unversehens an Plausibilität, wenn man sich vergegenwärtigt, daß *Friedrich Gogarten*, wie schon eingangs erwähnt, Jesus die »Wende der Welt« nannte, und daß schon vor ihm *Guardini* von dem »neuen Ernst« sprach, den die menschliche Existenz im abendländischen Kulturraum durch die ›metaphysische‹ Wirkungsgeschichte Jesu angenommen habe.[12] In erstaunlicher Übereinkunft mit Gogarten verweist er dabei, wie bereits mitgeteilt, auf den »jahrhundertelangen Mitvollzug der Christus-Existenz«, der das Menschsein im abendländischen Kulturraum auf eine höhere Ebene gehoben, es im Sinn personalen Selbstseins erst wirklich zu sich gebracht und ihm dadurch eine vorher nicht gekannte Dignität verliehen habe.[13]

Mit dem Stichwort »Ernst« gibt Guardini zu verstehen, daß von der Wirkungsgeschichte Jesu vor allem Impulse im Sinn einer Bewußtseinsveränderung ausgehen. Sie sind in erster Linie dort zu entdecken, wo inmitten einer säkularisierten Welt ein neues Verantwortungsbewußtsein – für Behinderte und Alte, für sozial Schwache, für die Notleidenden der Dritten Welt und nicht zuletzt für die vom Menschen ausgebeutete Natur – erwacht. Anzeichen dieser Nach- und Fortwirkung liegen aber auch überall dort vor, wo etwa im Verlangen nach neuer Innerlichkeit die lange genug vernachlässigte Personwürde des Menschen zu neuen Ehren kommt, oder wo mit der wachsenden Einsicht in die Unabdingbarkeit des Friedens das Friedensvermächtnis Jesu Einfluß auf das politische Bewußtsein zu gewinnen beginnt.[14] Das aber heißt konkret, daß die Spurensuche, wenn sie nur erst einmal aufgenommen wurde, auf vielfältige und oft ganz überraschende Weise »fündig« wird. Hier gilt nicht nur das Augustinus-Wort, daß Gott gesucht wird, um gefunden zu werden, sondern die diesen Satz noch überbietende Tatsache, daß er mit den Anzeichen seines Heils der Suche danach immer schon zuvorkommt. Und liegt nicht schon darin, daß diese Suche aufgenommen und in ihrer Richtung gefragt werden kann, ein Hinweis auf den, der dem menschlichen Ich die Zunge löste und ihm zu einer sein Selbstbewußtsein bekundenden Subjektsprache verhalf?[15]

Das sich abzeichnende Bild hat unverkennbar mit einer Umschichtung im Glaubensbewußtsein zu tun. Tatsächlich zeichnete sich eine Umorientierung schon darin ab, daß die traditionelle Ausschau nach spektakulären »Anzeichen« eines Eingreifens Gottes in die Menschheitsgeschichte und »Beweisen« für den dadurch provozierten Glauben an ihn unterderhand dem Programm einer bloßen »Spurensuche« gewichen ist. Im Zusammenhang damit kam es aber auch zu dem bereits angesprochenen Wandel im Konzept der Glaubensvermittlung. Um es nochmals mit der bereits vorgeschlagenen Formel zu sagen, so werden wir zum Glauben bewogen, nicht erzogen. Das traditionelle Instruktionsmodell trat gegenüber den auf die Mündigkeit des Christen abgestimmten Formen der Glaubensvermittlung in den Hintergrund. Schlagwortartig könnte man auch sagen: was heute gefragt ist, ist nicht mehr eine Glaubensbegründung im Stil der Argumentation, sondern der »Glaubensinspiration«.[16] Wenn das aber kein schöner Traum bleiben, sondern ein gangbarer Weg werden soll, muß gezeigt werden, worauf denn konkret die »Spurensuche« angesetzt und, früher noch, die Vermutung begründet werden kann, daß das Grundmuster einer der Zweckrationalität verschriebenen Zeit auch eine religiöse Lesart erlaubt.

### *2. Epochale Gottsuche*

In theologiegeschichtlicher Nachfolge *Karl Barths* entwickelte der Theologe, der erstmals in aller Ausdrücklichkeit von der durch Jesus heraufgeführten »Weltwende« gesprochen hatte, *Friedrich Gogarten*, in seinem Spätwerk die inzwischen weithin akzeptierte Idee, daß der neuzeitliche Säkularisierungsprozeß nicht als Abfall vom christlichen Glauben, sondern als dessen legitime Konsequenz zu gelten habe.[17] Das führte zu einer geradezu »frontenverkehrten« Einschätzung der Neuzeit, deren Legitimität von *Guardini* und *Blumen-*

*berg* aus unterschiedlichen Gründen in Frage gestellt, von *Wolfhart Pannenberg* dagegen im Sinne Gogartens christlich gerechtfertigt wurde.[18] Doch ungeachtet dieser Rechtfertigungsversuche blieb der Gesamteindruck einer fortschreitenden Erosion, zumal sich dieser auch durch so handgreifliche Symptome wie Kirchenaustritte und Sakramentenflucht bestätigt sah. Die geistig-kulturelle Entwicklung der Neuzeit, so schien es, war eine einzige Einlösung dessen, was Zeitkritiker vom Rang *Heines* und *Nietzsches*, am »Sterbebette des Christentums« sitzend, längst schon diagnostiziert hatten: das allmähliche Absterben, die Agonie und schließlich den »Tod« des christlichen Gottesglaubens. Was die neutestamentlichen Schriften mit dem Wort von der »Menschenfreundlichkeit« Gottes (Tit 3,4) als das verheißungsvolle Proprium des christlichen Gottesglaubens empfanden, war nach Heine, dem Nietzsche darin fast wörtlich zustimmte, der Anfang seiner Selbstauflösung:

> Wir sahen, wie er sich . . .vergeistigte, wie er sanftselig wimmerte, wie er ein liebevoller Vater wurde, ein allgemeiner Menschenfreund, ein Weltbeglücker, ein Philanthrop – es konnte ihm alles nicht helfen – Hört ihr das Glöckchen klingeln? Kniet nieder – Man bringt die Sakramente einem sterbenden Gotte.[19]

Zu geradezu bewußtseinsbildender Effizienz gelangte diese Vorstellung jedoch erst durch die suggestive Sprachkraft von Nietzsches Formel »Gott ist tot«, in der *Ernst Jünger* das dreimalige Aufsetzen des Heroldsstabs vernahm, der »den Eintritt neuer Mächte«, man könnte in seinem Sinn auch sagen, »das Ende der christlich geprägten Epoche«, ankündet.[20]

Wenn die Diagnose jedoch recht hat, daß dem »Tod Gottes« im Bewußtsein der Gegenwart das langsame Absterben des Gottesglaubens und schließlich seine Agonie voranging, tritt der damit beschriebene Säkularisierungsprozeß schlagartig in eine neue und völlig gegensätzliche Perspektive.[21] Wenn sie sich erschließen soll, muß freilich eine wesentliche Vorarbeit, die den Prozeß der menschlichen Annäherung an Gott betrifft, geleistet werden. Der allgemeinen Einschätzung nach vollzieht sich diese Annäherung auf zwei getrennten Bahnen: der theoretischen der Gottesfrage und der existentiell-praktischen des Gebets. Die geforderte Vorarbeit besteht in der Überprüfung dieser Annahme, die schon dadurch problematisch erscheinen müßte, daß auf beiden Bahnen auffällig ähnliche Komplikationen entstehen: bei der Gottesfrage in Form des vielfach diskutierten Scheiterns einzelner – nach verbreiteter Ansicht auch aller – Gottesbeweise; beim Gebet durch das frustrierende Erlebnis seiner häufigen Vergeblichkeit. Was die Gottesbeweise anlangt, so ist ihre Geschichte nahezu gleichbedeutend mit der ihrer Anfechtung und Bezweiflung, so daß sogar ein so behutsamer Analytiker dieser Geschichte wie *Quirin Huonder* am Schluß seiner Darstellung auf die zurückhaltende Position ausweicht:

> Der Mensch kann auf dem Vernunftweg zu Gott kommen, er muß es aber nicht. So wird es auch im Rahmen der Wissenschaft neben Bejahern Gottes immer wieder auch Gottesleugner geben. Aber trotz Sartres Wiederholung von Nietzsches Wort »Gott ist tot«, der Botschaft des tollen Menschen und trotz des im dialektischen Materialismus mit soviel Pathos erneuerten Atheismus wird die Gottesfrage die erregendste aller Menschheitsfragen bleiben.[22]

Und was das Gebet anlangt, so ist es gerade in seiner höchsten Vollzugsform, dem mystischen Gebet, durch Erfahrungen der »dunklen Nacht des Geistes«, also des radikalen Entzugs und der abgründigen Trostlosigkeit gekennzeichnet. In erstaunlicher Übereinkunft brechen die Beter dann, mit *Henri Bremond* gesprochen, in die Klage aus:

> Wer könnte diese schreckliche Finsternis beschreiben, durch welche Gott die Seele führt, indem er sie in quälendste Ungewißheit stürzt? Statt in der Erleuchtung, die sie einst über die Güte und Erbarmung Gottes, die Schönheit der Tugend, die Heilswahrheit besaß, findet sie sich nun in einem Schlund voll schwarzer Finsternis vor, so schrecklich und furchtbar, daß er dem Schlund der Hölle gleicht. Zuweilen ist die Seele in einen Augenblick hineinversenkt, ohne zu wissen, wie ihr geschah, und alle Wege der Gedanken über die Vollkommenheit Gottes, die ihr Trost und Gewißheit geben könnten, sind wie abgeschnitten, daß es der armen Seele scheinen will, sie könnte eher einen Berg durchbohren als ihr Gefühl für einen dieser Gedanken öffnen, die sie sonst trösteten und aufrechterhielten.[23]

Daß es sich bei diesen Krisenstellen im Vollzug der Gottesfrage und des Gebets nicht um bloße Parallelerscheinungen handelt, ist schon aufgrund ihrer auffälligen Entsprechung anzunehmen. Denn beide Male handelt es sich um elementare Formen der menschlichen Annäherung an Gott; und beide Male führt der Weg offensichtlich durch abschüssiges und gefahrenreiches Gelände. Dabei könnte man zunächst den Eindruck gewinnen, daß sich die Krise jeweils aus der Selbstverwechslung der beiden Positionen herleitet. Die philosophische Gottesfrage, so könnte man meinen, habe von ihrem Beweisgang zuviel nach Art eines spirituellen Gotteserlebnisses erwartet, während das Gebet in seine Krise geraten sei, weil es sich vom Akt seiner »Erhebung zu Gott« zuviel nach Art argumentativer Vergewisserungen erhofft habe. Die gegenteilige Optik vertritt *Eike Christian Hirsch*, wenn er am Schluß seiner Erwägungen zur Frage ›Das Ende aller Gottesbeweise?‹ urteilt:

> Das begriffliche Denken kann nur die Grenze des Denkens denken; das nicht-begriffliche, nichtobjektivierende Denken ist die Meditation, die Gott nicht in den Formen, sondern als Grund der Form erkennt. Es scheint, als übergebe der Philosoph mit diesem Schlußsatz das Thema an den Theologen. Aber ich fürchte, daß die Theologie Gott nicht meditiert, sondern objektiviert.[24]

Schon eine geringfügige Erweiterung dieses Gedankens führt zu der Konsequenz, daß es sich bei den beiden Krisenerfahrungen um Erscheinungsweisen ein und derselben Sache handelt, aus der sich dann die Nötigung ergibt, entgegen der landläufigen Ansicht Gebet und Gottesfrage aus ein und derselben Wurzel zu verstehen. Der mit der Frage beschrittene Erkenntnisweg ist dann der denkerische, das Gebet der existentielle Vollzug des religiösen Aktes; hier wie dort geht es somit um ein und dieselbe Zielsetzung: die ›methodische‹ Suche nach Gott.[25] Dann aber muß vom Gebet, wenn es einsichtig werden soll, spekulativer als bisher gedacht werden, während der Gang der Gottesfrage entschiedener als bisher in eine spirituelle Perspektive gerückt werden muß. Wenn das aber auch nur ansatzweise geschieht, gewinnt nicht nur der auf die Vergewisserung Gottes abzielende Erkenntnisweg ungeahntes Profil; vielmehr wird er gleichzeitig auch auf ganz unerwartete Weise durchsichtig auf den Gang der abendländischen und insbesondere der neuzeitlichen Geistesgeschichte, die sich dann wie eine einzige Extrapolation des dramatischen Vollzugs der Gottesfrage ausnimmt. Die neuzeitliche Säkularisierung als eine »Kategorie des geschichtlichen Unrechts« auszuweisen und damit ihre Legitimität zu bestreiten, ist dann ebenso unsinnig, wie sich der Versuch ihrer Rechtfertigung aus christlichen Prinzipien als überflüssig erweist.[26]

Was zunächst den subjektiven Akt anlangt, so beginnt er, wie nunmehr einsichtig wird, mit der Erfahrung jener »Bewußtseinserweiterung«, die von den Meistern der Spiritualität als »Weg der Erleuchtung« beschrieben wurde: Gott erscheint als das den Menschengeist aus seiner Einbindung in die Grenzen des faktisch Gegebenen und seiner eigenen Rationalität befreiende und ihn so seiner angestammten Kontingenz enthebende Erfüllungsziel. Im Maß der versuchten Annäherung verdüstert sich jedoch das angestrebte Ziel, wie die mystische Sprache vom »Weg der Läuterung« zu berichten weiß, nahezu zum Gegenbild seiner selbst: Gott erscheint dann in jener erdrückenden Andersheit zum Menschen, die diesen mit *Nietzsche* in die Alternative des »Er oder ich« zwingt. Erst das aus dieser Not ausgestoßene »De profundis« führt zur Lösung, die auf dem ausgesprochenen Rettungsweg der »via unitiva« erreicht wird.[27] Schwerlich läßt sich dieser dramatische Gang der Gottesfrage nacherzählen, ohne daß geistesgeschichtliche Erinnerungen geweckt werden. Sie betreffen zunächst den Ansatz der neuzeitlichen Geistesgeschichte, der in erstaunlicher Übereinkunft mit dem Aufgang der Scholastik die Wiederaufnahme des von ihrem Begründer *Anselm von Canterbury* ausgearbeiteten Gottesbeweises betreibt. *Descartes* benötigt diesen Beweis, wie man im Anschluß an seinen Kritiker *Pascal* sagen könnte, um den Mechanismus seiner rationalen Welterklärung in Gang setzen zu können.[28] Sodann führt diese Entwicklungslinie über die Aufklärung und ihren großen Theoretiker *Kant* zu jenem dramatischen Höhepunkt, auf dem der zunächst nur als Hypothese benötigte und dann zunehmend verfremdete Gott in einem Emanzipationsakt ohnegleichen fallengelassen, von *Feuerbach* auf den Menschen zurückgenommen und durch *Nietzsche* schließlich totgesagt wird.[29] Doch schon vom Ruf des tollen Menschen »Gott ist tot« meint *Heidegger* an einer denkwürdigen Stelle seiner ›Holzwege‹ (von 1950):

> Vielleicht hat da ein Denkender wirklich de profundis geschrien? Und das Ohr unseres Denkens? Hört es den Schrei immer noch nicht?[30]

Die Bedeutung dieser Frage liegt, über ihren interpretativen Wert hinaus, vor allem darin, daß sie die »Problemverlagerung« deutlich macht, die der Gang der Gottesfrage bei Nietzsche erleidet. Sie hört auf, der wenngleich zentrale Inhalt der philosophischen Spekulation zu sein, und begibt sich – im Durchgang durch den Tiefpunkt ihrer Krise – in die Kompetenz der Sprach-Theorie. Damit aber beginnt eine Entwicklung, aus der erst die sprachanalytische Religionsphilosophie der Gegenwart die vollen Konsequenzen zog, indem sie, mit *Joseph Möller* gesprochen, der »informativen, Tatsachen feststellenden Sprache das ›performative‹, neue Sachverhalte schaffende Sprechen als Handlung«, wie es sich in Befehl, Versprechen und Gebet bekundet, gegenüberstellt.[31] Damit aber nimmt, wenn zunächst auch nur theoretisch, der philosophische Gottesgedanke den Impuls des Gebets, aus dem er zweifellos einmal hervorgegangen war, wieder in sich auf. Ob sich damit die Chance einer Wiedergewinnung der Gottesgewißheit bietet, ist angesichts der Tatsache, daß es sich noch um eine völlig unabgeschlossene Entwicklung handelt, eine offene Frage. Sie wird sich nicht zuletzt daran entscheiden, ob der Theorie schließlich auch die Praxis folgt und die Gottesfrage damit die ihr gemäße Sprachform der Anrufung, also der »invokativen« Rede, zurückgewinnt. So jedenfalls verstand sie noch der Initiator der Scholastik, *Anselm von Canterbury*, der im gleichen Atemzug, in dem er das Programmwort der mit ihm beginnenden Epoche – »Fides quaerens intellectum« – ausgab, den nach ihm benannten Gottesbeweis entwickelte, und zwar, dem ausdrücklichen Wortlaut seines ›Proslogion‹ zufolge, aus der Position dessen, »der seinen Geist zur Betrachtung Gottes zu erheben und so zu verstehen sucht, was er glaubt«.[32] Wenn das gilt, ist die volle Problemlösung freilich erst dann zu erwarten, wenn sich die Philosophie nicht nur dazu versteht, die von ihr diskutierte Gottesfrage an die Theologie im allgemeinen, sondern an deren betenden Selbstvollzug, die Mystik, abzuliefern.[33]

Die Perspektivendrehung, die sich aus diesen Überlegungen ergibt, springt geradezu in die Augen. An die Stelle des Eindrucks von einem insgesamt abschüssigen Gelände, wie dies der Begriff der Säkularisierung erweckte, tritt das Bild einer dramatisch bewegten Geisteslandschaft, deren jähe Abstürze stets auf neue Höhenzüge vorausweisen. Das bringt es mit sich, daß die von der glaubensgeschichtlichen Situation geforderte »Spurensuche« von vornherein einer Hoffnungsperspektive untersteht. Sie braucht nicht zu fürchten, daß sich die vom Christentum im abendländischen Kulturraum hinterlassenen Spuren mit wachsendem Zeitabstand bis zur Unkenntlichkeit verwischen, sondern darf mit einem erfolgreichen Ausgang ihrer Erkundung rechnen. Zwei relativ weit auseinanderliegende Beispiele können dies – gerade auch in ihrem Kontrast – verdeutlichen. Zum einen kam es in der Frage der Möglichkeit von Gottesbeweisen nach der Jahrhundertmitte zu einem nahezu einmütigen Konsens, nachdem die Beweisführung zunehmend unter den Druck der Freudschen These vom illusionären Charakter aller Religion, der Einwände des Kritischen Rationalismus und nicht zuletzt der Suggestivwirkung des Gedankens von der »Abwesenheit Gottes« geraten war.[34] Bezeichnend dafür ist die »Verabschiedung« der auf die Vergewisserung der Gottesexistenz ausgehenden philosophischen Theologie, in die das Werk *Wilhelm Weischedels* über den ›Gott der Philosophen‹ (von 1972) ausmündet:

> Abschied bedeutet: auf Sicherungen verzichten, es wagen, sich ins Ungewisse zu begeben. Abschied bedeutet: der Welt, in der man existiert, nicht über sich Gewalt einräumen, sondern ihr, der fraglichen, gegenüber Distanz gewinnen. Abschied bedeutet: sich auch von sich selber distanzieren, nicht sich auf sich selbst versteifen, dem Eigensinn absagen, den Mut zur Selbstaufgabe in sich erwecken. Abschied bedeutet so: im ganzen Feld des konkreten Daseins seine Freiheit erringen und bewahren. Diese

Haltung ergibt sich in ihrer Notwendigkeit schon aus dem Gedanken des Philosophierens als des radikalen Fragens, das aus der Erfahrung der radikalen Fraglichkeit erwächst. Wenn alles fraglich ist, dann kann man sich an nichts mehr halten, als wäre es ein Gewisses und Beständiges... Aber solche Armut ist vermutlich das Schicksal des Denkens, wenn es im Zeitalter des Nihilismus und der radikalen Fraglichkeit sich doch noch dem Gott zuwendet. Das letzte Wort der hier versuchten Philosophischen Theologie lautet daher: Gott, das Vonwoher, ist Geheimnis, und der Mensch hat es abschiedlich als Geheimnis zu wahren.[35]

Die von Weischedel gebrauchte Schlußwendung wirkt wie ein plötzliches Innehalten inmitten der Verabschiedung. Das aber deutet darauf hin, daß sich auch das in den Sog des Säkularismus geratene Verhältnis des philosophischen Gedankens zum Gottesproblem nicht auf einen einfachen Nenner bringen läßt. Zwar herrscht weithin Einmütigkeit darüber, daß Gott im Sinn einer zwingenden Argumentation nicht »bewiesen« werden kann; doch reagiert der philosophische Gedanke auf die Frage nach ihm eher aporetisch als negativ. In begriffslogischer Hinsicht ergibt sich das schon daraus, daß er es bei der Formung des Gottesbegriffes unternimmt, das – mit *Anselm von Canterbury* gesprochen – »unüberdenklich Größte« zu denken und damit seinen eigenen Grenzbegriff zu bilden. Damit aber setzt er sich schon in formaler Hinsicht der Möglichkeit aus, von seinem Denkgehalt überwältigt und in dessen Regie genommen zu werden. Es ereignet sich dann im gedanklichen Vollzug jener »mystische Umschlag«, der aufs neue beweist, daß sich die ›Erhebung des Menschengeistes zu Gott‹, wie sie *Hegel* nannte, insgeheim auf der Bahn des religiösen Aktes, also des Gebets, bewegt.[36] Die erste und grundlegende Aporie betrifft dabei den Gottesgedanken selbst, der im Maß seiner Radikalisierung in den Aspekt einer verzehrenden Andersheit tritt, sich dann aber, wenn er im Sinn der kusanischen Unendlichkeitslogik zugleich als das ›Nicht-Andere‹ begriffen wird, als das Prinzip aller Denkbarkeit erweist.[37] Da aber auch die Welt nach griechischer Tradition als das Universum des Seienden zu denken ist, folgt auf die erste eine zweite, die »kosmologische Aporie«, die sich aus der Konkurrenz des mundanen mit dem theologischen Universalbegriff ergibt. Eine letzte, die »anthropologische Aporie«, betrifft schließlich das denkende Subjekt, das sich in seinem Ergriffen- und Erblicktsein durch Gott radikal mediatisiert und schließlich in jene Ausweglosigkeit getrieben sieht, aus der sich einerseits der atheistische Protest *Nietzsches* und *Sartres*, andrerseits aber auch die befreiende Einsicht in seine Rezeptivität herleitet.[38] Dann aber ist es nur konsequent, wenn das philosophische Bedenken des Gottesproblems zuletzt in den Ruf des ›tollen Menschen‹ ausklingt, aus dem *Heidegger* das »De profundis« der nach Gott schreienden Vernunft heraushörte.

Tatsächlich war es, wie nun das zweite Beispiel lehren wird, der der Sprachthematik zugewandten Richtung der Gegenwartsphilosophie vorbehalten, eine Wende in der scheinbar stagnierenden Problemlage herbeizuführen. Während der anselmische Gottesbeweis nach dem groß angelegten Erneuerungsversuch, den *Hegel* unternommen hatte, in der folgenden Diskussion als erster fallengelassen worden war, erfuhr er jetzt, in der analytischen Sprachphilosophie, eine völlig unerwartete Aufwertung, die ihm den Rang eines Vorzugsthemas ihrer Analysen verlieh. Kontrastiert von der atheistischen Revision der Gottesbeweise, die *John Leslie Mackie* in seiner Schrift über ›Das Wunder des Theismus‹ (von 1982) vornahm, konzentrierte sich dabei der Wittgenstein-Schüler *Norman Malcolm* vor allem auf die Analyse der logischen Struktur von Anselms Argumentation, die ihn zu einer sorgfältigen Unterscheidung der im ›Proslogion‹ unternommenen Denkschritte führte.[39] Demgegenüber befaßte sich der von Mackie besonders hart attackierte *Dewiz Phillips* in seinem Buch ›The Concept of Prayer‹ (von 1965) mit der Vergewisserung Gottes in seiner betenden Anrufung, wobei es ihm vor allem um die Unterscheidung von logischem und religiös-spirituellem Verstehen zu tun ist.[40] Dabei geht er unter Berufung auf *Wittgenstein* von der Beobachtung aus, daß Glaubensansichten im Unterschied zu philosophischen Positionen nur um den Preis ihrer vollständigen Verfälschung als bloße Hypothesen betrachtet werden können. Sie auch nur leise anzuzweifeln, nimmt ihnen bereits ihre lebensbestimmende Kraft, die sich ihrerseits aus ihrem – im Vergleich zu philosophischen Propositionen – ungleich engeren Verhältnis zur konkreten Lebenswelt des Beters erklärt. Für den Existenzbezug des Gottesbegriffs besagt das, daß zumindest Gläubige nicht denken können, daß Gott aufhören könne zu existieren:

> Nicht etwa weil sie denken, Gott werde tatsächlich immer existieren, sondern weil es keinen Sinn hat, vom Aufhören der Existenz Gottes zu reden. Ferner können wir bei Gott nicht die gleiche Art von Fragen stellen wie bei denen, die ins Sein kommen und wieder vergehen: »Was brachte ihn ins Sein?«, »Wann wird er zu existieren aufhören?« »Er hat gestern existiert, wie sieht es heute damit aus?«[41]

Bei aller Unklarheit dieser durchaus angreifbaren Position macht sie doch deutlich, daß die Gottesfrage nur im Feld der Gebetssprache geklärt und in dem mit ihr verbundenen Gewißheitsanspruch entschieden werden kann. Geht das aber nicht zurück auf eine bloße Konvention? Ist die erhoffte Vergewisserung nicht die Frucht einer religiösen Sprachverführung? Behält somit nicht *Nietzsche* mit seiner Vermutung recht: »Ich fürchte, wir werden Gott nicht los, weil wir noch an die Grammatik glauben . . .«?[42] Die Gegenprobe könnte nur der Versuch erbringen, das Gottesgeheimnis in einer von den grammatischen Regeln emanzipierten Sprache anzurufen. Wieweit einzelne Schöpfungen religiöser Gegenwartslyrik diesen Tatbestand erfüllen, bleibe dahingestellt. Ein Fragment des ›Psalms‹ von *Paul Celan* spreche für sich:

Gelobt seist du, Niemand.
Dir zulieb wollen
wir blühn.
Dir
entgegen.

Ein Nichts
waren wir, sind wir, werden
wir bleiben, blühend:
die Nichts, die
Niemandsrose.[43]

Mit um so größerem Nachdruck muß in diesem Zusammenhang jedoch auf das religiöse Zeugnis der Zwölfton-Musik verwiesen werden, die nach Ansicht *Werner Egks* aus der konstruktivistischen Antithese zur musikalischen Natur-Grammatik hervorging.[44] Ihr Zeugnis fällt um so stärker ins Gewicht, als es – im Widerspruch zu *Nietzsches* Vermutung – von keiner »grammatischen« Voraussetzung getragen oder gar provoziert ist. Das scheint sich bei dem wichtigsten der in diesem Zusammenhang zu nennenden Werke, bei der *Schönberg*-Oper ›Moses und Aron‹, in der Form zu bestätigen, daß es sich in deutlicher Abgrenzung von allen naturreligiösen Vorstellungen in der Zentralfigur des Moses auf den Offenbarungs-Gedanken bezieht, wenn freilich so, daß der Komponist dabei einen besonderen Akzent auf ›Gedanke‹ legt.[45] Wenn *Hans-Georg Gadamer* von der späten Lyrik Paul Celans meint, daß sich der Dichter in ihr »mehr und mehr der atemlosen Stille des Verstummens im kryptisch gewordenen Wort« annähere, gilt das nicht weniger auch von Schönbergs Werk, das eine zusätzliche, wenngleich zuwenig beachtete Symbolik dadurch gewinnt, daß sein Schöpfer die Komposition nur bis zu der Szene fortführte, in welcher Moses mit einem Klageschrei über die sich ihm versagende Sprachkraft zusammenbricht:

So war alles Wahnsinn, was ich
gedacht habe,
und kann und darf nicht gesagt
werden!
O Wort, du Wort, das mir fehlt![46]

Auf einen ungleich versöhnlicheren Ton, das Wort ›versöhnlich‹ in seiner Vollbedeutung genommen, ist demgegenüber das »dem Andenken eines Engels« gewidmete Violinkonzert des Schönberg-Schülers *Alban Berg* (von 1935) abgestimmt.[47] Denn in diesem Werk ereignet sich nicht nur ein denkwürdiger Brückenschlag von der Dodekaphonie zurück zur Tonalität, da der Komponist dem Schlußsatz (Adagio) den von ihm zweifach variierten Choral »Es ist genug« aus der Bach-Kantate »O Ewigkeit, du Donnerwort« (von 1732) zugrunde legte; in diesem Requiem für die von Berg bewunderte *Manon Gropius*, mit dem er sich seine eigene Totenfeier schuf, geht es vielmehr über alle musikalischen Intentionen hinaus um die Versöhnung mit dem radikal Unannehmbaren des Menschseins, dem Tod. In welch hohem Maß diese Versöhnung gelingt, zeigt die abschließende Wiederaufnahme der Kärntner Volksweise, mit der Berg zu Beginn des Werkes die Lebensfreude des früh verstorbenen Mädchens geschildert hatte, jetzt aber verwoben mit der ausklingenden Abschiedsmusik des Chorals.[48] Damit ist auch schon gesagt, daß sich der religiöse Charakter des Werks nicht schon in der Einbeziehung des Chorals bekundet, sondern darin, daß, vermittelt durch ihn, die »Annahme des Unannehmbaren«, des Todes also, zum musikalischen Ereignis wird.[49] Darin aber bekundete sich noch stets das Wesen echter Religiosität, die ihre Unverzichtbarkeit dadurch unter Beweis stellt, daß sie dem Menschen die ihm gezogenen Grenzen bestehen hilft und ihm so, modern ausgedrückt, zur »Kontingenzbewältigung« verhilft.

### *3. Der universale Nachhall*

Wenn die denkerische Gottesfrage den Tatbestand des echt menschlichen Fragens erfüllt, geschieht ihr nicht schon mit Auskünften und Argumenten, sondern erst mit jener Antwort Genüge, die nur der Erfragte selbst zu geben vermag. Um diese Antwort vernehmen zu können, muß sich der fragende Sinn jedoch zunächst aufs Äußerste öffnen, muß gleichsam, wie es *Augustinus* bildstark umschrieb, zum »Ohr« werden, weil dem Wort jenseits aller Menschenworte nur die reine Rezeptivität entspricht. Vermutlich liegt darin der Sinn der Versenkungstechniken, um deren Ausbildung sich vor allem die östliche Spiritualität bemühte. Die jüdisch-christliche Religiosität weiß demgegenüber noch um eine ganz andere Form dieser äußersten Herzens- und Geisteserschließung. Sie wird, ihrer Überzeugung zufolge, im Aufschrei zu Gott erreicht. Deshalb ginge man in die Irre, wenn man diesen Aufschrei nur von dem in extreme Notsituationen geratenen Beter erwarten würde. Er bildet vielmehr die menschliche »Sinnspitze« eines jeden Gebets, dem insofern die Grundstruktur des »De profundis« eingeschrieben ist. Um in die reine Offenheit für den Angerufenen zu gelangen, steigert sich deshalb jedes Gebet zu diesem »Ruf aus der Tiefe«. »Nicht ohne Grund«, schreibt *Joseph Bernhart* im Vorwort seines ›De profundis‹ (von 1939), habe er die unter diesem Titel vorgelegten Beiträge zur Anthropologie »mit dem Anfang eines Psalms überschrieben, in dem die Not und die Verschuldung des Menschlichen auch ihres Heiles innewerden«.[50] Denn in den »Wassertiefen der Schuld und Drangsal« zeige sich dem Menschen »das innere Selbstgericht des Bösen«; in seinem Dunkel ereigne sich die »Rechtfertigung des Lichtes«, im »Ohne-Gott ... Herrschaft und Herrlichkeit des Verneinten«.[51] Fast unvermerkt wird damit die Frömmigkeit des Psalmworts auf ein Zeitbewußtsein bezogen, das durch die wachsende Verabschiedung des Religiösen gekennzeichnet ist, weil es sich säkularistischen Tendenzen verschrieb. Doch Bernhart geht mit *Heidegger* darin einig, daß das »De profundis« gerade auf dem Höhepunkt dieser Entwicklung zu seinem Recht kommt. Er hätte es deshalb wie Heidegger aus dem Schrei des tollen Menschen »Ich suche Gott! Ich suche Gott!« herausgehört.[52] Nur entwickelt er diesen Zusammenhang nicht aus der Position dessen, der Gott verlor, sondern aus der Notlage des Gekreuzigten, der seinen Verlust stellvertretend durchleidet. Aus der Tiefe seiner Verlassenheit, so heißt es am Schluß des Werkes, entringt sich dem Sterbenden, der in seinem Tod für Gott – von Gott geschieden ist, der große Notschrei:

> Die menschlich fühlbare Gewißheit, Gottes Sohn zu sein, hat ihn verlassen, und so ruft er nicht »mein Vater!« – er ruft wie jedes Geschöpf in Not »mein Gott!« Aber unendlich mehr als menschliche Seins- und Todesnot ist diese Drangsal des gottmenschlichen Sterbens. Im Schrei des Abgestoßenen ruft der Gerechte zu der Gerechtigkeit, der heilige Wille zum unbegreiflichen Willen des Allheiligen selbst. Gott ist nicht mehr da beim Gottverlassenen, aber der Gottverlassene ruft ihn – Deus meus, Deus meus –, denn er ist da, und tiefer kann er nicht empfunden werden als in

der Gottverlassenheit. Darum ist der Schrei des Gottverlassenen ein Gebet, in dem die menschliche Natur gleichsam, als wenn Gott nicht wäre, ihn erschafft mit ihrem innersten Rufe im Namen aller Kreatur.[53]

Unwillkürlich lenkt diese tiefsinnige – und von der Theologie noch immer nicht eingeholte – Deutung des Todesschreis Jesu den Blick auf die nicht minder kühne Wendung des Hebräerbriefs, die das ganze Leben Jesu in die »Konsequenz« seines Notschreis am Kreuz ausklingen läßt, um die Auferstehung als die von und mit Gott gegebene Antwort zu erweisen:

In den Tagen seines Erdenlebens richtete er unter Wehgeschrei und Tränen Bitten und Flehrufe an den, der ihn vom Tod erretten konnte. Und er ist erhört und aus seiner Todesnot befreit worden (Hebr 5,7).[54]

Hier »schafft« sich zwar der Gekreuzigte mit seinem Notschrei nicht – wie mit einem Schöpferwort – den Gott, dem er sich sterbend überantworten kann; wohl aber mündet alles, was er lebenslang je im Namen seines Gottes sagte und vollbrachte, in den »unter lautem Wehgeschrei und Tränen« ausgestoßenen Flehruf aus. So sammelt sich im Tod dieses Leben zu einer einzigen, zum Äußersten gesteigerten Anfrage an Gott, an seine Gerechtigkeit, an seine Liebe, an seine Existenz. Und diese Anfrage nimmt, wie im Sinn des dem Hebräerbrief zugrundeliegenden Offenbarungsverständnisses hinzuzufügen ist, gleichzeitig alle Stimmen in sich auf, die sich jemals für Gott erhoben oder nach ihm gerufen hatten.[55] Doch damit wird die Hebräerstelle auch schon in zwei ganz gegensinnigen Richtungen lesbar. Ihrer Hauptrichtung zufolge zielt sie zweifellos auf das alle menschliche Sinn- und Heilserwartung sprengende Ereignis, das sie mit dem lapidaren Satz umschreibt: »und er ist erhört und aus seiner Todesnot befreit worden«. Das aber ist für sie das zentrale Heils- und Offenbarungsereignis, das dadurch zustande kam, daß Gott nicht etwa durch einen rettenden Eingriff in das von bodenloser Grausamkeit inszenierte Sterben Jesu, sondern durch sich selbst in seiner absoluten Göttlichkeit zur rettenden Beantwortung des an ihn gerichteten Notschreis wurde. Wenn es aber zutrifft, daß gerade der in seiner radikalen Andersheit gedachte Gott zugleich als der ›Nicht-Andere‹ erfahren und damit als das Prinzip allen Verstehens entdeckt wird, hat dieses einzigartige Geschehen zwischen dem Gekreuzigten und dem von ihm angerufenen Gott zugleich universale Bedeutung, die nicht weniger als ihre »göttliche Mitte« herausgestellt werden muß.

Ein erster Schritt ist damit getan, daß das Hebräerwort als das Paradigma für die Beantwortung der Gottesfrage insgesamt begriffen wird. Da es sich dabei um die Frage handelt, die der Mensch stellt, indem er sie ist, geschieht ihr mehr noch als jeder anderen Frage nur mit einer Antwort Genüge. Wenn nun der Notschrei des Gekreuzigten dadurch »erhört« wird, daß sich ihm Gott als der alle menschlichen Erwartungshorizonte übergreifende Inbegriff von Heil und Rettung erweist, kommt nunmehr auch ans Licht, wie die vom Menschen aufgeworfene Gottesfrage an ihr Ziel gelangt. Nach allem, was das Hebräerwort erkennen läßt, geschieht dies durch Fühlungen jenes letzten Grundes, von dem *Gertrud von Le Fort* in denkwürdigem Zusammenhang sagt, daß er »kein Fallen mehr« zuläßt, weil er ein »ewiger Grund ist, weil er ein göttlicher ist«.[56] Nur muß diese Fühlung, wenn man ihr ganz gerecht werden will, zugleich als das Erlebnis einer Entgegenkunft verstanden werden, weil sie nur dann als die vor und mit jedem ausdrücklichen Wort gegebene »Antwort« auf die nach Gott gestellte – um nicht zu sagen: an ihn gerichtete – Frage verständlich wird.

In diesem ›Gegensinn‹ ist das Hebräerwort jedoch erst dann voll begriffen, wenn man in ihm alle Stimmen »ausklingen« hört, die sich jemals für und zu Gott erhoben, sei es, daß sie in seinem Namen redeten, sei es auch nur, daß sie ihm die Not der Menschheit zu klagen suchten. Es blieb dem Ingenium des *Nikolaus von Kues* vorbehalten, diese Perspektive erstmals voll aufzureißen. An einer Stelle der aus kusanischen Predigttexten zusammengestellten ›Geisteserhebungen‹ (Excitationes), die zu den größten Eingebungen der christlichen Offenbarungstheorie zu zählen ist, verfolgt er den Todesschrei Jesu so in seine – vom Hebräereingang nur angedeutete – »Vorgeschichte« zurück, daß er als die äußerste und zugleich alle vorangehenden Artikulationen in sich zusammenfassende Steigerung der Offenbarungszeugnisse hörbar wird:

> Das ist die große Stimme, die in der Tiefe unseres Geistes ertönt, die die Propheten in uns hineinrufen, um uns anzuhalten, den einzigen Schöpfer zu verehren, die Tugend zu üben, uns zu unserem Erlöser zu flüchten, der uns befähigt, das Leben der Sinne geringzuachten. Nachdem sich diese große Stimme jahrhundertelang ununterbrochen bis auf Johannes gesteigert hatte, die Stimme des Rufers in der Wüste, der mit dem Finger auf den Erlöser hinwies, hat sie endlich Menschengestalt angenommen. Und am Ende einer langen Reihe von Modulationen . . . , die uns zeigen sollten, daß von der Liebe unter allen schrecklichen Dingen das schrecklichste gewählt werden muß, nämlich der sinnliche Tod – stieß sie einen großen Schrei aus und verschied.[57]

Wenn man sich dem Zug dieses wahrhaft grandiosen Textes überläßt, wird in ihm so etwas wie ein »Grundton« hörbar, der den vielstimmigen Chor der für Gott Redenden und zu ihm Rufenden zu einer gewaltigen Konsonanz zusammenstimmt, die dann freilich in ihrer letzten Steigerung in die äußerste Dissonanz des Todesschreis umschlägt. Dennoch ergibt sich daraus ein »akustischer« Hinweis auf den Offenbarungsgott, wie er eindringlicher schwerlich gedacht und schon gar nicht erhofft werden kann. Man staunt nur darüber, daß sich in der Christenheit bisher noch kein Organ ausgebildet hat, das befähigt gewesen wäre, diese, mit dem Kusaner gesprochen, modulationsreiche Verlautbarung aufzunehmen. Erklärt es sich daraus, daß sich die Theologie in ihrer jahrhundertelangen Geschichte noch nie dazu verstehen konnte, das Glaubenszeugnis der Musik, das in so überwältigenden Dokumenten wie der Johannes- und Matthäus-Passion *Johann Sebastian Bachs* und *Ludwig van Beethovens* ›Missa solemnis‹ (Op. 123) vorlag, für die Bewältigung ihrer Aufgabe in Anspruch zu nehmen, obwohl sie durch die hymnischen Textstücke des Neuen Testaments und die von spiritueller Harmonieerfahrung getragenen Aussagen der Kirchenväter, allen voran *Origenes*, eines Besseren belehrt war?[58] In einer nicht weniger zerrissenen Welt als der heutigen sah sogar der im Bewußtsein des nahen Epochenendes denkende *Augustinus* noch den gesamten Geschichtsverlauf zu einem »Lobgesang« (carmen) zur Übereinstimmung gebracht, während *Quintilian* in der Geschichte die »siebensaitige Leier« erblickt, die der Gottesgeist selbst zum Erklingen bringt.[59] Doch wie hätte eine zunehmend der Abstraktion verschriebene Theologie, die ihr Hauptziel in der Ausarbeitung ihres Wissenschaftscharakters erblickte, diese Motive bewahren und gegen den Zug zur Zweckrationalität zur Geltung bringen können?

Ungleich bedrängender ist jedoch die Frage, wo denn die von *Cusanus* allerorts herausgehörte »große Stimme« heute noch zu vernehmen ist. Daß sie – um dies abgrenzend festzuhalten – im Sinn eines Offenbarungsfortgangs nicht mehr hörbar werden kann, sollte im Bereich des christlichen Offenbarungsverständnisses unbestritten sein, gerade auch angesichts der religiös Inspirierten, die sich weltweit als Beauftragte Christi fühlen. Sofern sich derartige Stimmen im Binnenbereich der Kirche erhoben, respektierte sie zwar die jeweils vorgetragenen »Botschaften«, sofern sie nur einer kritischen Prüfung standhielten; doch ließ sie die Frage nach dem Recht des damit verbundenen Anspruchs in einem jeden dieser Fälle offen. Und was das neutestamentliche Modell dieses Redens, die im Namen des erhöhten Christus geformten Herrenworte der Evangelien und der Apokalypse anlangt, so hat sie diese gegen jeden Wiederholungsversuch durch die unübersteigliche Barriere des Kanons der von ihr als authentisch angesehenen Schriften abgegrenzt.[60] So aber ist es bereits der von Cusanus übereinstimmend mit dem Hebräerwort (5,7) vertretenen Überzeugung zu entnehmen, daß die an die Welt ergangene Gottesoffenbarung im Todesschrei des Gekreuzigten ausklang. Denn damit ist der Offenbarungsgeschichte ein derart unwiderrufliches Ende gesetzt, daß auch die auf charismatischem Weg entstandenen Herrenworte nur diesseits dieser Endmarke »angesetzt« werden können. Auch sie sagen nichts, was nicht in dieses – die menschliche Sprachgrenze übersteigende – »Schlußwort« eingeschlossen wäre. Eindrucksvoll wird das durch die von *Karl Matthäus Woschitz* gebotene Deutung der Hebräerstelle bestätigt, die im Anschluß an die jüdische Gebetslehre aus der Wendung »Unter Wehgeschrei und Tränen« eine äußerste Steigerung des Gebetsschreies heraushört; denn nach jüdischer Lehre gibt es drei Arten des Gebets, von denen jede jeweils stärker ist als die vorhergehende, Gebet, Geschrei und Tränen:

> Das Gebet geschieht im Schweigen, das Geschrei mit erhobener Stimme, aber die Tränen überragen alles.[61]

Das aber heißt, daß es sich in der Frage nach der aktuellen Hörbarkeit der großen Stimme Jesu für das genuin christliche Offenbarungsverständnis nur um einen »Nachhall« ihrer originären Verlautbarung handeln kann. Indessen ist im Interesse der mit dem Stichwort ›Spurensuche‹ bezeichneten Programmatik schon daran viel gelegen. Doch wo ist dieser Nachhall konkret zu vernehmen? Zweifellos zunächst in der Kirche, sofern sie sich nicht nur als den Ort der Traditionsbewahrung, sondern der stets neu zu leistenden »Rückübersetzung« der von ihr gehüteten, interpretierten und verkündeten Texte begreift. Kaum braucht betont zu werden, daß diese Rückübersetzung mehr erstrebt als das, was »Verkündigung« im landläufigen Sinn des Ausdrucks besagt. Konzentriert sich diese auf die Verdeutlichung der Botschaft und auf die Anwendung ihrer Postulate, so geht es der Rückübersetzung um den Versuch, die Botschaft wieder in jenem »Wort-Laut« ertönen zu lassen, den sie bei ihrer primordialen Proklamation besaß. Keinesfalls kann dieser Versuch jedoch auf die Wiederherstellung ihrer ursprünglichen Wörtlichkeit abzielen, die unwiderruflich der Geschichte angehört und mit ihr versunken ist. Wohl aber muß es ihr darum zu tun sein, dem Schriftwort wieder den vollen Klang seiner Mündlichkeit zu verleihen, dies jedoch in der Sprache der Gegenwart, weil es nur in ihr seine allzeit währende Aktualität zu beweisen vermag. Wenn das auch einem besonderen Interesse heutiger Verkündigung entgegenkommt, zielen darauf doch längst schon aktualisierende Initiativen ab, am deutlichsten in den Randbezirken der etablierten Theologie.[62] Dazu gehört etwa das von *Wilhelm Weitling* verfaßte und nach

Auskunft des Verfassers »durch den regen Eifer der Kommunisten« dem Zugriff der staatlichen Zensur entzogene ›Evangelium des armen Sünders‹ (von 1846), aber auch das der kirchlichen Zensur verfallene ›Leben Jesu in Palästina, Schlesien und anderswo‹ des religiösen Volksschriftstellers *Joseph Wittig* (von 1925), dem es vorab um die menschliche Umsetzung des Evangeliums zu tun war. Während jedoch bei ihm das Ergebnis nur in der in dem sprechenden Titel angezeigten Verwebung der Verhältnisse zu finden ist, läßt sich Weitling auf das Wagnis einer sozialkritischen Aktualisierung der Heilsbotschaft ein. Demgemäß lautet die Große Einladung Jesu an die Bedrückten und Bedrängten in seinem Mund:

> Kommt Alle her, die Ihr arbeitet! arm, verachtet, verspottet und unterdrückt seid! Wenn Ihr Freiheit und Gerechtigkeit für alle Menschen wollt: dann wird dies Evangelium Euren Mut von Neuem stählen und Eurer Hoffnung frische Blüten treiben.[63]

Inhaltlich deckt sich das fast vollkommen mit dem Wort, mit welchem *Milan Machovec* das die Proklamation des heraufkommenden Gottesreichs eröffnende Herrenwort – »Die Zeit ist erfüllt und das Reich Gottes ist nahgekommen; kehrt um und glaubt an die Heilsbotschaft!« (Mk 1,14f) –, wenngleich erst im zweiten Anlauf, in eine aktuelle Gegenwartssprache zu übersetzen suchte:

> Lebt anspruchsvoll, denn vollkommene Menschlichkeit ist möglich.[64]

Deutlicher als jede Zeitkritik markieren diese Versuche aber auch die Distanz, in welcher der Mensch einer säkularisierten Lebenswelt der Heilsbotschaft gegenübersteht. Deshalb verschärfen sie nur noch die Frage, wo denn das Offenbarungswort hier und heute noch hörbar ist. Das aber ist im Blick auf die Zwischenüberlegungen schon nicht mehr die Frage nach der »großen Stimme« der göttlichen Selbstbekundung, sondern die Frage nach der Hörbarkeit ihres qualvollen Ausklangs im Todesschrei des Gekreuzigten. Wenn man sich den Gedanken des *Kusaners* vergegenwärtigt, daß Jesus in seinem Tod die »Mängel aller Menschen« in sich aufgehoben hat – »omnes omnium hominum defectus adimplevit« –, drängt sich die Antwort geradezu auf.[65] Dann sind in den Todesschrei Jesu ebenso wie die Stimmen der Gotteszeugen auch die Stimmen der gleich ihm qualvoll Verstummten aufgenommen. Und es entspricht dann zutiefst der religiösen Verfassung der Gegenwart, das »De profundis« des Gekreuzigten aus ihrem qualvollen Verstummen und ihren verstummenden Laut aus dem vom Kreuz Christi her ertönenden Notschrei herauszuhören.

Daß sich die für die »Zeit-Verhältnisse« *(Lübbe)* sensibilisierte Gegenwartstheologie dieser Position annähert, zeigt die denkwürdige Stelle, an der *Woschitz*, ausgehend vom Passionswort des Hebräerbriefs (5,7) und gestützt auf Zeugnisse der Kunst *(Munch)* und Literatur *(Schneider)* die »Landschaft aus Schreien« beschwört, die sich dem von den Schreckensbildern dieses Jahrhunderts geweiteten Blick darstellt. Im Anschluß an das Gedicht ›Fahrt ins Staublose‹ von *Nelly Sachs* betont er:

> Immer und überall die Schreie: bei Isaaks Opferung wie bei Hiob, in den Lagern, in Maidanek und Hiroshima, wie beim Geborenwerden und beim Sterben. Am Anfang dieses Gedichtes steht der Schrei des sterbenden Jesus auf Golgatha, der die »Landschaft aus Schreien aufreißt«, die überdeckten, verdrängten, vergessenen Schreie in Erinnerung bringt, so daß nun die in die Landschaft der Geschichte eingegrabenen Schreie hörbar und sichtbar werden. In der Mitte all dieser Schreie ist »der Schrei verborgen im Ölberg wie ein von Ohnmacht übermanntes Insekt im Kristall«.[66]

Doch damit hat die Gegenwartstheologie nur definitiv mit einer längst schon von der Kritischen Theorie erhobenen Forderung gleichgezogen. In einer Reflexion über »Aufstieg und Niedergang des Individuums«, die in seine ›Kritik der instrumentellen Vernunft‹ (von 1947) einging, schrieb *Max Horkheimer* schon gegen Ende des Zweiten Weltkriegs von den »wirklichen Individuen unserer Zeit«, die nicht unter den »aufgeblähten Persönlichkeiten der Massenkultur«, sondern in den »durch die Höllen des Leidens und der Erniederung« Gestoßenen zu suchen seien:

> Diese unbesungenen Helden setzten bewußt ihre Existenz als Individuen der terroristischen Vernichtung aus, die andere unbewußt durch den gesellschaftlichen Prozeß erleiden. Die namenlosen Märtyrer der Konzentrationslager sind die Symbole einer Menschheit, die danach strebt, geboren zu werden. Aufgabe der Philosophie ist es, was sie getan haben, in eine Sprache zu übersetzen, die gehört wird, wenn auch ihre vergänglichen Stimmen durch die Tyrannei zum Schweigen gebracht wurden.[67]

Daß diese Forderung keineswegs in den Wind gesprochen, sondern schon vor ihrer Formulierung, als Postulat der über Europa hereingebrochenen ›Unheils-Zeit‹ gehört und aufgenommen worden war, beweist *Gertrud von Le Fort* mit ihrer aus dem Vorgefühl des heraufziehenden Unheils verfaßten Novelle ›Die Letzte am Schafott‹ (von 1931), in welcher die als Symbolfigur christlicher Angstbewältigung konzipierte Blanche das Todeslied ihrer hingerichteten

Mitschwestern zu Ende singt. Auf dem Höhepunkt der dramatischen Vorgänge berichtet der Zeuge des blutigen Geschehens:

> Der Gesang wurde jetzt nur noch von zwei Stimmen getragen: einen Augenblick lang schwebten sie wie ein leuchtender Regenbogen über der Place de la Révolution, dann erlosch gleichsam die eine Seite; die andere strahlte noch fort. Aber schon fing den erblassenden Glanz der ersten wiederum eine zweite auf – es war eine ganz kleine, feine, kindliche Stimme: ich hatte die Vorstellung, als komme sie gar nicht von der Höhe des Schafotts herab, sondern klinge irgendwo aus der Tiefe der Menge empor, gleichsam als respondiere diese selbst. – (Wunderbare Vorstellung!)[68]

Von der Titelfigur aber, in der sich das »Wunder in der Schwachen« ereignet, heißt es:

> Sie sang mit ihrer kleinen, schwachen, kindlichen Stimme ohne jedes Zittern, nein, jubelnd wie ein Vögelchen; sie sang ganz allein über der großen, blutigen, schrecklichen Place de la Révolution das Veni creator ihrer Schwestern zu Ende.[69]

Dieser stellvertretenden »Verlautbarung« der erloschenen, unterdrückten und zum Schweigen gebrachten Stimmen muß, wenn sie nicht gleichfalls ungehört verhallen soll, eine neue Rezeptivität entsprechen. Sie zu entwickeln, ist das vergleichsweise noch vordringlichere Postulat der Stunde. Doch so entspricht es immer schon den Strukturgesetzen des religiösen Sinnes. In Erinnerung an das augustinische Bild von der ihr Ohr auf den Schöpfer richtenden Schöpfung wird man sogar sagen müssen, daß sogar die göttliche Selbstbekundung ins Leere gesprochen wäre, wenn die menschliche Gottesfrage nicht bis zu jenem Exzeß emporgetrieben würde, wo sie sich in reine Erwartung und Gewärtigung der ebenso unerhoffbaren wie unverzichtbaren Gottesantwort verwandelt. Wenn sich dieses Organ der Rezeptivität ungeachtet aller abstumpfenden Faktoren im heutigen Menschen auch nur ansatzweise entwickelt, braucht man um seinen ›akustischen‹ Kontakt mit dem Offenbarungsgeschehen nicht mehr zu fürchten. Dann wird auch im Lärm der heutigen Arbeits- und Medienwelt der Nachhall jener »großen Stimme« gehört werden, die nach dem Hebräereingang »vielfach und auf vielfältige Weise«, für den heutigen Menschen aber am vernehmlichsten im Notschrei des Gekreuzigten erklang.

So scheinen sich zwei Wege abzuzeichnen, auf denen sich die religiöse Spurensuche im scheinbar total entsakralisierten Erscheinungsbild der Gegenwart vollziehen kann: ein »hermeneutischer«, der dem schweren Weg der Gottesfrage im Ablauf der neuzeitlichen Geistesgeschichte nachginge, und ein »akustischer«, der sich mit dem Nachhall des Offenbarungswortes in ihr zu befassen hätte. Die irritierende Verdopplung löst sich jedoch auf, wenn man bedenkt, daß zwischen beiden ein komplementäres Verhältnis besteht. Denn die Gottesfrage zielt, wie schon mehrfach betont, auf das Vernehmen einer Antwort ab, während umgekehrt dieses Vernehmen nur dann voll zustande kommt, wenn es sich der Bedingungen seiner Anbahnung in einem Frageverhalten bewußt geworden ist.

Von einer »Komplementarität« ist in diesem Zusammenhang nicht zufällig die Rede. Vielmehr deutet vieles darauf hin, daß sich im Erscheinungsbild der Gegenwart, ungeachtet der darin herrschenden Strömungen und Gegenströmungen, insgesamt eine zyklische Gesamtstruktur abzeichnet. Eine Vorahnung dessen scheint schon dem Ausgang des vorigen Jahrhunderts gekommen zu sein, sofern man sich nur dazu versteht, die Ring-Tetralogie *Richard Wagners* und ihr affirmatives Gegenbild in *Nietzsches* Lehre von der ewigen Wiederkehr des Gleichen in ihrer zeitanalytischen Symbolik anzuerkennen.[70]

Heute wird der zyklische Verlauf des Zeitgeschehens, wie es scheint, eher indirekt, in der beziehungsreichen Hinkehr zum Werk *Heinrich von Kleists,* des Entdeckers der »ringförmigen Welt«, von der er in seinem Essay ›Über das Marionettentheater‹ (von 1810) sprach, manifest.[71] In einem bemerkenswerten Beitrag machte *Sturmius Wittschier* diese Entwicklung vor allem am Werk *Peter Handkes* deutlich.[72] Mit gleichem Recht hätte er in diesem Zusammenhang auch – nach *Nossack* – an *Max Frisch* erinnern können, der in seinem Romanwerk, vor allem in dem mit einem Wort der Selbstverneinung beginnenden ›Stiller‹ (von 1955), in ›Homo Faber‹ (von 1957) und in dem konjunktivisch überschriebenen ›Mein Name sei Gantenbein‹ (von 1975) das Motiv der vergeblichen Identitätssuche in immer neuen Varianten abwandelt.[73]

In dieser literarisch-zeitanalytischen Konstellation nimmt *Hans Erich Nossack* insofern eine Grenzposition ein, als er im Anschluß an *Cesare Pavese* die Ring-Metapher zur Spiralfigur fortentwikkelt.[74] Danach führt der der Devise »Aufbruch zum Ursprung« folgende Weg nicht einfach zum Ausgangspunkt zurück, da im Durchgang durch die »Welt« der Möglichkeiten signifikante Fortschritte erzielt wurden. So ergibt sich für die Gesamtentwicklung der

Strukturverlauf einer Spirale, der auf je höherer Ebene auf die Ausgangsposition »zurückkommt«. Vieles spricht für die Richtigkeit dieses Deutungsmodells: sowohl die beiden reduktiven Tendenzen der Zeit, die sich mit den Stichworten ›Romantik‹ und ›Restauration‹ umschreiben lassen, als auch die vielfältigen Bemühungen, dem geängsteten und zukunftsscheu gewordenen Menschen dieser Zeit wieder Mut zum Fortgang seiner eigenen Geschichte, beginnend mit seiner »Geschichte mit sich selbst«, zu machen, auch wenn das Zielbild dieser Geschichte, zu dem sich das Programmwort vom »Prinzip Liebe« bekennt, noch so hoch in den Himmel des Utopischen geschrieben erscheint.[75]

Mit der Spirale knüpft *Nossack*, aufgreifend und fortgestaltend, an Kleists »ringförmige Welt« an, die ihm die Gewähr einer im Durchgang durch die Totalität der Möglichkeiten gelingende Identitätsfindung bietet. Wie ein Vorbote dieser unter dem Druck einer desintegrativen Gesamtsituation zustande gekommenen Wiederentdeckung wirkt *Lou Andreas-Salomé*, die schon vor der erst nach der Jahrhundertmitte voll einsetzenden Kleistforschung den großen Erzähler und Dramatiker als den Antipoden von *Rilkes* Reduktionismus empfand, nachdem sie diesen lange genug selbst gefördert hatte.[76] Was *Kleist* dann vollends zur Schlüsselfigur der gegenwärtigen Identitätssuche werden ließ, ist der von ihm entdeckte Weg der Selbstakzeptanz, auf dem er sich ebensoweit von *Fichtes* »Selbstsetzung« – auch in deren differenzierter Perspektive, wie sie *Dieter Henrich* erschloß – entfernt, wie er sich *Kierkegaard*, dem Entdecker des menschlichen »Selbstverhältnisses«, annähert.[77] Es ist der Weg Alkmenes, des Prinzen Friedrich von Homburg und zumal der ›Marquise von O.‹, von der es auf dem Höhepunkt der gleichnamigen Erzählung heißt:

> Durch diese schöne Anstrengung mit sich selbst bekanntgemacht, hob sie sich plötzlich, wie an ihrer eignen Hand, aus der ganzen Tiefe, in welche das Schicksal sie herabgestürzt hatte, empor.[78]

Was den Namen *Kleist* geradezu zu einem Reizwort in der gegenwärtigen Identitätsdebatte werden ließ, ist diese im hohen Sinn des Ausdrucks »dramatische« Präsentation der Selbstwerdung, die nicht von ungefähr an die frappierende Stelle aus *Augustins* ›Confessiones‹ erinnert, die davon spricht, daß er, der Bekennende, von Gott »hinter seinem Rücken hervorgezogen« worden sei.[79] Was hier in vertikaler Bewegung durch Gott an dem von sich selbst abgewandten Sünder geschieht, wird, ins Horizontale gewendet, durch die sich zu sich selbst aufraffende Marquise aus ureigenem Antrieb getan. Doch zeigt schon die seltsame Verkehrung der Dimensionen, daß ihre »Erhebung zu sich selbst« nicht ohne eine transzendente Inspiration geschieht, auch wenn von dieser nicht ausdrücklich die Rede ist. Tatsächlich erweckt Kleist den Eindruck, als habe er bei der Niederschrift der Stelle den Gotteszuspruch im Ohr gehabt, den *Nikolaus von Kues* in seiner Schrift ›De visione Dei‹ (von 1454) in die Worte faßt:

> Und da ich mich in schweigende Betrachtung versenke, antwortest du mir, Herr, in der Tiefe meines Herzens, mit dem Wort: Sei du dein eigen, dann bin auch ich dein eigen (sis tu tuus, et ego ero tuus).[80]

Denn erst mit dieser Hilfe im Rücken entgeht der Akt der Erhebung der Gefahr, der Trivialität einer bloßen Autosuggestion zu verfallen, die über die erlittene Krise allenfalls eine Zeitlang hinwegtäuschen könnte. Wenn dieses Fehlverständnis aber abgewehrt ist, gewinnt die Stelle die Qualität einer Neudefinition des kartesianischen Cogito-Satzes, der jetzt, in der Kleistschen Fassung, nicht mehr die spontane Selbst-Setzung, sondern die rezeptive »Annahme seiner selbst« *(Guardini)* in der Fülle seiner größeren Möglichkeiten besagt.[81]

Von Kleist stammt aber auch der Gedanke der »altruistischen Selbstfindung«. Während er in der ›Marquise von O.‹ den Akt der »Erhebung zu sich selbst« im individuellen Binnenraum entwickelt, entwirft er in der Alkmene seines ›Amphytrion‹ die Gegenfigur, die im geliebten Andern, also in einem dialogisch geöffneten Existenzakt, zu sich selbst kommt. Damit sind der Selbstfindung zwei grundverschiedene und doch, wie gerade die Alkmene-Figur deutlich macht, eng aufeinander bezogene Wege gewiesen. Denn die »Erhebung« führt nach Kleists leuchtendem Paradigma zugleich in die innere Offenheit und Weite, während sich umgekehrt Alkmenes Gattenliebe, wie sie in jähem Schrecken erkennt, letztlich auf den ihr zum Gatten gewordenen Gott bezieht.[82] Freilich muß die Marquise zuerst durch die Hölle der schrecklichsten Selbstentfremdung hindurch, bevor ihr die, wie Kleist mit plastischer Anschaulichkeit sagt, »Erhebung« zu sich selbst – »wie an ihrer eignen Hand« – gelingt; und auch im Fall Alkmenes ist vor das Glück der unzweifelhaften Identität die Qual der bis an den Rand der Verzweiflung gehenden Zweifel gesetzt. Unmittelbar zuvor noch hatte sie sich in die Gewißheit gerettet:

> Ist diese Hand mein? diese Brust hier mein?
> Gehört das Bild mir, das der Spiegel strahlt?
> Er wäre fremder mir als ich! Nimm mir
> Das Aug', so hör' ich ihn, das Ohr, ich fühl' ihn;

Mir das Gefühl hinweg, ich atm' ihn noch;
Nimm Aug' und Ohr, Gefühl mir und Geruch,
Mir alle Sinn' und gönne mir das Herz:
So läßt du mir die Glocke, die ich brauche,
Aus einer Welt noch find' ich ihn heraus.[83]

Dann aber schlägt die schwarze Flut der Selbstzweifel förmlich über ihr zusammen:

O verflucht der Busen, der solche falschen Töne gibt!
Verflucht die Seele, die nicht soviel taugt,
Um ihren eigenen Geliebten sich zu merken!
Aus der Gebirge Gipfel will ich fliehen,
In tote Wildnis hin, wo auch die Eule
Mich nicht besucht, wenn mir kein Wächter ist,
Der in Unsträflichkeit den Busen mir bewahrt. –
Geh! Deine schnöde List ist dir geglückt,
Und meiner Seele Frieden eingeknickt.[84]

Inzwischen kam es in beiden Problemfeldern zu einer dramatischen Steigerung. Der von Kleist in Zweifel gezogene Gott hat sich für viele ins Dunkel seiner Abwesenheit verflüchtigt; und aus dem Lustspiel-Thema des Zweifels an der eigenen Verläßlichkeit wurde bitterer Ernst. Das hat die Identitätssuche gleichzeitig zurückgeworfen und intensiviert. Zurückgeworfen, sofern sie sich vielfach so auf den Mitmenschen bezieht, als könne sie im Sozialkonnex zum Abschluß gebracht werden. Manche Formen der ›Gruppendynamik‹ leiden ganz offensichtlich an dieser transzendenzfeindlichen Perspektivenverkürzung, andere verdanken dem Verlangen nach innerweltlich-sozialer Selbstfindung sogar ihr Entstehen. Im Spielfeld dieser Tendenzen gewann das modische Schlüsselwort von der »Selbstverwirklichung«, abgesehen von der ihm ohnehin anhaftenden Kurzatmigkeit, nicht selten einen antireligiösen und, wo dies geschah, sogar aggressiven Klang.

Doch gerade in dem anvisierten Fall, daß die Mitmenschlichkeit als Medium der Selbstfindung in Anspruch genommen wird, ruft sie geradezu nach religiöser »Vertiefung«. Denn unter der Voraussetzung, daß sie in ihrer Ereignishaftigkeit – und jede Gesprächs- und Liebesbeziehung will als das Faktum dieses Gesprächs und als das Ereignis dieses Liebeserweises gewürdigt werden – wahrgenommen und anerkannt wird, entgeht sie der Gefahr, das Ich im Du, oder umgekehrt, das Du im Ich aufgehen zu lassen. Dahin führt schon das Verweisungsmoment, das allen Formen sozialer Identitätssuche eingeschrieben ist. So hoch in diesem Zusammenhang die von der Arbeit und dem Beruf eröffneten Möglichkeiten – schon aus therapeutischer Rücksicht – einzuschätzen sind, tendieren sie doch als ausgesprochene »Aktionsformen« auf Zustände der Ruhe und des Inbesitzes hin, die nicht mehr im Zeichen des »Habens« und »Wirkens«, sondern des »Seins« stehen und als solche der mit der Sinnsuche verbundenen Erwartung ungleich mehr entsprechen als die vom Zwang zu immer neuer Selbstbestätigung belasteten Tätigkeitsformen.

Demgegenüber hoben die Theoretiker der Ich-Du-Beziehung, allen voran *Ferdinand Ebner* und *Joseph Bernhart*, insbesondere auf die religiöse »Exzentrik« dieser Beziehung ab. Sie verläuft, wie sie zeigten, dem äußeren Anschein zum Trotz, gerade nicht im Rahmen der von den Beziehungspolen – Ich und Du – ausgemessenen Ausschließlichkeit, sondern lebt von jenem »Dritten im Bund«, der in ganz unterschiedlichen Deutlichkeitsgraden erfahren wird: als der anonyme »Zwischenmensch« etwa bei dem von *Buber* in Erinnerung gerufenen *Alexander von Villers*, als die einigende Dazwischenkunft des »Pneumatischen« bei *Ebner* und als das Antlitz des Göttlich-Dritten bei *Bernhart*, der im Aufblick zu ihm den letzten Rückhalt und bewahrenden Sinngrund jeder, insbesondere der ehelichen Gemeinschaft findet.[85] Auf einem Höhepunkt seines ›De Profundis‹ (von 1935) sagt er von dieser mystischen Intervention:

> Du ein Mensch, ich ein Mensch, wie Bäume verschränkt in den Wurzeln, aber auf ewig nicht einer und derselbe Mensch, sondern einer dem andern Geheimnis – individuum ineffabile. Worin wir Eins sind, das ist ein Drittes außer uns – und doch nicht außer uns. Nicht ich und du sind einander Sinn, sondern einem jeden jenes Dritte, das auch in dir als meinem Du und in mir als Deinem Du sich anzeigt.[86]

An dieser Stelle seiner Reflexion, die jetzt erst, im gegenwärtigen Versuch, die Sinnfrage auf sozialem Abkürzungsweg zum Ziel zu bringen, in ihrer vollen Aktualität lesbar wird, spricht Bernhart, fast apologetisch, sicher aber in promulgatorischem Interesse, von der erst allmählich erfahrbar gewordenen Übermacht jenes Dritten im Zueinander der menschlich Verbundenen, durch die ihre Zuneigung angebahnt war, so daß sie sich nun umgekehrt, rückblickend, von jenem Dritten einander zubestimmt und zugewiesen sehen:

> Unnennbar hat es uns von Anfang gebunden, noch verstellt durch das glänzende Licht, als das wir einander begegneten, unwissend, daß mächtiger als wir beiden das Dritte sei ... Nun wissen wir's, wir ewig geschiednen, ewig zueinander gezogenen, aufeinander angelegten Pole: wir haben und halten einander

nicht um unsertwillen, sondern auf daß in dem Geschehnis aus Ich und Du jenes Dritte Gestalt gewinne und mit ihm auch wir beiden.[87]

Hier steigert sich dann das mit dem Eingangswort des 130. Psalms überschriebene Werk zum ausdrücklichen »Ruf aus der Tiefe«, wenn sein Verfasser des zerreißenden Einbruchs des Todes in die menschliche Lebensgemeinschaft gedenkt und sich dennoch zum Vertrauen in jenes Dritte erhebt, dem es allein gegeben ist, das menschliche Werden und »Haben« in das bleibende Glück des Seins zu verwandeln:

> Reißt der Tod – mein Gott, der Tod! – uns auseinander, so reißt er Antlitz von Antlitz, aber er reißt es nicht von dem Dritten, auf den die unsrigen, seine Ebenbilder, gerichtet waren ... Noch halte ich deine Hand in der meinen und sehne mich nach dir. So laß uns sein und werden. Laß uns so werden, daß wir sind.[88]

In seiner intensiven Dialogik und verhaltenen Mystik gehört dieses Wort zu den in schwerer Zeit gewonnenen Intuitionen, deren Erschließungs- und Deutungskraft erst heute, nach einem halben Jahrhundert, voll ersichtlich wird. Mit der Nennung des »Dritten« stößt es die Perspektive auf, in der die innerweltlich nie voll gelingende Identitätssuche an ihr transzendentes Ziel gelangt. Wie jedes Gespräch hat auch die Liebesbeziehung einen »Grund«, der sie ebenso zusammenstimmt wie trägt und in beidem jenen »Mehrwert« bildet, der ihren Reichtum, ihr Glück und ihre Dauer ausmacht. Fast unmerklich leitet das Wort deshalb auch von der Thematik der Identitätssuche zur Frage nach der »neuen Innerlichkeit« über. Von ihr ist heute freilich, obwohl sie erst unlängst in den Brennpunkt des allgemeinen Interesses trat, kaum noch die Rede. Doch kann und darf das aus zwei Gründen nicht über ihren tatsächlichen Stellenwert hinwegtäuschen. Einmal deswegen, weil die Frage nach der Innerlichkeit im Grunde nur die Innensicht dessen erschließt, was mit der Identitätssuche gemeint ist; sodann – und vor allem – aber deshalb, weil sie als Symptom des sich vielfach bekundenden Faktums zu gelten hat, daß das Christentum in der Tiefenschicht seiner Entwicklung einem mystischen Stadium entgegengeht.

Verstärkend kommt zu beidem außerdem hinzu, daß mit dem neu erwachenden Interesse an der Innerlichkeit eine Art Gegensteuerung zu einer Tendenz in Gang kam, die ihre fernsten Wurzeln in *Marx* und *Nietzsche*, ihre aktuelle Speerspitze dagegen in den Vertretern des Neostrukturalismus hat. In der Diskussion mit dem Marxismus wurde womöglich noch immer nicht mit hinreichender Deutlichkeit gesehen, daß der zentrale Differenzpunkt gegenüber der christlichen Tradition nicht so sehr in der ökonomischen Theorie oder in der Sozialutopie von der klassenlosen Gesellschaft als vielmehr im Theorem von der gattungshaften Selbstverwirklichung besteht, wobei im Blick auf das Zielbild der »Gattung« von »Selbstverwirklichung« allenfalls nach Art eines Vorwands die Rede sein kann.[89] Demgegenüber ist das Individuum für *Nietzsche*, ungeachtet einiger positiver Äußerungen, ein »Irrtum«, weil es vom Begriff her »falsch« und ihm deshalb »nicht zu helfen« ist.[90] Zusammengefaßt ergibt das die These *Comtes*, wonach der Mensch »im Grunde nur eine Abstraktion«, wirklich real dagegen »nur die Menschheit« ist.[91] Nachdem sich die Sprecher der Kritischen Theorie, wenngleich aus unterschiedlicher Motivation, für das unaufgebbare Recht des Individuums auf Selbstbehauptung gegenüber den strukturellen Zwängen und gleichschaltenden Tendenzen der Gesellschaft aussprachen, schlug der Neostrukturalismus wieder mit voller Wucht in die antipersonalistische Kerbe.[92]

In dem von *Manfred Frank* gebotenen Spektrum der neostrukturalistischen Positionen kommen die unterschiedlichsten Tendenzen in der Absicht überein, dem subjektiv verfaßten Menschsein das Existenzrecht abzusprechen. Schon für *Claude Lévi-Strauss* ist das subjektive Ich, wie *Walter von Rossum* in geistvollem Durchblick zeigte, nicht mehr als eine »Art Straßenkreuzung, auf der sich Verschiedenes ereignet«, die sich diesen Ereignungen gegenüber völlig passiv verhält, während *Michel Foucault* im Menschen sogar nur noch einen »Riß in der Ordnung der Dinge« zu erkennen vermag.[93] Während hier ein an *Karl Löwith* erinnernder Weltbegriff antiker Provenienz das individuelle Subjekt zum Verschwinden zu bringen sucht, ist es bei *Jacques Derrida* die gegen das Subjekt ausgespielte Welt der Sprache, die auf dessen Verschwinden hinwirkt. Denn anders als in der metaphysischen Tradition, für welche die Sprache mit dem Menschsein konsubstantial ist, wird Sprache hier zu dem ihn als Einzelsubjekt auslöschenden Gegenbegriff des Individuellen. Die Nachwirkung *Nietzsches* ist dabei mit Händen zu greifen, der *Descartes* und seinem subjektivistischen Denkansatz vorgeworfen hatte, »im Fallstrick der Worte« hängengeblieben zu sein.[94] Zwischen Menschsein und Sprache klafft somit jene »différence«, die für Derrida nur durch die Preisgabe des Subjekts zu überwinden ist.[95]

Es genügt, dem Gegenschlag bis an diese Stelle zu folgen, um die geistige und zumal religiöse Inspiration, die das Verlangen nach personaler Innerlichkeit begleitet, ermessen zu lernen.[96] In ihm meldet sich nicht nur ein von den Zeittendenzen verhängnisvoll niedergehaltenes Interesse erneut zu Wort; vielmehr spricht sich in ihm der Wille zur Erhaltung der kulturellen Identität selber aus.

Auch wenn der von *Johannes B. Metz* erhobene Vorwurf, daß das christliche Denken auf weite Strecken einer unverantwortlichen »Privatisierung« verfallen sei, kaum zu entkräften ist, und wenn sogar das zugespitzte Wort von dem »unersättlichen Selbst« etwas Richtiges trifft, mit dem sich *Harvey Cox* der von der Idee der »Selbstverwirklichung unheilbar besessenen Kultur« der abendländischen Welt widersetzt, bleibt in der Wahl zwischen der Skylla eines in seinen Konsequenzen nicht unbedenklichen Prinzips und der Charybdis seiner völligen Liquidierung doch nur die vernünftige Entscheidung für das Prinzip.[97] Nicht zuletzt spricht für die Wiedereinsetzung des Prinzips in sein unaufgebbares Recht der Umstand, daß die Gefahr einer »privatistischen« Engführung durch einen religionsgeschichtlichen Prozeß weithin gebannt ist. Er besteht in dem seit längerem schon in Gang gekommenen Dialog zwischen dem Christenglauben und der asiatischen Weisheit.[98] Denn in seiner neuesten Phase konzentriert sich dieser Dialog, mit *Jan van Bragt* gesprochen, auf die Verhältnisbeziehung von westlichem Ich und östlichem Nicht-Ich, und damit auf die Frage, wie dem westlichen Individualismus aus der Sackgasse der »tötenden Einsamkeit« herauszuhelfen sei, ohne daß das Kind – die Personalität – mit dem Bad der Kritik ausgeschüttet wird.[99] Nur im Prozeß einer gegenseitigen Annäherung, bei der das durch die Begriffe Leiden, Vernichtung und Geheimnis abgesteckte Sprachfeld *(Waldenfels)*, nicht weniger aber auch das Verhältnis von »Ich- und Allein« zu bedenken ist *(Bauer)*, wird eine Lösung in Sichtweite kommen.[100] Doch schon bevor von einer Übereinkunft gesprochen werden kann, steht der »kathartische« Effekt dieses Gesprächs außer Zweifel. Er könnte, wie zu vermuten ist, dem asiatischen Partner deutlich machen, daß er sich in dem auf »Entselbstung« gerichteten Akt der Versenkung in das Weltgeheimnis insgeheim auf der Spur des Herrenwortes bewegt, das von der Selbstfindung auf dem Weg der Selbstentäußerung spricht (Mk 8,35ff); und es müßte dem Verteidiger des personalistischen Prinzips mit der Suggestivität, wie sie nur von einer in Jahrtausenden gewachsenen Kultur ausgeht, vor Augen führen, daß die ihm im Paradigma Jesu aufleuchtende Selbstfindung immer nur auf dem Königsweg der Selbstübereignung und Hingabe gelingt.[101]

Auch wenn es, wie gesagt, um das Postulat der neuen Innerlichkeit inzwischen stiller geworden und der Begriff sogar durch das indiskrete Interesse an Autobiographien und das schillernde Wort von der »Intimität« ins Zwielicht gebracht worden ist, liegt doch an der von ihm bezeichneten Stelle ein Angelpunkt der Glaubenswende. Denn als Erfahrungsglaube, wie er sich heute trotz aller reduktionistischen Tendenzen konstituiert, ist und bleibt der Glaube die Sache der personalen Innerlichkeit, weil nur sie um Erfahrung und Gewißheit weiß. Doch selbst wenn das Argument als solches noch nicht voll durchschlüge, gewänne es doch im Blick auf den Übergang des Christentums in sein mystisches Stadium größeres Gewicht. Denn davon ist, wie bereits zu zeigen war, längst auch schon das Glaubenskonzept der Gegenwart betroffen. Während in der Glaubenskonstitution des Ersten Vatikanums der Name Jesu nur im Titel ›Dei Filius‹ vorkam, ist christlicher Glaube heute nur noch im dialogisch-mystischen Anschluß an ihn denkbar. Denn mit seinem Glaubensakt tritt der Mensch in eine Gottesbeziehung ein, die bei aller Nähe zur jüdischen Glaubensform konkret doch erst durch Jesus eröffnet und vermittelt wurde. Kernstück des Christenglaubens ist deshalb ein Verhältnis, das sachgerecht nur als »Glaubensmystik« bezeichnet werden kann.[102] Wer sich vor Augen hält, daß sich schon in den dreißiger Jahren Autoren wie *Hugo Rahner, Anselm Stolz* und *Joseph Bernhart* zu einer »konzertierten Aktion« im Interesse der mystischen Vertiefung des Glaubens zusammenfanden, wird entdecken, daß die Glaubenswende, von der hier die Rede ist, im Grunde schon längst in Gang kam, so daß es eigentlich nur noch darum zu tun ist, sie aus der »Unterschwelligkeit«, in der sie sich noch weithin bewegt, herauszuheben und allgemein bewußt zu machen.[103]

### *5. Die Sinnsuche*

Jede Zeit hat ihr Stich- und Schlagwort. War es gestern noch die »Gesellschaft«, so zur Zeit des Idealismus und Vitalismus die »Idee« und das »Leben«, von bedenklicheren Beispielen zu schweigen. Demgegenüber erweckt die Gegenwart den Eindruck, bei der ersten Abwandlung von *Goethes* Übersetzungsszene angelangt zu sein, wo Faust seinen Versuch, den Johannesprolog in sein »geliebtes Deutsch« zu übersetzen, mit den Versen begleitet:

> Ich kann das Wort so hoch unmöglich schätzen
> Ich muß es anders übersetzen
> Wenn ich vom Geiste recht erleuchtet bin,
> Geschrieben steht: im Anfang war der Sinn.[104]

Wenn man versucht, den Wurzeln der heutigen Sinndiskussion nachzuspüren, so sieht man sich, noch über *Scheler, Fichte* und *Kierkegaard* hinweg, an *Johann Gottfried Herder* zurückverwiesen, der lange vor *Gehlen*, nur mit weiter gezogenen Konsequenzen als dieser, die Idee vom Menschen als sinnsuchendem »Mängelwesen« entwickelte.[105] Und selbst seine »Ideen« nehmen sich nur wie die

Ausarbeitung des Wortes aus, mit dem sich der Schöpfer in der Abhandlung des Renaissancephilosophen *Pico della Mirandola* ›Über die Würde des Menschen‹ an diesen wendet, um ihn zum Bewußtsein seiner Bestimmung zu bringen, das als »Gemeinbesitz« zu haben, was den übrigen Kreaturen lediglich als separates Sondergut zukommt:

> Wir haben dir keinen bestimmten Wohnsitz, kein eigenes Gesicht noch irgendeine besondere Gabe verliehen, damit du dir nach eigenem Gutdünken jeden beliebigen Wohnsitz, jedes beliebige Gesicht und jede von dir gewünschte Gabe zulegen kannst... Durch keinerlei unüberwindliche Schranken gehemmt, ist dir dein Geschick in deine Hand gelegt. In die Mitte der Welt gesetzt sollst du dir einen Überblick über alles verschaffen, was in der Welt ist. Wir haben dich weder als einen Himmlischen noch als einen Irdischen, weder als einen Sterblichen noch als einen Unsterblichen geschaffen, damit du als frei gestaltender Bildner und Dichter deiner selbst die Form wählen kannst, in der du leben möchtest. Es steht dir frei, dich in die Niederungen der Tierheit fallenzulassen; doch steht es dir ebenso frei, dich zur Überwelt des Göttlichen durch den Entschluß deines eigenen Geistes zu erheben.[106]

Wie *Ernst Cassirer* deutlich machte, steht im Hintergrund dieses Zuspruchs der anthropologische Leitgedanke der Renaissancephilosophie, die den Menschen gleichzeitig vom Kosmos umgriffen und ihn begreifend sieht und der diese Dialektik dann schließlich auch auf seine Gottesbeziehung überträgt. Von der Größe des Kosmos bis an den Rand der Vernichtung gedrängt, ist diese Überwältigung für ihn doch zugleich die »Quelle seiner steten Selbsterhöhung: denn der Geist gleicht der Welt, die er begreift«.[107] Und ebenso liegt für den Menschen in der Größe des alles durchdringenden und alles erfüllenden Gottes die Bedingung seiner Erhebung zu ihm. Fast glaubt man einen Vorklang *Nietzsches* zu vernehmen, der die an Gott abgetretenen Attribute für den Menschen wieder in Anspruch zu nehmen sucht, wenn in diesem Zusammenhang von den Gottesprädikaten gesagt wird, daß sie »in gleicher Weise der menschlichen Seele selbst zugesprochen« werden.[108] Daran knüpft *Herder* insofern an, als er den Menschen zum »ersten Freigelassenen der Schöpfung« erklärt und daraus die Bestimmung herleitet, in Akten der Selbstverwirklichung das, was er von Natur aus ist, stets neu aus sich zu machen. Aus dem Begriff der ›Mangelhaftigkeit‹ des Menschen ergibt sich für Herder sogar schon die Vorstellung von dessen »Geschichte mit sich selbst«, in der es wesentlich darum geht, mit Hilfe von »Tradition und Lehre, Vernunft und Erfahrung« sein personales Selbstsein nach dem Umriß der im »dunklen, tiefen Marmor« seines Wesens liegenden »Bildsäule« auszuhauen und auszubilden.[109] Damit ist aber das Programm der Sinnsuche, auch wenn der Ausdruck als solcher noch nicht fällt, bereits mit aller Deutlichkeit skizziert. Auf derselben Linie bewegt sich auch *Johann Gottlieb Fichte*, wenn er zu Beginn seiner ›Anweisung zum seligen Leben‹ (von 1806) versichert:

> Offenbare mir, was du wahrhaftig liebst, was du mit deinem ganzen Sehnen suchest und anstrebest, wenn du den wahren Genuß deiner selbst zu finden hoffest – und du hast mir dadurch dein Leben gedeutet. Was du liebest, das lebest du.[110]

Erst im Akt liebender Selbstergreifung, das will diese Stelle besagen, gelingt es dem Menschen, das »tote Sein«, in dem er sich von Natur aus vorfindet, in sein lebendiges Selbstsein zu verwandeln. Das mag den späten *Max Scheler* zu der großartigen Erkenntnis inspiriert haben, daß der Mensch, der sich doch die ganze Welt zum Gegenstand machen kann, sich über diese entscheidend dadurch erhebt, daß er im Akt seiner personalen Selbstergreifung seinerseits »nicht gegenstandsfähig« ist, weil er sich zu seinem personalen Selbstsein immer »nur sammeln . . ., nicht aber es objektivieren« kann.[111] Doch während in diesen Zeugnissen die Sache des »Sinns« mit allem Nachdruck verhandelt wird, fällt das Stichwort als solches nicht. Daran gemessen ist es um so erstaunlicher, daß es schon von *Kierkegaard* ausdrücklich eingeführt wird, wenn er an der Schlüsselstelle seiner Wiederholungsschrift im Vorgefühl der modernen Existenzkrise versichert:

> Mein Leben ist zum Äußersten gebracht, ich ekle mich am Dasein, es ist ohne Salz und Sinn.[112]

Die anspringende Aktualität der Stelle ergibt sich daraus, daß sie den bei Fichte und Scheler noch funktional, als »Sinn«, den man für etwas hat, sonst aber meist hermeneutisch – »Sinn«, der einem Wort oder Text zugrunde liegt – verstandenen Ausdruck erstmals modern, in der Bedeutung von Daseins- und Lebenssinn, verwendet. In dieser Bedeutung wurde der Ausdruck dann von *Leszek Kolakowski* und *Milan Machovec* aufgenommen und in die moderne Diskussion eingeführt, wobei die Frage offen blieb, ob der Antrieb im nachwirkenden Unbehagen an der antipersonalistischen Anthropologie des Marxismus oder, nach der Ablösung beider von ihm, im Bedürfnis nach Neuorientierung bestand.[113] Während sich bei Kolakowski, für den Sinn vor allem in der Akzeptanz des Unvermeidlichen gefunden wird, die marxismuskritische Alternative nahelegt, wird bei Machovec, der für Sinnfindung im Dialog zwischen

Ich und Nicht-Ich, Ich und Welt, Ich und Ewigkeit plädiert, eher an den Versuch einer Neuorientierung zu denken sein.[114]

Zweifellos ginge die Sinnfrage, wie sie von Machovec diskutiert wird, organisch in die Gottesfrage über, sofern es – einem von *Peter Biehl* gegebenen Hinweis entsprechend – nur gelingt, die von *Gerhard Sauter* erhobenen Einwände zu entkräften.[115] Denn für Sauter ist es, theologisch gesehen, absolut unzulässig, die Sinnfrage auf Gott zu beziehen, da sie in dieser »Verabsolutierung« unvermeidlich mit einem universalen Rechtfertigungsbedürfnis einhergeht und damit zur »Götzenfrage« wird.[116] Gerechtfertigt könnte das Leben nämlich nur unter der Voraussetzung werden, daß es als Leistung begriffen und auf sinnstiftende Weise »gemeistert« wird. Das brächte es schließlich mit sich, daß der Mensch des so gestifteten Sinnes ansichtig werden könnte, weil er in Symbolen zum Vorschein käme. Beides aber ist von der christlichen Botschaft her ausgeschlossen, weil sie zum einen die religiöse Sehnsucht »heilsam begrenzt« und weil sie zum anderen jede Symbolisierung Gottes verwehrt. Es läge nahe, auf die beiden Affekte, den Argwohn gegen jede Form von Werkgerechtigkeit und Verbildlichung einzugehen, die in dieser Gegenposition wirksam sind. Statt dessen sei lediglich auf ihren einseitig rationalen Ansatz verwiesen. »Sinn« aber hat, wie er heute zur Diskussion steht, nichts mit etwas rational Erforschbarem zu tun, das auf den Nenner eines Begriffs gebracht oder gar von einer Formel umschrieben werden könnte. Er ist freilich auch nicht nur, wie *Kolakowski* meinte, primär die Sache des Gefühls; vielmehr hat er nach Ausweis der Etymologie des Wortes mit der Frage der »Ortsbestimmung« des Menschseins zu tun, also mit der Frage, wo es mit diesem letztlich »hinauswill«.[117] Und das ist eine Frage, die sehr wohl mit Gott als dem letzten Sinnziel des Menschseins zu tun hat und, weil sie nur zweckfrei gestellt werden kann, durch Symbole beantwortet wird. In diesem Sinn verwies *Dorothee Sölle* im gleichen Zusammenhang, in welchem Biehl die Einwände Sauters aufzuarbeiten suchte, auf das Symbol der Rose, die nach Angelus Silesius »ohn Warum«, gerade deshalb aber voller Sinn ist.[118] Der Sinn antwortet demnach nicht auf die gerade den heutigen Menschen umtreibende und bisweilen quälende Frage nach dem »Warum« seines Daseins; aber er hilft ihm, es zu tragen, indem er ihm, mit *Guardini* gesprochen, zur »Annahme seiner selbst« verhilft.[119]

Damit gerät die religiöse Erörterung der Sinnfrage auf eine neue Ebene. Noch nicht einmal der Ausdruck »Erörterung« ist mehr am Platz; statt dessen muß richtiger von ihrer »Bewältigung« die Rede sein. Dazu trägt der Glaube aber nur unter der Voraussetzung bei, daß er tatsächlich, wie in Fortführung der von *Machovec* entwickelten Konzeption zu sagen ist, als Dialoggeschehen zwischen dem nach Gott fragenden Menschen und dem darauf antwortenden Gott zu deuten ist. Vorausgesetzt, daß der Glaube als offenbarungsbezogener Verstehensakt zu gelten hat, eignet ihm nämlich selbstverständlich auch der mit jenem Verstehensakt gegebene Rückbezug, der, wie schon das Wort sagt, den Verstehenden festeren Halt und Stand gewinnen läßt. Wenn Gott dem Menschen antwortet, dann nie nur im Sinn einer Belehrung, sondern stets auch der Anerkenntnis und Akzeptanz, der den von ihm angenommenen Menschen auf den festen Boden eines gottgeschenkten Selbstseins bringt. Noch deutlicher macht das der Gedanke, daß Gott die Frage des Menschen nach ihm nicht nur mit der Mitteilung seines Geheimnisses, sondern, wie zu betonen *Karl Rahner* nicht müde wurde, durch sich selbst beantwortet.[120] Eine derartige – aus und mit der Totalität des Gottseins gegebene – Antwort übergreift aber ihrer ganzen Natur nach die intellektuelle Rezeptivität des Menschen, um ihn seinerseits in der Totalität seiner Existenz zu ergreifen und, wie nie zuvor, zu sich selbst zu bringen. Insofern hat Glaube, wie bereits aus ganz anderen Überlegungen deutlich wurde, weit mehr noch mit der Stabilisierung des Menschen als mit seiner Belehrung und »Bildung« zu tun. Wenn diese »Stabilisierungshilfe« voll zum Tragen kommen soll, muß freilich der Komplex der »Glaubensbegründung« umfänglicher ausgeleuchtet werden, als es der Tradition der damit befaßten Disziplin, der Fundamentaltheologie, entspricht. Schon ein flüchtiger Blick auf die theologische Szene lehrt indessen, daß in dieser Hinsicht bereits einiges in Gang gekommen ist und anderes sich anbahnt.[121] Das aber zeigt bereits mit aller Deutlichkeit, daß der Glaube schon seit geraumer Zeit im Begriff steht, das menschliche Existenzinteresse in sich aufzunehmen, so daß mit dem Wort von der Glaubenswende nicht so sehr etwas in Gang gesetzt als vielmehr etwas bereits in Gang Gekommenes aufgegriffen, aufgezeigt und einem davon noch nicht berührten Bewußtsein vor Augen gehalten wird.

# IV. Hemmnisse

## *1. Mit dem Rücken zur Zukunft*

Wie schon die innere Dialektik des Bewegungsbegriffs erkennen läßt, setzt jeder Prozeß einen Zustand der Stagnation, jeder Vorstoß einen Widerstand, jeder Schritt in Neuland eine Hemmschwelle voraus. Da der Glaube, wie bereits angedeutet, mit dem menschlichen Stabilitätsinteresse zu tun hat und sich kirchengeschichtlich auch oft genug in den Dienst der Systemerhaltung stellte, ist in seinem Fall die Hemmschwelle besonders groß. Sensibler noch als der sich selbst überlassene Mensch reagiert der Gläubige auf jede Veränderung in seinem Umfeld, zumal aber auf jeden Wandel der religiösen Konstanten; und er reagiert, wie nicht zuletzt die moderne Religionspsychologie deutlich machte, darauf mit – Angst.[1] Das aber kann nur heißen, daß der wahre Gegenbegriff zum Glauben nicht etwa, wie allgemein angenommen wird, der des »Unglaubens« ist, sondern, wie im Grunde schon *Kierkegaard* in seiner profunden Analyse deutlich machte, der »Begriff Angst«.[2] Freilich tritt die glaubensverhindernde Rolle der Angst kaum einmal offen in Erscheinung. Nicht zuletzt mag es damit zusammenhängen, daß der Antagonismus, in dem sie zum Glauben steht, nur so sensiblen Naturen wie *Kierkegaard* und *Oskar Pfister* überhaupt bewußt geworden ist. Um so stärker macht sich die von ihr ausgehende Störung des Zeitverhältnisses bemerkbar. Wer sich ängstet, fühlt sich eigentümlich aus dem »Zeitgeschehen« herausgelöst. Die Vergangenheit ist für ihn mit allem, was sie ihm an sichernden Erfahrungswerten zu bieten hat, wie weggesunken; sofern er noch in der Gegenwart lebt, ist ihm der Boden unter den Füßen entzogen; der Zukunft gegenüber aber fühlt er sich vollends unfähig und blind. Nicht umsonst tritt im Spektrum der gerade heute umlaufenden Ängste, wie noch zu zeigen sein wird, die »Zukunftsangst« besonders deutlich hervor.[3] Sie ist dem heutigen Menschen nicht nur in besonderer Weise »auf den Leib« – und die Seele – geschnitten, sondern verkehrt sein Verhältnis zur Zukunft geradewegs ins Gegenteil. Im Blick auf das Zeitbild, das *Paul Klee* in seinem ›Angelus Novus‹ betitelten Gemälde schuf, könnte man mit dessen kompetentestem Interpreten *Walter Benjamin* geradezu sagen: er lebt mit dem Rücken zur Zukunft![4] Denn offenkundig gilt vom Menschen dieser Zeit, was Benjamin zu dem von ihm als »himmlisches Kleeblatt« bezeichneten Zeit-Bild bemerkt:

> Ein Engel ist darauf dargestellt, der aussieht, als wäre er im Begriff, sich von etwas zu entfernen, worauf er starrt. Seine Augen sind aufgerissen, sein Mund steht offen, und seine Flügel sind ausgespannt. Der Engel der Geschichte muß so aussehen. Er hat das Antlitz der Vergangenheit zugewendet. Wo eine Kette von Begebenheiten vor uns erscheint, da sieht er eine einzige Katastrophe, die unablässig Trümmer auf Trümmer häuft und sie ihm vor die Füße schleudert. Er möchte wohl verweilen, die Toten wecken und das Zerschlagene zusammenfügen. Aber ein Sturm weht vom Paradiese her, der sich in seinen Flügeln verfangen hat und so stark ist, daß der Engel sie nicht mehr schließen kann. Dieser Sturm treibt ihn unaufhaltsam in die Zukunft, der er den Rücken kehrt, während der Trümmerhaufen vor ihm zum Himmel wächst. Das, was wir den Fortschritt nennen, ist dieser Sturm.[5]

Es sind insbesondere vier, in abfallenden Deutlichkeitsgraden anzusprechende Gründe, die für dieses gebrochene, um nicht zu sagen pervertierte Verhältnis zur Zukunft verantwortlich zu machen sind: die unbewältigte Geschichte, die gebrochene Triebstruktur, die der Retrospektive verhaftete Denkweise und die Auswirkung einer auf Schriftlichkeit gegründeten Kultur. Was zunächst den Bruch mit der Geschichte anlangt, der sich nach *Alexander Mitscherlich* hierzulande in der »Unfähigkeit zu trauern« bekundet, so ist davon keineswegs nur, wie diese Formel unterstellt, das an seiner Geschichtslast laborierende Deutschland betroffen, sondern in seltsamer Verkettung mit ihm auch die mit den Unmenschlichkeiten des Stalinismus konfrontierte Sowjetunion, bei Licht betrachtet sogar die gegen das Hitlerreich angetretene Allianz der Westmächte, da sich England mit dem Verlust des Empire, Frankreich mit den Spätfolgen der anfänglichen Niederlage und schließlich sogar Nordamerika, wie von einer späten Nemesis heimgesucht, mit dem Vietnam-Komplex abfinden muß. So stellt sich das gestörte Verhältnis zur eigenen Geschichte als ein wahrhaft weltweites Phänomen dar, das, so unterschiedlich es jeweils veranlaßt sein mag, doch jeweils eine Konsequenz nach sich zieht: die Unfähigkeit gegenüber der Zukunft, da die Bereitschaft – und Befähigung – zu ihr unabdingbar an die Verwurzelung in der eigenen Geschichte gebunden zu sein scheint. Nicht umsonst erinnert *Hermann Lübbe* zu Beginn seines Essays ›Zeit-Verhältnisse‹ an das Nietzsche-Wort, das die Angewiesenheit des Lebens auf den »Dienst der Historie« als eine der »höchsten Fragen und Sorgen in Betreff der Gesundheit eines Menschen und eines Volkes, einer Kultur« bezeichnet.[6] Während *Nietzsche* dabei die Gefahr des Übermaßes vor Augen stand, weil der »historische Sinn, wenn er ungebändigt waltet und alle seine Konsequenzen zieht«, den bestehenden Dingen ihre Atmosphäre entzieht, die Illusionen zerstört und dadurch die Zukunft »entwurzelt«, steht das heutige Geschichtsbewußtsein unter dem entgegengesetzten Eindruck.[7] Wie das Leben unter dem Überdruck an Vergangenheit »zerbröckelt und entartet«, wird es vom Geschichtsmangel ausgelaugt. Wurzellos geworden und geschwächt aber bringt es nicht mehr den Willen zur Zukunft auf, und der davon betroffene Mensch reagiert in der Weise, daß er ihr den Rücken kehrt.

Wenn man sich den an einer veritablen »Vergangenheitsneurose« leidenden Kulturbetrieb der Gegenwart vor Augen hält, der sich so sehr dem Diktat des Kalenders unterworfen hat, daß er sich seine Themen fast nur noch von Gedenk- und Jubiläumsjahren vorschreiben läßt, drängt sich der Eindruck auf, daß die Abkehr von der Zukunft aus innerer Konsequenz zu einem »sekundären Geschichtsverhältnis« führt. Der Blick des heutigen Menschen ist in den Brunnen der Geschichte gerichtet, womöglich in der vagen Hoffnung, dort deutlicher als in den Gegebenheiten seiner Lebenswelt das eigene Spiegelbild zu entdecken. Damit kommt aber nur ein Verhaltensmuster neu zum Zug, das dem abendländischen Kulturbewußtsein von seinen Ursprüngen her eingeschrieben ist und dort schon seine paradigmatische Ausprägung im Orpheus-Mythos fand. Wenn *Marx* Prometheus in seiner Dissertation den »vornehmsten Heiligen und Märtyrer im philosophischen Kalender« nannte, dann gebührt Orpheus darin der Platz eines Protagonisten und Kirchenlehrers.[8] Denn im Orpheus-Mythos reflektiert das abendländische Kulturbewußtsein darauf, daß es seine triumphalen Hervorbringungen der ständig scheiternden und doch immer neu ins Werk gesetzten Bemühung verdankt, der Unterwelt ihre Beute zu entreißen und sich das Vergangene in Gestaltungen der Kunst, der Literatur und zumal auch der Philosophie zu vergegenwärtigen. Nicht umsonst zeigen die Götter- und Heldenfiguren der antiken Kunst, die den mythischen Ursprüngen – und dem im Mythos gespiegelten Wissen – noch am nächsten standen, den schon von *Jacob Burckhardt* beobachteten schwermütigen, um die Unwiederbringlichkeit des Vergangenen wissenden Gesichtsausdruck.[9]

Es blieb der Kulturanalyse des späten *Sigmund Freud* vorbehalten, aus dieser mythischen Erinnerung »genealogische« Folgerungen herzuleiten. In seinem Essay über ›Das Unbehagen in der Kultur‹ (von 1930) wagte er sich zu der These vor, daß sich die

Kultur, zumindest des abendländischen Bereichs, insgesamt der Bereitschaft zum »Triebverzicht« und damit einem asketischen Grundakt verdanke, wenngleich um den unerträglich hohen Preis, daß »unter dem Einfluß der Kulturstrebungen« möglicherweise die ganze Menschheit »neurotisch« geworden sei.[10] Was sich bei Freud wie eine umfassende Ausarbeitung seines pragmatischen Grundsatzes ausnimmt, wonach die »Ethik vergeblich predigen« wird, »solange sich die Tugend nicht schon auf Erden lohnt«, wird von *Herbert Marcuse* zum Anlaß einer anthropologischen »Anwendung« genommen.[11] In seiner Untersuchung über ›Triebstruktur und Gesellschaft‹ (von 1957) geht er zunächst auf die Mechanismen von Triebverzicht und Triebunterdrückung ein, die im wesentlichen auf die Verdrängung des »Lustprinzips« durch das »Realitätsprinzip« hinauslaufen.[12] Mehr angedeutetes als ausgesprochenes Argumentationsziel ist dabei der Gedanke, daß die aus einem asketischen Grundakt hervorgegangene Kultur nun ihrerseits schwächend auf ihren Urheber zurückschlägt. Im Wechselspiel zwischen Ich und kulturellem Über-Ich kommt es, schon aufgrund der hoffnungslosen Unterlegenheit des Einzelnen, zu einer ganzen Kette von Verdrängungen und Sublimierungen, die schließlich zu einer weitgehenden Regression der anfänglichen Triebstruktur führen.[13] So kommt es dazu, daß dieser triebgeschwächte Mensch schließlich sogar das ihm Unangenehmste, die Arbeit, als ausgesprochen lustbringend empfindet, nicht zuletzt auch deshalb, weil er sich dafür durch umfassende Daseinssicherung belohnt sieht; denn Arbeit ist, wie Marcuse mit Nachdruck versichert, »die wichtigste soziale Manifestation des Realitätsprinzips«.[14]

Wichtiger noch als die Analyse dieser Triebmechanismen ist jedoch die Beschreibung des Zustands, in den der Mensch am Zielpunkt der Regression gerät. Es ist der Zustand einer »labilen Normalität«, die auf der einen Seite als »geistige Gesundheit« empfunden und insofern mit einer »ziemlich glücklichen Befriedigung« verbunden ist, als wirksam gewordene Resignation jedoch beständig von den unterdrückten und deshalb aufbegehrenden Triebwünschen angefochten wird.[15] Sosehr diese Rebellion in der Natur des Menschen liegt, hat sie doch als krankhaft zu gelten, weil sie – aussichtslos – gegen schicksalhafte Gegebenheiten ankämpft. Als »Kampf gegen eine hoffnungslos überlegene Macht« muß die Rebellion der Triebkräfte wie eine Krankheit behandelt und geheilt werden:

> Auf die Dauer erhebt sich nur die Frage, wieviel Resignation der Einzelne ertragen kann, ohne zu zerbrechen. In diesem Sinne ist die Therapie ein Kurs in der Resignation ... Dieses Ziel soll nun

gewiß nicht bedeuten, daß der Patient fähig wird, sich völlig seiner Umgebung anzupassen, die seine reifen Bestrebungen und Fähigkeiten unterdrückt. Trotzdem muß der Analytiker, als Arzt, das soziale Gerüst der Tatsache, in dem der Patient zu leben hat und das er nicht ändern kann, akzeptieren.[16]

Angesichts der theologischen Vorbehalte, die gegenüber dieser Konzeption anzumelden sind, könnte man die Folgerungen Marcuses auf sich beruhen lassen, wenn sie nicht durch die unter dem Titel ›Winter in Wien‹ (von 1958) veröffentlichten Tagebuchaufzeichnungen des späten *Reinhold Schneider* eine ganz unerwartete Bestätigung erfahren hätten.[17] Und diese Bestätigung rührt sogar unmittelbar an die Thematik der Glaubenswende, da Schneider die Frage nach den Bedingungen und der Anbahnung des Glaubens in eine völlig neue, von der theologischen Glaubensbegründung erst noch zu entdeckende und aufzuarbeitende Perspektive rückt. Dabei kommt er mit *Marcuse* in der Überzeugung überein, daß dem Menschen unter den Bedingungen der gegenwärtigen Lebenswelt durch therapeutische Initiativen geholfen werden müsse, nur daß sich für ihn damit nicht nur die Frage der Normalität, sondern auch die der Glaubensbereitschaft und Glaubensfähigkeit entscheidet. Den kulturanalytischen Zusammenhang aber stellt er dadurch her, daß er sich zu Beginn seiner Aufzeichnungen das an Orpheus ergangene Verbot zuspricht:

> Kein Rückblick! Keine Sehnsucht! Besser die Erschütterung unter untragbarer Dissonanz.[18]

In der erlittenen Schwächung, so ließe sich zusammenfassend sagen, spiegelt sich etwas von der Vergeblichkeit im Ursprung alles Kulturgeschehens, um die der Orpheus-Mythos weiß. Bei Schneider freilich behält der Mythos nicht das letzte Wort, weil er in seinem Denken auf den »therapeutischen Einspruch« der Heilsbotschaft stößt. Dafür ist die Stelle dazu angetan, jene Wurzeln der Zukunftsunfähigkeit des heutigen Menschen freizulegen, die in der abendländischen Denkstruktur besteht. Denn dieses Denken, das sich dem Urakt des philosophischen Staunens und der dieses Staunen artikulierenden Was-Frage verdankt, ist, wie schon *Hegel* bewußt war, vor allem aber von seinem Kritiker *Franz Rosenzweig* herausgestellt wurde, zuinnerst der Retrospektive verpflichtet. Für Hegel ist das »Wesen«, das der Zugriff der Was-Frage zu erkunden sucht, stets das »Gewesene«. Wie er in der Vorrede zu seinen ›Grundlinien der Philosophie des Rechts‹ (von 1821) ausführt, kommt deshalb die Philosophie bei der Belehrung darüber, wie die Welt sein soll, »immer zu spät«; denn als Welt-Gedanke bildet sie sich erst zu einem Zeitpunkt aus, an dem die Gestaltung der Dinge bereits ihren Abschluß erreichte; deshalb gilt für ihn:

> Wenn die Philosophie ihr Grau in Grau malt, dann ist eine Gestalt des Lebens alt geworden, und mit Grau in Grau läßt sie sich nicht verjüngen, sondern nur erkennen: die Eule der Minerva beginnt erst mit der einbrechenden Dämmerung ihren Flug.[19]

Demgemäß besteht für Hegel die zentrale Denkbewegung in einem Akt reflektierenden »In-sich-Gehens«, in dem das Bewußtsein in seine eigene Vergangenheit zurückkehrt und diese »als das in sich Gegangene« seiner selbst begreift.[20] Wie schon diese Wendung zu verstehen gibt, gilt das nicht nur für den philosophischen Denkakt; vielmehr sieht Hegel auch die Kunst in einer derartigen »Retrospektive« begriffen, da ihr der Verstand, wie die ›Pänomenologie des Geistes‹ (von 1807) in unübersehbarer Anspielung auf den Orpheus-Mythos versichert, das denkbar Schwerste zumutet, nämlich »die ungeheure Macht des Negativen« zu brechen und »das Tote festzuhalten«. Das bringt Kunst und Verstand in einen schweren Konflikt, der jedoch im Sinn der von ihm ausgehenden Zumutung entschieden werden muß:

> Die kraftlose Schönheit haßt den Verstand, weil er ihr dies zumutet, was sie nicht vermag. Aber nicht das Leben, das sich vor dem Tode scheut und von der Verwüstung rein bewahrt, sondern das ihn erträgt und in ihm sich erhält, ist das Leben des Geistes.[21]

Demgegenüber konzentriert sich *Rosenzweig* auf die Wurzeln und die Frucht dieses, wie er sich ausdrückt, »fruchtbaren Verhängnisses«. Während er diese in der Was-Frage erblickt, aus der sich der ganze Reichtum philosophischer Forschung entwickelt, geht er gleichzeitig in seinem nachgelassenen ›Büchlein vom gesunden und kranken Menschenverstand‹ (von 1964) wie kein anderer Denker vor ihm dem mit der Was-Frage »betätigten« Zugriff auf den Grund.[22] Denn in diesem »Grund«, dem philosophischen Staunen, waltet für ihn nicht nur die entdeckerische Offenheit für das, was ist, sondern gleicherweise auch starre Betroffenheit darüber. Kein Wunder, daß sich der »Patient« – der Menschenverstand – am Ende des von ihm zurückgelegten Denkwegs von der »Starrheit des Staunens« befallen fühlt, unfähig, die gewohnte Tätigkeit der »begreifenden« Welterkundung fortzusetzen oder auch nur noch einen weiteren Schritt auf seinem Weg zu tun.[23] Dazu kam es, weil sich seine Kraft in der unablässigen Bemühung, die ihm begegnenden Dinge aus dem Kontext des lebendigen Geschehens auszugrenzen und auf ihr »Wesen« festzulegen, verbrauchte, radikaler ausgedrückt: weil die zu »Wesenheit« geronnene Ordnung der Dinge auf ihn zurückschlug, so daß er selbst, wie es schon im Schauerstück der Romantik, den ›Nachtwachen des Bonaventura‹ geheißen hatte, der »Starrsucht« verfiel. Merkwürdig nur, daß sich der profunde Kenner des Alten Testaments nicht an die Geschichte von Lots Frau erinnert fühlte, die, weil sie entgegen dem ausdrücklichen Verbot zurückgeschaut hatte, zur Salzsäule erstarrte und als warnende Figur sogar noch im Evangelium (Lk 17,32) aufscheint. Doch auch ohne diese biblische Reminiszenz wird klar, daß in der Krise des philosophischen Gedankens lediglich manifest wird, daß er immer schon »das Nachsehen« hatte, unfähig, die Dinge in ihrem Ereignischarakter zu begreifen und in der Konsequenz dessen auch in ihre Zukunft hineinzuverfolgen. Wie bei *Marcuse* setzt sich deshalb auch bei Rosenzweig die Diagnose unmittelbar in die Therapie um, die bei ihm jedoch nicht in einem »Kurs in Resignation«, sondern in der Einübung eines neuen, auf nennende Vergegenwärtigung bedachten Denkens besteht.

Gerade noch über der Wahrnehmungsschwelle liegt demgegenüber der vierte Grund, der sich einem offenen Verhältnis zur Zukunft in den Weg legt: die Prägung der abendländischen Kultur durch die Schriftlichkeit. Sosehr der Schrift die Tendenz zugrunde liegt, den – im Grunde aussichtslosen – Kampf mit der Zeit aufzunehmen, muß sie doch als ein Phänomen der Retrospektive angesehen werden. Denn sie versteht die Zeit primär nicht als das Medium der Weitergabe von Erkanntem und Geleistetem an die Nachgeborenen, sondern als den Inbegriff der Vergänglichkeit, der es Dauer und Kontinuität durch Texte abzuringen gilt. Mehr noch entspricht dem ihre Struktur, wie sie von dem Kulturanalytiker *Walter Wimmel* ausgearbeitet wurde.[24] Danach folgt die Schrift dem Gesetz der Komparativität, vereinfachend ausgedrückt des Rückvergleichs, das als innerster Antrieb zu den tragenden Kulturleistungen zu gelten hat, weil es den Willen zu Schönheit, Ausgleich, Entsprechung, Selbstdarstellung ebenso wie das Verlangen nach Neuem und schöpferischem Wettbewerb in sich trägt.[25] Von einem bestimmten Komplexitätsgrad an schlägt das »komparativische Voranschreiten« jedoch in seinen Gegensinn um, so daß eine »Reduktionsbewegung« den »fixierend-komparativischen Prozeß« rückgängig zu machen und den kulturellen »Großtext« in kleine Formen zu zerlegen sucht.[26] Auf die homerische Großform folgt dann – in der Gegenwart wie in der Antike – die »verkleinerte Epenform«, der es, einer Äußerung *Franz Werfels* zufolge, nicht mehr um Staatsaktionen und hochtrabende Namen, sondern um die »Ungewöhnlichkeiten der gewöhnlichen Menschen« zu tun ist.[27] Es fragt sich dann allerdings, ob das ›Kleine‹ als Gegenteil des ›Großen‹ in oder außerhalb der Kunst, als Gestaltungsprinzip genommen, jemals einen dauernden Vorrang beanspruchen und zu ähnlicher gesellschaftlicher und staatlicher Formkraft gelangen kann, wie das vom »Gang der Komparativität« und seinem Ergebnis, dem Großtext, festzustellen ist.[28]

Nimmt man hinzu, daß alle Schrift von ihrer Wesensbestimmung – und ihrer archäologischen Dokumentation – her »Chronik« und »Vorschrift« ist, so wird man den von Wimmel herausgearbeiteten reduktiven Zug als Freilegung einer Strukturtendenz und nicht nur einer kulturgeschichtlichen Reaktion begreifen lernen.[29] Dann aber bestätigt sich die inzwischen längst schon gehegte Vermutung, daß die auf das Wesenhafte gerichtete Denkweise in einem engen Zusammenhang mit der Schriftlichkeit und diese mit der denkerisch-künstlerischen Retrospektive steht, auch wenn die Frage nach der Verursachung dieses Verhältnisses nur schwer zu entscheiden ist. Zumindest erscheint die Annahme berechtigt, daß die »orphische«, also die rückwärts gewandte Denkweise in der Schriftlichkeit den ihr angemessenen medialen Ausdruck fand und durch die grandiosen Leistungen der Schriftkultur in ihrer Blickrichtung bestätigt wurde. Das aber genügt schon für den Nachweis, daß die Schriftlichkeit nicht länger als einer jener Faktoren übersehen werden darf, die den Menschen einer Zeit, die oft genug als die Endphase der abendländischen Kultur- und Geistesgeschichte empfunden wurde, dazu veranlassen, mit dem Rücken zur Vernunft zu leben, weil er durch die Gestaltprinzipien und Tendenzen der Epoche zukunftsblind und zukunftsunfähig geworden ist. So gesehen gestaltete *Klee* mit dem von *Walter Benjamin* als kostbarsten Besitz gehüteten Bild des rücklings in die Zukunft hineingewehten Engels tatsächlich das gültige Zeit-Bild, in welchem dem heutigen Menschen sein eigenes Mißverhältnis zur Zeit in dramatischer Anschaulichkeit vor Augen tritt.

## *2. Das Problemfeld der Angst*

Zu den das Verhältnis zur Zukunft zerstörenden Faktoren gehört jedoch noch ein fünfter, der, schon an seiner Effektivität gemessen, die vier bereits durchgesprochenen buchstäblich »in den Schatten stellt«: die Angst! Denn wenn der »Sinn« als das Stich- und Leitwort der Gegenwart zu gelten hat, dann besteht ihre Problemlast fraglos in der Angst, die von *Karl Jaspers* schon in seiner Zeitdiagnose von 1931 als der »unheimliche Begleiter des modernen Menschen« bezeichnet wurde.[30] Überhaupt erscheint die Gegenwart in einer eigentümlichen Rückbezüglichkeit zu jener »Schwellenzeit«, die man in Anlehnung an die Jasperssche Terminologie geradezu als das »Achsenjahr der Angst« charakterisieren könnte. Nicht umsonst nannte *Werner Bergengruen* die Angst im Rückblick auf seinen damals in Angriff genommenen Roman ›Am Himmel wie auf Erden‹ (von 1940) mit einem ungemein treffsicheren Ausdruck die »teuflische Mitgift des Menschengeschlechts«, da sie unter ihren ständig wechselnden Maskierungen jeweils die Verkleidung wählt, die ihren Opfern »am schrecklichsten einleuchtet«.[31] Die damit angesprochene Vielgesichtigkeit der Angst enthebt freilich keineswegs der Verpflichtung, ihre Einzelformen in den Blick zu nehmen, weil nur so dem thematischen Interesse, ihrem Zusammenhang mit Religion und Glaube, Rechnung getragen werden kann. Andererseits ist die dichterische Zusammenschau der Einzelformen bei Bergengruen dazu angetan, auf die »Allgegenwart« der Angst gerade auch in der heutigen Lebenswelt aufmerksam zu machen; denn diese präsentiert sich als eine einzige Bestätigung des von ihm aufgegriffenen Plinius-Wortes, wonach das Unwesen der Angst nicht zuletzt darin besteht, daß sie ihre Anlässe zu überdauern pflegt: auch nach Beseitigung der Hitler-Diktatur, in deren Schatten ›Am Himmel wie auf Erden‹ entstanden war, kam es keineswegs zu der erhofften Stunde des großen Aufatmens: vielmehr bestand das Angst-Potential, das sich bekanntlich stets aus dem Zusammenwirken von objektiven Gründen und subjektiv-neurotischen Reaktionen ergibt, unverändert bis in die Gegenwart hinein fort.

Der Versuch einer Orientierung kann nur mit der Frage nach den angsterregenden Faktoren einsetzen; denn für den heutigen Menschen ist die Frage »Wer bin ich?« fast synonym mit der andern geworden: Was macht mir Angst? Darauf antworten individual- und völkerpsychologische Beobachtungen mit einem dreifachen Hinweis. Was den Menschen in »Angst und Schrecken« versetzt, ist das Unerwartete, das Ungewöhnliche und das Unbekannte. Das Unerwartete zunächst; denn das dem Menschen eingestiftete Stabilitäts- und Beharrungsverlangen bringt es mit sich, daß er auf jede nennenswerte – bisweilen sogar schon geringfügige – Veränderung seiner Lebenswelt mit Angst reagiert. In und mit der Veränderung klopft das Nichts an das Haus unseres Seins; sie ist der deutlichste Index der Kontingenz unseres Daseins. Deshalb heißt es auch von der Titelheldin der ›Letzten am Schafott‹ (von 1931), mit der *Gertrud von Le Fort* in dem bereits angesprochenen »Achsenjahr« die Symbolfigur der damals umlaufenden Lebensangst geschaffen hatte:

> Es war, als schwebe dieses bedauernswerte kleine Leben in der beständigen Erwartung irgendeines grauenvollen Ereignisses,

dem es, ähnlich jenen kleinen, kranken Tieren, die mit offenen Augen schlafen, nur durch unausgesetzte Wachsamkeit entgehen könne, oder als reiche sein großer, erschrockener Kinderblick, durch das feste Gefüge des gesicherten Daseins überall in eine entsetzliche Zerbrechlichkeit hinab.[32]

Angsterregend wirkt aber auch das Ungewöhnliche, das sich als die morphologische Form der Veränderung kennzeichnen läßt, die zunächst »geschichtlich«, als Eintritt des Unerwarteten, in Erscheinung tritt. Wie das Kleinkind vor jedem fremden Gesicht erschrickt, beweist das Verhalten von Naturvölkern, daß ihnen das Un- und Außergewöhnliche wie etwa ein Wasserfall, ein Vulkan oder ein hoher Berg Grauen einflößt, das sich vielfach spontan mit einer diffusen Transzendenzerfahrung verbindet und demgemäß religiöse »Urreaktionen« nach sich zieht. Von der philosophischen Angstanalyse her bestätigt dies das Bildwort *Kierkegaards* vom »Schwindelblick der Angst«, das von der bekannten Anwandlung am Rand eines Abgrunds ausgeht, um daraus Schlüsse über die menschliche Kontingenzerfahrung, den Schlüsselgedanken seiner Ableitung, zu ziehen. Wörtlich versichert er an dieser – vermutlich von *Le Fort* aufgenommenen – Stelle:

> Angst kann man mit dem Schwindelgefühl vergleichen. Denn schwindlig wird dem, dessen Auge plötzlich in eine gähnende Tiefe hinabschaut. Doch was ist der Grund dafür? Es ist ebensosehr sein Auge wie der Abgrund; denn was wäre geschehen, wenn er nicht hinabgeblickt hätte? So ist die Angst der Schwindel der Freiheit, der dadurch entsteht, daß der Geist eine Synthese setzen will und die Freiheit nun hinabschaut in ihre eigene Möglichkeit, um in dieser Endlichkeit Halt zu gewinnen. In diesem Schwindel fällt die Freiheit ohnmächtig um. Weiter kann die Psychologie nicht kommen und sie will es auch nicht.[33]

Noch deutlicher hebt sich der Zusammenhang von Angst und Glaube ab, wenn man auch noch die dritte Motivation ins Auge faßt: die Veranlassung der Angst durch das Unbekannte. Wenn sich das darauf bezogene Erlebnis, wie es im Feld der praktischen Vernunft immer wieder geschieht, mit dem des Ungewissen verschwistert, führt von hier oft schon ein kleiner Schritt zu jenem Mysterium, auf das sich, wie immer es im einzelnen verstanden wird, der religiöse Akt bezieht. Das hat immer wieder zu der – ebenso bedenklichen wie fruchtbaren – Annahme geführt, daß der Ursprung der Religion in der Angst zu suchen sei. Nach *William H. Rivers* sah vor allem der Bahnbrecher der modernen Religionspsychologie *Rudolf Otto* im angstvollen Umgang mit dem Numinosen wenn nicht die, so doch eine grundlegende Wurzel der Religiosität.[34] Und wie sich *Kant* in durchaus vergleichbarem Zusammenhang – er nennt den Gottesgedanken den »wahren Abgrund für die menschliche Vernunft« – auf die schauderhaft-erhabene Schilderung der Ewigkeit in einem Gedicht *Albrecht von Hallers* bezieht, zitiert er zur Verdeutlichung einen sinnverwandten Hymnus auf die Majestät Gottes, in dem es heißt:

Die Kreatur erstarrt
Vor Deiner Gegenwart,
Womit ist alle Welt erfüllet.
Und dieses Äußere weist,
Unwandelbarer Geist,
Ein Bild, worein Du Dich verhüllest.[35]

Wo die Psychologie innehält, setzt die – metaphysische – Herleitung des Religiösen aus dem Angstphänomen ein. Doch kann dieser Erklärungsversuch nur unter zwei Voraussetzungen überzeugen. Einmal müßte für die Angst eine Veranlassung nachgewiesen werden, die sie eindeutig über ihre biologische Schutzfunktion, so hoch man diese auch immer veranschlagen mag, hinaushebt.[36] Eine Motivation müßte für sie herausgearbeitet werden, die sie in eine Verhältnisbestimmung zum Numinosen bringt, sofern dieses, mit *Otto* gesprochen, als das »ganz Andere« erfahren wird und als solches in keiner innerweltlichen Größe aufgeht. Das aber hat *Kierkegaard* längst mit seiner berühmten Unterscheidung von Angst und Furcht glaubhaft gemacht, die von *Heidegger* als Schlüssel zur Beantwortung der Frage ›Was ist Metaphysik?‹ (von 1929) herangezogen wurde und ihre Geltung auch dann behält, wenn sie nicht zur Begründung des Gegensatzes von Mensch und Tier in Anspruch genommen wird.[37] Während Heidegger darauf abhebt, daß sich die Furcht stets auf »etwas Bestimmtes« richtet, wogegen die Angst den von ihr Betroffenen in eine unheimliche Stimmung versetzt, die durch ein »Wegrücken des Seienden im Ganzen« gekennzeichnet ist und dadurch das Nichts offenbart, gibt Kierkegaard zu bedenken:

> Fragen wir nun näher, was der Gegenstand der Angst ist, dann muß geantwortet werden, hier wie überall: er ist das Nichts. Angst und Nichts entsprechen einander beständig.[38]

Ein religiöses Moment schwingt in dieser Bestimmung insofern mit, als durch die Hinordnung auf das Nichts ein Hohlraum entsteht, in dem sich das Göttlich-Andere des welthaft Gegebenen zu zeigen vermag. Damit kommt aber auch schon die zweite Voraussetzung in Sicht. Denn aus der Angst vermöchte sich niemals die religiöse Grundbeziehung zu entwickeln, wenn sich mit der Fühlung des im Hohlraum des Nichts geahnten Gottes nicht die Hoffnung auf ihre Überwindung verbände. Nur so ist es dann auch zu erklären, daß sich in *Rudolf Ottos* dialektischer Bestimmung des Heiligen mit dem Aspekt des »tremendum« unvermittelt der des »fascinosum« verbindet.[39] Wenn diese Koinzidenz des Schrecklichen mit dem Inbegriff des Beglückenden, sosehr sie sich psychologisch auch aus den selbstzerstörerischen Tendenzen des Menschen erklären mag, einen positiven Sinn haben soll, dann nur den der Hoffnung, daß gerade im Abgrund des angsterregenden Geheimnisses jener »Grund der Dinge« erreicht werde, der, mit *Gertrud von Le Fort* gesprochen, kein weiteres Fallen mehr zuläßt.[40] Und damit verbindet sich jetzt schon die Erwartung, daß sich im Spektrum der religionsgeschichtlichen Entwürfe schließlich doch jener finden möge, der dem angstgepeinigten Menschen nicht nur zur Versöhnung mit diesem Schicksal, sondern zu seiner vollgültigen Überwindung verhilft. Auf seine Weise bestätigt das auch der im neueren religionsphilosophischen Disput zum Leit- und Schlüsselwort gewordene Begriff der »Kontingenzbewältigung«, der schon von seiner Sinnerwartung her auf das Zielbild einer Religion der Angstüberwindung ausgerichtet ist.[41]

Im Interesse einer Annäherung an dieses Ziel ist eine Analyse der gegenwärtig umlaufenden Ängste unerläßlich. Dabei wird man zunächst von der »frei flottierenden Angst«, von der im heutigen Disput vielfach die Rede ist, jene »Angstbilder« unterscheiden müssen, die, wenn auch keine deutliche Kontur, so doch eine Inklination auf bestimmte Formkreise und Motivationen erkennen lassen. Unter formalem Gesichtspunkt ist in diesem Zusammenhang vor allem zwischen subjektiver und kollektiver Angst zu unterscheiden, weil die durch gezielte Schreckensbilder suggerierten Angstpsychosen der jüngsten Vergangenheit darauf schließen lassen, daß das schon fast im neurotischen Sinn labile Bewußtsein der Gegenwart im Begriff steht, epidemischen Massenängsten zu verfallen, zu denen die Endzeit-Ängste der ersten Jahrtausendwende, der Hexenwahn des Mittelalters und die Teufelsangst der beginnenden Neuzeit bedrohliche Parallelen bilden.[42] Verglichen mit diesen historischen »Vorformen« weist die moderne Kollektivangst insofern eine zusätzliche Gefahrenkomponente auf, als sie sich nicht wie jene auf imaginäre Zielbilder bezieht, die sich erst nachträglich, wie im Fall des Hexenwahns, auf konkrete Opfer niederschlugen, sondern von vornherein auf die zu ausgesprochenen »Schreckens- und Feindbildern« stilisierten gesellschaftlichen Objekte richtet. Damit entfällt die Differenz, die selbst im Fall des Hexenwahns zwischen der geglaubten Phobie und den mit ihr identifizierten Mitmenschen zu überwinden war, und dies mit der Folge, daß die Angst unmittelbar in

Aggression und Vernichtungswillen umschlägt. Wenn man dies auch nur als Arbeitshypothese in Rechnung stellt, wird man in der Konstruktion von Schreck- und Feindbildern nicht nur den kollektiven Wahn, sondern mit ihm zusammen auch den Mechanismus der Angst am Werk sehen, die damit nicht nur beweist, daß sie im Sinn des Bergengruen-Zitats »ihre Anlässe zu überdauern pflegt«, sondern zugleich unablässig mit der Schaffung neuer Anlässe befaßt ist.[43]

Als typische Erscheinungsweisen der Individualangst stellen sich demgegenüber die Formen der Trennungs-, Berührungs- und Leistungsangst dar, auch wenn sie, strukturell gesehen, aus dem gestörten Verhältnis des einzelnen zu seiner Um- und Mitwelt erwachsen. Es steht aber außer Zweifel, daß die »reine« Individualangst, die sich in diesen Formen verbirgt, in diesem gestörten Verhältnis ihren jeweils anderen »Auslöser« findet. Dabei kommt im Fall der Berührungsangst nicht selten ein neurotisch übersteigertes Schamgefühl mit ins Spiel, das den Eindruck des Mitseins, das die Aufnahme jeder dialogischen oder operativen Beziehung begleitet, zu dem eines versehrenden »Einbruchs« verzerrt. Wer daran leidet, fühlt sich in seine Individualität wie in einen Elfenbeinturm eingeschlossen, den zu verlassen für ihn Schutzlosigkeit, Preisgegebenheit und Verletzung bedeuten würde. Schon hier macht sich das grundlegende Faktum bemerkbar, daß die Individualangst mit Isolation und Einsamkeit zu tun hat, die nicht umsonst in der Skala der eingestandenen Angstmotive mit die erste Stelle einnehmen. Geradezu spiegelbildlich verhält sich dazu die Trennungsangst, die im Regelfall unmittelbar vom befürchteten Verlust der Bezugsperson oder der bergenden Gruppe ausgelöst wird. So gesehen stellt sich die Trennungsangst als die inchoative Form jener Angst dar, die geradezu durch ihr Wechselverhältnis zur Einsamkeit definiert werden kann. Sie ist, strukturell gesehen, die Innenseite der Einsamkeit, die dann umgekehrt als die Außenform dieser spezifischen Individualangst zu gelten hat. Zur Vervollständigung des Bildes muß lediglich noch die Leistungsangst hinzugenommen werden, die wiederum zu den signifikantesten Phobien des gegenwärtigen Menschen zählt. Während bei der Berührungsangst das auslösende Moment im Faktum des Andern, der Gruppe oder der Gesellschaft besteht, ist es in diesem Fall die – wirklich oder vermeintlich – von der Mitwelt erhobene Forderung, die ihren Adressaten in panikhafte Angstzustände versetzt. Unter dem Druck der ihm abverlangten menschlichen oder operativen Leistung fühlt er unversehens sein Ungenügen und in diesem, sofern er der erlittenen Not nur auf den Grund zu sehen vermag, seine Kontingenz. .

Damit ist nun definitiv das Stichwort gefallen, das im religionsphilosophischen Disput der letzten Jahre, vor allem unter dem Einfluß *Hermann Lübbes*, zum Schlüsselbegriff geworden ist.[44] Indessen zeigt sich das Elend dieses Ansatzes schon darin, daß »Kontingenz« vorwiegend – und vordergründig – als »Nichtverfügbarkeit« verstanden und demgemäß der Inbegriff der Kontingenzerfahrung, der nicht verfügbare Tod des Menschen, aus dem Konzept der »Kontingenzbewältigung« und in der Konsequenz dessen auch aus dem Horizont der Begriffsbestimmung ausgeschlossen wird.[45] Denn damit schnürt sich diese Diskussion hoffnungslos von der bis *Heidegger* reichenden Tradition des metaphysisch konzipierten Kontingenzgedankens ab und, wie gerade die Kontingenzanalyse Heideggers zeigt, von der Möglichkeit einer Begriffsbestimmung im Horizont der Angst. So aber ergibt es sich aus den anthropologischen Prämissen dieser Position, die den Menschen, vermutlich unter dem Eindruck soziologischer und handlungstheoretischer Vorentscheidungen, primär als das Wesen der Tat, nicht jedoch als das der Besinnung und des Dialogs begreift. Das Erlebnis der Ohnmacht gegenüber den grundlegenden Fakten seiner Existenz und den Zwängen seiner Lebenswelt kommt bei der Bewußtseinsbildung des heutigen Menschen aber erst sekundär ins Spiel. Was er primär empfindet, noch bevor ihm die Übermacht und Unverfügbarkeit der lebensbestimmenden Faktoren zu Bewußtsein kommt, ist die Angst! Und es ist, wie nun gerade im Blick auf den religionsphilosophischen Disput verdeutlichend gesagt werden kann, die ihn als Grundstimmung seines Daseins begleitende Subjektangst. Eine Angst, die keiner äußeren Veranlassung bedarf, weil das Menschsein selbst ihr Grund und Anlaß ist. Denn der Mensch weiß, gerade im Akt der Selbstbesinnung und Selbstergreifung, um die Bodenlosigkeit seines Daseins; erwachend aus den alltäglichen Abhaltungen und Zerstreuungen blickt er in den Abgrund hinab, der in ihm selber klafft, ergriffen vom »Schwindelblick der Angst«. Und in dieser Angstanwandlung begreift er, noch vor jeder Erfahrung der Unverfügbarkeit, daß er sein Sein immer nur hat, nie jedoch im absoluten Sinn des Ausdrucks »ist«; und damit begreift er sich als »kontingent«.

Indessen bringt es die durch die Medien stimulierte »Weltläufigkeit« des heutigen Menschen mit sich, daß für ihn im Spektrum der ihm bewußt gewordenen Ängste nicht die »freisteigenden«, die seinem kontingenten Sein entspringen, sondern die »qualifizierten«, für die eine äußere Veranlassung namhaft gemacht werden kann, im Vordergrund stehen. Daß sich schon innerhalb des Komplexes der Individualangst die Berührungs- und Trennungsangst abzeichnete, war bereits ein unübersehbarer Hinweis darauf. Wenn zur Verdeutlichung dessen nun auch die Manipulations- und Frustrationsangst angeführt wird, sind bereits zwei wesentliche Elemente dieser äußeren Angstmotivationen genannt. Es sind zwei eng miteinander verflochtene und doch zugleich klar unterscheidbare Erscheinungsformen der menschlichen Umwelt, die dem Individuum – je nach philosophischer Terminologie – einmal als übermächtigendes Über-Ich, mit *Heidegger* gesprochen als die anonyme Diktatur des »Man« oder aber als »seelenlose« Gesellschaft gegenübertritt, der lediglich an seiner Funktionalität und Leistungskraft, nicht jedoch an seinem Selbstwert gelegen ist. Im einen Fall löst dieses Gegenüber Ängste aus, die aus dem Gefühl des Überfordertseins oder auch der Befürchtung, in die Abhängigkeit einer Fremdregie zu geraten, erwachsen; im anderen Fall hat die ausgelöste Angst mit Erfahrungen zu tun, wie sie sich bei Mißachtung und Liebesentzug einzustellen pflegen. Daß im Grund dieses Gegensatzes das Wechselspiel von Mysterium tremendum und Mysterium fascinosum, wenngleich in radikaler Verzerrung, aufscheint, ist ein sprechender Hinweis darauf, daß es sich nach wie vor um echte Formen der Angst handelt, anders ausgedrückt, daß die gesellschaftlichen Gegebenheiten, sosehr sie als Auslöser wirksam werden, durch den Rückbezug auf den letzten Grund aller Dinge suspendiert sind.

Erst recht gilt das von dem durch den bereits erwähnten Medientheoretiker *Neil Postman* analysierten Gegensatz der beiden das gegenwärtige Bewußtsein beherrschenden Schreckensutopien, dem alles überwachenden Blick von *Orwells* »Big Brother« und *Huxleys* »Brave New World«, wobei Postman mit Nachdruck darauf hinwies, daß für die wissenschaftlich-technische Zivilisation die ungleich größere Gefahr aus der von den letzten Residuen personaler Existenz »gereinigten« Welt des letzteren droht.[46] Wie im einen Fall der Eindruck hoffnungsloser Übermächtigung im Vordergrund steht, so im anderen das Gefühl, einer perfekten Erosion des personalen Selbstwerts ausgesetzt zu sein. Aus beidem aber entwickelt sich die schon von *Freud* diagnostizierte »Kulturangst«, die letztlich, wie bereits ausgeführt, mit dem schwächeren Rückschlag der Kultur auf ihre Basis, die menschliche Triebstruktur, zu tun hat. Im derzeit herrschenden Lebensgefühl äußert sich das in der Form, daß die Kultur nicht mehr als Bereicherung und Ansporn, sondern allenfalls noch als Medium der Repräsentation, der Unterhaltung und Entspannung, also im Grunde als bloßes »Lebensornament« empfunden wird. Doch wie den beiden Schreckensutopien die durch sie nur unterschiedlich akzentuierte Kulturangst zugrunde liegt, so allen übrigen Formen der »motivierten« Ängste das, was man die »Weltangst« des heutigen Menschen nennen könnte. Vermutlich wurde sie nie radikaler ausgeleuchtet und auf den Begriff gebracht als durch *Karl Jaspers*, der im Blick auf die geistigen Zusammenbrüche, nach denen »niemand mehr an den früher beseelenden Ideen teilnimmt«, zu der Feststellung gelangt:

> Dann kann der Mensch als Einzelner gleichsam wieder nackt dastehen, ohne Welt. Daß er einem Freunde die Hand reichen könnte, bleibt seine letzte Hoffnung. Aber auch mit ihm kann sich in gemeinsamer Weltlosigkeit eine Kommunikation nur als Möglichkeit zeigen, nicht erfüllen. Ist der Einzelne, der so ohne Welt dasteht, überhaupt noch?[47]

Hier wird die in ihrer Unverläßlichkeit durchschaute Welt, wie sie dem menschlichen Subjekt vor allem in ihrer soziomorphen Gestalt als Mit- und Lebenswelt vor Augen tritt, geradezu zur Chiffre der Bodenlosigkeit, in der es sich vorfindet.[48] Daran gemessen erweisen sich die bei statistischen Erhebungen am häufigsten genannten Motivationen – Angst vor Krieg und Erkrankung, vor Berufs- und Kontaktverlust, vor Erschöpfung der Energiereserven und vor der zunehmenden Umweltzerstörung – lediglich als Varianten und Spezialaspekte dieser basalen Weltangst, die zusammen mit der Kulturangst die »kosmologische« Grundlinie im Diagramm der gegenwärtig umlaufenden Ängste bildet.[49]

In diesem Diagramm hebt sich aber auch eine existentielle Linie ab, die auf zwei wiederum eng aufeinander bezogene Formen menschlicher Selbstentfremdung zurückweist: auf die Existenznot und den Tod. Daß sie weit weniger deutlich ist als die kosmologische, hängt damit zusammen, daß die Existenznot erst im Begriff steht, das menschliche Problembewußtsein zu erobern, während der Tod zum Vorzugsgegenstand kollektiver Verdrängungsstrategien geworden ist.[50] Indessen ist der Tod gerade nicht – wie etwa im religionsphilosophischen Disput der Gegenwart – der uneinholbare Grenzbegriff menschlicher Kontingenzerfahrung, sondern deren vorzüglichste Quelle, sofern man nur davon ausgeht, daß ein jeder einen dunklen Bescheid seines Sterbenmüssens in sich trägt, weil sonst der Tod des anderen gar nicht als ein sein Selbstverständnis betreffendes Ereignis begriffen werden könnte.[51] An der Natur dieses Bescheids kann kein Zweifel aufkommen; denn die mit dem Tod drohende Vernichtung kann dem menschlichen Subjekt nur als Radikalform jenes Nichts zu Bewußtsein kommen, das es in den Erfahrungen der Bodenlosigkeit seiner Existenz immer schon ängstet, und das heißt dann zugleich: im Medium der Angst. Auf höherer Ebene wiederholt sich hier aber dann auch die eigentümliche Suspendierung, die schon im Durchgang durch die Vorformen zu beobachten war. In der Radikalform der Todesangst gewinnt das geängstete Herz eine sonst nie erreichte Offenheit; die Angst, von der Etymologie des Wortes her der Inbegriff der Enge, öffnet sich im

Gegensinn dazu zur Hoffnung auf die definitive Freiheit, und diese übersteigt sich ihrerseits in die Bereitschaft zu einer letzten Hingabe.[52] Damit aber verkehrt sich die im Tod erlittene Entfremdung auch schon in ihr vollkommenes Gegenteil: im Mitvollzug der Todesdialektik begreift der vom Tod geängstete Mensch die ihm drohende Vernichtung als Durchgang zu seiner definitiven Selbstfindung.

Während das Todesbewußtsein lediglich aus der Verdrängung hervorgerufen werden muß, bedarf es im anderen Fall der Selbstentfremdung des neuen, mit der Wo-Frage artikulierten Zugriffs, wenn sie wirklich zum Bewußtsein gebracht werden soll.[53] Dabei geht es um die bisher nur dichterisch angesprochenen Gefühle des Gegenwartsmenschen, der Welt und mehr noch sich selbst »abhanden gekommen« *(Mahler)* und in eine ihn sich entfremdende »Abdrift« geraten zu sein *(Schneider)*, das sich inzwischen vielfach zum Gefühl einer ausgesprochenen »Unfähigkeit zu sich selbst« gesteigert hat.[54] Denn immer deutlicher geht durch das Bewußtsein des heutigen Menschen ein Riß, der ihn von sich selber trennt und ihn die Tatsache seiner Existenz als eine drückende Hypothek, wenn nicht gar als eine unerträgliche Zumutung empfinden läßt. In diesem Riß aber nistet, wie kaum irgendwo sonst, die Angst, die hier mit dem Eindruck einer inneren Verwundung einhergeht, die nach Heilung schreit. Damit aber ist auch schon der exakte Gegenpol zum Ursprung der Religion aus dem kosmologischen Angstgefühl erreicht. Während sich dort das Erlebnis des Unerwarteten und Ungeheuren zum Begriff des Mysterium tremendum steigerte, geht es hier um die Frage, ob dem erlittenen Selbstzerwürfnis nicht von jenseits her, aus dem Bereich des Unweltlichen, das zugleich das »Intimste« im Sinn des augustinischen »interior intimo meo« ist, Einhalt geboten werden könne. Das aber ist, einfacher ausgedrückt, die Frage nach dem existentiellen Sinn des Gebets. Wiederum war es *Gertrud von Le Fort*, die diesen Zusammenhang in divinatorischer Hellsichtigkeit klärte. Denn für sie ist mit dem Bild vom Absturz »durch alle Stockwerke des Seins« die Phänomenologie der Angst nur zur Hälfte beschrieben. Die andere Hälfte betrifft den Vorgang des Gebets, von dem es in bewußter Widerspiegelung mit der Stelle von Blanches »großem erschrockenem Kinderblick« heißt:

> Ah, meine Liebe, welch ein Trost geht doch von der Welt des Glaubens aus! Ich erinnere mich noch sehr deutlich aus meinen Kindertagen an dieses eigentümliche Absinken beim Gebet gleichsam durch alle Stockwerke des Seins bis – sagen wir – auf den Grund der Dinge, wo kein Fallen mehr möglich ist.[55]

Danach ist die Angst ein unvollständiges, zu früh abgebrochenes und deswegen ins Bodenlose verlaufendes Gebet, das Gebet hingegen eine bis auf ihren letzten Grund durchlittene und darin aufgehobene Angst.[56] Doch der Gegenpol zur kosmologischen Religionsbegründung ist damit auch im alternativischen Sinn des Ausdrucks erreicht. Denn während dort das Bild des Numinosen in zwei unversöhnte Aspekte auseinanderbrach, wird nunmehr definitiv klar, daß sich der von der Angst stimulierte Griff nach dem Absoluten mit der Hoffnung verbindet, dort den Halt zu gewinnen, der vor dem Sturz in den Abgrund bewahrt. Religionsgeschichtlich gewendet ist das die Hoffnung auf einen religiösen Sinnentwurf, in dem der Aspekt des »tremendum« vom Gegenbild der Liebe zum Verschwinden gebracht wird. Das aber ist, wiederum einfacher ausgedrückt, die Hoffnung auf die christliche Lösung. Daß diese Hoffnung nicht ins Leere geht, zeigt schon das Wort, mit dem das Johannes-Evangelium die Abschiedsreden Jesu beschließt und das, sowohl nach seiner inhaltlichen wie nach seiner formalen Gestaltung, als programmatische Zusammenfassung des gesamten Heilswirkens Jesu vernommen sein will:

> Das habe ich zu euch gesagt, damit ihr Frieden habt in mir. In der Welt habt ihr Angst; doch faßt Mut: Ich habe die Welt überwunden! (Joh 16,33)[57]

Kaum irgendwo konvergieren die beiden zentralen Aspekte, in denen die christliche Heilsbotschaft geltend zu machen ist, so unmittelbar wie hier. Das kommt einem hermeneutischen Fingerzeig gleich. Denn offensichtlich hat der Friede, den Jesus (nach Joh 14,27) im Unterschied zu seiner welthaften Vermittlung »gibt«, seinen genuinen Ort im Wurzelgrund menschlicher Friedlosigkeit, der Angst. Und umgekehrt will die angstüberwindende Kraft des Christentums nicht nur defensiv, als Abwehr der vielfältigen Angsterregung, verstanden werden, sondern als Hilfe zu jenem gefestigten, geborgenen und darin zu sich selbst gebrachten Dasein, auf dessen Konstituierung der christliche Friedensbegriff hinwirkt. Das aber heißt, daß das Christentum gleicherweise die Religion des Friedens und der Angstüberwindung ist und in dieser unentflechtbaren Einheit begriffen und verkündet sein will.[58]

Diese These sieht sich freilich noch immer dem Einspruch ausgesetzt, den *Oskar Pfister*, zweifellos aus dem Gefühl christlicher Verantwortung, mit seinem Alterswerk ›Das Christentum und die Angst‹ (von 1944) erhob. [59] Obwohl auf einen psychoanalytischen Raster festgelegt, der Pfister in seinen weit ausgreifenden Analysen vieles einseitig, verkürzt oder vereinfachend sehen läßt, erhebt er sich doch, wie ihm sogar das von *Thomas Bonhoeffer* beigesteuerte

Vorwort zugestehen muß, über das einmal gewählte Interpretationsschema, sofern er »von Liebe und Gottesliebe als im Grunde derselben Sache« redet und an zentraler Stelle durchblicken läßt, daß für ihn demgemäß »auch Angst und Angst vor Gott« Äquivalente sind.[60] Damit stellt er sich, wenngleich im Bruch mit dem selbstgewählten Methodeninstrumentarium, auf den Boden der biblischen Anschauung, wonach alle Angst wurzelhaft Gottesangst und die Offenbarungsgeschichte ihrer innersten Sinnbestimmung zufolge darauf angelegt ist, die Menschheit aufgrund dieser göttlichen Initiative von den Folgen dieser Ur-Phobie, insbesondere von Aggression und Selbstzerstörung, zu befreien und sie, angstfrei geworden, einer Lebensordnung der Liebe und des Friedens entgegenzuführen.[61]

Geleitet von der programmatischen Grundidee, daß sich die Geschichte des Christentums, gemessen an den Exzessen von Intoleranz, Wahnvorstellungen und Sadismus, wie die eines ungeheuren Selbstmißverständnisses, ja wie seine eigene »Krankheitsgeschichte« ausnehme, macht er den Großkirchen den Vorwurf, die von Jesus verkündete »Liebeslehre« in ein Instrument der Disziplinierung und der diesem Interesse dienenden vielfältigen Angsterzeugung umgefälscht zu haben. Dabei hebt er vor allem auf die Dialektik ab, derzufolge die seelsorgerlichen, in seiner Sprache die »sozialhygienischen« Strategien der einzelnen Konfessionen darauf ausgehen, die durch ihre unterschiedliche Dogmatik erzeugten Schreckvorstellungen durch jeweils anders strukturierte Formen der »Angstverarbeitung« wieder unter Kontrolle zu bringen. Eine bedenkliche Weichenstellung in dieser Richtung vollzieht seiner Meinung nach schon *Paulus*, der ungeachtet seiner Beiträge zur christlichen Freiheitsgeschichte, insbesondere in Gestalt seiner Absage an den tötenden Buchstabenglauben (2 Kor 3,6), durch die Schaffung des christlichen Dogmas, des Sakramentsbegriffs und der Verwandlung der Kirche »zum Heilsinstitut« der Verfälschung der Liebesbotschaft Jesu zur Angstreligion Vorschub leistete.[62] Im Rückblick darauf besteht der wichtigste Vorgang der modernen Frömmigkeitsentwicklung in der »Akzentverlagerung« von Paulus auf Jesus – abgesehen von den paulinischen Ermahnungen sittlichen Inhalts, in denen die Liebe das Wort führt.[63]

Von »Spuren der Angst« ist, wie *Pfister* in breitangelegter Aufarbeitung der von ihm gesammelten Befunde zeigt, schon die Frömmigkeit des Katholizismus durchsetzt, so schon durch die Einbeziehung des altgermanischen Hexenwahns in seine Glaubenswelt, durch seine schreckhafte Jenseitsvorstellung, durch seine restriktive Sexualmoral und nicht zuletzt durch das repressive Verhältnis des kirchlichen Lehramts zur theologischen Forschung, obwohl er gleichzeitig die alledem zugrundeliegende Polarisierung von Liebe und Gottesgerechtigkeit durch Strategien der Angstbeschwichtigung, vor allem in Gestalt der Heiligenverehrung und der Marienfrömmigkeit, überlagert sieht.[64] Dennoch bleibt der Katholizismus für ihn so sehr im Teufelskreis von Angsterzeugung und Angstbeschwichtigung verstrickt, daß er die Angst zu einer »seiner Hauptwurzeln« erklärt.[65]

Aus dieser psychologisch-soziologischen Kritik geht jedoch der Protestantismus keineswegs günstiger hervor, obwohl der Analytiker bei den drei großen Ausformungen, je nach der Persönlichkeitsstruktur der Gründergestalten, ganz unterschiedliche Angstimplikationen registriert. Mehr noch; die aus der Reformation hervorgegangene »altprotestantische Orthodoxie« stellt sich ihm geradezu als eine »kollektive Zwangsneurose« dar.[66] Noch am wenigsten ist von dem Gewitter der Schuldzuweisungen *Zwingli* betroffen, der sich trotz seines Paulinismus als »Vorkämpfer des Evangeliums Jesu« bewies und schon von seiner Entwicklung her als der »humanste« unter den Reformatoren zu gelten hat.[67] Obwohl seine Interpretation des Christentums durch Prädestinationslehre und Teufelsglaube belastet bleibt, trägt bei ihm doch bisweilen der »alte Humanismus über den christlichen Dogmatiker den Sieg davon«, vor allem dort, wo er die allgemein dominierende Furcht vor Gott »in Ehrfurcht« sublimiert, »bei welcher nicht mehr die Angst, sondern die heilige Freude an des Allmächtigen Größe und Liebe überwog«.[68] In alledem hebt er sich wohltuend von *Luther* ab, für den die Welt ein einziges »Teufelswirtshaus« ist, so daß man sich davor hüten muß, »Ideen, die erst die Aufklärung brachte«, schon in sein reformatorisches Konzept hineinzutragen.[69] Zwar brachte ihm sein Turmerlebnis die beglückende Befreiung aus einem in fortdauerndem Gottesschrecken verbrachten Zustand; doch blieb sein auf eine bloß forensische Zurechnung der Gottesgerechtigkeit gegründetes Heils- und Glaubensverständnis ebenso weit hinter dem paulinischen Grundkonzept zurück, wie es sich der calvinischen Auffassung annäherte.[70] So erreichte Luther allenfalls einen »Stand der seligsten Verzweiflung«, während unter seinen Füßen »zeitlebens Höllenangst vor dem Gericht« wühlte.[71] Dennoch bedeutet erst *Calvin* den Katastrophenfall der Reformation, obwohl seine furchtbare Physiognomie auch grandiose Züge aufweist:

> So gleicht Calvin einem ungeheuren Vulkan, der Rauch, Lava, Asche ausstoßen und ganze Länderstrecken begraben kann; aber wer auf seinem Gipfelrande steht, muß staunen über die unendlich viele Schönheit, die er neben wüsten schwarzen Feldern erblickt, und über die unerhörte Fruchtbarkeit, die in den

Niederungen aus seinem Lavahumus aufsprießt. Göttliches und Dämonisches ringen in seiner fast übermenschlich starken Seele miteinander. Selten begegnen sich das tremendum und das fascinosum, das Furchtbare und das Bestrickende des Göttlichen so ausgeprägt und nahe beisammen in einer Menschenseele.[72]

Gemessen an diesem vergleichsweise ausgewogenen Schlußbild konzentriert sich die kritische Analyse jedoch auf den Vorwurf, daß Calvin den liebenden Vatergott Jesu Christi in das schreckenerregende Hoheitsbild des vorchristlichen Gottesglaubens zurückverwandelt habe, da seine Religiosität ebenso stark durch selbstquälerisch-masochistische Züge wie durch eine ausgesprochen sadistische Tendenz zur »Grausamkeit gegen andere« gekennzeichnet sei.[73] Seine Konzeption laufe auf eine »Diabolisierung Gottes« hinaus, da sich dieser Gott nur durch den »Hinweis auf die wenigen Auserwählten« von dem »denkbar grausamsten Teufel« unterscheiden lasse.[74] War es bei Luther noch die dem Glaubenden grundsätzlich zugerechnete Gottesgerechtigkeit, die sein Heil gewährleistete, so ist es hier die ebenso unwandelbare wie unergründliche Gnadenwahl, deren sich der Gläubige nur im Zeugnis seines Glaubens – denn jedes tiefere Eindringen wäre »Gottesraub« – versichert sein kann.[75] So war es wesentlich der »zwangsneurotische« Charakter dieser Lehre, der die altprotestantische Orthodoxie, wie bereits erwähnt, zur »kollektiven Zwangsneurose« werden und den sensiblen Beobachter dieser Szene, *Sebastian Castellio*, schon zu Lebzeiten Calvins in die Klage ausbrechen ließ:

> Wer wollte schon Christ werden, wenn er sieht, wie diejenigen, die den Namen Christi bekennen, von Christen durch Feuer gemartert werden, durch Wasser, durch das Schwert, ohne jegliches Mitleid, und grausamer behandelt als Räuber und Mörder? Wer dächte nicht, Christus wäre ein Moloch oder sonst ein derartiger Gott, wenn er will, daß die Menschen geopfert und lebendig verbrannt werden? Wer wollte Christus dienen unter der Bedingung, daß er, wenn er bei den vielen gegenwärtigen Streitfragen in etwas mit den Macht- und Gewalthabern nicht übereinstimmt, lebendig verbrannt wird, und dies auf Befehl Christi grausamer, als im Stiere des Phalaris? – O Christus, Schöpfer und König der Welt, siehst du diese Dinge? Bist du denn gänzlich anders geworden, als du es warst, so grausam und dir selbst entgegengesetzt? Als du auf Erden warst, gab es nichts Süßeres, Milderes, nichts, was Unrecht mehr ertrug: wie ein Schaf vor seinem Scherer verstummend, zerrissen von Stockschlägen, angespien und verhöhnt, mit Dornen gekrönt, gekreu-

zigt zwischen Räubern, in großer Schmach noch betend für die, die dir dieses Unrecht zufügten. Bist du jetzt ganz verändert? – O Christus, befiehlst und billigst du diese Dinge?[76]

Nach diesem reformatorischen Rückschlag brachten erst die im Gegenzug zur Orthodoxie entstandenen Sekten den im Interesse der Wiederherstellung der christlichen Urbotschaft unerläßlichen Umschwung.[77] Während es die Reformatoren, gemessen an der Gottesverkündigung Jesu, nur zu einem seltsam halbierten Gottesbild brachten, bei dem die »allmächtige Liebe« keineswegs »das Ganze des Wesens Gottes« bildete, arbeiteten die Sekten, wenngleich mit unterschiedlichem Glück, auf die Wiederherstellung des urchristlichen Gottesbegriffs hin, der nach dem Zeugnis der paulinischen und johanneischen Schriften durch den Sieg der Liebe über den Zwang der Furcht gekennzeichnet ist. Damit gibt Pfister der von *Ernst Troeltsch* vertretenen These von der Legitimität der Sektenbildung ihre inhaltliche Rechtfertigung.[78] Hatte schon Troeltsch, mit *Gerhold Becker* gesprochen, auf den engen Zusammenhang von »Sekte und Mystik« hingewiesen, so konkretisiert nun *Pfister* diesen Zusammenhang, wenngleich in unübersehbarem Spannungsverhältnis zu Troeltsch, durch den Gedanken, daß durch die Sekten und in ihrem Gefolge durch die Aufklärung die Sache des Christentums von Paulus auf Jesus zurückverwiesen und dadurch das reformatorische Grundanliegen erst wirklich zum Zug gebracht worden sei.[79]

Soviel sich in diesem Durchblick nur – wie bei allen derartigen »Totalperspektiven« – vereinfacht, verkürzt und verzerrt darstellen mag, eignet ihm doch im Blick auf die heutige Glaubensszene eine erhebliche Brisanz. Nur ist es heute nicht etwa ein wiedererstandener Paulinismus, sondern ein bis in theologische Spitzenleistungen hinein zu verfolgender Fundamentalismus, der auf eine Wiederherstellung der Angstmotive im christlichen Glaubensraum hinarbeitet. So gesehen stellt sich die Situation im Vergleich zu der von Pfister vertretenen Perspektive nahezu spiegelbildlich dar: nicht im Rückgang von Paulus zu Jesus, sondern in der Wiederherstellung der paulinischen Konzeption des Christentums besteht die Chance, die vielfältig auf dieses eindringenden Angstvorstellungen zu beseitigen und es wieder so, wie es gerade dem Menschen dieser Zeit einleuchtet, nämlich als die Religion der Angstüberwindung, zur Geltung zu bringen.

### *3. Der Erfahrungs- und Realitätsverlust*

Neben den meist allein in Rechnung gestellten spontanen Formen der Angst ist unsere Lebenswelt von Erscheinungen durchsetzt, die man als »institutionalisierte Angstgestalten« kennzeichnen könnte. Es sind die zu Daseinsstrukturen geronnenen Formen der Angst, die um so mehr in Rechnung zu stellen sind, als sie ihre Schatten auch dorthin werfen, wo die subjektive Angstüberwindung gelang und die überwundene Not nun rückläufig den mühsam genug errungenen Sieg unterläuft. Doch so entspricht es der vierten Veranlassung der Angst, die ebenso wie durch das Unerwartete, das Ungewöhnliche und Unbekannte, von dem im vorigen die Rede war, durch das Unausweichliche erregt wird, weil zu ihren Kriterien nicht zuletzt auch das ihrer Unentrinnbarkeit gehört. Gerade so wurde sie bekanntlich schon in mythischer Zeit bewußtseinsbildend; denn die Vorstellung des Fatum, dessen Spruch Götter und Menschen gleicherweise unterliegen, weist genauso auf dieses Moment zurück wie die altgermanische Figur der die ganze Welt umschlingenden Midgardschlange.[80] Fühlbar wird diese Angstgestalt vor allem durch das Moment der Rückschlägigkeit, das sich schon überall dort bekundet, wo menschliche Spontaneität in Erfahrungen der Abhängigkeit und Fremdsteuerung umschlägt, und das dann schließlich dazu führt, daß die Kulturentwicklung insgesamt schwächend und verstörend auf ihren Schöpfer und die Mechanismen seiner kulturstiftenden Tätigkeit zurückfällt. So wiederholt sich auf kulturanalytischer Ebene, was in vergleichbarer Spätzeit *Nikolaus von Kues* unter dem Eindruck einer spezifisch religiösen Erfahrung in die Worte faßte:

> Was anderes ist dein Sehen, Herr, wenn du mich mit den Augen deiner Güte anschaust, als daß du von mir gesehen wirst? Denn indem du mich anblickst, gibst du dich mir zu sehen, du, der verborgene Gott. Und niemand vermag dich zu sehen, es sei denn, daß du dich zu sehen gibst; und nichts anderes heißt dich sehen, als daß du den dich Sehenden siehst.[81]

Die mystische Zurücknahme des menschlichen Sehakts in ein vorgängiges Gesehensein hat ein verblüffendes Äquivalent zur modernen Herrschafts- und Medienwelt: einmal im alles kontrollierenden und überwachenden Blick von *Orwells* ›Big Brother‹, dessen Unheimlichkeit darin besteht, daß offenbleibt, ob es am Ende nicht »niemandes« Blick ist, da an der Existenz des Großen Bruders berechtigte Zweifel bleiben; sodann aber auch in der quasi-mystischen Verfassung des Fernsehzuschauers, der durch seine vielfach bekundete Medienabhängigkeit zu verstehen gibt, daß sein Sehakt dieselbe Inversion erleidet, daß er sich also weit mehr gesehen sieht, als daß er noch ein im Vollsinn des Ausdrucks »Sehender« ist. Was bei Orwell offenbleibt, ist hier evident; denn das technisch suggerierte Gesehensein hat nichts und niemanden zum Subjekt. Es handelt sich lediglich um eine technische Suggestion. Doch damit verkehrt sich auch schon der Aktsinn in sein Gegenteil: was im Fall des mystischen Gesehenseins, wie schon *Philon von Alexandrien* versichert, innerste Befestigung besagt, geht hier ins Leere und erregt durch diesen »Leerlauf« – Angst.

Umgekehrt macht diese »strukturelle« Angst, wie man sie auch nennen könnte, deutlich, daß mit dem Menschen, der nach dem von *Orwell* beschworenen Durchgang durch die Herrschaftssysteme der Diktatur in die »Medienabhängigkeit« geriet, eine tiefgreifende Veränderung vor sich ging. Man könnte sie zunächst im Rückblick auf den philosophischen Ausgangspunkt der Neuzeit und damit auf die Geburt des Subjekts aus dem Reflexionsakt des »Cogito – sum« bestimmen und müßte dann von der »passiven Reflexion« sprechen, welcher der in die Medienabhängigkeit geratene Mensch der Gegenwart verfiel. Denn in der technischen Reflexion kommt er nicht wie in der mystischen und philosophischen zu sich, sondern in die Abhängigkeit einer anonymen Regie. Auch daran läßt der Vergleich mit *Cusanus* keinen Zweifel. Während sich bei ihm der Blick des allsehenden Gottes in den Zuspruch verfaßt: »Sei dein eigen; dann bin ich auch dein eigen«, betreibt das mediale Gesehensein das Werk der Enteignung, das auf die Formel gebracht werden könnte: »Gib dich auf; dann verhältst du dich mediengerecht!«

Auf eine ungleich näherliegende Weise bringt das jedoch der auf mythische Urängste anspielende Titel von *Walter Wimmels* kulturkritischer Studie »Die Kultur holt uns ein« zum Ausdruck.[82] Für Wimmel, der vom progressiven Moment des »Fort- und Ausschreibens« ausgeht, das der abendländischen Schriftkultur zugrunde liegt, ist die Kulturentwicklung zunächst durch die fortschreitende Ausweitung der gespeicherten Erfahrungen und Erkenntnisse zu einem basalen »Großtext« gekennzeichnet, der, wie bereits erwähnt, die ungeheuren Möglichkeiten des Rückvergleichs, in seiner Terminologie der »Komparativität«, erschließt. Die rasche Expansion zu Größenordnungen, durch die die individuelle Kapazität hoffnungslos überfordert ist, zieht Ermüdungserscheinungen nach sich, aufgrund deren rasch reduktive Tendenzen an Boden gewinnen. Schon im Bereich des antiken »Alexandrinismus« kommt es in bewußtem Gegenzug zu dem durch die homerischen Epen repräsentierten Großtext zur Ausbildung einer ausgesprochenen »Kleinliteratur«, die den Verzicht auf »Größe« durch die Sorgfalt der künstlerischen Gestaltung kompensiert. Der Einfluß eines asketischen Elements liegt dabei offen zutage.[83]

Mit der Hervorhebung des asketischen Moments im Grund der antiken Gegensteuerung zum dominanten Zug zu je größeren Kulturgebilden, das *Wimmel* angesichts der heutigen »Textlage«

nach neuen »Möglichkeiten der Reduktion« Ausschau halten läßt, hebt er auf einen Zusammenhang ab, der zunächst durch zwei Beispiele verdeutlicht sei, die seinem philologischen Ansatz eher fernliegen. Zwar spricht er ausdrücklich von der durch die »christliche Auffassung der conditio humana« begünstigten »Rückführung des großspurigen auf das demütige Leben«.[84] Doch sieht er die »textuelle« Auswirkung dieses Umbruchs in Lebensgefühl und Grundeinstellung ausdrücklich nur in der »Reduktion wichtiger Teile der antiken Literatur im Gang ihrer schrittweisen Herübernahme ins Christliche«, nicht jedoch im Entstehungsfeld einer christlichen Eigenliteratur.[85] Auch wenn man mit *Eduard Norden* über die von dem Nietzsche-Freund *Franz Overbeck* vertretene These streiten kann, daß das Urchristentum, zumal in Gestalt der Evangelien, eine ausgesprochene »Kleinliteratur« hervorgebracht habe, weil sie damit am »Kanon der hellenischen Schriftgattungen« gemessen werde, gewinnt die Klassifizierung vor dem Hintergrund dessen, was *Wimmel* mit »Großtext« meint, doch eine zusätzliche Plausibilität. Läßt man sich von Overbeck an *Nietzsche* und seine Christentumskritik zurückverweisen, so stellt sich sogar ein unmittelbarer Zusammenhang zwischen dieser Bescheidung zur »Kleinliteratur« und dem her, was Nietzsche mit seinem Angriff auf den christlichen »Asketismus« im Auge hatte.[86] Denn so sehr sich Paulus, der Initiator der christlichen Medienverwendung, mit seinem Briefwerk an die »Öffentlichkeit« der in der griechisch-römischen Oikumene angesiedelten Gemeinden wendet, dienen die Evangelienschriften der »Auferbauung« der Kirche im Raum der Gemeinde, im Einzelfall des Lukas-Evangeliums sogar der Glaubensunterweisung eines individuellen Adressaten.[87] Die Konzentration auf die kleine, überblickbare Gruppe und ihre Bedürfnisse ist unverkennbar, der Zusammenhang mit dem von Nietzsche bekämpften Asketismus nicht von der Hand zu weisen, so daß man sich unmittelbar an *Wimmels* Reduktionismus-These erinnert fühlt.

Freilich stellt sich dann die Entstehung der christlichen Urliteratur als ein komplexer, durch gegensinnige Tendenzen charakterisierter Vorgang dar, der nur in Kenntnis der erst neuerdings ins Blickfeld der Forschung getretenen »Versprachlichung des Jesusphänomens« *(Müller)* und der zu ihrer schriftlichen Dokumentation führenden Strategien aufgeklärt werden kann.[88] Während *Paulus* noch unverkennbar am Großtext orientiert ist, wie nicht zuletzt die im Vergleich zum Thessalonicher- und Galaterbrief überraschend großen – inneren und äußeren – Ausmaße des Römerbriefs erkennen lassen, erscheinen Evangelien und Apostelgeschichte eher dem Modell des »Kleintextes« verpflichtet. Ob sich daraus am Ende auch die Perspektiven- und Konzeptionsunterschiede zwischen der Apostelgeschichte und den originären Paulusbriefen ein Stück weit erklären lassen, ist freilich eine Frage, die in diesem Zusammenhang allenfalls gestellt, nicht jedoch beantwortet werden kann.[89] Wie der Verweis auf den christlichen Asketismus vermuten läßt, handelt es sich bei dem Verhältnis von Groß- und Kleintext keineswegs um genuine Selbstdarstellungen der Textualität, die einander ebenbürtig gegenüberstehen, sondern um abfallende Erscheinungsformen, bei denen der Kleintext auf »reduktionistischem« Weg aus dem Großtext hervorgeht. So gesehen fällt dann aber die genuine Erscheinungsform der Schriftlichkeit, dem Grundgesetz der Kulturentwicklung gemäß, schwächend auf ihren Entstehungsgrund zurück, und dies mit der Folge, daß sich der Impuls zu schriftlicher Fixierung nur noch in kleinen, dafür jedoch vielfach sorgfältig durchkomponierten Einheiten ausdrückt.

Fast wie ein Programm dieser reduktionistischen Tendenz wirkt, um zum zweiten Beispiel überzugehen, der Grundsatz des Verfassers der ›Imitatio Christi‹, des *Thomas von Kempen,* dessen Werk als eines der eindringlichsten Plädoyers der Weltentsagung in die christliche Bewußtseins- und Frömmigkeitsgeschichte eingegangen ist. Nach *Barbara Tuchmann* ist für ihn der Mensch so sehr mit der Neigung zum Bösen geboren, daß seine vorzüglichste Aufgabe in der Bekämpfung dieses Hanges besteht. Lieber sollte er sich daher dem Zug zum Guten überlassen, als ihn zu definieren suchen, lieber in der Unterordnung als in autoritärer Stellung leben, da nur den Demütigen der wahre Friede beschieden ist, lieber die Einsamkeit aufsuchen als sich der Gefährdung durch die äußeren Aktivitäten aussetzen; denn »der Mensch ist nur ein Pilger in seinem Leben, die Welt ist das Exil, die Heimat ist bei Gott«.[90] Vor diesem Hintergrund spricht seine Willenserklärung für sich: »In angello cum libello – im kleinen Winkel, zusammen mit einem Buch«.[91] Um so bemerkenswerter ist es, wie *Johan Huizinga* das aus diesem Grundsatz hervorgegangene Werk, dieses »Buch für die Ermüdeten aller Jahrhunderte« mit dem monotonen »Geläute gleichgeordnet dahinlaufender Sätze und matter Assonanzen« in seiner Grundstimmung – und Resonanz – vergegenwärtigt:

> Es ist etwas Wundersames um die Wirkung der Imitatio. Dieser Denker packt uns nicht durch seine Kraft oder seinen Schwung, wie Augustinus, nicht durch das Blühende seines Wortes, wie der heilige Bernhard, nicht durch die Tiefe oder Fülle seiner Gedanken; alles ist eben und schwermütig, alles in Moll; es gibt nur Frieden, Ruhe, stille gelassene Erwartung und Trost.... Und dennoch vermag das Wort dieses Weltabgeschiedenen für das Leben zu stärken wie das keines anderen.[92]

Lange zuvor aber hatte schon der kongeniale Übersetzer der ›Imitatio‹, *Johann Michael Sailer,* auf diesen »reduktiven« Zug des Werkes mit Wendungen hingewiesen, die unmittelbar zu *Wimmels* Strukturbestimmung zurückführen:

> Diese Zurückweisung der Menschen in ihr Inneres und von da zu Gott – einzuleiten, anzubahnen bei den Meisten, fortzuleiten bei Vielen, zu vollenden bei Wenigen – das ist der Inhalt, das der Zweck des Buches von der Nachfolgung Christi. »Von außen in Euch hinein: von Euch zu Gott in Christus«: dies ist der Text aller Ermahnungen, Warnungen, Lehren, Gebete.[93]

Während diese Charakteristik an der in und mit der ›Imitatio‹ betriebenen Reduktion keine Zweifel läßt, ruft die Äußerung *Huizingas* unabsichtlich, dafür aber nur umso überzeugender das Gegenmodell in Erinnerung, von dem sich das resignative Erbauungsbuch eher noch absetzt als abgrenzt; denn mit der Erwähnung der Wortkunst des »heiligen Bernhard«, der ein Hinweis auf das »lyrische Beben« bei *Heinrich Seuse* und die »funkelnde Strenge eines Ruusbroech« vorangegangen war, nennt er Repräsentanten des mittelalterlichen »Großtextes«, die ihrerseits auf die noch größeren Namen wie *Thomas von Aquin, Hartmann von der Aue, Gottfried von Strassburg* und *Dante* zurückweisen. So erscheint die ›Imitatio‹ als eine ausgesprochen reaktive Produktion, die gleichzeitig durch die über ihr liegende Stimmung unmißverständlich Auskunft über ihre Herkunft aus dem Geist mittelalterlicher Weltflucht, ja geradezu eines asketisch motivierten Akosmismus, gibt.[94] *Huizingas* bewundernder Hinweis auf die tröstende Wirkung, die der ›Nachfolge Christi‹ weltweit beschieden war, kann freilich über den bedrohlichen Unterton nicht hinwegtäuschen, der aus dem Titel ›Die Kultur holt uns ein‹ herauszuhören ist. Inzwischen wird er auch, meist sogar mit wachsender Bestürzung, überall dort vernommen, wo die Spätfolgen dieser Kultur auf dem wissenschaftlich-technischen Sektor zur Debatte stehen. Ausgenommen von dieser Sensibilisierung ist lediglich der Kernbereich, in dem sich die abendländische Kultur als Medien- und Schriftkultur konstituiert.[95] Mit dem Eintritt in die totale Medienwelt erleben wir im Augenblick aber gerade das, was das mit dem ominösen Titel an die Wand des Zeitalters geschriebene Menetekel besagt: die Kultur holt uns ein! Sosehr dieser Eintritt dem Gesetz der linearen Progression zu folgen scheint, kehrt die kulturelle Entwicklung mit ihm doch gleichzeitig wieder zu ihrem Ursprung zurück. In leichter Zuspitzung könnte man auch sagen, mit ihrem Eintritt in das totale Medienzeitalter halte die abendländische Kultur Einkehr bei sich selbst, reflektiere sie ihre ureigenen Prämissen. Damit wird das als »technische

Reflexion« beschriebene Verhalten des Fernsehzuschauers ebensosehr in einen kulturanalytischen Zusammenhang gebracht wie dieser umgekehrt auf eine Verhaltensweise bezogen, die ihn in ihrer alltäglichen Generalisierung denkbar drastisch veranschaulicht. Doch was bringt diese »vermittelte Reflexion« dem von der Kultur eingeholten Menschen ein?

Wie schon aufgrund ihres Vermittlungscharakters zu erwarten ist, das Gegenteil dessen, was die »theologische Reflexion« in Gestalt des anselmischen Arguments und die »philosophische Reflexion« in Gestalt des kartesianischen Cogito-Satzes intendiert: die Wirklichkeit![96] Unter dem Eindruck der modernen Medienszene brachte *Hartmut von Hentig* diesen Effekt, wie bereits vermerkt, auf die programmatische Formel vom »allmählichen Verschwinden der Wirklichkeit«.[97] Wenn sie zutrifft, endete die kulturelle Strategie der Neuzeit, die *Freud* in Fortbildung dessen, was sich *Nietzsche* mit seiner Destruktion des christlichen Gottesbegriffs vorgenommen hatte, als die Heraufkunft des aus technischer Manipulation hervorgegangenen »Prothesengottes« umschrieben hatte, nicht nur mit dem von ihm verzeichneten Unbehagen, sondern, gemessen an ihrem zentralen Programmziel, mit einem totalen Fehlschlag.[98] Denn diese Strategie war letztlich nicht nur darauf gerichtet, dem Menschen quasi göttliche Qualitäten zuzulegen, sondern eben zu jener »Kontingenzbewältigung« zu verhelfen, die, wie immer sie konkret zu denken war, im Gewinn der absoluten Wirklichkeit bestand. Daß sie tatsächlich das Gegenteil dessen erreichte, machte bereits *Herbert Marcuse* im Anschluß an die Kulturkritik des späten Freud mit dem Theorem von der »geschwächten Triebstruktur« deutlich, das sich, genaugenommen, nicht so sehr auf einen Verlust an Kraft und Spontaneität als vielmehr auf einen kulturell bedingten Wirklichkeitsverlust bezieht.[99] Erst recht bestätigt diesen Wirklichkeitsentzug die auf die sozialpsychologische Beobachtung eines progressiven »Erfahrungsverlustes« gestützte These *Arnold Gehlens* von den die Primärerfahrungen zunehmend, insbesondere infolge der wachsenden Medienabhängigkeit des heutigen Menschen verdrängenden »Erfahrungen zweiter Hand«, die als Produkte der »Informationsindustrie« die aus der natürlichen Quelle der zwischenmenschlichen Beziehungen gewonnenen Eindrücke und Erkenntnisse überlagern.[100] Vor allem aber gehört der ganze Komplex des modernen Akosmismus in diesen Zusammenhang, der *Karl Jaspers* zu der bereits zitierten Frage veranlaßte, ob der weltlos gewordene Mensch dieser Zeit überhaupt noch da sei.

Wenn man sich angesichts dieser Entwicklung fragt, wie sich der durch sie provozierte Glaube der Gegenwart profilieren werde, so wird man diese Frage zunächst auf die »Weltangst« zurückbeziehen müssen, die das Jaspers-Wort auf ihre innerste Veranlassung zurückverfolgt. Eine befriedigende Antwort wird sich dann nur unter der Voraussetzung ergeben, daß der Glaube die Not kompensiert, die der Weltverlust heraufbeschwört. Nicht als sei vom Glauben zu erwarten, daß er zur Wiedergewinnung der verlorenen Welt verhilft. Mit der Welt hat der Glaube, der christlich gesehen eher Weltüberwindung als Weltgewinn besagt, nur insofern zu tun, als er den Glaubenden auf den bezieht, den er gleicherweise als den Schöpfer der Welt wie seiner selbst begreift. Das aber kann zunächst nur heißen, daß der Glaube, noch bevor er sich inhaltlich profiliert, Erfahrungen von Wirklichkeit und Stabilität vermittelt. Nicht umsonst übersetzte der dafür besonders sensible *Luther* das Jesaja-Wort, das Israel zum Anschluß an seinen Bundesgott aufruft, mit der eindringlichen, um nicht zu sagen einhämmernden Wendung: »Glaubt ihr nicht, so bleibt ihr nicht« (Jes 7,9). Doch läßt schon das jüdische Grundwort für glauben, die Vokabel ›emuna‹, die auf das »Sich-festmachen« in Gott als Fels und Burg abhebt, mit aller Klarheit erkennen, daß der Glaube mit Wirklichkeitsgewinn zu tun hat.[101]

Ungleich schwieriger ist die Bestimmung des Gestaltwandels, mit dem der Glaube aller Voraussicht nach auf den »reflexen« Charakter, bildlich gesprochen auf den »Spiralgang« des kulturellen Zeitgeschehens antwortet. Wenn sich dieser jedoch dahin kennzeichnen läßt, daß die Kultur in dem Maß, wie sie ihren Schöpfer »einholt«, auf ihre ureigenen Prämissen zurückgreift, zeichnet sich angesichts dieses Vorgangs doch eine strukturelle Entsprechung ab. Denn der Glaube ist, mit einer auf *Irenäus von Lyon* geprägten Formel gesprochen, ein »Credere Deo Deum«, also ein Zirkelgeschehen, wie es jedem Verstehensakt zugrunde liegt.[102] Aufgrund dieser strukturellen Gegebenheit könnte es im Gang der glaubensgeschichtlichen Entwicklung unter dem Einfluß inhaltlicher Gegebenheiten durchaus dazu kommen, daß der Glaube nicht nur in seiner Aktgestalt, sondern auch in seiner Gesamtdarstellung eine Bewegung vollzieht, die – jetzt nur im dialogischen Sinn des Wortes – einer Einkehr bei sich selber gleichkommt. Um darüber zu einem sicheren Urteil kommen zu können, ist es jedoch zunächst erforderlich, auf den Eventualfall einer Verschiebung im inhaltlichen Glaubensspektrum einzugehen und auch ihn im größeren Zusammenhang der ›Prozesse‹ zu bedenken, die sich im Glaubensleben der Gegenwart abzeichnen. Und bevor dies in Angriff genommen werden kann, müssen außerdem die Hemmnisse erwogen werden, die sich aus der Selbsteinschätzung der Glaubenden in dieser Zeit ergeben.

Schlechtwetterprognosen wirken dann besonders beunruhigend, wenn sie mit der Ankündigung einer drohenden Katastrophe verbunden sind. Überboten kann eine derartige Unheilsbotschaft nur durch die Meldung einer bereits eingetretenen, aber nur von wenigen wahrgenommenen Katastrophe werden. Als einsamer Rufer in der Wüste der Uneinsichtigkeit – und Halbherzigkeit – erhob in diesem Sinn unlängst *Helmut Kuhn* seine Stimme, als er sich seinen Kummer über die nachkonziliare Entwicklung unter dem alarmierenden Titel ›Die Kirche im Zeitalter der Kulturrevolution‹ von der Seele redete.[103] Seine Ausführungen wirken um so mehr als ausgesprochene »Schlechtwetterprognose«, als er die Kirche im biblischen Bild des auf die hohe See der Weltgeschichte ausgelaufenen Schiffes vor Augen hat, das, von der Mehrzahl seiner Besatzung unbemerkt, »in Seenot« geraten, ja geradezu von einer »Havarie« bedroht ist.[104] Wie es *Hans Magnus Enzensberger* in seiner Dichtung über den ›Untergang der Titanic‹ (von 1978) für sich in Anspruch nimmt, sieht auch er »den Eisberg, unerhört hoch und kalt, wie eine kalte Fata Morgana« langsam und unwiderruflich auf das Schiff der Kirche zutreiben.[105] Was ihm den kalten Schrecken einjagt, ist in erster Linie die vom Zweiten Vatikanum, diesem Konzil der zweideutigen Äußerungen, verfügte Liturgiereform und die in ihrem Gefolge entstandenen Kirchenbauten mit ihrer Atmosphäre einer bürgerlichen Familiarität und der Einebnung der hierarchischen Verhältnisse, wie sie beispielhaft in der Architektur der gotischen Kathedralen, dieser Stein gewordenen Anbetung des göttlichen Geheimnisses, herrschten. An die Stelle des vom Priester angeführten Zugs der dem wiederkommenden Herrn entgegenharrenden Kirche trat die Mahlgemeinschaft der um einen bloßen Tisch versammelten Gemeinde, an die Stelle der klaren Linearität der Kreis, der für Kuhn dem Grundmuster des kulturrevolutionären Denkens, das sich vom philosophischen Außenraum her zunehmend auch der nachkonziliaren Theologie bemächtigte, entspricht.[106]

Gestützt auf den durch *Hegel* als »herrlichen Sonnenaufgang« begrüßten Perspektivenwechsel, durch den sich der Mensch »auf den Kopf, das ist auf den Gedanken stellt, und die Welt nach diesem erbaut«, brach sich ein Denken Bahn, das den Schlüssel zur Lösung der Lebens- und Welträtsel im hermeneutischen Zirkelgang – der Kreisbewegung des Verstehens – gefunden zu haben glaubte und dadurch definitiv mit seiner vertikalen Ausrichtung auf das transzendente Seins- und Gottesgeheimnis brach.[107] Indem es den revolutionären Versuch unternahm, sich auf das fließende Element der

Geschichtlichkeit zu begründen, verlor es dadurch die klärende Grundorientierung, die bis dahin in dem von der Gottesidee überstrahlten übergeschichtlichen Ideenreich bestanden hatte.[108] Promulgiert durch *Bultmanns* theologische und *Gadamers* philosophische Hermeneutik wurde so das »zirkuläre Spiel am Abgrund der Grundlosigkeit« zur revolutionären Ersatzlösung für den spekulativen Denkakt, der sich auf dem Weg der Abstraktion vom empirisch Gegebenen zum transzendent Geltenden und Seienden erhob.[109] Schlimmeres aber konnte der an die ewige Gotteswahrheit verwiesenen Theologie nicht widerfahren als die Einschleusung dieses Denkmusters, an der nach Ansicht Kuhns mit *Bultmann* zusammen *Karl Rahner* die Hauptschuld trägt. Mit ihr nahm sie den Todeskeim in sich, in ihren Selbstvollzug und nicht zuletzt in ihre Früchte auf.[110]

Kaum einmal hat die während der letzten Jahre immer heftiger artikulierte Absage an Geist und Programmatik des Zweiten Vatikanums ihre Karten so offengelegt wie in dieser Streitschrift, die schon durch ihre geistvolle Verknüpfung historischer, kunstgeschichtlicher, politischer, philosophischer und theologischer Reflexionen höchste Beachtung verdient. Für sie ist die Vorstellung von christlichen »Spuren« im Umfeld einer säkularisierten Welt ein Ungedanke und das Programm des »aggiornamento« schon deswegen ein Unding, weil die »civitas terrestris«, mit der die in der Kirche verleiblichte »civitas Dei« diesem Appell zufolge kooperieren müßte, in Wirklichkeit, wie *Kuhn* mit einer augustinischen Wendung, jedoch in reformatorischer Kopflastigkeit sagt, eine »civitas diabolica« ist, die als solche zum Gottesreich in unüberbrückbarem Widerspruch steht.[111] Doch wichtiger noch als diese geschichtstheologische Kulisse ist das Eingeständnis des erkenntnistheoretischen Prinzips, dem sich Kuhn in deutlicher Abgrenzung vom Grundakt des philosophischen Staunens verpflichtet weiß. Hierin sieht er sich in einer geistigen Weggemeinschaft mit *Guardini,* den er wohl nicht zuletzt deshalb zu einer durch den Augustinus-Namen markierten Ranghöhe erhebt.[112] Wie Guardini im Disput mit *Gerhard Krüger* zu verstehen gab, war seine – letztlich erzieherische – Sicht des Menschen nicht von der philosophischen Bewunderung, sondern von der pädagogischen Sorge um ihn eingegeben, die ihn den Spielraum seiner werdegeschichtlichen Möglichkeiten umfassender wahrnehmen ließ, als dies dem theoretischen Zugriff jemals gelingen konnte.[113]

Doch zeigt schon ein flüchtiger Blick, daß der von Kuhn gehegten »Sorge« ein ganz anderes Erkenntnisinteresse zugrunde liegt.[114] Denn sie ist primär ein Prinzip der Scheidung und Unterscheidung, das vorschnell eingeebnete Differenzen, insbesondere die gegenüber dem seiner schrecklichen Züge beraubten Gott, wieder freizulegen sucht. So gesehen kommt diese Sorge im selben Maß, wie sie sich vom Erkenntnisprinzip Guardinis entfernt, dem kritischen Begriff des philosophischen Staunens nah, den *Franz Rosenzweig* im Zug seiner Abkehr von der idealistischen Denkweise, insbesondere in seinem ›Büchlein vom gesunden und kranken Menschenverstand‹ entwickelte.[115] Wie die Redewendung »starr vor Staunen« erkennen läßt, wohnt dem Initiationserlebnis des Staunens ein Moment fixierender Betroffenheit inne, die sich unmittelbar auf den vergegenständlichenden Zugriff der philosophischen Vernunft niederschlägt. In Kuhns »Sorge« verschärft sich diese festlegende Denkweise zur Polarisierungstendenz. Argwöhnisch gegenüber allen vorschnellen Versöhnungs- und Harmonisierungsversuchen geht sie darauf aus, die das Dasein konstituierenden Differenzen aufrechtzuerhalten und die fundamentalen Gegensätze mit aller Schärfe gegeneinander auszuspielen. Dabei richtet sich ihr Blick vornehmlich – und darin nun doch an die Sorge Guardinis und seine Gegensatzlehre erinnernd – auf den Gegensatz von göttlichem Oben und menschlichem Unten, auf Wahr und Falsch, nicht zuletzt auf Gut und Böse. Daß gerade dieser Gegensatz in der postkonziliaren Kirche verharmlost, der Schwund des Sündenbewußtseins tatenlos hingenommen wurde, ist als heimlicher Vorwurf selbst dort lebendig, wo vordergründig eher von soziologischen oder ästhetischen Problemen die Rede ist.

Damit gewinnt das immer stärkeres Profil, was Kuhn als das »kulturrevolutionäre« Element im kirchlich verfaßten Christentum der Gegenwart sein Unwesen treiben sieht. Es ist kein Zufall, daß in diesem Zusammenhang der Name *Bultmanns* noch vor dem *Karl Rahners* fällt, und daß sogar dem nahezu zum Kirchenlehrer des Jahrhunderts stilisierten *Guardini* der leise Vorwurf gemacht wird, daß auch er dem von den Päpsten der Jahrhundertwende bekämpften Modernismus »nachgetrauert« habe.[116] Denn damit ist die Gruppe jener Theologen angesprochen, die für die von Kuhn zwar nicht ausdrücklich genannte, insgeheim aber doch mit aller Kraft bekämpfte »anthropologische Wende« im Gang der Gegenwartstheologie verantwortlich zu machen sind.[117] Denn diese Wende holt den Menschen heraus aus dem »Schußfeld« des göttlichen Zornes, während sie gleichzeitig *Karl Barths* fatale Verklammerung von Gesetz und Evangelium aufsprengt.[118] Wenn aber Gott, wie es letztlich im Sinn dieser »Wende« liegt, die gleicherweise ungeschuldete wie unerläßliche Antwort auf die menschliche Sinnfrage ist, hört das Gottesgeheimnis auf, den Menschen durch das Doppelgesicht von Beglückung und Schrecken zu irritieren. Gott trat zum Menschen in die ebenso befreiende wie tröstende Eindeutigkeit eines affirmativen Grundverhältnisses. Das aber ist für den besorgten Blick, den Kuhn auf die religiöse Szene der Gegenwart wirft, unannehmbar. Für ihn hat *Rudolf Otto,* der in seinem berühmten Buch ›Das Heilige‹ (von 1917) die fundamentale Erfahrung des Numinosen in der Spannungseinheit des Furchtbaren mit dem Beglückenden erblickte, einen unverrückbaren Markstein gesetzt und »damit zugleich an das bedrohte Heiligtum der ganzen Menschenwelt erinnert«.[119] Es ist somit der vom Gottesgeheimnis ausgehende Schrecken, der die Vertikalstruktur des Denkens, die Hierarchie der Verhältnisse und die Ordnung des Lebens aufrechterhält. Umgekehrt ist mit dem Verdikt der »Kulturrevolution« in der nachkonziliaren Kirche alles getroffen, was mit dem Abbau des »tremendum« in Theologie, Kult und Spiritualität zu tun hat; denn im selben Maß, wie die Seelsorge auf das disziplinierende Element der Angst verzichtet, leistet sie der Anarchie Vorschub.

Der Wert der Kuhnschen Streitschrift liegt nicht zuletzt darin, daß sie mit einer von keinem anderen Dokument der Gegenwart erreichten Klarheit über die Hemmschwelle Auskunft gibt, die sich der Rezeption des Zweiten Vatikanums entgegensetzt. Damit richtet sich freilich an dieses die Rückfrage nach dem Recht seiner repressionsfreien Verkündigung der christlichen Heilsbotschaft.[120] Es ist, auf deren Kern zurückgeführt, die Frage nach dem Recht Jesu zu seinem nicht anders als »revolutionär« zu bezeichnenden Eingriff in das von der gesamten Religionsgeschichte entworfene Gottesbild.[121] Das aber ist, mit seinem eigenen Wort gesprochen, das Hausrecht des Sohnes (Mt 17,25) – *Hölderlin* nennt ihn aus ähnlicher Vorstellung »des Hauses Kleinod« –, der nach den »Zeiten der Unwissenheit« (Apg 17,30) der Wahrheit zum Sieg verhalf, der anstelle des drohenden Zorngerichts das »Gnadenjahr des Herrn« heraufführt (Lk 4,19) und der durch seine Botschaft die über Guten und Bösen erstrahlende Gottessonne aufleuchten läßt (Mt 5,45). Was das besagt, reflektieren zwei Schlüsselsätze der paulinischen und johanneischen Schriften. Mit der Kraft eines Heroldsrufs verkündet Paulus:

> Jetzt ist sie da, die Zeit der Gnade;
> jetzt ist er da, der Tag des Heils! (2 Kor 6,2)[122]

Mit gleichem Nachdruck versichert der Erste Johannesbrief mit dem von *Werner Bergengruen* dichterisch vergegenwärtigten Wort:

> Furcht ist nicht in der Liebe; vielmehr treibt die vollkommene Liebe die Furcht aus (1 Joh 4,18).[123]

Im Blick auf die vergangenen »Zeiten der Unwissenheit« und die nach (Kol 1,13) überwundene »Macht der Finsternis« zog das Neue

Testament mit diesen Schlüsselsätzen die Summe aus dem, was es als die spezifische Lebensleistung Jesu verstand. Danach bestand diese in der Heraufführung des neuen Äon, der seinen Ermöglichungsgrund ebensosehr im Gnadengeschenk einer unerhoffbaren Gottesnähe wie in der definitiven Klärung seines Geheimnisses hatte. Das eine wie das andere hatte Jesus durch seinen Einsatz für Gott und die Menschen bewirkt. Durch ihn war die Not der Entfremdung gebrochen und der Zweifel um die Identität des Göttlichen beseitigt. Denn das Offenbarertum Jesu bewirkte beides: die Versöhnung mit Gott und die Klärung seines Geheimnisses. Weil so seine Gottesverkündigung die erbarmende Nähe Gottes zum Inhalt hatte, konnte sie nur in einer revolutionären Korrektur des religionsgeschichtlichen Gottesbildes bestehen. Durch sie tilgte Jesus den Schatten des Furchtbaren, vor dem die Menschheit von den religiösen Anfängen an gezittert hatte, aus dem Bild Gottes, indem er darin das Antlitz des bedingungslos liebenden Vaters zum Vorschein brachte.[124] Da das Menschenherz jedoch in einer geheimen Komplizenschaft zum gebrochenen Gottesbild der Religionsgeschichte steht, fällt es ihm schwer, sich in der von dem »Helfer« errungenen Höhenlage zu halten. Schon aus diesem inneren Grund, zu dem eine ganze Kette äußerer Motivationen hinzukommt, ist die Frömmigkeits- und Theologiegeschichte immer wieder von Rückfällen in eine Religiosität der Angst und Panik gekennzeichnet. Nach dem ungeheueren Schock des Zweiten Weltkriegs und der Not der Nachkriegszeit konnte das Zweite Vatikanum der bedrückten Menschheit keine größere Wohltat erweisen als die in Gestalt einer Selbstvergegenwärtigung der Kirche, die vom Geist der Gottesverkündigung Jesu getragen ist. Es ist somit wurzelhaft das Festhalten an der »angestammten« Angstperspektive, was die Rezeption seiner Botschaft bis auf den heutigen Tag erschwert.

Was nun aber die Reduktion *Karl Rahners* auf die Rolle eines »Kulturrevolutionärs« anlangt, der das spekulative Paradigma der großen Tradition durch das hermeneutische eines zirkulären Denkens ersetzt habe, so führt sie ihn gerade nicht in die von Kuhn angenommene Nachbarschaft von *Bultmann,* sondern zurück in die Geistmetaphysik und Mystik des Mittelalters, in welcher er das Modell seiner »Hermeneutik« vorgefunden hatte. Nach Ausweis von ›Geist in Welt‹ (von 1939) und ›Hörer des Wortes‹ (von 1941) war der hermeneutische Zirkel bereits im Gedanken von der »reditio mentis ad seipsum« vorgegeben, der die Erkenntnis nicht so sehr von einem durch den Sinnesapparat vermittelten Exzeß des Geistes als vielmehr von jenem konzentrativen Akt abhängig machte, durch den er gleichzeitig bei sich selbst und – als »quodammodo omnia« im Sinne des aristotelischen Geistverständnisses – bei allem war.[125]

Der mystischen Tradition, auf die sich Rahner vor allem in ›Hörer des Wortes‹ bezog, konnte er überdies das Erfahrungsmoment einer göttlichen »Widerständigkeit« im Akt dieser konzentrativen Selbstergreifung entnehmen. Es war also durchaus nicht so, wie Kuhn aufgrund seiner Herleitung der Hermeneutik aus dem durch *Hegel* und *Dilthey* markierten Gang des Denkens annimmt: durch den kreisenden Einstieg in die eigene Seinstiefe verlor sich der Menschengeist keineswegs im haltlosen Wirbel der Geschichtlichkeit; vielmehr stieß er gerade dort auf das Faktum seines eigenen Vorgegebenseins. Anders ausgedrückt: Der Monolog des hermeneutischen Zirkels sah sich in einen vorgängigen Dialog einbezogen. Der verstehende Geist fühlt sich durch einen an ihn ergehenden Anruf auf seinen »Stand« verwiesen. Oder nun mit dem mystischen Zuspruch verdeutlicht, den *Cusanus* in der Tiefe seines Herzens vernimmt:

> Und während ich so im Schweigen der Betrachtung verharre, antwortest du, Herr, in meinem Innern, indem du sagst: Sei du dein eigen, dann bin auch ich dein eigen![126]

Aus dieser Stelle stammt die von Kuhn bei Rahner vorgefundene Hermeneutik; und sie ist ihrerseits vom Zustrom der paulinischen und johanneischen Christusmystik gespeist. Doch wird Rahner nicht neuerlich durch seine mindestens mittelbare Urheberschaft an der »Theologie der Befreiung« desavouiert? Das ist eine Frage, mit welcher die vom Kardinalpräfekten der Glaubenskongregation *Joseph Ratzinger* vorgelegte Lagebestimmung des Glaubens der Kuhnschen Kritik entgegenkommt.[127] Abgesehen davon, daß Rahner so wenig wie andere, womöglich noch weit mehr als er an der Grundlegung der Befreiungstheologie – unverkennbar ein Exportartikel aus dem Umfeld der im freien Westen »ausgearbeiteten Mythen und Utopien«[128] – Beteiligte beim Namen genannt werden, trifft die an ihr geübte Fundamentalkritik auch sachlich auf ihn gewiß nicht zu; denn das Bedenklichste ist die von den Befreiungstheologen gehegte »unchristliche Illusion, daß man einen neuen Menschen und eine neue Welt schaffen könne, nicht indem man jeden einzelnen zur Bekehrung ruft, sondern indem man nur auf die sozialen und ökonomischen Strukturen einwirkt«.[129] Wenn derartige Tendenzen Rahner aber auch noch so fernliegen, muß im Zusammenhang mit Ratzingers Lagebestimmung dennoch von ihm die Rede sein. Denn es steht außer Zweifel, daß er mit dem wenngleich ganz unterschiedlich verstandenen »Schlüsselbegriff« der theologischen Befreiungsbewegung ursächlich zu tun hat, wenn zweifellos auch mehr mit seiner theologischen Konzeption als mit den daraus gezogenen sozialpolitischen Konsequenzen. Auch wenn

*Max Seckler* mit vollem Recht die Feststellung trifft, daß Rahner insbesondere mit seiner »Grundkursidee« der Gegenwartstheologie eine »sapientale« Wendung zu geben sucht, steht doch ebenso fest, daß er damit eine »wissenschaftstheoretische Innovation« beabsichtigt, die eine stärkere Rückkopplung der Theorie an die Glaubenspraxis zum Ziel hat.[130] Das aber bedeutet gleichzeitig, daß die Praxis stärker als bisher ins Licht der Weisheit gerückt und der auf sie gegründete theologische Gedanke aus der Engführung der Systematik befreit wird. Doch damit macht sich Rahner nicht nur den institutionskritischen Grundsatz Jesu zu eigen, der keine religiöse Einrichtung, und wäre sie so heilig wie der Sabbat, als Selbstzweck gelten läßt, sondern zum bloßen Mittel »für den Menschen« erklärt (Mk 2,27); vielmehr bezieht er seine – vom Impuls der »anthropologischen Wende« getragene – Theologie nun insgesamt auf das Prinzip Freiheit. Frei ist der auf Gott hingeordnete Mensch schon dadurch, daß er im »transzendentalen Vorgriff« auf Ursprung und Sinnziel seines Daseins prinzipiell alle biologischen und sozialen Determinanten übersteigt; und frei ist er erst recht aufgrund der Tatsache, daß ihn die rettende Selbstmitteilung Gottes, in der sich ihm der Geber selber gibt, über jede kategoriale Einbindung erhebt.[131] Aus beiden Richtungen stößt Rahner sodann zu dem vor, worin er die »innerste Mitte des christlichen Daseinsverständnisses« erblickt:

> Der Mensch ist das Ereignis einer freien, ungeschuldeten und vergebenden, absoluten Selbstmitteilung Gottes.[132]

So gesehen steht die Gestalt Karl Rahners eben doch hinter der Befreiungstheologie, jedoch nicht dort, wo sie, wie das auf ihrem radikalen Flügel tatsächlich geschieht, ihr Heilsverständnis auf den Begriff der »Strukturveränderung« bringt, wohl aber dort, wo durch sie, wenngleich für viele in bisweilen befremdlicher, ja bedrohlicher Form der urchristliche Freiheitsgedanke an die Türen des heutigen Glaubensbewußtseins pocht. Daß es geschieht, ist, genauer bedacht, kein Zufall; denn die in Christus geschehene »Liebestat Gottes« (2 Kor 8,9) stiftet ihrem innersten Wesen zufolge Freiheit: Freiheit zunächst als die Befreiung des Menschen aus den ihn niederhaltenden Übermächtigungen und Zwängen, mehr aber noch als seine Freisetzung zu der ihm zugedachten Werdemöglichkeit der Gotteskindschaft. Wenn es die innerste Absicht des Konzils war, der von Ängsten umgetriebenen Welt die rettende Liebe Gottes vor Augen zu stellen, lag es in der Konsequenz seiner Wirkungsgeschichte, daß diese Liebe auch unter dem Gesichtspunkt der Freiheit geltend gemacht wurde. Sinnzusammenhänge dieser Art können dazu verhelfen, die defensive Strategie, mit der das kirchliche Lehramt der Befreiungstheologie bisher begegnete, in eine integrative zu verwandeln; denn in ihrem »Schlüsselbegriff« spricht sie, wenngleich in einer vielfach »verfremdeten und verstörenden Sprache«, grundsätzlich dem Interesse der Liebe das Wort.

Indessen ist im vorgegebenen Zusammenhang weniger die Befreiungstheologie als vielmehr die mit ihrer Kritik verbundene »Schlechtwetterprognose« von Belang, die sich schon deutlich genug in *Ratzingers* pessimistischer Einschätzung der »Großwetterlage« bekundet – im Hinblick auf sie »muß man nach wie vor von einer Krise des Glaubens und der Kirche sprechen« –, radikaler aber noch in der Wiederaufnahme eines schon vor einem Jahrzehnt gefällten Urteils:

> Es muß klar gesagt werden, daß eine wirkliche Reform der Kirche eine eindeutige Abkehr von den Irrwegen voraussetzt, deren katastrophale Folgen mittlerweile unbestreitbar sind.[133]

Überboten wird diese negative Einschätzung der durch fatale Überlagerungen der Konzilstendenzen entstandenen Situation allenfalls noch durch die Bekräftigung des von Papst *Paul VI.* wiederholt bekundeten Eindrucks, »daß durch irgendeinen Spalt der Rauch Satans in den Tempel Gottes eingedrungen« sei.[134] Wenn man die vermutlichen Gründe dieser ausgesprochen düsteren Lagebestimmung auszumachen – und zu gewichten – sucht, wird man erst an nachgeordneter Stelle an die zu den »katastrophalen Folgen« führenden Fehlentwicklungen zu denken haben, da offensichtlich an eine ganze Reihe von »Irrwegen« gedacht ist, so daß sich jede monokausale Erklärung verbietet. Änderungen am traditionellen Pastorationskonzept kommen hier ebensosehr in Betracht wie willkürliche Eingriffe in die Liturgiegestaltung, eine gesellschaftskritische Kopflastigkeit der Katechese ebenso wie ein der kirchlichen Kontrolle entgleitender Biblizismus, sei es historisch-kritischer, sei es fundamentalistischer Provenienz. Da es sich dabei um ein ganzes Ursachenbündel handelt, wäre in diesen Fällen auch noch am ehesten durch Einzelkorrekturen Abhilfe zu schaffen. Weit grundsätzlicher wirkt damit verglichen schon die Kritik an der Gegenwartstheologie, insbesondere in ihrer exegetischen Gestalt, die den Vorwurf hinnehmen muß, daß sie das »Band zwischen Bibel und Kirche« zerrissen und damit eine »Krise des Vertrauens in die Schrift« heraufbeschworen habe.[135] Durch die historisch-kritische Forschung, deutlicher noch gesagt: durch den exzessiven Gebrauch der damit gekennzeichneten Methode, sei die Schrift zwar ein »offenes«, gleichzeitig aber auch wieder ein »verschlossenes« Buch geworden: offen, sofern die Bibel dadurch auf eine differenziertere Weise, vor allem auch von ihren historischen und literarischen

Voraussetzungen her, lesbar geworden sei; aber auch verschlossen, sofern die bibeltheologischen Experten auf sie in einer Weise die Hand gelegt hätten, daß es außer ihnen niemand mehr wagen könne, von seinem durch eigene Lektüre und Reflexion gewonnenen Bibelverständnis zu reden, ohne sich dem Vorwurf des Dilettantismus auszusetzen.[136] Eine derartige aus dem lebendigen Organismus der Kirche herausgelöste Exegese aber werde unvermeidlich zur »Archäologie«, bei der die »Toten ihre Toten« begraben.[137]

Unverkennbar liegt dieser – im Blick auf Einzelerscheinungen zweifellos vollauf berechtigten – Kritik die Erinnerung an den Verfalls- und Differenzierungsprozeß zugrunde, der zur Auflösung der christlichen Einheitskultur in Antike und Mittelalter und, im Gegenzug dazu, zur Konstituierung säkularistischer Kulturregionen führte. Was damals geschah, als sich aus dem religiösen Gesamtentwurf eine sich profanisierende Kunst, eine sich verwissenschaftlichende Medizin und eine von der religiösen Autorität abgekoppelte Wissenschaft entwickelten, droht sich nunmehr im binnenkirchlichen Bereich durch eine sich von der kirchlichen Lehrautorität emanzipierende Exegese zu wiederholen.[138] Unausdrücklich anvisierter Gefahrenpunkt ist dabei die durch diesen Prozeß heraufbeschworene Tendenz, durch die Polarisierung von Lehramt und wissenschaftlicher Theologie diese um ihr »Mitspracherecht« bei kirchlichen Entscheidungsprozessen zu bringen und dadurch das Lehramt seinerseits auf seine autoritative Führungsposition zurückzudrängen. Daß damit gleichzeitig dem innerkirchlichen Dialog die Spitze abgebrochen würde, gehört, zumindest von der inneren Logik her, mit zu den »katastrophalen Folgen«, von denen die bekümmerte Lagebestimmung spricht.

Wenn nicht alles täuscht, steht jedoch auch hier die Befreiungstheologie im Zentrum der Besorgnis. Indessen ist es nicht so sehr der Komplex der beanstandeten Perspektiven- und Akzentverschiebungen, der in diesem Zusammenhang im Vordergrund steht, als vielmehr das ihr zugrundeliegende Gesamtkonzept. Als Gesamtentwurf überschreitet sie nicht nur alle Konfessionsgrenzen, um »von ihrem Ausgangspunkt her eine neue Universalität zu schaffen«, gegenüber der die »klassischen Kirchentrennungen unwichtig geworden sein sollen«; vielmehr versteht sie sich grundsätzlich als eine »neue Hermeneutik des christlichen Glaubens, das heißt als eine neue Form, das Christentum als Ganzes zu verstehen und zu verwirklichen«, die sich als solche allen »bisherigen Befragungsmustern« entzieht.[139] Zweifellos bekundet sich in diesen Sätzen die zentrale Motivation des gegenüber der Befreiungstheologie empfundenen Unbehagens, das sich somit auf den Begriff »Neuinterpretation« zurückführen läßt.

Mit diesem Begriff ist ein ausgesprochenes Reizwort in die Diskussion geworfen; denn schon seine Nennung ruft die mit der Fortschrittspflicht der Glaubenstheorie verbundene Befürchtung ins Gedächtnis, bei der Beschreitung neuer Wege aus dem Tritt der Tradition zu geraten und dort, wo legitimes Wachstum beabsichtigt war, der Veränderung Vorschub zu leisten. Dieser Befürchtung hatte, wie erinnerlich, schon *Vinzenz von Lerin* Ausdruck verliehen.[140] Doch bleibt es offensichtlich nicht bei der Befürchtung; was sie zur ausdrücklichen Angst steigert, hat einer der wichtigsten Theoretiker der Schriftlichkeit, *Jacques Derrida,* in seiner Untersuchung ›Die Schrift und die Differenz‹ (von 1967) mit dem Hinweis auf die Angst verdeutlicht, »die stets aus einer gewissen Art, ins Spiel verwickelt zu sein, vom Spiel gefesselt zu sein, mit Beginn des Spiels immer schon in der Weise des Im-Spiele-Seins zu sein, entsteht«.[141] In eben diesem Komplex scheint das Unbehagen gegenüber der Befreiungstheologie und ihrem Anspruch auf Totalerklärung des Christentums begründet zu sein. Denn in ihrer Gestalt pocht nicht nur der paulinische Freiheitsgedanke mit einer bislang nicht erfahrenen Wucht an die Pforten der traditionellen Theologie; vielmehr verbindet sich mit seinem Einzug auch schon der Anspruch auf eine theologische Neukonzeption.

Im Grunde hätte schon das Elend mit der ›Theologie des Friedens‹ zu dieser Einsicht führen können. Was unter diesem Titel lief, erweckte stets den Eindruck, daß dem damit angeschnittenen Thema mit der Ausarbeitung eines theologischen Traktats Genüge geschehen könne.[142] Anders als eine ›Theologie des Todes‹, wie sie etwa *Karl Rahner* zu Beginn der siebziger Jahre vorlegte, läßt sich das Friedensthema nicht mit einer traktathaften Abhandlung aufarbeiten. Da sich die neutestamentliche Heilsbotschaft (nach Eph 6,15) ausdrücklich als das »Evangelium des Friedens« versteht, verlangt die Friedensthematik vielmehr eine Darstellung, die das Ganze der Theologie unter ihren Leitbegriff subsumiert. Dasselbe fordert der paulinische Schlüsselsatz »Zur Freiheit hat uns Christus befreit« (Gal 5,1) für den Freiheitsgedanken. Ihm gerecht zu werden, kann nur dem Versuch gelingen, die ganze Sache der Theologie unter seinem Gesichtspunkt aufzuarbeiten. Das hätte zur Folge, daß das Christentum insgesamt als die Religion der Freiheit ersichtlich würde; doch könnte dies nur um den Preis der Bereitschaft geschehen, in eine Neukonzeption der theologischen Inhalte einzuwilligen. Insofern meldet mit dem Titel der Befreiungstheologie nicht nur ein urbiblischer, wenngleich von liberalistischen Folgeproblemen belasteter Begriff sein theologisches Hausrecht an; vielmehr erhebt er zugleich den Anspruch, an der zeitgerechten Ausgestaltung des ehrwürdigen Hauses beteiligt zu werden, ja dabei sogar die Direktive zu übernehmen. Und dadurch wirkt sein Anspruch unheimlich, nach *Derrida* sogar angsterregend. In diese Situationsangst mischen sich freilich auch echte Befürchtungen ein, die im Blick auf die von *Ratzinger* gebotene Analyse nicht ernst genug genommen werden können. Wo etwa der ganze Komplex des Unheils in den Bereich der »strukturellen Sünde« abgeschoben und damit ausschließlich den gesellschaftlichen Mißverhältnissen angelastet wird, entfällt der personale Bezugspunkt, auf dessen Konstituierung die christliche Botschaft mit ihrem Zentralinteresse ausgeht. Und wo sich die Gestalt Jesu in ein Geflecht von säkularistischen Deutungen auflöst, wird vollends der Boden des Christentums brüchig. Und doch ist hier eine klare Differenzierung am Platz.

Sofern sich nämlich mit dem Fanfarenstoß des Wortes »Neuinterpretation« lediglich das Desiderat eines Paradigmenwechsels verbindet, muß die damit aufgeworfene Frage an das Forum verwiesen werden, das die vom Geist erleuchtete Theologie – sich selber ist. Dort aber war sie sich immer schon über das im klaren, was *Hegel* unter dem Eindruck der großen Umwälzungen seiner Zeit in den recht untheologisch wirkenden Satz faßte:

> Alle Revolutionen, in der Wissenschaft nicht weniger als in der Weltgeschichte, kommen nur daher, daß der Geist jetzt, zum Verstehen und Vernehmen seiner, um sich zu besitzen, seine Kategorien geändert hat, sich wahrhafter, tiefer, sich inniger und einiger mit sich fassend.[143]

Was der Sprachgestus einer stürmisch bewegten Umbruchszeit mit diesen fast exaltierten Worten zum Ausdruck brachte, kann heute, in der eher gedrückten Stimmung der Gegenwart, nur noch in einer weit zurückhaltenderen Sprache nachgesagt werden. Dann reduziert sich die von Hegel angesprochene Wende, die er, erstaunlich genug, als einen Schritt zu tieferer Selbstverständigung deutet, auf das Postulat eines Kategorienwechsels. Der aber ist im theologischen Denken der Gegenwart bereits im vollen Gang und keineswegs nur, wie man annehmen könnte, auf ihrem progressistischen Flügel. Vielmehr bietet die von *Hans Urs von Balthasar* bezogene dezidiert konservative Position dafür den eindrucksvollsten Beleg.[144] Insofern reagiert die Befreiungstheologie mit ihrem Versuch einer Neuinterpretation des Christentums nur auf die wachsende Skepsis gegenüber der Suffizienz des kategorialen Instrumentariums, mit dem sich die Theologie von ihren frühesten Anfängen an behalf, dem sie ihre gewaltigen Leistungen und strahlenden Triumphe verdankte, und das sich nun doch, unter dem Druck neuer Erfahrungen, Fragestellungen und Einsichten, zusehends als unzureichend, streckenweise sogar als überholt erweist.[145] Die vom lehramtlichen Wächterturm aus an sie gerichtete Frage nötigt sie – ihrer innersten Stoßrichtung zufolge – lediglich zur Selbstprüfung, ob die von ihr eingeführten Denkformen tatsächlich, wie sie mit Nachdruck versichert, dem hellsichtig gewordenen Leiden der Armen entstammen und nicht vielmehr, wenngleich auf schwer kontrollierbaren Umwegen, der auf Aufhebung des Personalen abzielenden Sozialutopie marxistischer Provenienz. Hier muß in der Tat die Entscheidung fallen; denn in dem vermuteten Fall liefe die Befreiungstheologie Gefahr, mit ihrem Instrumentarium das zu zerstören, was sie aufzubauen beabsichtigt.[146] Wie kaum einmal ist deshalb hier die von *Guardini* geforderte ›Unterscheidung des Christlichen‹ am Platz. Sie aber wird, wie sich ebenso deutlich zeigt, nicht im Rückzug auf eine traditionelle Position gelingen, sondern nur im kritischen Mitvollzug der bereits in Gang gekommenen Wende, die somit gerade hier, wo sie aufgehalten zu werden scheint, ihre Unumgänglichkeit beweist.

## 5. *Die Winter-Diagnose*

Eine geistesgeschichtliche Fügung, wie sie nur selten zu verzeichnen ist, brachte es mit sich, daß sich der ins Schußfeld konservativer Kritik geratene *Karl Rahner* posthum zu Wort meldete, um seine Eindrücke von der während seiner letzten Lebenszeit bestehenden Glaubenssituation zu einer förmlichen Diagnose auszuarbeiten. Das geschah in einem Sammelband, der Gespräche mit ihm aus seinen letzten Lebensjahren unter einem Titelwort zusammenfaßt, das er zur Charakterisierung der Atmosphäre wiederholt gebraucht hatte und das sich seiner Umgebung wie ein stichwortartiges Vermächtnis eingeprägt hatte: ›Glaube in winterlicher Zeit‹ (von 1985).[147] Wenn man nach der von dieser diagnostischen Formel geweckten Erwartung in den Antworten und Äußerungen Rahners einen Beitrag zur Analyse der religiösen Zeitsituation sucht, sieht man sich freilich enttäuscht. Was er in diesem Zusammenhang zu sagen hat, bleibt vielmehr auf Randbemerkungen und Nebensätze beschränkt. Sogar die Erläuterung des von ihm in die Debatte geworfenen Begriffs der »Winterlichkeit« begnügt sich mit wenigen skizzenhaften Hinweisen. Im Blick auf die neu entstehenden »Christenheiten« im afrikanischen, ostasiatischen und südamerikanischen Raum, die im Begriff stehen, »mit eigener Theologie, langsam auch mit eigener Liturgie und auch mit Variationen im Kirchenrecht« hervorzutreten, sieht Rahner das europäische Christentum von einer eher resignativen Stimmung beherrscht; im einzelnen bemerkt er:

Wir befinden uns hier gegenüber dem Säkularismus in einer Defensive, die vielleicht gar nicht so müde und resigniert sein müßte. Natürlich kann man einwenden, Ereignisse wie etwa die Papstbesuche hinterließen doch großartige Eindrücke... Aber Papstbesuche allein reichen natürlich nicht, um der Kirche wieder Glanz, Selbstbewußtsein und eine offensive Mentalität zu geben. Insofern meine ich, wir steckten, ohne daß wir es eigentlich müßten, in einer etwas müden und winterlichen Zeit der Kirche.[148]

Was Rahner im »spirituellen Erscheinungsbild« der heutigen Kirche vermißt, lassen insbesondere die – in seinem Sinn verstandenen – Vokabeln »Glanz, Selbstbewußtsein und offensive Mentalität« erkennen oder doch wenigstens ahnen. Daß ihm bei dem von ihm geforderten Geist der »Offensive« alles andere als ein klerikaler Integralismus im Sinn liegt, bedarf bei ihm, dem Anwalt der »anonymen Christen«, keines Beweises. Eher erheischt schon die Befürwortung einer in neuem »Glanz« erstrahlenden Kirche ein klärendes Wort. Denn auch hier liegt ihm nichts ferner als der Gedanke an eine Rückkehr zur Strategie der »triumphalistischen« Selbstdarstellung. Vom »Glanz« einer erneuerten Kirche spricht er vielmehr im hermeneutischen Sinn des Ausdrucks, mit dem er somit für Anstrengungen plädiert, die auf eine »einleuchtendere« Präsentation der kirchlichen Botschaft abzielen. Was ihm vorschwebt, ist, deutlicher gesagt, eine Kirche, die ihre gesellschaftliche Akzeptanz nicht den von ihr ausgehenden »Segnungen« verdankt, sondern die vor jeder Wirkung durch ihre mystisch-öffentliche Zeichenhaftigkeit dem Herzen der Menschen einleuchtet. Daß er so verstanden sein will, sagt er im Fortgang seines Votums:

Es müßte mehr Leute geben, die das Evangelium ganz neu, lebendig, und zwar auf den Geist und das Herz eines heutigen Menschen hin verkünden. Ich meine nämlich, daß die im großen und ganzen etwas müde, restaurative und einfach das Alte weiterführende Mentalität in der europäischen Kirche nicht sein müßte und sollte.[149]

Seiner stillen Radikalität gemäß bleibt Rahner auch die Antwort auf die Frage nach der Konkretisierung dieses Postulats nicht schuldig. Für ihn ist die von der Kirche ausgehende Leuchtkraft, mit deren Betonung er wenigstens mittelbar auch für ein neues Konzept der Glaubensbegründung plädiert, funktional an die Konzentration auf die christliche Botschaft in ihrer innersten »Substanz« gekoppelt. Nach außen gewendet, ergäbe diese Konzentration eine »gekonntere Mystagogie«, die er mit dem Desiderat einer intensiveren Vermittlung des Gottesgeheimnisses begründet:

> Der Mensch müßte merken, daß er im Grunde genommen in diesem ungeheueren Geheimnis nächster Nähe und unbegreiflicher Unbegreiflichkeit lebt und schwimmt. Man muß sehen, daß man mit diesem Gott zu tun hat und daß dieser absolute Gott sich selber den Menschen in absoluter Unmittelbarkeit, natürlich durch Gnade und Tod hindurch, mitteilen will. Leider begreift ein durchschnittlicher Christ dies in aller Regel nicht.[150]

Wenn man diesen Hintergrundgedanken hinzunimmt, wird Rahners Winter-Diagnose auf eine ganz unvermutete Weise beredt. Was sie bemängelt, sind dann nicht so sehr Erscheinungsformen der »Erstarrung« als vielmehr Zustände der Verdunklung und des abnehmenden Lichtes. Daß die Kirche nicht mehr so hell leuchte wie in der charismatischen Stunde des Konzils, ja daß sie bisweilen geradezu den Eindruck erwecke, ihr Licht »unter den Scheffel« zu stellen, hebt sich dann als Rahners zentrale Besorgnis ab. So ergibt es sich nicht zuletzt aus seinem fundamentaltheologischen Konzept. Denn zweifellos hätte auch er sich jenen Stimmen angeschlossen, die für eine Verabschiedung des »Instruktionsmodells« plädieren.[151] Auch seiner Überzeugung nach werden wir zum Glauben bewogen, nicht aber, wie seine argumentative Anbahnung will, erzogen. Nichts aber vermag diese »Insinuation« so bewegend zu leisten wie die Leuchtkraft, die von einem auf seine Mitte konzentrierten Christentum ausgeht. Deshalb stellt seine Kritik indirekt die Frage nach den von *Walter Kern* angesprochenen »konzentrativen« Vorgängen im christlichen Selbstvollzug, sofern man ihr nicht sogar ein Votum im Sinn der auf diese Konzentration hinwirkenden Glaubenswende entnehmen kann.

Selbst in der Frage, worin diese Wende nach Rahners Verständnis bestehen oder worin sie doch ihre ›Achse‹ haben müßte, lassen sich jetzt verläßliche Mutmaßungen anstellen. Ihm schwebt als Zielbild ein Christentum vor, das dem heutigen Menschen in seiner konkreten, welt- und zeitbedingten Verfassung »einleuchtet«, das also die unterschwellige Glaubensinsinuation, die von der von zahlreichen »nachchristlichen« Implikaten durchsetzten Lebenswelt der Gegenwart ausgeht, in sich aufnimmt und als Folie für die aktuelle Verkündigung seiner bleibenden Botschaft benutzt. Und das wäre für ihn zweifellos gleichbedeutend mit einem Christentum, das diese Botschaft mit allem Nachdruck auf die Sehnsüchte abstimmt, die ihm der heutige Mensch entgegenbringt, nicht weniger aber auch auf die Ängste und Verunsicherungen, die ihn in sich gefangenhalten. Kurz: ein Christentum, das sich aus seiner »Anonymität« zurückholt in seine manifeste Präsenz, um sich so ebenso den bewußt Gläubigen wie den im Vorfeld des Glaubens Befindlichen verständlich zu machen. Daß dieses Interesse in einer weithin von agnostischen Tendenzen beherrschten, wenn nicht gar zum Irrationalen hin abgleitenden, sicher aber skeptisch und resignativ gestimmten Atmosphäre nur unter größten Anstrengungen zur Geltung gebracht werden kann, ist Rahner vollauf bewußt. Doch haben sich für ihn die Chancen des Glaubens, wie er in der nachgelassenen ›Bilanz des Glaubens‹ (von 1985) sagt, insofern gebessert, als der selbstsichere Atheismus der letzten zwei Jahrtausende einem »bekümmerten« gewichen ist, der sich letztlich aus einem gebrochenen Gottesverhältnis erklärt und deshalb religiös ansprechbar ist:

> Das Erschrecken über die Abwesenheit Gottes in der Welt, die Bestürzung über sein Schweigen, das Sichverschließen Gottes in seine eigene Unnahbarkeit, über das sinnlose Profanwerden der Welt, über die augen- und antlitzlose Sachhaftigkeit der Gesetze der Welt – diese Erfahrung, die meint, sie müsse sich selbst theoretisch als Atheismus interpretieren, ist eine echte Erfahrung tiefer Existenz, mit der das übliche Denken und Reden des Christentums noch lange nicht fertig geworden ist.[152]

Es ist eben dieses vom Gottesbewußtsein eher versehrte als geprägte Zeitbild, das Rahner die vergleichsweise größeren Gefahren im kirchlichen Binnenraum, in der mangelnden Konzentration auf den Kern der Botschaft und in den sich verhärtenden Positionen suchen läßt. Inzwischen wurde ihm die Beweislast für den Tatbestand der »Verhärtung« von seinem entschiedensten Opponenten, *Hans Urs von Balthasar,* abgenommen. Am erstaunlichsten wirkt dabei, daß er diese Verfestigung, offensichtlich ebensosehr aus unmittelbarer Betroffenheit wie aus kirchengeschichtlicher Einsicht, als eine »Verhärtung von rechts« charakterisiert, wie sie immer dann eingetreten sei, wenn sich eine extrem konservative Gruppe unter Berufung auf den »toten Buchstaben« der Vorzeit dem vorwärtsdrängenden Glaubensgeist verweigert habe.[153] Mit dieser Spitze ist jedoch keineswegs nur die vielfach von aggressiver Gereiztheit begleitete Dialogunfähigkeit selbsternannter Traditionshüter getroffen, sondern nicht weniger auch der ganze Komplex »struktureller« Verhärtungstendenzen. Wiederum läge es ganz auf der Linie der Rahnerschen Kritik, wenn man in diesem Zusammenhang mit *Walbert Bühlmann* an die Wiederkehr einer ausgesprochen »legalistischen« Denkweise oder auch an die Rückkehr zu einer vorwiegend apologetischen, vom Geist der Defensive beherrschten Argumentation denken würde. Auch das unbewegliche Festhalten der Amtskirche an zweifellos sensiblen, aber von der Basis her längst schon ausgehöhlten Positionen gehört, wenn sicher auch gegen Balthasars »exoterische« Ansichten, mit zum angesprochenen Komplex.

Wie aber verhält es sich mit der von *Rahner* bemängelten »offensiven Mentalität«? Geht man dem damit erhobenen Vorwurf auf den Grund, so betrifft er die jedem wachen Beobachter der kirchlichen Szene erkennbare »Tendenzwende« gegenüber der dialogischen Aufbruchsstimmung im Gefolge des Zweiten Vatikanums. Hier ist in der Tat eine Erlahmung des ökumenischen Impulses, verbunden mit einer wachsenden Zurückhaltung gegenüber spirituellen und theologischen Innovationen zu verzeichnen.[154] Doch wird man Rahner in diesen für ihn zweifellos vorrangigen Fragen entgegenhalten müssen, daß sich seit Konzilsende die Rahmenbedingungen für den Aufbruch entscheidend verändert haben. Im Grunde vollzog das Konzil mit seiner »Öffnungsstrategie« – wie mit seiner Liturgiereform – nur das nach, was lange zuvor schon unter relativ gleichgebliebenen Bedingungen von *Romano Guardini* und seinen Weggefährten ins Werk gesetzt worden war. In diesem Zusammenhang muß daran erinnert werden, daß er mit seinen – fast ausnahmslos während der Zeit des nationalsozialistischen Gesinnungsterrors entstandenen – interpretatorischen Schriften in offenkundigem Gegenkurs zur Defensivstrategie der Kirchen das Werk der geistigen Öffnung betrieb, weil für ihn die Probleme der Zeit nicht durch Abschirmung und Defensive, sondern nur in der konstruktiven Auseinandersetzung mit ihnen zu lösen waren.[155] Auch wenn man nicht übersehen kann, daß die »Welt«, die Guardini ins Gespräch zog, in erster Linie die literarisch gedeutete, nicht jedoch die ihm empirisch entgegentretende und schon gar nicht die politische war, setzte er damit doch ein Signal von solcher Fernwirkung, daß sich die Konzilsarbeit auf beträchtliche Strecken wie der kirchliche »Nachvollzug« seiner Wegweisung ausnimmt.[156] Indessen trat gerade in den Voraussetzungen dieser Konzeption inzwischen ein grundlegender Wandel ein. Stand für Guardini die Welt, von der er sich herausgefordert sah, im Zeichen der – von ihm primär als »Übermächtigung« der Natur durch den Menschen verstandenen – Macht, so müßte heute mit *Neil Postman* eher von einer zunehmenden Übermächtigung des Menschen durch die Medien gesprochen werden.[157] Für die Verarbeitung dieses Phänomens aber besitzen die christlichen Kirchen, sei es aus Gründen der Unterlassung oder des Unvermögens, noch nicht einmal ein Konzept, geschweige denn eine elaborierte Strategie, die sie zu einem offensiven Vorgehen ermutigen könnte. Kein Wunder, wenn die »offensive Mentalität« der konziliaren Stunde inzwischen in das Gegenteil einer nur zu begreiflichen Zurückhaltung umschlug.

Indessen darf dieser Einwand auf keinen Fall den grundlegenden Unterschied zwischen der Winter-Diagnose Rahners und den damit verglichenen Einschätzungen der gegenwärtigen »Großwetterlage« verdunkeln. Er besteht, wie schon die geheime Doppelsinnigkeit des von ihm gewählten Bildes vermuten läßt, in der positiven Zielsetzung seines Urteils. Bedenkt man, daß sich im Grund der schneebedeckten Felder die Triebkräfte neuer Vegetation regen und daß unter dem Spiegel der zugefrorenen Seen die Tiefenströmung weitergeht, so wirkt seine Diagnose fast nur wie ein Vorwand für den damit verbundenen Appell zur Konzentration auf das, was er die »Substanz der christlichen Botschaft« nennt und, weil sie vom durchschnittlichen Christen in aller Regel nicht begriffen werde, mit dem aus der Mitte seiner Theologie gesprochenen Satz erläutert:

> Daß ich durch Jesus Christus hindurch berufen bin, die absolute Selbstmitteilung des absoluten Gottes entgegenzunehmen, das ist die wahre Wirklichkeit des Christentums.[158]

Deutlicher hätte die – in der Folge noch näher zu bedenkende – Beobachtung *Walter Kerns* kaum bestätigt werden können, daß das Glaubensbewußtsein der Gegenwart durch die Tendenz vom Spektrum zum Brennpunkt und damit zur konzentrativen Figur und Formel gekennzeichnet sei.[159] Denn das Rahner-Wort insistiert – man möchte sagen: unter der »Decke« der Winter-Diagnose – auf eine Konzentration des Christentums auf den Kern- und Grundbestand seiner Botschaft, der nach Ausweis der im ›Grundkurs‹ (von 1976) entwickelten Offenbarungstheorie im liebenden Hervortreten Gottes aus seiner ewigen Verschwiegenheit, im Akt seiner rettenden Selbstmitteilung, anders ausgedrückt, in der »verschweigenden Veröffentlichung« seines Geheimnisses besteht.[160] Stillschweigend entwickelt Rahner damit die Gegenstrategie zu den reduktionistischen Tendenzen eines in die Defensive zurückstrebenden Denkens. Wegen der Ähnlichkeit der beiden Strukturen kann der Differenzpunkt nicht scharf genug herausgearbeitet werden. Beide Male geht es um eine »Zurücknahme«, im einen Fall jedoch auf ausgesprochene »Rückzugspositionen«, im anderen Fall dagegen auf die von Rahner nur sachlich, als »Substanz« angesprochene Mitte des Christentums. Fragt man jedoch, was seinem Postulat im konkreten Erscheinungsbild der Gegenwartstheologie entspricht, so sieht man sich von der sachlichen Bestimmung unverzüglich auf den zurückverwiesen, der als die lebendige Mitte zugleich der Grund und Sinn des Christentums ist und als solcher im Zentrum seiner Neuentdeckung steht. Um im Wortspiel zu bleiben, ist die durch ihn gebildete Mitte damit aber auch schon als »Bewegungszentrum« erkannt. Das aber heißt, daß das Feld der Diagnosen bereits in Richtung auf die behauptete »Glaubenswende« überschritten wurde, die im selben Maß, wie sie vom Zentralereignis der Neuentdeckung Jesu her begriffen wird, nicht mehr bewiesen, sondern lediglich noch in ihren strukturellen, theoretischen und spirituellen Begleiterscheinungen nachgezeichnet zu werden braucht.

# V.
# Perspektiven

## *1. Die Glaubenswende*

Vermutlich wird der Blick in die »Bewegungsgeschichte« des Glaubens durch nichts so sehr verstellt wie durch die Sprachgewohnheit, die es mit sich bringt, daß der Glaube entweder, soweit sein Akt zur Diskussion steht, nur als Spezialform der individuellen Gottesbeziehung oder aber, soweit es um seinen Inhalt geht, als ein festgeschriebenes System von Glaubenssätzen begriffen wird. Im zweiten Fall gerinnt der Glaubensbegriff zu einem normativen Bild festliegender Gehalte; im ersten Fall stößt er sich von allem ab, was ihn in einem Geflecht von Interaktionen erscheinen ließe. Und doch will gerade im Zusammenhang mit dem Glauben bedacht sein, daß die menschlichen Akte ihren Träger mit wachsender Größe ihres jeweiligen »Gegenstands« seiner individuellen Eingeschlossenheit entheben. Im Maß seiner Annäherung an Gott verschließt sich der Menschengeist nicht etwa, wie eine individualistische Mystik meint, in seine eigene Subjektivität; vielmehr weitet er sich gerade dann, wie nie zuvor, ins Transsubjektive. Nicht nur, daß er nunmehr eine vorher nie erreichte Sensibilität für seine naturale, personale und geistige Umwelt erlangt; auch seine Anfälligkeit für exogene Einflüsse erreicht gerade dann ein Höchstmaß: die Stunde der Erhebung zu Gott ist nicht selten auch die der Versuchung.

In »sinnlogischer« Hinsicht wird das durch die Erkenntnis bestätigt, daß die höchsten Ideen des Menschengeistes ihre Universalität dadurch bestätigen, daß sie alternativelos gedacht werden müssen. Das »Böse« ist, wie schon die scholastische Analyse glaubhaft machte, kein Gegenbegriff zum »Guten«.[1] Ebenso erkannte bereits die Ästhetik der Spätaufklärung, daß »häßlich« und »schön« nicht im Sinn eines Gegensatzverhältnisses gedacht werden können.[2] Vor allem aber begab sich das neuzeitliche Denken einer entscheidenden Möglichkeit der Bewußtseinsbildung, als man sich daran gewöhnte, »Krieg und Frieden« in einem Atemzug zu nennen.[3] Es liegt in der Konsequenz der so verstandenen Universalität, daß diese Höchstbegriffe im »handlungslogischen« Sinn zu Ende gedacht werden. Und das besagt, daß man sie entweder mit allen anderen zusammen oder aber überhaupt nicht hat. Am deutlichsten wird das im Fall des Friedens, den man bekanntlich nicht halten kann, »wenn es dem bösen Nachbarn nicht gefällt«. Das aber deutet auch im Fall des Glaubens auf einen Verweisungszusammenhang, der nur zum Schaden seines wirklichen Verständnisses außer acht gelassen werden kann. Von ihm gilt vielmehr der Gedanke vom gegenseitigen Einbezogensein aller, wie ihn *Guardini* in seiner nachgelassenen ›Existenz des Christen‹ (von 1976) entwickelte:

> Niemand weiß, aus welchen – vielleicht räumlich entfernten oder zeitlich vergangenen – gläubigen Existenzen heraus sein eigener Glaube gespeist wird, sein Tun Kraft bekommt – ebensowenig wie er weiß, welche Menschen er selbst mitträgt.[4]

Damit wiederholt Guardini aber – jetzt nur mit einer ausdrücklichen Wendung auf den Glauben – nur das, was bereits im Aufgang der Christenheit *Paulus* mit dem programmatischen Wort »Keiner von uns lebt für sich selbst, und keiner stirbt für sich selbst« (Röm 14,7) zum Ausdruck gebracht hatte. Glaube, das ist also nach »fundamentalchristlicher« Überzeugung eine Möglichkeit, die der einzelne immer nur in der Korrespondenz mit anderen – und in der Mitverantwortung für sie – ergreifen kann. Doch was heißt das konkret? Im Interesse einer zulänglichen Beantwortung dieser Frage ist es unerläßlich, eine Grundeinsicht heutiger Anthropologie, die allenthalben vorausgesetzt, kaum einmal jedoch thematisch reflektiert wird, ausdrücklich zu machen. Sie ist, wie *Eugen Seiterich* in Erinnerung rief, neuplatonischen Ursprungs und wurde, fast gleichzeitig mit *Guardini,* vor allem durch *Peter Wust* und seine Lehre vom »nexus animarum« an das Gegenwartsbewußtsein herangetragen.[5] Danach steht der Mensch im Akt seiner Selbstverwirklichung in einer inneren Korrespondenz mit jenem Komplex der im ›Zeitgeist‹ verwobenen Impulse, Insinuationen und Abhaltungen, als deren »Ort« und »Organ« sich das den kategorialen Gewissensreaktionen vorgeordnete »Existenzgewissen« erweist.[6]

Aus religiöser Sicht ist dem hinzuzufügen, daß diese Insinuationen – und Verführungen – nicht nur von der »Oberfläche« der im Zeitgeist versammelten Tendenzen ausgehen, sondern nicht weniger auch von den infolge des Säkularisierungsprozesses in den Untergrund der tragenden Strukturen abgesunkenen Gehalten. Am zutreffendsten ließe sich der damit angesprochene Komplex somit als der des »strukturellen Christentums« bezeichnen. Von einem »Ort« muß dabei insofern gesprochen werden, als die Stelle der Sensibilität zugleich als die der primordialen Stellungnahme und Verarbeitung zu deuten ist. Damit ist zugleich die noch offene Frage nach dem

Sensorium der uns zum Glauben »bewegenden« Impulse beantwortet.[7] Denn die Stelle der »Beanspruchung« des Menschen durch den Zeitgeist ist zugleich diejenige, an und mit der sich die Frage seiner Geschichtsfähigkeit entscheidet; und es kennzeichnet dieses Verhältnis, daß es primär als das eines leidenden Betroffenseins durch die Geschichte und eines »In-Mitleidenschaft-gezogen-Seins« durch sie verstanden sein will. Das gilt im vollen Umfang auch für das Verhältnis zur Glaubensgeschichte, nur daß sich in diesem Fall die Wertungen umkehren. Da dem Glauben eine rezeptive Grundstruktur eingeschrieben ist, sind Einflüsse und Widerfahrnisse in seinem Fall nicht Beeinträchtigungen, sondern Hilfen im Sinne jener Impulse, die zum Glauben »bewegen«. Das aber hat zur Voraussetzung, daß sich die Glaubensgeschichte, anders als die Profangeschichte, nicht als ein Spiel der Zufälligkeiten und damit, wie *Goethe* meinte, als ein »Gewebe von Unsinn für den höheren Denker« darstellt, sondern als ein sinnvoll den mit ihr gegebenen Zielen entgegenstrebender Prozeß.[8]

Zweifellos gehört die Einsicht in diesen prozessualen Charakter der Glaubensgeschichte zu den großen, nur mühsam gewonnenen Erkenntnissen der Christenheit; denn zunächst schien, wie *Karl Löwith* in seinen geschichtstheologischen Untersuchungen zeigte, unter dem nachwirkenden Eindruck der Naherwartung ebenso wie unter dem des grundlegenden Offenbarungserlebnisses alles, was den Glauben betraf, in und mit dem Offenbarertum Jesu getan.[9] Erst mit der vom Sinndruck wachsender Geschichtserfahrung erzwungenen Differenzierung trat in dieser Frage ein Wandel ein. Jetzt lernte man deutlicher als zu Beginn zwischen göttlicher Zusage und menschlicher Rezeption zu unterscheiden; und während nach wie vor der Gedanke eines Offenbarungsfortschritts ausgeschlossen blieb, konnte sehr wohl von einem durch die Geschichtserfahrung geförderten Glaubensfortschritt die Rede sein. Damit holte die Christenheit, wenngleich verspätet, die paulinische Vorstellung von ihrem Heranreifen zur vollen Erkenntnis des Gottessohnes und zum Vollalter Christi (Eph 4,13) ein.

Bevor der Frage nach dem Formgesetz dieses Wachstums nachgegangen werden kann, muß noch die zweite Voreingenommenheit beseitigt werden, die dem Gedanken einer Glaubenswende entgegensteht. Von der intellektualistischen Option eines im Glauben vollzogenen »Für-Wahr-Haltens« geleitet, geht sie das Glaubensproblem inhaltlich an, sofern sie unter Glaube primär die »fides quae« und damit das »System« der von den Glaubens-Sätzen umschriebenen Geheimnisse versteht. Obwohl damit der Anschein eines ein für allemal »festgelegten« Glaubens entsteht, öffnete gerade die dafür relevanteste Lehrentscheidung, die Glaubenskonstitution des Ersten Vatikanums, den Weg zu einer dynamischen Auffassung. Denn auf die Frage, wie ein »geoffenbartes Mysterium« trotz seines verbleibenden Geheimnischarakters geistig anzueignen sei, antwortete sie mit dem – an *Wusts* Theorem vom »nexus animarum« erinnernden – Hinweis auf den Konnex der Mysterien untereinander (mysteriorum ipsorum nexus inter se) und mit dem letzten Sinnziel des Menschen (et cum fine hominis ultimo).[10] Da mit dem Hinweis auf das menschliche Sinnziel jedoch ein Kriterium der Perspektivität angeführt wurde, ergibt sich der Gedanke an eine progressive Durchschreitung der einzelnen »Propositionen« fast von selbst.[11] Daß in diesem »Progreß« jedoch ein Sinn liegen und dem womöglich sogar der Schlüssel zur Teleologie der Glaubensgeschichte entnommen werden könne, blieb ein Problem, dem sich erst das Kirchenbewußtsein dieses Jahrhunderts und auch dieses erst in der Brechung eines dichterischen Ingeniums gewachsen zeigte.[12]

Indessen genügt vorderhand der bloße Hinweis darauf, weil die noch offene Frage nach dem Formgesetz schon im Anschluß an das Epheserwort von der wachsenden Erkenntnis des Gottessohnes und dem konzentrativen »Hineinwachsen« der Glaubenden in sie (Eph 4,13) beantwortet werden kann.[13] Denn damit ist das erfragte Formgesetz eindeutig mit dem Offenbarertum Jesu Christi gleichgesetzt, offenbarungstheoretisch gesehen also mit der Vielgestaltigkeit dieser »Selbstverlautbarung« des Gottesgeheimnisses: in den Reden Jesu ebenso wie in seinem Schweigen, in seinen Heilstaten ebenso wie in seinem Leiden, vor allem aber im Ereignis seiner Auferstehung.[14] Diesem theoretischen Aspekt ist jedoch der lebensgeschichtliche vorgeordnet, wie ihn *Hans Urs von Balthasar* in seiner Geschichtstheologie ›Das Ganze im Fragment‹ (von 1963), gestützt auf Zeugnisse der patristischen Logos-Mystik, entfaltete.[15] Demnach stehen alle Stadien der Lebensgeschichte Jesu im Dienst seines Offenbarertums, so daß sich die in ihm promulgierte Gotteswahrheit je anders in ihnen bricht; in der Naivität des Kindes anders als im Drang des Jünglings; auf der Schaffenshöhe des Mannes anders als in der Erniedrigung des Leidenden und in der Erhöhung des Auferstandenen.

Wenn nun aber darin das Formgesetz der Glaubensgeschichte zu suchen ist, besteht diese ihrerseits im sukzessiven Nachvollzug der Lebensgeschichte Jesu, die im Geschichtsgang der Christenheit »nochmals«, jetzt nur von der Gemeinschaft der Glaubenden, durchschritten wird. Fürs erste muß dann eine stadienhafte Gliederung der Glaubensgeschichte angenommen werden. Doch folgt diese nicht, wie der ingeniöse Geschichtsentwurf des *Joachim von Fiore* vermutete, einem trinitarischen Rhythmus, so daß auf eine Zeit des Vaters und damit des Gesetzes, der Kindheit, der Morgenröte und der Nesseln eine Zeit des Sohnes, also der Gnade, der Manneskraft, der Tageshelle und der Rosen, und auf diese eine Zeit des Geistes, der Freiheit, des Greisenalters, der nicht mehr untergehenden Abendsonne und der Lilien folgt; vielmehr gehorcht sie dem christologischen Formgesetz, so daß sie, auf ihre innerste Wegweisung durchsichtig gemacht, sich der von der Lebensgeschichte Jesu ausgelegten Spur anschließt.[16]

So großartig die von Joachim eröffnete Perspektive wirken mag, scheitert sie doch an dem theologischen Grundsatz, daß die göttlichen Personen »nach außen hin« immer nur in Form eines ununterscheidbaren Einheitsprinzips wirken. Indessen hat auch das christologische Geschichtsmodell unverkennbare Grenzen, die in dem Maß zutage treten, wie es auf die Totalität der Glaubensinhalte bezogen wird; denn es deckt offensichtlich nicht das Ganze dieser Inhalte, sondern lediglich seinen von der Lebensgeschichte Jesu ausgemessenen Zentralbezirk ab. Soll es als Schlüssel zum Ganzen dienen, so müßte es gleicherweise in die »Vorgeschichte« des im Leben Jesu »lesbar« gewordenen Logos zurückverfolgt und auf seine »Endgeschichte« durchgezogen werden. Wenn aber darin jene Bedeutungsganzheit besteht, aus der die glaubensgeschichtlichen Epochen ihre Sinnzuweisung empfangen, sind neben Zeiten, die unmittelbar christologisch bestimmt sind, auch andere denkbar, deren »Sinn« eher in der Zuordnung auf die Schöpfung oder auf das Eschaton besteht. Das aber genügt schon als Orientierungsrahmen für den Versuch einer sinngeschichtlichen Positionsbestimmung des Glaubens heute. Wie muß sie ins Werk gesetzt werden; und zu welchem Ergebnis führt sie?

Die erste dieser Teilfragen wäre kaum zu beantworten, wenn sie nicht ein Diagnostiker von Rang bereits beantwortet hätte: *Romano Guardini.* Dies jedoch nicht etwa mit seinem defätistischen Wort vom »Ende der Neuzeit«, sondern mit seiner schon wiederholt angesprochenen, bisher jedoch noch nicht inhaltlich aufgenommenen Devise vom »Erwachen der Kirche in den Seelen«.[17] Denn damit griff er nicht nur, wie er selbst rückblickend meinte, in das nach dem Ersten Weltkrieg herrschende »Bewußtsein« ein; vielmehr gelang es ihm mit Hilfe dieses Wortes, das diffuse Glaubensbewußtsein jener Krisenzeit auf Jahre hinaus so zu strukturieren, daß es im Mysterium seiner Kirche seinen Bezugs- und Mittelpunkt gewann. Unverkennbare Indizien dieser Zentrierung waren die in rascher Folge entstehenden Publikationen zum Kirchen-Thema, mehr aber noch die von Guardini mitgetragene ›liturgische Bewegung‹, die ihren Haupteffekt in der Erweckung eines neuen, fast enthusiastischen Kirchenbewußtseins erzielte.[18]

Womöglich noch ingeniöser erwies sich Guardini jedoch dadurch, daß er als einer der ersten, wenn auch nur in Andeutungen, den Verfall dieser »Ekklesiozentrik« des Glaubens registrierte. Rückblickend auf den »zwischen zwei Büchern« durchmessenen Zeitraum bemerkt er ebenso knapp wie vielsagend, daß sich schon bald nach dem enthusiastischen Aufbruch, getragen von der »beglückenden Erfahrung der ›Kirche in uns‹ Regungen des Ungenügens« und des wachsenden Unbehagens geltend machten; und es liegt angesichts seiner fast ängstlichen Zurückhaltung auf der Hand, daß er mit diesem Wort mehr noch verschweigt als offenlegt.[19] Zweifellos aber ist dieser Andeutung ein Abrücken des zentralen Glaubensinteresses vom Mysterium der Kirche schon zu einem Zeitpunkt zu entnehmen, an dem von einer Fehleinschätzung des ›Dritten Reiches‹ durch kirchliche Instanzen oder – wie der spätere Generalvorwurf lautete – von einer Affinität der Amtskirche zu den westlichen Großmächten oder ihrem unzulänglichen Engagement für die Probleme der Dritten Welt noch nicht die Rede sein konnte. An dieser Einschätzung hat sich inzwischen – trotz weltweiter Zustimmung zu den Papstbesuchen – nur insofern etwas geändert, als sich das Unbehagen zu offener Kritik steigerte, die mehr noch als in den vielfach bekundeten »Identifikationskrisen« mit der Kirche in der stillen Emigration, insbesondere der Frauen aus ihr, ihren alarmierenden Ausdruck fand.

Ohne daß an der Bedenklichkeit dieser Vorgänge auch nur die geringsten Abstriche erlaubt wären, darf doch ihr glaubensgeschichtlicher Zusammenhang nicht außer acht gelassen werden. Und der besteht eindeutig in der wachsenden Zuwendung des Glaubensinteresses zum Christus-Thema, die freilich von Guardini selbst nicht ausdrücklich reflektiert, wohl aber durch sein weltbekanntes Meditationsbuch ›Der Herr‹ (von 1937) dokumentiert wurde, dem er schon kurz danach, offensichtlich im Bewußtsein des einzulösenden Methoden-Defizits, seine zunächst nur fragmentarisch veröffentlichte Christologie ›Jesus Christus. Sein Bild in den Schriften des Neuen Testaments‹ (von 1940) folgen ließ.[20] Das aber kam einem faktischen Hinweis auf das Ziel der Blickverlagerung gleich. An die Stelle der keineswegs aus dem Glaubenskonsens verschwundenen, wohl aber in den Hintergrund getretenen Kirche trat, seinem Stellenwert entsprechend, das Mysterium Jesu, von dem der programmatische Satz des Ersten Korintherbriefes versichert:

> Einen anderen Grund kann niemand legen als den, der gelegt ist: Jesus Christus (1 Kor 3,11).[21]

Eindeutiger konnte das erfragte ›Ergebnis‹ der glaubensgeschichtlichen Positionsbestimmung schwerlich umschrieben werden; doch es bleibt noch zu klären, wieweit das von Guardini gegebene

Signal auch tatsächlich aufgenommen wurde und wieweit es insbesondere auch seine Geltung für die mit der zweiten Jahrhunderthälfte einsetzende Entwicklung und damit unter dem Eindruck der gewaltigen Zäsuren in Gestalt des Zweiten Weltkriegs und des Zweiten Vatikanums behielt. Das aber setzt eine Besinnung auf die Glaubensstrukturen voraus, weil sich die theologischen Prozesse erst auf diesem Hintergrund verdeutlichen lassen.

### *2. Vom Wissens- zum Erfahrungsglauben*

Der Christenglaube ist, ungleich stärker als bisher angenommen und reflektiert wurde, ins Zeitgeschehen eingebunden, und dies bei näherem Zusehen gerade auch dort, wo er wie in den Aussagen des Ersten Vatikanums seine Zeitenthobenheit betonte. Vordergründig gilt das schon für den unverkennbaren Zusammenhang mit den imperialen Strukturen der Zeit. Was den Sprachgestus der Konzilsaussagen anlangt, so erinnert er gleichfalls, am deutlichsten wohl in der Kennzeichnung der Kirche als das »die Völker überragende Siegeszeichen«, an das triumphalistische Stilideal der Zeit. Letztlich aber dürfte sich dies nicht so sehr aus dem Bewußtsein der Unerschütterlichkeit der eigenen Position als vielmehr aus der Reaktion auf den seinem Exzeß entgegentreibenden Säkularisierungsprozeß erklären. Denn der triumphalistischen Sprachgebärde liegt unverkennbar ein defensives Moment zugrunde. Weil sich die christlichen Inhalte im Umfeld der Kirche zusehends entleerten und allenfalls noch ein »Kulturchristentum« gesellschaftlich akzeptiert wurde, wie es der von *Nietzsche* attackierte *David Friedrich Strauss* in seinem Spätwerk propagiert hatte, baut die Kirche ihre Stellung möglichst macht- und glanzvoll aus.[22] Wenn demgegenüber das Zweite Vatikanum die Kirche im Bewegungsbild des »wandernden Gottesvolkes« sehen lernte und den Dialog gleicherweise zu seinem Programm wie zu seinem Prinzip erhob, geschah auch dies im zumindest unterschwelligen Einvernehmen mit dem Zeitgeschehen. Wenn umgekehrt von der sich in diesem Programm bekundenden Zuversicht und Aufgeschlossenheit auf den Gang des Zeitgeschehens zurückgeschlossen werden darf, kann dieser nicht mehr im Fortgang der Säkularisierung bestehen. Vielmehr muß dieser Prozeß eine, wenn auch kaum merkliche Umpolung erfahren haben, so daß er nunmehr rückläufig, als eine auf ihre eigene Aufhebung hinwirkende Entwicklung gesehen werden muß. Nur mit Mühe lassen sich einige Indizien für diese kühne Diagnose aufführen. Doch weist das neu erwachende Verlangen nach Innerlichkeit, vor allem im Verbund mit der seit Jahren andauernden Sinn-Diskussion, eindeutig in diese Richtung. Als religiöses Äquivalent entspricht dem die insistente Suche nach Glaubenserfahrung, die auch dort noch beweiskräftig bleibt, wo sie vom kirchlichen Standpunkt aus den Irrweg zu den Jugendsekten oder asiatischen Meditationsformen einschlägt.

Kaum vermag der heutige Christ noch nachzuvollziehen, daß die von ihm gesuchte Erfahrung noch lange nach der Jahrhundertwende als Inbegriff modernistischer Tendenzen galt und demgemäß vom Glaubenskonzept des Ersten Vatikanums strikt ausgeschlossen blieb.[23] Gemessen an dieser dezidierten Ablehnung muß die unbefangene Art, wie heute das Erfahrungsmoment in Rechnung gestellt, ja geradezu zur Glaubensbedingung erhoben wird, als einer der bemerkenswertesten und für den erfragten Strukturwandel des Glaubens bedeutsamsten Vorgänge gewertet werden. Ihn nur aus der zeitgenössischen Wiederkehr der Emotionalität zu erklären, griffe zweifellos zu kurz. Denn die Selbstverständlichkeit, mit der er in Gang kam, setzt nicht nur eine Anleihe am Zeitbewußtsein, sondern eine Ermutigung durch dieses voraus. So gesehen reicht als Erklärungsgrund nur die vermutete Tendenzwende hin, die umgekehrt in der Einbeziehung des Erfahrungsmoments ihre innerkirchliche Bestätigung findet.

Umschichtungen von dieser Größenordnung kommen nicht von ungefähr. Auch wenn sie noch so sehr vom Zeitgeschehen getragen und von dem darin waltenden Sinn inspiriert sind, ist ihre Entstehung doch stets der Initiative einzelner zu danken. Vor vielen anderen war an dieser Innovation *Guardini* beteiligt, dem sein Interpret und Verwalter seines geistigen Erbes *Balthasar* ein »fast starrsinniges Festhalten an der religiösen Erfahrung« vorrechnet.[24] In dem – nach Balthasar »aus einem Einfall der zwanziger Jahre« hervorgegangenen – Band ›Religion und Offenbarung‹ (von 1958) ist die Entstehung von Guardinis Erfahrungsverständnis noch klar zu ersehen.[25] Danach ist die Erfahrung, wie sie für ihn zur Rede steht, gleichursprünglich mit der Entdeckung des Religiösen, wie es sich etwa an nächtlichen Sternbildern »ersehen« läßt:

> Vor jenen leuchtenden Bildern kann dem empfänglichen Menschen etwas entgegentreten, das in ... Begriffe nicht eingeht. In dem Schweigen und der Weite kann sich etwas erheben, das anders ist, als alles von den Dingen her Sagbare. Das macht den Erfahrenden still ... Aus der Größe und dem Funkeln und der Stille tritt, in besonderer Weise anrührend, ›das Heilige‹ her.[26]

Unter dem Einfluß der wachsenden Lebenserfahrung beginnt sich dieses diffuse Empfinden zu strukturieren, gleicherweise stimuliert von der Einsicht in die »Nicht-Selbstverständlichkeit des Daseins« wie von dem sie begleitenden Gefühl der Angst, bis es sich schließlich zur Wahrnehmung eines »vom ›Andern‹ kommenden Gehaltenseins« verdichtet.[27] Aus der Lauge dieser Empfindungen kristallisieren sich schließlich jene elementaren Fragen aus, die nach definitiver Antwort verlangen und als solche von der Religion auch beantwortet werden:

> Warum geschieht mir, was mir geschieht? Warum habe ich nicht, was andere haben? Warum bin ich, wie ich bin? Warum bin ich überhaupt? Es sind die Fragen der Existenz einfachhin. In ihnen drückt sich jene Fremdheit aus, in welcher ich zu mir selbst stehe; zu mir und zu meinem Schicksal; zur Welt, sofern ich in ihr bin. Sobald die religiöse Berührung erfolgt; sobald sich die Ahnung erschließt, daß alles Seiende mitsamt seinem Geheimnis in einer letzten Gewußtheit aufgehoben ist, werden jene Fragen in etwa beantwortet. Genauer gesagt: die Richtung wird deutlich, wo die Antwort liegt. Das aber geschieht nicht durch Aussagen, sondern durch ein Heimischwerden; durch das, was die religiöse Sprache den ›Frieden‹ nennt. Darin kommt der Fragende in ein Einvernehmen mit sich und dem Dasein.[28]

Dieser Antwort geschieht letztlich nur dadurch Genüge, daß sich der erfahrende Mensch in Akten des Loslassens dem überantwortet, durch den er sich gehalten und angenommen weiß. Erst darin erreicht die religiöse Erfahrung das ihr von ihrem inneren Sinnzusammenhang vorgezeichnete Ziel.[29] Was darauf im Interesse der Verständigung, nach der gerade das religiöse Erlebnis verlangt, folgen muß, ist die auf die strukturierte Erfahrung aufbauende Theorie, die über Bildentwürfe schließlich zur Ausformung des Gottesbegriffs führt.[30] Dabei kennzeichnet es die intuitive Denkweise Guardinis, daß für ihn Bilder wie das vom göttlichen Lebensquell (fons vivus), von Gott als Felsengrund und schützendem Adler, das in neutestamentlicher Abwandlung Jesus davon sprechen läßt, daß er die Kinder Jerusalems wie eine Gluckhenne »unter seine Flügel« nehmen wollte (Mt 23,37), im Grunde mehr besagen als die Nennkraft der auf das Gottesgeheimnis bezogenen Begriffe. Im höchsten Maß gilt das für ihn für die Bildmotive Licht und Vater, weil sich die religiöse Erfahrung in sie nicht nur unmittelbarer als in Begriffe umsetzt, sondern weil sie die Nennkraft des Begriffs mit der Schaubarkeit der Sache verschmelzen.[31] Kein Wunder, daß Guardini dort, wo die Bilder verdämmern, auch die Erfahrung versiegen sieht. Daran krankt seinem Urteil zufolge insbesondere die ausgehende Neuzeit. Freilich heißt das für ihn, wie *Fridolin Wechsler* hervorhob, nicht, »daß damit auch der Glaube hinfällig würde«.[32] Des Erfahrungssubstrats beraubt, wird er nur schwieriger und spröder. Anstatt sich organisch, gestützt auf argumentative »Gründe« und auf den Zuspruch der Mitglaubenden, anzubahnen, muß er nunmehr im »freien Sprung« gewagt werden; und anstatt – im Sinn der alten Rede vom »intellectus fidei« – verstehender Mitvollzug des göttlichen Geheimnisses zu sein, begreift er sich primär als gehorsam gegenüber dem im göttlichen Offenbarungswort an den Menschen ergehenden Anruf.[33] Das veranlaßt Guardini, der sich am Ende der Neuzeit angekommen weiß, zu der Prognose, daß sich der Glaube der Zukunft in »furchtbarer Einsamkeit« vollziehen werde, und daß er sich unter diesen Bedingungen nur in gehärteter Gestalt behaupten könne:

> Im Verhältnis zu Gott wird das Element des Gehorsams stark hervortreten. Reiner Gehorsam, wissend, daß es um jenes Letzte geht, das nur durch ihn verwirklicht werden kann... Diese Unbedingtheit ist keine Preisgabe an die physische und psychische Macht des Befehls; sondern der Mensch nimmt durch sie die Qualität der Gottesforderung in seinen Akt auf.[34]

Diese Prognose hat sich allenfalls in ihrer subtilen Schlußwendung erfüllt. Sofern diese jedoch auf ihren idealistischen Kern zurückgeführt wird – »Nehmt die Gottheit auf in euren Willen, und sie steigt herab von ihrem Weltenthron«, versicherte Schiller in ›Das Ideal und das Leben‹ (von 1795) –, befürwortet sie eine Glaubenshaltung, die in unverkennbarem Widerspruch zum Ausgangsgedanken die Überwindung der religiösen Heteronomie zum Ziel hat. Mit ihr spricht Guardini dem heutigen Christen ebenso aus der Seele, wie er ihn mit seiner Gehorsams-Prognose irritiert. Indessen steht dieser ohnehin so gut wie alles entgegen, was sich seither im Raum des Glaubensbewußtseins ereignete: nicht nur der mit wachsendem Nachdruck erhobene Anspruch auf die »Mündigkeit« der Glaubenden, sondern weit mehr noch die vielfältigen Formen, in denen sich das Verlangen nach Glaubenserfahrung Geltung verschaffte.[35] So aber entsteht der Eindruck, daß der frühe Guardini mit seinem »starren Festhalten an der Erfahrung« gegenüber der pessimistischen Prognose seiner Zeitkritik, die ohnehin eher aus einem eschatologischen Grundgefühl als aus einer wirklichen Einfühlung in das Zeitgeschehen hervorgegangen war, recht behielt. Um so dringlicher stellt sich die Frage nach dem tatsächlich erfolgten Strukturwandel.

Entscheidendes Zwischenglied auf dem Weg zur Beantwortung dieser Frage ist die Erkenntnis, daß sich der Glaube, wie es dem mit ihm aufgenommenen Grundverhältnis entspricht, jeweils auf die spezifische Verfassung des Menschen abstimmt. Und diese ist heute eindeutig durch den Hunger nach Realität gekennzeichnet, da die Kulturentwicklung jenen kritischen Punkt erreichte, an dem das –

lebensgeschichtlich-gesellschaftlich definierte – »Realitätsprinzip«, dem sie nach *Freud* ihre Entstehung wie ihren Bestand verdankt, nicht mehr »greift«, weil die »ontologische Landschaft« der Gegenwart gleichzeitig durch einen irritierenden Zuwachs wie durch einen frustrierenden Mangel an Wirklichkeit: durch einen Zuwachs an technisch vermittelter Realität, der dem Glauben höchstens mittelbar zugute kommt, und durch einen medienbedingten Realitätsverlust, von dem er um so nachhaltiger betroffen ist. Daraus ergibt sich eine »frontenverkehrte« Situation, wie sie verwirrender kaum vorliegen könnte. Während der allenthalben fühlbar gewordene Realitätsentzug mit aller Macht auf einen empirie- und wirklichkeitsvermittelnden Glauben, funktional betrachtet auf einen »Stabilisierungsglauben« hinarbeitet, wird durch die für das Realitätsdefizit hauptverantwortlichen Medien umgekehrt das zusammen mit dem – im Kontext der Frage nach der Lehrbarkeit des Glaubens erwähnte – Instruktionsmodell obsolet gewordene und obendrein von *Buber* als »abkünftig« ausgegebene Glaubenskonzept des »für-wahr-haltenden« Satz-Glaubens favorisiert.[36] Denn darauf drängen die elektronischen Medien im Gegensinn und Widerspruch zum zeitgeschichtlichen Grundbedürfnis, sofern sie die von ihnen »übertragenen« Inhalte – auf Kosten der Erfahrung und Gewißheit stiftenden Sprachqualitäten – zur Nachricht verflachen und dadurch in ihrem religiösen Wirkfeld eine Glaubensform begünstigen, die in erster Linie auf satzhaft umschriebene Inhalte abhebt.

Mit *Günter Anders* könnte man sagen, daß damit die von ihm registrierte »Antiquiertheit« des Menschen auf dem Umweg über die ihn zunehmend bestimmenden Medien auf seine Glaubensform durchschlägt. Nahezu gleichsinnig sprach davon vor mehr als einem Jahrhundert *John Henry Newman,* als er in seinem ›Entwurf einer Zustimmungslehre‹ (von 1870) zwischen einer »von Abstraktionen« ausgehenden »Knabensprache« und einer auf die Sache ein-gehenden, die Worte »als Vehikel von Dingen« gebrauchenden »Mannessprache« insbesondere in Glaubensdingen unterschied; denn seine Unterscheidung läßt ebenfalls keinen Zweifel daran, welchem lebensgeschichtlichen Stadium er die medienbegünstigte Glaubensform zuordnen würde.[37] Im Blick auf diese Beurteilungen könnte man auch vom Verlust der »Gleichzeitigkeit« sprechen, sofern die informative Kopflastigkeit der Medien einem geschichtlich überschrittenen Bildungsideal entspricht und damit auch einem Glaubenskonzept, das noch alles Gewicht auf das im Glauben gewonnene »Wissen« legt.[38]

So gesehen weist die mediale Irritation aber nur um so eindringlicher auf den erfragten Strukturwandel hin. Gleichzeitig wird deutlich, daß mit »Erfahrung« erst ein Vorbegriff von dem gefunden war, was tatsächlich im Zentrum des sich abzeichnenden Strukturwandels steht: die Wirklichkeit! So hatte es in seiner Hellsichtigkeit wiederum schon *Newman* gesehen, als er in Fortführung seiner Unterscheidung von Knaben- und Mannessprache zwei Formen von Zustimmung unterschied, von denen er die eine die »begriffliche«, die andere die »reale« nannte, und diese Kritik mit dem Satz unterbaute:

> Wir bilden uns ein, daß wir individuellen Menschen und Dingen gerecht werden, indem wir sie zu einer bloßen Synthese von Qualitäten machen, wie wenn irgendeine Anzahl von Abstraktionen durch ihre Verschmelzung einer konkreten Einheit äquivalent würde.[39]

Diesen Einwand vertiefte *Buber* durch seinen Vorwurf, daß sich der Christenglaube insgesamt auf eine bild- und satzhafte Festlegung des Gottesgeheimnisses konzentriert und damit am Ursprungssinn des Glaubens, der vertrauenden Selbstbegründung des Menschen auf die Gotteswirklichkeit, vergriffen habe. Denn einmal falle der Christenglaube damit der Freiheit Gottes in den Arm, der auch als der sich offenbarende und mitteilende in der Möglichkeit neuer Selbstverhüllung verbleibe; zum andern frustriere er dadurch das genuine Verlangen des Menschen, durch seinen Glaubensakt in der tragenden Gotteswirklichkeit Halt und Stand zu gewinnen. Indessen zeigt schon *Guardinis* Rückgriff auf die alttestamentlichen Bilder von Gott als Burg und Felsengrund, auch wenn er zunächst nur der Verdeutlichung des von ihm hervorgehobenen Erfahrungsmomentes diente, daß die von Buber vorgetragene Kritik schon zum Zeitpunkt ihrer unter dramatischen Umständen erfolgten Ausarbeitung vom tatsächlichen Gang der christlichen Glaubensgeschichte überholt war. Denn auf den Einspruch *Newmans* gegen das intellektualistische Glaubenskonzept seiner Zeit folgte alsbald der noch ungleich entschiedenere, den *Maurice Blondel* in seiner ›L' Action‹ (von 1893) und der mit ihr begründeten »Immanenzapologetik« erhob.[40] Von welchem Interesse diese Gegenvorstellung begleitet war, gab *Henry Bouillard* mit dem Stichwort »ontologische Affirmation« zu verstehen, das er schließlich durch die These von der wenngleich nur christlich gerechtfertigten Vermischung der Seinsfrage mit der Tatsachenfrage im Denken Blondels verdeutlicht:

> Aber diese Koinzidenz gibt es nur im christlichen Glauben, weil im Christentum das Absolute in die Kontingenz der Geschichte eingeht. Außerhalb des Glaubens, und dort, wo es nicht mehr um das Christentum geht, sind Seinsfrage und Tatsachenfrage verschieden, auch bei Blondel; nur die erstere kann als ontologisch bezeichnet werden.[41]

Damit ist auch schon angedeutet, daß es nach Bouillard im Denken Blondels letztlich um jene Erneuerung des anselmischen Gottesbeweises geht, wie sie der programmatische Titel ›Gottesbeweis und Bejahung Gottes‹ skizziert.[42] Wenn Blondel in diesem Zusammenhang vermerkt, daß er keineswegs den Schluß von der Gottesidee »auf das Sein Gottes« habe ziehen wollen, und wenn er diese Bemerkung sogar noch durch den auf *Bonhoeffer* vorausweisenden Satz unterstreicht »Sowie man glaubt, man kenne Gott zur Genüge, kennt man ihn nicht mehr«, geschieht das nur, weil seiner Überzeugung nach die Frage der »Bejahung Gottes« die Kompetenz der theoretischen Vernunft übersteigt.[43] Wo es um das »Eine Notwendige« geht, muß sich vielmehr die theoretische mit der praktischen und mit der existentiellen Vernunft verbünden. Wer Gott bejahen und darin zur Fühlung seiner Wirklichkeit gelangen will, muß sich ihm somit in der Totalität seines Geistes, also auch als Gestaltender und Liebender zuwenden, weil dem Willen zur vollen Gotteserkenntnis das Verlangen nach »Gottgleichheit« eingestiftet ist:

> Gott wirklich erkennen, das heißt seinen Geist, seinen Willen, seine Liebe in sich tragen. Nequaquam plene cognoscitur nisi cum perfecte diligitur.[44]

Letztlich erklärt sich diese Position aus Blondels dialektischer Bestimmung des Menschseins, das für ihn, auf seine Grundverfassung zurückgeführt, in der Alternative besteht, entweder auf dem Weg der Auflehnung oder aber auf dem der Hingabe »Gott sein« zu wollen:

> Der Mensch möchte gern den Gott spielen. Gott sein ohne Gott und Gegengott; oder Gott sein durch Gott und mit Gott, darin liegt das Dilemma.[45]

Wenn dieses Dilemma überwunden werden soll, bedarf es der Intervention eines höheren Prinzips, des Glaubens. Er verhilft dem Menschengeist zur Integration seiner theoretischen, praktischen und existentiellen Kräfte, und er führt, wichtiger noch, die Entscheidung in der Alternative zugunsten der Hingabe an Gott herbei. Sein »Lohn« aber besteht in jener Affirmation, die er auf dem Gegenweg prometheischer Selbstsetzung niemals erreicht hätte: in der sein tiefstes Verlangen erfüllenden Gewißheit, bei Gott, von seiner Weisheit erfüllt und von seiner Wirklichkeit getragen zu sein.

Trotz der ungeheuren Zäsur des Zweiten Weltkriegs und des Einbruchs von Wissenschaftstheorie, dialektischer Gesellschaftskritik und soziologischer Systemtheorie in das theologische Denken hat sich an dieser Sachlage bis zur Stunde im Grunde nichts geändert, vermutlich deshalb, weil sich in diesen Systemen nur neue Spielformen jenes Intellektualismus zu Wort melden, mit denen sich schon *Blondel,* vor allem in Gestalt der Neuscholastik, konfrontiert sah. Am nachhaltigsten bestätigt dies die überraschende Tatsache, daß die soziologisch orientierte Religionsphilosophie der Gegenwart trotz aller Divergenzen darin übereinkommt, ihr Problembewußtsein im Programmwort von der »Kontingenzbewältigung« zu artikulieren.[46] Denn trotz der antimetaphysischen Interpretation, die sich dieser Begriff gefallen lassen mußte, wird er auf die Dauer nicht ohne seinen metaphysischen Klang rezipiert werden können. Wer sein religiöses Selbstverständnis von diesem Wort strukturieren läßt, wird von ihm kraft seiner inneren Logik zur Frage nach der tragenden Wirklichkeit jenseits der kontingenten Fakten und Verhältnisse geführt, auch wenn er schließlich dazu gelangt, diese für ihn sinn- und lebensentscheidende Frage offenzulassen. Fast widerwillig wird sogar der Wortführer der Theorie, *Niklas Luhmann,* in diese Richtung gedrängt, wenn er, mit *Michael Welker* gesprochen, unter Berufung auf die Getsemani-Szene vorschlägt, »Gott als Geber des Lebens, der sich selbst als Geber des Lebens gibt, zu verstehen und auf dieser Basis eine religiöse Dauerdankbarkeit und Dauerschuld zu kultivieren«.[47] Dadurch aber entstehe eine Distanz zu den gesellschaftlichen Verhältnissen, die letztlich nur dadurch ausgeglichen werden könne, daß Gott selbst in die menschliche Leidensgeschichte einbezogen und in der Konsequenz dessen zu der Frage nach seinem eigenen »Warum?« geführt werde:

> Am Ende aber heißt es: »Mein Gott, mein Gott, warum hast Du mich verlassen?«[48]

Grotesker kann die religiöse Beziehung – im Augenblick extremer Annäherung – wohl kaum verfehlt werden als mit diesem Satz, der nur insofern beweiskräftig ist, als er das Problem der Kontingenzbewältigung auf den Punkt der Selbstverrätselung Gottes zurückführt, der bereits in *Kants* ›Kritik der reinen Vernunft‹ (von 1787) erreicht war, wenn es vom Gedanken der unbedingten Notwendigkeit, mit dem die menschliche Vernunft vor ihren eigenen »Abgrund« tritt, heißt:

> Man kann sich des Gedankens nicht erwehren, man kann ihn aber auch nicht ertragen: daß ein Wesen, welches wir uns auch als das höchste unter allen möglichen vorstellen, gleichsam zu sich selber sage: Ich bin von Ewigkeit zu Ewigkeit, außer mir ist nichts, ohne das, was bloß durch meinen Willen etwas ist; aber woher bin ich denn?[49]

Die Annäherung, die *Luhmann* in dieser Sinnverzerrung erreicht, gilt tatsächlich jener Position, die sowohl aus allgemeinreligiöser wie insbesondere aus christlicher Sicht zur optimalen Kontingenzbewältigung verhilft. Sie wird in dem Maß einsichtig, wie man den Todesschrei Jesu auf das in jedem Gebet, deutlich oder leise gesprochene ›De profundis‹ zurückbezieht und dieses umgekehrt in dem »Warum?« des Gekreuzigten ausmünden sieht.[50] Denn in dem als Summe aller Stimmen, die jemals nach Gott schrien, verstandenen Todesschrei Jesu versinkt Gott keineswegs, wie Luhmann anzudeuten scheint, in die Leidensgeschichte der Menschheit; vielmehr reift diese in seinem »Warum?« der Antwort entgegen, die Gott nicht sosehr gibt als vielmehr ist und die als solche das tobende Meer menschlicher Leiderfahrung in der Fühlung seiner Wirklichkeit beschwichtigt. Medium dieser Einbeziehung aber ist der Glaube, der damit, wie in der Folge noch deutlicher hervorzuheben ist, die Sache des Gebets in sich zu Ende führt. Wenn das aber gezeigt werden soll, muß zunächst der Frage nach den konkreten Erscheinungsformen des aufgezeigten Strukturwandels nachgegangen werden.

### *3. Vom Satz- zum Vertrauensglauben*

Die christliche Glaubensbegründung sieht sich gleicherweise mit einer religionsgeschichtlichen und einer zeitgeschichtlichen Herausforderung konfrontiert, die schon deshalb noch immer ansteht, weil sie von der Mehrzahl ihrer Vertreter noch immer nicht hinreichend wahrgenommen wurde. Zweifellos war es mehr als ein zufälliges Zusammentreffen, daß sich etwa zur gleichen Zeit, als *Buber* zu seinem großangelegten Angriff auf die christliche »Glaubensweise« ansetzte, auch die Vorboten der umfassenden Autoritätskrise bemerkbar machten, die sich in der Folge als eine der schwersten Krisenerscheinungen der zweiten Jahrhunderthälfte herausstellen sollte. Vielmehr läßt schon der Umstand, daß der jüdische Kritiker gerade jene religiöse Position gegen die von ihm attackierte ausspielte, die von der Autoritätskrise zumindest tendenziell untergraben wurde, auf einen inneren Zusammenhang schließen. Doch sosehr das für eine gemeinsame Würdigung spräche, erzwingt doch das Eigengewicht der beiden »Provokationen« eine getrennte Behandlung, und dies umso mehr, als bei Buber ein medientheoretisches Zusatzproblem ins Spiel kommt, während bei der Aufarbeitung der Autoritätskrise eine unerwartete Hilfestellung von seiten der Gegenwartsphilosophie zu würdigen ist.

Daß *Buber* zum Angriff auf die christliche Glaubensform antrat, war, wie er im Vorwort seiner Kampfschrift ›Zwei Glaubensweisen‹

betont, weder polemisch oder auch nur apologetisch, sondern lebensgeschichtlich, als Identifikations- und Unterscheidungsakt im Interesse des Überlebens in schwerster politischer Bedrängnis, veranlaßt.[51] Indessen läßt Buber in diesem bedeutsamen Selbstzeugnis eine noch tiefere Motivation durchscheinen, wenn er bemerkt, daß er in Jesus von früher Jugend an den »Bruder« entdeckt und als eine Gestalt der pharisäischen Frömmigkeit begriffen habe. Doch wie es sich damit auch immer verhält: auf jeden Fall überschritt die jüdische Jesus-Rezeption nach einer größtenteils von Argwohn, Angst und Mißverständnis belasteten Phase in und mit diesem Wort definitiv die kritische Schwelle, um in ein neues Stadium einzumünden, das ebenso von ungeahnten Entdeckungen und Selbsterkenntnissen wie vom Verlangen nach neuerlicher Unterscheidung gekennzeichnet ist. Daraus ergibt sich schon der Grundriß des ebenso von erstaunlichen Identifikationen wie von scharfen Differenzierungen gekennzeichneten Gedankengangs.

Entgegen der spontanen Sinnerwartung führt die mit stiller Leidenschaft betriebene Einfühlung in die Lebensgeschichte Jesu zu keinem »Bild« von ihm, wohl aber zu Einblicken in seine »innere Biographie«, die wiederholt das christliche Verständnis neutestamentlicher Texte hinter sich läßt. Bisweilen rückt der jüdische Deuter, motiviert durch seine Tiefensicht der Zusammenhänge, scheinbar disparate Szenen in einer Weise zusammen, daß sie überzeugender als bisher lesbar werden. Während sich die christliche Interpretation bei allem Willen zur Sachtreue bisweilen doch triumphalistischen Tendenzen überläßt, kommt dann, wie dies in erstaunlicher Hellsichtigkeit schon *Kierkegaard* entdeckte, selbst in den »freudigsten« Vorkommnissen des Lebens Jesu sein »geheimes Leiden« zum Vorschein.[52] Mit geradezu intuitiver Überzeugungskraft leistet das der tragische Epilog der johanneischen Brotrede, sofern er im Sinne Bubers synchron gesehen wird mit der Szene von Cäsarea Philippi, die dann nicht mehr wie in den gängigen Interpretationen als umständlich eröffnetes Lehrgespräch wirkt, sondern als die krisenhafte Reaktion Jesu auf den Massenabfall, der ihm zusammen mit dem Sinn seiner Sendung sogar den seines Daseins verdunkelt und ihn aus der Erschütterung dieser Stunde die Frage an die ihm allein noch verbliebenen Jünger richten läßt: »Wer bin ich?«[53] Damit nimmt diese Frage, wie man in Fortentwicklung des Buberschen Ansatzes sagen könnte, aber nicht nur die Spur der Identitätssuche Jesu auf, die das Evangelium von der Episode über das Zugehörigkeitserlebnis des Zwölfjährigen an durchzieht (Lk 2,49); vielmehr läßt sie auch den dialogischen Charakter der bei der Taufe (Mk 1,11) und Verklärung Jesu (Mk 9,7) ertönenden Himmelsstimme hervortreten.[54] Jetzt freilich, da der Schatten des Kreuzes auf den Lebensweg Jesu fällt, schweigt der Himmel über ihm; dafür vernimmt er jedoch, fast wunderbarer noch, die himmlische Antwort aus Freundesmund, wenn Petrus – nach der synoptischen Tradition noch in Form eines einfachen Aussagesatzes – versichert: »Du bist der Sohn des lebendigen Gottes!« (Mt 16,16)

Daß die johanneische Version dieses Bekenntnis in die Form eines Daß-Satzes bringt – »Wir haben geglaubt und erkannt, daß du der Heilige Gottes bist« (Joh 6,69) –, markiert für Buber die christliche »Abzweigung« vom jüdischen Glaubensweg; denn von nun an verlagert sich der Schwerpunkt auf den satzhaft umschriebenen Inhalt, »an« den man, wie dann der Hebräerbrief verdeutlicht, aufgrund eines argumentativ gestützten Überzeugtseins glaubt.[55] Hauptverantwortlicher für diesen folgenschweren, das Christentum in eine gemessen am jüdischen Gottesverhältnis nur noch abkünftige Glaubensform verweisenden Bruch ist *Paulus,* der die von Jesus gelebte und gelehrte Unmittelbarkeit zu Gott mit einem System von Mediatisierungen vertauschte, nachdem er in der Fühlung mit der Auferstehungswirklichkeit des erhöhten Herrn die für ihn entscheidende Heilserfahrung gemacht hatte. Seitdem ist das Gottesgeheimnis – wie dann vor allem in der mystischen Bildsprache des Kusaners – von einer Mauer umgeben, »in die nur die eine Tür« in Gestalt dessen gebrochen ist, der sich selbst »die Tür« nennt (Joh 10,9).[56] Noch in der Dichtung *Kafkas,* dem mit seiner Parabel ›Vor dem Gesetz‹ eines der »wenigen gültigen Gleichnisse« gelang, wirkt diese »Metaphysik der Tür« nach, die in und mit dem paulinischen Gedanken von der Selbstdarstellung Gottes im »Antlitz Christi« (2 Kor 4,4) ihren Ausgang nimmt.[57] Darin bricht das Christentum mit der jüdischen Gottesvorstellung, für die auch der aus seiner ewigen Verborgenheit hervortretende und sich erbarmungsvoll zur Menschheit neigende Gott stets die Freiheit behält, sich in die Ferne seiner Unbegreiflichkeit zurückzuziehen und nach der Manifestation seiner Liebe sich erneut zu verhüllen, und für die dann umgekehrt jeder Versuch, Gott auf seine huldvolle Selbstmitteilung festzulegen, als vermessener Eingriff in seine Freiheitsrechte gelten muß.

Die göttliche »Rache« für diesen Eingriff konnte sublimer nicht sein; denn dadurch verurteilte sich das Christentum, gemessen an der jüdischen Glaubensweise, zur religiösen Inferiorität. Aus dem Glauben im Sinn eines unmittelbaren Gottesverhältnisses, in dem sich der Glaubende »vorfindet«, wurde ein Standpunkt, zu dem er sich bekehren und in der Folge insbesondere auch zu bekennen hat, aus der vertrauenden Einwurzelung in die Gotteswirklichkeit, der »emuna«, ein formeller Akt, der an dem »festhält«, worauf Gott »festgelegt« wurde, und der von daher die Struktur eines »Für-wahr-Haltens« gewinnt. Buber spricht es zwar nicht aus; doch liegt es in seiner Konsequenz, wenn man die von ihm markierte Differenz auf die sensibelste Form des Gottesverhältnisses, die Erfahrung des göttlichen Blicks, bezieht. Wie der sehende Gott Israels, der sich in der Abrahams-Geschichte sogar sein Opfer »ersieht« (Gen 22,8), »erblickt« auch der als leibhaftiges »Bild des unsichtbaren Gottes« (Kol 1,15) begriffene Offenbarer die Seinen, obwohl weit häufiger von seinem »Gesehensein« die Rede ist. Doch liegt in diesem Blick, zweifellos bedingt durch die Festlegung des Gottesgeheimnisses, eine unübersehbare Schärfe, die sich dann bei *Nietzsche* zur tödlichen Mediatisierung des von diesem Blick Getroffenen steigert.[58] Der Gott des jüdischen Glaubens »gibt sich«, mit Buber gesprochen, »zu sehen«; der Blick Jesu »trifft« den glaubenswilligen Menschen und drängt ihn in die Entscheidung, sich ihm entweder im Geist der Nachfolge anzuschließen oder aber, wie es der Fall des »reichen Jünglings« ist, sich unter dem auf ihm lastenden »Liebesdruck« zu verweigern.[59] Beide Male kommt es zu einer spontanen »Rationalisierung« des Vorgangs. So wie der junge Mann, an den der Ruf in die Nachfolge vergeblich erging, tausend Gründe dafür finden wird, daß er sich »traurig abwendet« (Mk 10,22), wird sich der Glaubende immer neu zu vergewissern suchen, woran und warum er glaubt. So zieht sich eine kontinuierliche Linie vom johanneischen Petrus-Bekenntnis und dem sinngleichen Wort des Zweiten Timotheus-Briefs – »Ich weiß, wem ich geglaubt habe« (1 Tim 1,12) – hin zu den Glaubensprotokollen der theologischen Tradition. Ging darin aber tatsächlich, wie Buber vermutet, die Spontaneität des unmittelbaren Gottesverhältnisses in einem System von Vermittlungen unter? Siegte hier die Lehre über den lebendigen Vollzug? Trat der dogmatische Standpunkt an die Stelle der im Glauben gewonnenen Zugehörigkeit?

Die geistesgeschichtliche Situation bringt es mit sich, daß darauf nicht direkt, sondern zunächst in Form einer frontenverkehrten Argumentation, also mit einem Plädoyer zugunsten des Satz-Glaubens, geantwortet werden muß. Denn sosehr *Buber* darin recht behält, daß jenes Glaubensverständnis an der Zeit ist, das sich dem von *Hentig* beklagten »allmählichen Verschwinden der Wirklichkeit« widersetzt, arbeiten die dafür in erster Linie verantwortlichen Medien doch gleichzeitig auf eine Stabilisierung des inhaltsbezogenen Glaubenskonzepts hin. Sofern dieses buchstäblich »von gestern« ist, legen sie damit dann allerdings auch ihren von dem Anschein extremer Modernität nur notdürftig getarnten »Anachronismus« offen. Auf ihre anthropologische Herkunft zurückbezogen – und der Mensch entwickelt, wie bereits erwähnt, jederzeit die Technik, die er »verdient« –, knüpfen sie, so gesehen, nicht etwa an die utopische, sondern an die »antiquierte« Komponente im Menschenwesen an. Von ihrer Wirkung her bestätigt sich das dadurch, daß sie ein im Grunde obsolet gewordenes Bildungsideal favorisieren und im Zusamenhang damit auch einen auf seine Inhaltlichkeit konzentrierten Glauben. Und das nicht etwa nur durch ihre unbestreitbare Eignung, dem vielfach beklagten Mangel an Glaubenswissen durch ihr Informationsangebot zu steuern, sondern durch die ihnen eingeschriebene Tendenz, die von ihnen vermittelten Daten im Sinn ihrer Grundstruktur zu »Informationen« zu stilisieren.[60]

Doch sosehr darin eine der großen Chancen der modernen Medienszene besteht, schlägt hier doch zugleich die schon von *Nietzsche* mit wachsender Intensität am Bildungsbetrieb seiner Zeit geübte Kritik zu Buch, dem er »vollkommene Nichtswürdigkeit« attestiert, weil er dem Menschen eine bloße »Bildungshaut« überziehe, anstatt ihn in seinem Wesenskern zu gestalten und ihm seine Einsamkeit ertragen zu helfen. Sein zentraler Vorwurf aber konzentriert sich auf den parasitären Charakter der Bildung und ihre narkotisierende Wirkung, die eine Lebensführung der Ausnahme verhindere und insgesamt zur Durchschnittlichkeit überrede.[61] Von keinem dieser Vorstöße sieht sich der heutige Mensch so unmittelbar berührt wie von dem, der dem Bildungsbetrieb die Fähigkeit abspricht, der Not der Vereinsamung zu wehren. Schon geringfügig gesteigert läuft er auf dasselbe hinaus, was die Rede vom allmählichen Verschwinden der Wirklichkeit in der von den Medien beherrschten Lebenswelt anspricht. Um so dringlicher stellt sich dann aber die Aufgabe, den Glauben gegen den Verdacht einer wenn auch noch so heimlichen Komplizenschaft mit diesen Tendenzen abzusichern.

Das kann nur auf dem Weg einer Rückführung der Buberschen Kritik auf ihr innerstes Prinzip gelingen. Spiegelbildlich zur frontenverkehrten Argumentation zugunsten des Satz-Glaubens muß dem jedoch eine ausdrückliche Rühmung vorangehen, die ebenso Bubers verbindende wie unterscheidende Leistung betrifft. Denn mehr als irgendeinem ihrer eigenen Vertreter hat die christliche Theologie ihm die Ausarbeitung der christlich-jüdischen Differenz zu danken, während sie selbst am Ende einer jahrhundertelangen Polemik so etwas wie einen Zusammenbruch ihres Selbstverständnisses mit dem Ergebnis erlitt, daß sie die von ihr reflektierte Botschaft, vermutlich unter dem Eindruck von Werken wie *Bultmanns* Studie über das ›Urchristentum im Rahmen der antiken Religionen‹ (von 1954), als eine Spielform der spätjüdischen Religiosität aufzufassen begann. Nicht weniger hilfreich sind die für eine Kampfschrift ganz ungewöhnlichen Beiträge zur neutestamentlichen Exegese, die, wie am Beispiel des Lehrgesprächs von Cäsarea Philippi deutlich wurde,

Logien und Begebenheiten der Lebensgeschichte Jesu wiederholt aus jüdischer Perspektive in eine neue und ungeahnte Beleuchtung rücken. Nicht zuletzt gilt das von der zweifellos kühnsten Konjektur Bubers, die den Hinweis Jesu in der Verhör-Szene auf das machtvolle »Kommen« des Menschensohns (Mk 14,62) als möglichen Anknüpfungspunkt für die Auferstehungs-Visionen der Jünger deutet.[62] Damit ist aber auch schon der entscheidende Differenzpunkt berührt. Denn bei Paulus, dem wichtigsten Deuter der Todüberwindung Jesu, wird nicht nur der Name »Menschensohn« gänzlich fallengelassen, sondern gleichzeitig auch das ursprünglich gebrauchte Bildwort von der »Erhöhung« des Gekreuzigten zugunsten des von ihm zum Zug gebrachten Paradigmas »Auferstehung« aufgegeben. So aber ergibt es sich aus seinem Glaubensbegriff (Röm 10,9), für den der gesichtslose Gott der jüdischen »emuna« schaubar geworden ist in dem vom Glanz der Gottherrlichkeit umstrahlten Antlitz des Auferstandenen (2 Kor 4,6), das es Gott verwehrt, sich je wieder zu verbergen und (im Sinn von Ex 3,14) immer nur da zu sein als der er da sein will.[63] Fast unmerklich ist hier die Religiosität des Wortes der des Bildes und der Schau gewichen, der das alttestamentliche Bilderverbot nur als abstraktes Prinzip in Erinnerung blieb; denn:

> Zugleich bildlos und bildhaft ist der Gott des Christen, jedoch bildlos mehr in der religiösen Idee, bildhaft mehr in der gelebten Gegenwart. Das Bild verdeckt den Bildlosen.[64]

Wie Bubers Kritik der Reflexivität – für ihn die Lähmung jedes spontanen Verhältnisses – in seiner religionsphilosophischen Untersuchung ›Gottesfinsternis‹ (von 1953) erkennen läßt, ist das aus einem defizienten Bildverständnis gesprochen, das auf christliche Randerscheinungen zutreffen mag, der paulinischen Rede vom »Bild des unsichtbaren Gottes« aber keinesfalls gerecht wird. Denn dieses »Bild« ist dem Apostel nicht nur (nach Gal 1,15f) ins Herz gesprochen; es ist auch selbst beredt und als solches nur Hinweis darauf, daß die Geschichte der göttlichen Selbstoffenbarung in Kreuz und Auferstehung Jesu ihren unüberholbaren Höhe- und Endpunkt erreichte. Wie das Schweigen Jesu als extremer Modus seiner Gottes-Rede zu gelten hat, ist das in ihm aufscheinende Bild nur der Exzeß der göttlichen Bildlosigkeit, antlitzhaftes Aufscheinen einer Wahrheit, die als Gottes-Wahrheit – den Menschen meint. Zwar verfaßt sich diese Wahrheit in ein Bild, dies jedoch mit einer unverkennbaren Tendenz zur Selbstaufhebung dieser Bildhaftigkeit, so daß dieses Bild ebensosehr »vernommen« wie geschaut sein will, so wie es seinem großen Theoretiker Paulus in der Stunde seines Offenbarungsempfangs »ins Herz gesprochen« wurde. Deshalb kann auch von einer Mediatisierung nicht die Rede sein; vielmehr gewinnt Paulus im selben Maß, wie er seine Identität in dem ihm innerlich gewordenen Christus gewinnt, zugleich eine Unmittelbarkeit zu Gott, die sich von der »vorgegebenen« des jüdischen Gottesverhältnisses allenfalls durch ihre dialogische Strukturierung unterscheidet. Denn in seiner Damaskusstunde wird Paulus von Gott – mit Gott beschenkt, wird er, wie eine Zusammenschau der wichtigsten Selbstzeugnisse erkennen läßt, zum inwendigen Zeugen der göttlichen Selbstverständigung: zerbrechliches Gefäß zwar dieses kostbaren Schatzes, jedoch getragen von der Gewißheit, daß sich dieser »innere Mensch« im selben Maß erneuert, wie der äußere »aufgerieben« wird (2 Kor 4,7; 16).

Ist damit aber auch schon der Vorwurf Bubers entkräftet, daß hier die vertrauende Selbstübereignung an Gott in der »emuna«, die den im jüdischen Sinne glaubenden Menschen Halt und Stand in der Gotteswirklichkeit gewinnen läßt, zugunsten eines »ideologischen« Glaubenskonzepts aufgegeben wurde? Brach Paulus somit im Grunde doch mit der Glaubenshaltung Jesu, die noch ganz vom Geist kindlich vertrauender Hingabe an seinen Vater und vom Gefühl der Zugehörigkeit zu ihm getragen ist? Die Antwort darauf gibt eben jene Stelle des Hebräerbriefs, die nach Buber im »Sinne griechischer Denkmethodik« vom Glauben redet und damit der christlichen Theologie die für sie »grundwichtige Verfestigung geliefert«, damit aber auch die für die ganze Folgezeit entscheidende Weichenstellung vollzogen hat.[65] In diesem definitionsartigen Stil versichert sie:

> Glaube ist ein Feststehen in dem, was man erhofft, ein Überzeugtsein von dem, was man nicht sieht (Hebr 11,1).[66]

Deutlicher konnte sich das Urchristentum nicht mehr auf die jüdische Glaubenstradition, gerade auch im Sinn der von Buber explizierten emuna-Struktur, bekennen. Nicht nur, daß der Schlüsselbegriff des »Feststehens« (hypostasis), gerade auch vom griechischen Grundwort her den Akt der Einwurzelung und Selbstbegründung nachzeichnet; auch das Ziel dieses Gründungsaktes könnte dem der »emuna« nicht deutlicher entsprechen. Denn mit dem, »was man erhofft«, ist der Inbegriff des gläubigen »Hoffnungsgutes«, die sich für den gläubigen Menschen stets neu ereignende Zu-kunft gemeint. Und das ist eben jener Gott, der sich durch die Mitteilung seines Jahwe-Namens als der zu verstehen gibt, der da ist, als der er da sein werde (Ex 3,14). Und wenn diese Bestimmung in der erläuternden Parallelaussage mit einem »Überzeugtsein von dem, was man nicht sieht«, gleichgesetzt wird, nimmt die Formel auf der angeblichen Höhe der christlichen Verbildlichung des Gottesgeheimnisses sogar ausdrücklich auf den – nach Buber – gesichts- und bildlosen Gott Israels Bezug.

Freilich: so leicht läßt sich diese auf höchstem Niveau vorgetragene Kritik nicht entkräften. Denn wenn sich auch die »theoretische Vernunft« des Christentums ihr gegenüber rechtfertigen läßt, so erscheint doch die Glaubenspraxis davon um so schwerer getroffen. Dabei fällt noch nicht einmal so sehr die Tatsache ins Gewicht, daß sich das von Buber angegriffene Konzept weitgehend mit dem vom Ersten Vatikanum entwickelten Glaubensbegriff deckt. Alarmzeichen des hier aufklaffenden Defizits sind sowohl die von *Erik K. Erikson* in Gang gesetzte Diskussion um die Weckung des kindlichen Urvertrauens als auch die vor allem in Zentraleuropa um sich greifende Lebensangst, die beide in dieser Form nicht zum Zug gelangt wären, wenn das Vertrauenselement des Glaubens den ihm zukommenden Stellenwert behalten hätte. Aus ganz unterschiedlichen Gründen, unter denen inner- und kontroverstheologische Interessen eine dominierende Rolle spielten, trat das Moment der formalen »Richtigkeit«, also das der Orthodoxie, in einer Weise in den Vordergrund, daß die auf Kontingenzbewältigung gerichtete »Orthopraxis« fast ganz aus dem Blickfeld verschwand. In dieser Frage drängt tatsächlich alles auf Korrektur, die für das westeuropäische Christentum von geradezu schicksalhafter Bedeutung ist. Denn es wird sich in diesem Bereich auf die Dauer nicht als »glaubhaft« erweisen können, wenn es nicht in und mit der von ihm geforderten Glaubenshaltung gewährleistet, was *Buber* mit dem wohl tiefsinnigsten Hinweis seiner Kampfschrift anspricht: die im Glauben gelingende Überwindung der Einsamkeit. Denn damit wird dem Glauben eine therapeutische Rolle gegenüber einem brennenden Notstand des heutigen Menschen zuerkannt. Wie soll ihm auch die Überwindung der Einsamkeit auf der Ebene mitmenschlicher Kontakte und Beziehungen gelingen, wenn er nicht zuvor lernte, die Not seiner Vereinsamung im gläubigen Kontakt mit seinem Gott zu bewältigen?

Dem ist nur noch hinzuzufügen, daß sich Angst und Einsamkeit wie die Innen- und Außensicht ein und derselben Daseinsnot erweisen. Die Angst ist das leere Zentrum der Einsamkeit und diese die »Außenform« der Angst. Wenn es sich aber so verhält, geht es in der Frage um die Wiedergewinnung der Vertrauenskomponente des Glaubens zugleich um die der Angstüberwindung in dieser Zeit. Damit aber rückt der Glaube immer deutlicher in den Brennpunkt des geistigen Zeitgeschehens. Die Frage des Überlebens der Christenheit im zentraleuropäischen Kulturraum erscheint unablöslich verkoppelt mit der Frage des Überlebens, wie sie sich dem heutigen Menschen insgesamt stellt. Den zweifellos effizientesten Beitrag zur

Lösung dieses Problems leistet unfraglich der Glaube, sofern es nur gelingt, ihn auf seine ureigene Basis zurückzuführen und ihn damit in seiner Grundgestalt als Vertauensglaube lebendig werden zu lassen.

### *4. Vom Gehorsams- zum Verstehensglauben*

Daß auch das traditionelle Glaubensmodell diesen Zusammenhang im Auge behielt, ergibt sich schon aus dem Gewicht, das es auf die mit dem zentralen Glaubensmotiv gleichgesetzte Gottesautorität legte. Denn mit der Rede von der »auctoritas« des Offenbarungsgottes war, grundsätzlich gesehen, die Gotteswirklichkeit angesprochen, wenngleich in einer glaubenstheoretisch zugespitzten Form. Bevor die damit aufgenommene Fährte weiterverfolgt werden kann, meldet sich freilich noch einmal *Buber* mit einem letzten Einwand zu Wort, der alles in Frage zu stellen droht. Gestützt auf eine christliche Exegese des Hebräerbriefs, meint er – und es mindert das Gewicht seines Einwandes nicht im geringsten, daß dies fast beiläufig geschieht –, daß für die neutestamentliche Denkweise die Existenz Gottes keine Selbstverständlichkeit, sondern ein Glaubensartikel sei: »man fühlt nicht die Nähe Gottes, sondern man glaubt an sie«.[67] Mit einer einzigen Handbewegung wird dem christlichen Glauben damit der Boden entzogen, so daß er – insbesondere angesichts der Tatsache, daß seine hermeneutische Deutung völlig außer Betracht liegt – lediglich noch als eine freischwebende Konstruktion erscheint. Denn wie soll er sich auf das begründen, »wovon« er erst nach gelungenem Vollzug überzeugt ist? Mit dem naheliegenden Hinweis, daß durch den – in seiner Rückbezüglichkeit begriffenen – Glauben der ihm gebietende Gott als zentrales Glaubensmotiv mitgeglaubt wird, ist es nicht getan. Denn für Buber käme diese Lösung, gemessen an der Radikalität seiner Anfrage, zweifellos zu spät. Aus dieser bedrohlichen Aporie führt nun aber ein Lösungsweg heraus, der in erstaunlicher Gleichzeitigkeit mit Bubers Kritik von *Karl Rahner* gewiesen wurde. In einem zum Ziel einer »besseren bibeltheologischen Fundierung« des Traktats ›De Deo uno‹ entwickelten Gedankengang, der zunächst in einem Zeitschriftenartikel veröffentlicht und dann in den ersten Band seiner ›Schriften zur Theologie‹ (von 1954) aufgenommen wurde, gelangt er zu einem mit Buber scharf kontrastierenden Urteil, wenn er feststellt:

> Das erste, was uns auffällt, wenn wir nach dem Gottesbegriff der Männer des Neuen Testaments fragen, ist die Selbstverständlichkeit ihres Gottesbewußtseins. Eine Frage einfachhin . . . ob Gott existiere, kennen diese Männer eigentlich nicht. Eine Qual, erst

nach Gott fragen zu müssen, sich erst langsam und besinnend überhaupt den Boden schaffen zu müssen, von dem aus so etwas wie ein Ahnen, Erfühlen oder Erkennen Gottes erst möglich wird, ein Gefühl, daß Gott sich dem fragenden Zugriff des Menschen eigentlich immer wieder entziehe, eine Furcht, ob nicht etwa Gott am Ende doch nichts sei als eine ungeheure Projektion der Sehnsüchte und Nöte des Menschen ins Objektive, ein Leiden an der Gottesfrage: von all diesen und ähnlichen Haltungen des modernen Gottesbewußtseins weiß das Neue Testament nichts.[68]

Damit rückt das von Buber aufgeworfene Problem in eine nahezu diametral entgegengesetzte Perspektive. Während das Alte Testament seine größte »Toleranzbreite« dadurch dokumentiert, daß es auch die Stimmen der Zweifler und Skeptiker, vor allem in den Büchern Hiob und Kohelet, zu Wort kommen läßt, gilt für die neutestamentlichen Autoren nach Rahner, der dabei die Gegenthese Bubers förmlich im Ohr zu haben scheint:

> Gott ist zunächst einfach da. Er ist ... bei all seiner Unbegreiflichkeit und Erhabenheit, bei all der Furcht und dem Zittern und dem erschütternden Glück, das ihnen diese Gotteswirklichkeit bereiten mag, zunächst einfach einmal als die selbstverständlichste, eines Beweises und einer Erklärung nicht bedürfende Tatsache da.[69]

Mit einer Beobachtung, deren Tragweite für die Überwindung der historischen Kritik kaum abzuschätzen ist, weist Rahner damit auf die geheime Kompensation des neutestamentlichen Verzichts auf jede rationale Begründung des Gottesglaubens hin. Sie konnte und durfte unterbleiben, weil Gott für dieses Denken der Erstgegebene und Erstgewisse war, mehr noch, weil sich in ihm eine Umgewichtung der »natürlichen« Verhältnisse von den welthaften Gegebenheiten in Richtung auf die Gotteswirklichkeit vollzog. Für diesen Bewußtseinswandel läßt sich nur ein zulänglicher Grund angeben: die von der Offenbarergestalt Jesu ausgehende Inspiration, die mit der Jüngergruppe zusammen anfänglich auch die Urgemeinde ergriff und ihr zur Partizipation an Jesu eigenem Gottesbewußtsein verhalf. Wie es in der Natur einer jeden Inspiration liegt, klang auch diese in der Folge ab, so daß zunehmend das Interesse an einer rationalen Begründung des Gottesglaubens Raum gewann, ohne daß damit der Weg zu einem spontanen Gottesverhältnis verstellt worden wäre. Nicht zuletzt ergeben sich aus dieser offenen Alternative die basalen Voraussetzungen für die Glaubenswende.

Damit stellt sich nun aber der Zusammenhang von Glaubensgrund und Autoritätskrise erneut zur Diskussion. Denn mit ihrer religiösen Spitze untergräbt die Autoritätskrise eben jenen Grund, den der Glaube in und mit der – wurzelhaft als »Urheberschaft« verstandenen – Gottesautorität gewinnt. In erstaunlicher Sensibilität hatte sich, wie bereits angedeutet, *Peter Wust* schon in den dreißiger Jahren zum Sprecher dieser religiösen »Zuspitzung« gemacht, als er die gegen ihre ureigenen Bedingungen aufbegehrende Vernunft fragen ließ:

> Warum ist gerade dieses eine, seinsgenugsame Wesen oben, am Kulminationspunkt der Seinsvollkommenheit ..., und warum nicht irgendein anderes Wesen? Warum ist Gott oben, am Gipfel der Vollkommenheit, und warum nicht wir, die Fragenden? Oder warum nicht wenigstens einer von uns? Und warum ist dieses eine höchste Wesen mühelos, kampflos oben, an der Spitze der Seinshierarchie, während wir alle uns mühen müssen, in endlos zermürbendem Kampf und in qualvollster Daseinsunruhe?[70]

Angesichts dieser dem Zeitbewußtsein weit vorgreifenden Sätze käme es einer geradezu anachronistischen Selbsttäuschung gleich, wenn man annehmen wollte, daß die umfassende Autoritätsverneinung, die nach dem Zusammenbruch der westeuropäischen Diktaturen zunächst stillschweigend, mit Ausbruch der Studentenrevolte dann aber nur um so lautstärker in Gang kam, vor der letzten und scheinbar unantastbaren, der göttlichen Autoritätsposition, Halt machen würde. Vielmehr legen diese Sätze die noch immer nicht hinreichend wahrgenommene Tatsache offen, daß die Erschütterung der politischen, familiären und doktrinalen Autoritäten umgekehrt mit einer geheimen Infragestellung der Gottesautorität ihren Anfang genommen hatte. Wie der Wurzelgrund aller Ängste in der Gottesangst besteht, sind die meisten Krisenerscheinungen des gesellschaftlichen und kulturellen Lebens letztlich religiös bedingt. So aber kann es dann auch in einem letzten Sinn nicht verwundern, daß die Lösung des Autoritätsproblems einer dem religiösen Bereich entstammenden Denkform – der hermeneutischen – zu verdanken ist. Nicht umsonst wird *Hans-Georg Gadamer,* der Schöpfer der philosophischen Hermeneutik, nicht müde, auf die Verwurzelung des gesamten Geisteslebens im Faktum der menschlichen Verständigung hinzuweisen.[71] Er hätte, radikaler noch, dabei auch an die – letztlich auf einen Offenbarungsempfang ausgerichtete – Dialektik des Menschengeistes erinnern können, der bei aller Spontaneität zugleich darauf angelegt ist, sich gerade die entscheidenden Wahrheiten »gesagt sein zu lassen«, und der bei aller Befremdung im mystischen Umschlag von Spontaneität in Rezeptivität die beglückende Aufhebung dieses vermeintlichen Widerspruchs in sich erfährt.[72]

Durch kaum etwas wird der geistesgeschichtliche Ort des von Gadamer entwickelten Ansatzes so genau bezeichnet wie durch das Kapitel zur »Rehabilitierung von Autorität und Tradition«, das zumindest tendenziell auf eine Revision des kartesianischen Bruchs mit den beiden Prinzipien der mittelalterlichen Denkwelt hinausläuft.[73] Im Zusammenhang damit kommt Gadamer zunächst auf das von ihm als Aufklärungsrelikt denunzierte Vorurteil zu sprechen, das Vernunft und Autorität zu Gegenbegriffen auseinanderreißt.[74] Dadurch wurde seiner Auffassung nach der Autoritätsbegriff in einer Weise deformiert, daß er nur noch »blinden Gehorsam« zu fordern schien:

> Dergleichen liegt aber keineswegs im Wesen der Autorität. Gewiß kommt Autorität zunächst Personen zu. Die Autorität von Personen hat aber ihren letzten Grund nicht in einem Akte der Unterwerfung und der Abdikation der Vernunft, sondern in einem Akt der Anerkennung und der Erkenntnis.[75]

Mit einer Wendung, die das ganze Autoritätsproblem auf eine neue Ebene verlagert, fügt Gadamer dem die wahrhaft erleuchtende Folgerung hinzu:

> Mit blindem Kommandogehorsam hat dieser richtig verstandene Begriff von Autorität nichts zu tun. Ja, unmittelbar hat Autorität überhaupt nichts mit Gehorsam, sondern mit Erkenntnis zu tun . . . Ihr wahrer Grund ist auch hier ein Akt der Freiheit und der Vernunft, die grundsätzlich dem Vorgesetzten, weil er mehr überschaut oder besser eingeweiht ist, Autorität zubilligt, also auch hier, weil er es besser weiß.[76]

Danach besteht die primordiale Autorität, wie sie Personen zukommt, entgegen dem weit verbreiteten Vorurteil gerade nicht in der Überlegenheit dessen, der auf legitime oder gewaltsame Weise »an die Macht« gelangte, sondern in dem geistigen Vorsprung dessen, der, sei es aus überlegener Einsicht oder Erfahrung, »etwas zu sagen hat«. Autorität ist somit primär ein, wenn nicht sogar das Vehikel des Verstehens. Denn der Verstehensakt beginnt mit der Vorgabe, den redenden Gesprächspartner als Autorität gelten zu lassen, weil er sich nur in dem dadurch entstehenden Spannungsgefälle zu äußern vermag; anders ausgedrückt: weil sein Wort als die dialogische Aufhebung dieses Spannungsverhältnisses nur so zustande kommt.

Die theologische Anwendung dieser Konzeption drängt sich geradezu auf! Denn nirgendwo trifft das von Gadamer entwickelte Autoritätsmodell so vollkommen zu wie auf die sich im Offenbarungsakt bekundende Gottesautorität. Nach gemeinchristlichem

Verständnis erweist sich Gott in seiner offenbarenden Selbstmitteilung als der, der dem von ihm angerufenen Menschen das Entscheidend-Wichtige zu sagen hat – sich selbst! Denn Offenbarung ist, wie *Karl Rahner,* gestützt auf Gedankengänge *Guardinis,* mit allem Nachdruck versichert, Selbstoffenbarung Gottes, der dadurch zwar keine religiöse Neugierde befriedigt, wohl aber der innersten Sinnerwartung des Menschen entgegenkommt.[77] So aber ergab sich wiederum eine erstaunliche Konvergenz, da sich der so akzentuierte Offenbarungsbegriff fugenlos dem hermeneutischen Autoritätsverständnis Gadamers einfügte.

Der von dieser Konstellation zu erhoffende Gewinn bestand jedoch vor allem in ihrer glaubenstheoretischen Konsequenz. Denn der hermeneutische Autoritätsbegriff drängte geradezu darauf, mit dem radikal gefaßten Offenbarungsverständnis zu einem neuen Glaubenskonzept fortentwickelt zu werden. Vorausgesetzt, daß die sich im Offenbarungsgeschehen manifestierende Gottesautorität hermeneutisch gemeint ist, so daß sie der Offenbarer nur zu dem Ziel ausspielt, die Rezeption seiner Selbstmitteilung in Gang zu setzen, hat der Glaube, mit Gadamer gesprochen, nichts mehr »mit Gehorsam, sondern mit Erkenntnis zu tun«. Glaube ist dann nicht so sehr ein Akt der Unterwerfung unter die ihm im Offenbarungsereignis entgegentretende Oberhoheit Gottes als vielmehr ein »Gott verstehen«, das sich in und mit diesem gläubigen Verstehensakt aus der Distanz der Knechtschaft zur Höhe mitwissender Gottesfreundschaft erhebt.[78]

Der Wert dieses Konzepts liegt nicht nur darin, daß es dem glaubensbereiten Menschen die Demütigung des Unterwerfungsaktes erspart, ohne die Sache der Autorität aufzugeben, sondern weit mehr noch in der Ermutigung, von der ihm zugesprochenen hermeneutischen Kompetenz Gebrauch zu machen und in immer neuen Anläufen verstehend in das ihm zugesprochene Gottesgeheimnis einzudringen. Was das Erste Vatikanum mit dem subtilen Gedanken in Aussicht stellte, daß ein »gewisses Glaubensverständnis« unter der Voraussetzung erreichbar sei, daß die Offenbarungsmysterien in ihrem inneren Konnex und in ihrem Rückbezug auf das letzte Sinnziel des Menschen gesehen würden, kommt erst für einen Glaubensbegriff voll zum Tragen, der sich seinerseits als Verstehensakt begreift. Mehr noch als von der Interdependenz der Mysterien gilt das von ihrem Rückbezug auf das menschliche Sinnziel; denn nach Ausweis der Etymologie des Wortes hat »verstehen« etwas mit »einstehen für etwas« zu tun. So gesehen ist mit jedem gelungenen Verstehensakt ein Gewinn an innerer Kompetenz und Selbstsicherheit verbunden. Erst recht ist das vom gläubigen Verstehen des Gottesgeheimnisses zu erwarten, das dem Gedanken des Konzils entsprechend gleichfalls rückbezüglich, als Kompetenz- und Sinngewinn, zu deuten ist. Kaum braucht noch ausdrücklich gemacht zu werden, wie eng sich das mit dem Motiv der Standfestigkeit berührt, die als die vorzüglichste Frucht des emuna-Glaubens zu gelten hat.

Der Ausdruck »verstehen« hat aber schon im alltäglichen Sprachgebrauch vielfach einen Zug zur Lebenspraxis. Gemeint ist damit aber nicht das technische »sich verstehen auf etwas«, wie es von *Heidegger* als Angelpunkt seiner Daseinshermeneutik herausgestellt wurde.[79] Wer einem für ihn schwierig gewordenen Menschen erklärt, daß er ihn »verstehe«, bekundet ihm damit vielmehr seinen Willen zur Akzeptanz, verstanden als die Bereitschaft, ihn gerade auch in seiner ihm unbegreiflichen Andersheit an- und auf sich zu nehmen. Auch hier wirkt es wie ein Vorgriff auf die – hochaktuelle – religiöse Zuspitzung dieses Verstehensmodus, daß *Ida Friederike Görres* etwa zur gleichen Zeit, als *Peter Wust* die religiöse Tiefe der Autoritätsproblematik beschwor, das damals noch befremdlich wirkende Wort von der »Last Gottes« in die Debatte warf.[80] Heute fühlen sich viele, die mit wechselndem Erfolg an ihrer Lebenslast laborieren, von diesem Wort in ihrer Existenzmitte getroffen. Damit tritt nun aber auch die Formel »Gott verstehen« in eine neue Bedeutungsperspektive. Nicht als würde damit das schicksalhafte Dunkel, in das die Lebensbahn der Betroffenen geriet, aufgehellt oder gar durchsichtig. Wohl aber vermittelt ihnen der »verstehende« Glaube die Kraft, die »Last« des ihnen unbegreiflich gewordenen Gottes im Bewußtsein der Grundverständigung mit ihm zu ertragen.

Wenn damit der Verstehensglaube nicht in zwei disparate Bedeutungsformen auseinanderklaffen soll, muß eine die beiden Perspektiven »Einsicht« und »Akzeptanz« verklammernde Überbrückungsformel gefunden werden. Sie bietet sich mit dem Gedanken an, daß der Glaube den Menschen ins Einvernehmen mit seinem göttlichen Partner bringt, grund- und hauptsächlich dort, wo er zum Hörer seiner offenbarenden Selbstmitteilung wird, abkünftig aber auch dort, wo er sein Schicksal im Sinn einer göttlichen Fügung zu entziffern sucht. Nicht als werde damit die Differenz von Offenbarungsglauben und dem in jedem Menschen noch als archaisches Relikt anstehenden »Schicksalsglauben« verwischt; wohl aber ist dieses Konzept eines gläubigen Einvernehmens mit Gott dazu angetan, die Verwurzelung gerade auch des christlichen Glaubens in der menschlichen Lebenswirklichkeit in Erinnerung zu rufen, die nicht zuletzt in seiner emuna-Struktur begründet ist. »Wer Gott, dem Allerhöchsten traut«, so versichert die Weisheit des alten Kirchenlieds (von 1657), »der hat auf keinen Sand gebaut«.[81] Und Paulus, der so bewegend von dem Grund zu sprechen weiß, »außer dem kein anderer gelegt werden kann« (1 Kor 3,21), fügt dem nur noch die zum Himmel dringende und in diesem höchsten Sinn »rhetorische« Frage hinzu:

> Wenn Gott mit uns ist, wer ist dann gegen uns? Er, der den eigenen Sohn nicht schonte, sondern ihn für uns alle hingegeben hat – wie sollte er uns nicht mit ihm alles schenken? (Röm 8,32)

### *5. Die »Krypta« des Glaubens*

Offensichtlich hat die von *Buber* aufgeworfene Frage nach der Fundamentierung des Glaubens nicht nur ein größeres Gewicht, sondern auch eine höhere Aktualität, als es ihre polemische Veranlassung zunächst vermuten läßt. Fast drängt sich der Eindruck auf, als melde sie ihr Eigenrecht um so nachdrücklicher an, je mehr die traditionelle Strategie der Glaubensbegründung aufgegeben und durch das Konzept einer Glaubens-Motivation verdrängt wird. Der inspirierte und allenfalls noch vom Rand her argumentativ gestützte Glaube verlangt geradezu, so will es scheinen, nach klarerer Auskunft über seine Verankerung. Sie wurde freilich nicht von der theologischen Glaubenstheorie gefunden, sondern – wie nicht selten bei der Aufarbeitung zentraler Fragen – von einem ausgesprochenen »Randsiedler« der religiösen Szene, oder nun konkret und richtiger gesagt, von dem gegen Ende seines Lebens in die theologische Randzone geratenen *Reinhold Schneider*.[82] Wenn es überdies noch eines Beweises dafür bedürfte, daß der pseudo-dionysische Gedanke, wonach Göttliches mehr durch Leiden als durch Forschen erkannt wird, heute zunehmend an Boden gewinnt, würde er gleichfalls durch ihn erbracht. Dabei galt Schneider nach allgemeiner Überzeugung anfänglich eher als einer der großen Glaubenszeugen, um nicht mit *Kierkegaard* zu sagen »Glaubenshelden« seiner Zeit, dem sogar nachgerühmt wurde: »Solange er lebt und betet, wird Deutschland bestehen!«[83] Nach der Konstituierung der Bundesrepublik und dem Eintritt ihrer politischen Folgen kam es freilich rasch zu einem nachhaltigen Stimmungsumschwung, der den einst hoch gefeierten Dichter zunehmend ins Abseits tiefer Melancholie und Vereinsamung drängte. Auf dem Höhe- und Endpunkt dieser Entwicklung entstand die Niederschrift seiner späten Gedanken und Impressionen, die nach seinem jähen Tod (am Ostermorgen 1958) unter dem Titel ›Winter in Wien‹ veröffentlicht wurden.[84] Ohne daß er sich dessen bewußt wurde, gerieten ihm diese Tagebuchaufzeichnungen zu einem der bedeutsamsten Glaubenszeugnisse der Gegenwart, dessen theoretische Verarbeitung um so weniger noch längeren Aufschub duldet, als es ins Zentrum der Frage nach der Fundamentierung des Glaubens hineinstößt.

Tatsächlich war es eine ausgesprochene Leiderfahrung – die eines unaufhaltsam fortschreitenden »Glaubensentzugs« –, aus der die weiterführende Einsicht erwuchs. Sie ergibt sich, wie ihre Rekonstruktion zeigt, freilich erst aus der Zusammenfassung zweier Elemente, von denen ›Winter in Wien‹ noch unverbunden berichtet. Vom ersten spricht Schneider in gegensinnigen Wendungen, die sich jedoch alsbald zu einer inneren Einheit fügen, wenn man die Position seiner Berichterstattung genauer ins Auge faßt. Es ist die der auf dem Lebensweg zuletzt erreichten, in seinem Fall sogar überschrittenen »Paßhöhe«, die ihm das Gefühl vermittelt, das Schlimmste bereits hinter sich zu haben und von dem Durchstandenen nur noch wie aus der Retrospektive eines Abgeschiedenen zu berichten. Aus lebensgeschichtlicher Sicht ist das aber eindeutig die »Höhe« jener mystischen Entrückung, die als Umpolung der Spontaneität in Rezeptivität, der Leistung in ein Beschenktsein, des Gebens in ein Empfangen erfahren wird. Damit werden auch die gegensinnigen Bestimmungen, die der Berichterstatter gebraucht, einheitlich lesbar. Denn er meint dasselbe, wenn er einmal vom »Rückzug« und dann von einem »Herausgleiten« aus dem ihn bisher umfangenden Horizont berichtet. Von dieser Abdrift, die einer leisen, aber unwiderruflichen Verabschiedung der bisherigen Lebens- und Glaubensinhalte gleichkommt, spricht er mit dem Geständnis:

> Ich fühle mich aus dieser Wirklichkeit, diesem Wahrheitsbereich gleiten, ohne Einwand, immer in Verehrung und Dankbarkeit, ohne jegliche Rebellion, aber eben doch für mich, gezogen von meinem Daseinsgewicht, mit geschlossenen Augen, verschlossenem Mund.[85]

Gleichzeitig betont er im Sinn der ersten Wendung, daß er den Rückzug in den »Unterstand unter dem Trommelfeuer der Geschichte«, und das ist für ihn gleichbedeutend mit der »Krypta« unter den dogmatisch umschriebenen Aufbauten des Glaubens, angetreten habe.[86] Was das konkret besagt, verdeutlicht er mit den nun vollends aus der Erfahrung einer »negativen Mystik« gesprochenen Sätzen:

> Ich weiß, daß Er auferstanden ist; aber meine Lebenskraft ist sosehr gesunken, daß sie über das Grab nicht hinauszugreifen, sich über den Tod hinweg nicht zu sehnen und zu fürchten vermag. Ich kann mir einen Gott nicht denken, der so unbarm-

herzig wäre, einen todmüden Schläfer unter seinen Füßen, einen Kranken, der endlich eingeschlafen ist, aufzuwecken. Kein Arzt, keine Pflegerin würde das tun, wieviel weniger Er![87]

Fast unabweislich drängt sich das Bild von Charons Nachen und damit die Vorstellung von einem vorgefühlten, womöglich sogar vorweggenommenen Tod auf, so daß sich der Schlüssel zu dem von Schneider erlittenen Vitalitätsverlust wie von selbst ergibt. Dadurch rückt aber auch schon die Frage nach der »Basis« des Glaubens in ein völlig neues Licht. Mit einem Schlag wird deutlich, daß es sich dabei ebenso um ein anthropologisches wie um ein theologisches Problem handelt. Denn offensichtlich kann auch eine noch so lückenlos gefügte Argumentationskette die vitalen Voraussetzungen der Glaubensbereitschaft nicht ersetzen. Was die von Schneider erlittene Glaubenskrise offenlegt, ist somit der Zusammenhang von Lebensenergie und Glaubensfähigkeit. Weil ihm diese Voraussetzung fehlte, gelang es ihm nicht, den Glauben in seiner Gänze »aufrechtzuerhalten«. Zur Vollständigkeit des Christenglaubens aber gehört vor allem sein österliches Kernstück, der Glaube an die Auferstehung Christi, verstanden als die dem Glaubenden gegebene Gewähr seiner eigenen Todüberwindung. Um diesen »Rückschluß« zu vollziehen, hätte es jedoch jenes Maßes an Seins- und Lebenswillen bedurft, das dem bereits jenseits der »Paßhöhe« angelangten Dichter offensichtlich nicht mehr zu Gebote stand. Der von ihm erlittene »Glaubensentzug« hat somit ursächlich mit dem »Rückzug in die Krypta« zu tun, von dem er im Auftakt zur Zentralstelle seiner Aufzeichnungen spricht. Es geht dabei, ohne Bild ausgedrückt, um einen Zustand völliger Indifferenz und der totalen Ergebung in die menschliche Todesbestimmung, wie er dem entspricht, der sich bereits jenseits der Grenzscheide von Leben und Tod angelangt sieht. Im Interesse des vollen Verständnisses der Stelle wird man auch die Anspielung auf die Osternacht-Szene in *Goethes* ›Faust‹ nicht überhören dürfen, da erst dann die Distanzierung von der im Glauben konsolidierten »Gemeinde« spürbar wird. Dann wird man auch den strukturellen Zugriff im scheinbaren Stimmungsbild nicht übersehen können:

Fest überzeugt von der göttlichen Stiftung und ihrer bis zum Ende der Geschichte währenden Dauer, ziehe ich mich doch am liebsten in die Krypta zurück; ich höre den fernen Gesang.[88]

Jetzt wird man im Fortgang der Stelle auch die seltsame Halbierung des Glaubensinhalts nicht übersehen können, die dadurch eintritt, daß auf das Bekenntnis zur Auferstehung – »Ich weiß, daß Er auferstanden ist« – die Zurückweisung der Vorstellung folgt, daß Gott den zu seinen Füßen niedergesunkenen »todmüden Schläfer« aus seinem Todesschlaf aufwecken könne. Es ist ein Glaube, der seinen »Platz« zu Füßen des Kreuzes gefunden hat und nicht bereit ist, sich davon durch das Wissen um die Auferstehung »erheben« zu lassen. Doch fehlt in diesem Vorgang jede Spur von Protest oder Weigerung. Er überkam den Dichter ohne dessen eigenes Zutun. Der »Rückzug« hatte tatsächlich den Charakter eines »Entzugs«.

Man könnte das gebrochene Glaubenszeugnis des späten Schneider mit der breiten Front von Befremden, Kritik und Ablehnung, die sich gegen ›Winter in Wien‹ erhob, auf sich beruhen lassen, wenn aus der Äußerung des tragischen Esoterikers, als der er nach Veröffentlichung des Werkes erschien, inzwischen nicht eine verbreitete Krisenerscheinung geworden wäre. Zumindest wird man sich fragen müssen, ob die wachsende Bezweiflung des Auferstehungsglaubens, die neuere statistische Erhebungen registrieren, tatsächlich mit einer leichthin unterstellten religiösen Leichtfertigkeit zu tun hat oder nicht vielmehr mit jener Ursache, auf die das dichterische Selbstzeugnis verweist.[89] Wenn dafür aber auch nur eine begründete Vermutung spricht, muß die Hypothese vom Zusammenhang von Glaubensfähigkeit und Vitalität mit vollem Ernst durchdacht werden. Und dafür wird man das gebrochene Glaubenszeugnis in den drei Querverbindungen sehen müssen, die sich nahezu von selbst abzeichnen. Die erste betrifft den Zusammenhang mit dem Umschwung in der Glaubensbegründung, der mit der Verabschiedung des Indoktrinationsmodells in Gang kam.[90] Daß dieses Modell nicht mehr »greift«, wird auf eine geradezu frappierende Weise einsichtig, wenn man davon ausgeht, daß die Glaubensbereitschaft nicht nur mit argumentativen Hilfen, sondern radikaler noch mit dem Willen zum zeitlichen und ewigen Leben zu tun hat. Es ist schwerlich ein Zufall, daß *Pascal,* der als der neuzeitliche Initiator der Modal-Anthropologie zu gelten hat, als erster auch von der nur befristeten Überzeugungskraft der Gottesbeweise sprach. Für ihn sind die metaphysischen Beweisgänge nur so lange überzeugend, als man sie vor Augen hat; dagegen verlieren sie, sobald sie nur noch als Erinnerungsstücke gegenwärtig sind, so sehr an Evidenz, daß man sich alsbald fürchtet, von ihnen getäuscht worden zu sein.[91] Dagegen ist ein beständiges Wissen um Gott nach Pascal nur durch Jesus Christus möglich, weil durch ihn das Wissen um Gott mit dem um die conditio humana unaufhebbar verknüpft ist; indem er zur Bewältigung des menschlichen Elends verhilft, befähigt er den Menschengeist auch zur Gotteserkenntnis:

Nicht nur Gott kennen wir allein durch Jesus Christus, auch uns selbst kennen wir nur durch Jesus Christus, Leben und Tod kennen wir allein durch Jesus Christus. Ohne Jesus Christus wissen wir weder, was unser Leben, noch was unser Tod, noch was Gott ist, noch was wir selbst sind.[92]

Denn Christus allein ist, mit dem großen Wort Pascals gesprochen, der Gott, dem man sich ohne Dünkel nähert und dem man sich ohne Verzweiflung beugt.[93] Das ist im Blick auf die Dialektik von menschlicher Größe und Misere gesagt, die beide durch die Hinordnung auf die Heilswirklichkeit Jesu vor zerstörerischem Exzeß bewahrt bleiben. Auf die Frage der Glaubensbegründung zurückbezogen, kommt das einer Vorwegnahme der durch Schneider nahegelegten Konsequenzen gleich. Wenn die Anbahnung des Glaubens gelingen soll, muß der glaubenswillige Mensch noch vor jeder argumentativen Instruktion in seiner Konstitution gefestigt werden. Der Unterschied zu *Pascal* besteht nur darin, daß er die Gefährdung in der mit der ontologischen Instabilität gegebenen Neigung zum Exzeß erblickt, während Schneider die kritische Abhaltung mit einem ontischen Defizit in Verbindung bringt.

Damit kommt auch schon die zweite – kulturtheoretische – Querverbindung zum Vorschein. Nach *Freud* leitet sich bekanntlich der Vitalitätsverlust des modernen Menschen aus dem ihm durch seine kulturelle Entwicklung auferlegten Triebverzicht her.[94] Als signifikantes Zeichen dieser Schwächung gilt ihm schon die Tatsache, daß im Zusammenhang damit das Lustprinzip mit dem Realitätsprinzip vertauscht wurde. Der durch den Triebverzicht geschwächte Mensch ist danach mehr noch auf Halt und Sicherheit als auf Lustgewinn angewiesen. Und im Fall der Arbeit ist er im Sinn dieser Ableitung sogar zu der Selbstillusionierung bereit, die Mühe dessen, was ihm einen Zuwachs an Stabilität einbringt, als lustbringend zu empfinden. Mit dem Einzug der modernen Medienwelt ist nun aber offensichtlich die Peripetie dieser Entwicklung erreicht. Vorausgesetzt, daß sie den von *Hentig* vermuteten Wirklichkeitsentzug im Gefolge hat, schuf sich die Kulturentwicklung mit ihr das Instrument, das ihr buchstäblich den Boden unter den Füßen wegzieht. Das aber ist das von *Nietzsche* längst schon vorausgesehene Stadium, das er in seinem Essay ›Zur Genealogie der Moral‹ als das der »Selbstaufhebung« aller großen Dinge beschrieb.[95] Danach ist der Kulturentwicklung so, wie sie aus Akten des menschlichen Triebverzichts hervorgeht, ein Zug zur Selbstzerstörung eingeschrieben, der sie am Ende der großen Epochen jeweils veranlaßt, jene Instrumentarien zu entwickeln, an denen sie selbst zugrunde geht. Zurückbezogen auf die Glaubensfrage ergibt das eine sehr unausgeglichene Bilanz. Sowenig die von den Medien gebotenen Vergünstigungen informativer Art verkannt werden dürfen, steht ihnen doch eine Beeinträchtigung entgegen, die, sofern man sich nur den emuna-Charakter des Glaubens vor Augen hält, an seine Wurzeln rührt. Vollends kommt das freilich erst dann zum Vorschein, wenn nun auch noch die dritte Querverbindung in Erwägung gezogen wird, in der sich das gebrochene Glaubenszeugnis Schneiders darstellt. Denn offensichtlich ist es beim Versuch seiner Ausdeutung mit dem von ihm selbst gebrauchten Ausdruck von der »gesunkenen Lebenskraft« ebensowenig getan wie mit dessen kultur- und medienanalytischer Vertiefung. Vielmehr kann sich erst im Rückgang auf die anthropologische Reflexionsebene zeigen, was es mit dem angesprochenen Vitalitätsverlust auf sich hat.

Ein wichtiges Signal auf diesem Weg war schon durch die Nennung des Namens *Pascal* gesetzt. Denn er steht ebenso wie derjenige *Kierkegaards* paradigmatisch für jene Modal-Anthropologie, die das Problem des Menschen von seiner Geschichte mit sich selbst her aufzuarbeiten sucht. Demgemäß kreist sie nicht um sein mit der Was-Frage aufgerufenes Wesen, sondern um die mit der Wo-Frage insinuierte Aneignung seiner selbst. Was sie ins Visier nimmt, ist demgemäß die größere oder geringere Distanz, in der sich der Mensch zu sich selbst befindet und die ihm mit dieser Distanz gestellte Aufgabe, sein gebrochenes Selbstverhältnis in ein identisches zu verwandeln. Diese Problematik war jedoch mit der Rede von der »gesunkenen Lebenskraft« nur psychologisch bezeichnet worden. Nun kommt es darauf an, sie im anthropologischen Sinn auf den Begriff zu bringen. Wie schon die Vergegenwärtigung des »utopisch-antiquierten« Charakters des Menschseins in dieser Zeit vermuten ließ, geschieht dem erst mit dem Begriff der »Akzeptanz« Genüge. Wenn sich aus der diffusen Lauge der Werdemöglichkeiten der Kristall des identischen Selbstseins ausformen soll, muß sich der Mensch zu dem von *Guardini* geforderten Akt der »Annahme seiner selbst« verstehen, der, ethisch gesehen, den Kern der aktualisierten Kardinaltugenden bildet. Damit rückt die Problematik des Vitalitätsverlustes in ein neues Licht. Sie ist, wie sich nunmehr zeigt, nur zur Hälfte Ausdruck einer vom schwindenden Lebensgefühl eingegebenen Krisenerfahrung, zur anderen Hälfte die Folge eines »menschlichen Versagens« – der Ausdruck freilich in einem rein deskriptiven Sinn genommen, dem jede bezichtigende Spitze fehlt. Das muß um so deutlicher angemerkt werden, als die Versicherung *Schneiders,* daß dem von ihm erlittenen Glaubensentzug keine Spur von Rebellion und Protest beigemischt sei, nicht den geringsten Zweifel duldet. Auch deshalb sei dies vermerkt, weil es keinesfalls darum geht, der von seiner Glaubens- und Existenzkrise betroffenen Generation anklägerisch oder gar mit dem Versuch einer Schuldzuweisung zu begegnen, da von einer »Schuld« allenfalls in dem Sinn gesprochen werden kann, daß sich hier das Menschsein selbst etwas »schuldig blieb«. Das aber ist eine Schuld von jener Art, die seit jeher das göttliche Erbarmen auf sich zog und der erlösenden Heilszuwendung keine geringere »Angriffsfläche« bietet als der Notstand »Sünde« und der daraus aufsteigenden Frage nach dem rechtfertigenden Gott, von der mit *Günter Rohrmoser* bezweifelt werden muß, ob sie dem heutigen Menschen überhaupt noch nachvollziehbar ist.[96]

Was das konkret besagt, wird erst unter der Voraussetzung klar, daß man nun auch das zweite Leitwort von ›Winter in Wien‹ aufnimmt und auf die darin bezeugte Glaubenskrise zurückbezieht. Wiederholt – und mit größter Eindringlichkeit – spricht Schneider in seinen Tagebuchaufzeichnungen von der Unerläßlichkeit des Gebets. Es ist die Selbstverpflichtung auf ein Gebet gegen seine ureigene Möglichkeit; und diese Ermöglichung besteht für Schneider im Glauben:

> Beten über den Glauben hinaus, gegen den Glauben, gegen den Unglauben, gegen sich selbst, einen jeden Tag den verstohlenen Gang des schlechten Gewissens zur Kirche – wider sich selbst und wider eigenes Wissen –: solange dieses Muß empfunden wird, ist Gnade da; es gibt einen Unglauben, der in der Gnadenordnung steht. Es ist der Eingang in Jesu Christi kosmische und geschichtliche Verlassenheit, vielleicht sogar ein Anteil an ihr: der Ort vor dem Unüberwindlichen in der unüberwindlichen Nacht.[97]

Wenn man diese denkwürdige Aussage auf das in ihr vorausgesetzte Grundverhältnis zurücknimmt, ist die gesuchte Synthese auch schon gefunden. Im Gegensatz zur gängigen Auffassung, der Glaube und Gebet als völlig disparate Größen erscheinen, weil Beten eine Sache des religiösen Gefühls, Glauben dagegen der rationalen Überzeugung sei, gehören für Schneider beide unabdingbar zusammen. Auf seine Weise brachte diesen Zusammenhang auch *Heinrich Fries* in den Blick, als er in seiner ›Fundamentaltheologie‹ (von 1985) das Gebet die »Sprache des Glaubens« nannte.[98] Doch so ansprechend – und zutreffend – diese Zuordnung auch immer ist, gilt sie für *Schneider* in der umgekehrten Konsekution. Danach ist das Gebet nicht Ausdruck und Sprache, sondern Bedingung und Wurzel des Glaubens. Wurzel, sofern es im Gebet mit um jene »Verankerung« geht, die der als Einwurzelung in die Gotteswirklichkeit verstandene Glaube erstrebt. Gleichzeitig aber auch Bedingung, sofern im Gebet jene »Vorentscheidung« fällt, auf die der Glaubensakt aufbaut.

Wenn das einsichtig werden soll, muß zunächst das Vorurteil vom rein emotionalen Charakter des Gebets ausgeräumt werden. Ihm widerspricht im Grunde schon die alte, bis auf *Evagrius Ponticus* zurückzuverfolgende Bestimmung, die das Gebet die »Erhebung des Geistes zu Gott« nennt.[99] Indessen muß auch die damit ausgesagte Bewegung auf ihren Ursprung zurückgeführt werden, wenn der Problemkern zum Vorschein kommen soll. Der »Hebel des Ursprungs« aber ist nach *Hermann Cohen* die Gottesfrage.[100] Das führt zu dem zunächst überraschenden, durch seine Erschließungskraft jedoch rasch überzeugenden Gedanken, daß sich in und mit dem Gebet – noch vor jeder anderen Funktion – die Gottesfrage stellt. Zwar wissen wir nach *Paulus* nicht, »um was wir beten sollen, wie sich's gebührt« (Röm 8,26). Wenn er dann aber von der Interzession des Gottesgeistes spricht, die dieser Ratlosigkeit ein Ende setzt, deutet er das Gebet als ein Verhältnis, das Gott aus der Hand des Menschen nimmt und an sich zieht.[101] Daß der betenden »Erhebung« eine Fragebewegung zugrunde liegt, wird definitiv von *Anselm von Canterbury* bestätigt, der seinen Gottesbeweis mit dem erklärten Ziel, die Existenz Gottes auf dem Weg eines einzigen Beweisgangs zu sichern, aus der Rolle eines Menschen führt, »der es unternimmt, seinen Geist zur Betrachtung Gottes zu erheben«.[102] Angesichts der verbreiteten Redensart, daß der anselmische Gottesbeweis von daher die »Form eines Gebets« habe – *Heine* sprach sogar von der »rührenden Gebetsform«, in die der Beweis durch seinen Schöpfer gebracht worden sei –, kann man mit *Raimund Klibanski* dem nur noch die Frage hinzufügen:

> Ist dieses Gebet nur eine Form? Gehört das Gebet nicht wesentlich zum Anliegen Anselms?[103]

Die eindeutige Antwort auf diese Frage gibt der Proslogion-Text durch und mit sich selbst. Wenn irgendwo, erweist sich hier, mit dem schönen Heidegger-Wort gesprochen, daß das Fragen – insbesondere in seiner Radikalform als die Frage nach Gott und seiner Existenz – die »Frömmigkeit des Denkens«, und daß dann aber auch umgekehrt die Frömmigkeit, vor allem in der Intensivform des Gebets – spekulativ ist. Das aber heißt, daß ihm seine bloß emotionale Deutung ebensowenig gerecht wird wie seine Gleichsetzung mit dem Bittgebet, die offensichtlich zu kurz greift. Mit seiner spekulativen Stoßrichtung zielt das Gebet vielmehr auf Gott, so daß sich der paulinische Gedanke bestätigt, wonach das Gebet ein Vorgang zwischen Gott – und Gott ist: die Hinkehr des Beters zu dem, der seine Sache an sich zieht und zur seinen macht.

Nur scheinbar verschwand das Motiv des Glaubens aus dem Gesichtskreis dieser Überlegungen. Der Zusammenhang stellt sich vielmehr unverzüglich wieder her, sobald man sich den mit dem spekulativen Moment gegebenen Fragecharakter des Gebets vergegenwärtigt. Denn die Unruhe einer Frage läßt sich weder mit einer Schlußfolgerung noch mit der diffusen Fühlung des Frageziels beschwichtigen; sie kommt vielmehr erst dann zum Stillstand, wenn sie, wie es in ihrer Natur liegt, beantwortet wird. Das gilt auch dann noch, wenn man die im Gebet gestellte Gottesfrage bis in jene Radikalform hineinverfolgt, in der sie zum »De profundis«, also zum Notschrei nach Gott wird. Zwar stellt sich dann, fast unabweislich, das vom Matthäus-Evangelium mit suggestiver Kraft entworfene Bild des sinkenden Petrus ein, so daß die betende Anrufung als die sich dem göttlichen Nothelfer entgegenstreckende Hand erscheint.[104] Sobald man jedoch dieses Bild auf seinen »Sitz« im Leben Jesu zurückverfolgt, wird klar, daß es auf jene letzte Prüfungsstunde verweist, in welcher der Helfer selbst zum Bittsteller wird. So nämlich spiegelt es die kühnste aller neutestamentlichen Kreuzesdeutungen, das Passionswort des Hebräerbriefs, das von dem »unter Tränen« zu seinem Gott Aufschreienden sagt:

> Und er ist erhört und aus seiner Todesnot befreit worden (Hebr 5,7).[105]

Schwerlich konnte die Dialogik des am Kreuz ausgestoßenen Todesschreis klarer bezeichnet werden als mit diesem Wort. Danach war der Schrei des Gekreuzigten eine äußerste, die Sprachgrenze durchbrechende Anrufung Gottes, der zwar die menschlicher Sinn- und Heilserwartung entsprechende Erhörung versagt blieb, die aber dennoch – und wunderbarer – erhört wurde, weil sie Gott mit sich selbst beantwortete. In ihrer Göttlichkeit durchbrach diese Antwort ihrerseits alle menschlichen Denk- und Lebensformen und mit ihnen die Weltverhältnisse von Raum und Zeit, so daß sie erst in jenem »Grenzfall« der Menschheitsgeschichte hör- und sichtbar wurde, der mit der Auferstehung Jesu eintrat.[106]

Wenn sich der Zusammenhang schließen soll, muß die Hebräerstelle nur noch auf das paulinische Osterzeugnis und das in ihm gründende Glaubensverständnis zurückbezogen werden. Denn für *Paulus* ist die ihm in der Damaskusstunde widerfahrene Erscheinung des Auferstandenen (1 Kor 15,8) eindeutig ein Dialoggeschehen. Nach seinem grundlegenden Osterzeugnis wurde ihm in dieser Stunde das Geheimnis des Gottessohns »ins Herz gesprochen« (Gal 1,15f).[107] Davon ist sein Glaubenskonzept – inhaltlich wie strukturell – geprägt; denn Glaube ist für ihn nach der zentralen Aussage des Römerbriefs (10,9) Auferstehungsglaube. Zwar wird er durch das äußere Wort der Botschaft (nach Röm 10,17) erweckt; doch wird er für den Glaubenden nur dadurch zur Grundlage eines neuen Lebens- und Existenzgewinns, daß auch ihm das innere Wort der Selbstmitteilung Gottes in Kreuz und Auferstehung seines Sohnes hörbar wird. Wer glaubt, wird so zum Empfänger der ihm auf seine Gottes- und Sinnfrage von Gott selbst gegebenen Antwort. Damit stellt sich aber auch schon der volle Zusammenhang von Glaube und Gebet her. Im Gebet schafft sich der Glaube nicht nur, wie die von *Fries* gegebene Deutung meint, seine Sprache, sondern – sofern er als übergreifende Daseinsdirektive zu gelten hat – auch seine ureigene Anbahnung, sein hermeneutisches Fundament. Was das Gebet erfragt, erfährt erst im Glauben seine volle Beantwortung. In diesem Sinn ist das Gebet die »Krypta« des Glaubens und dieser die Krone des Gebets. Und wieder einmal war es ein an den Rand des Kirchenglaubens Gedrängter, dem es aufgegeben war, diesen Zusammenhang durch das Selbstzeugnis, das er als ein schon vom Tod Gezeichneter ablegte, ans Licht zu heben.

# VI.
# Prozesse

## *1. Theologie im Stadium der Selbstkorrektur*

Die Theologie reflektiert den Glauben; sie ist im Vergleich zu ihm stets abkünftig und sekundär. Freilich muß ihre Abkünftigkeit rückbezüglich gedacht werden, weil von der theologischen Reflexion auch Impulse zur Vertiefung und Festigung des Glaubens ausgehen. So entspricht es dem im Zentrum des Glaubens gesetzten Verstehensakt, dem stets auch ein reflexives Element eingemischt ist, weil nur so die in und mit dem Verstehen intendierte Klärung zustande kommt. Wenn aber die Theologie die Reflexion des Glaubens ist, müssen sich auch seine Veränderungen in ihr spiegeln, und dies vor allem dann, wenn es sich dabei nicht nur um Akzentverschiebungen, sondern um einen Strukturwandel handelt. Vorausgesetzt, daß die Diagnose der Glaubenswende zutrifft, wäre demgemäß ein tiefgreifender Umschwung im Erscheinungsbild der Gegenwartstheologie zu erwarten. Sie müßte sich von der angenommenen Glaubenswende zu einer darauf abgestimmten Art des Reflektierens bewegen lassen. Und das könnte, bildlich gesprochen, nur in einem Zerbrechen des Spiegels bestehen, den sie dem Glauben vorhält.

Man braucht dieses Bild nur durch den Begriff des theologischen Pluralismus zu ersetzen, um einzusehen, daß dieser Umschwung längst schon in Gang gekommen ist. Am klarsten kommt das Bewußtsein der Bewegung, in welche die theologische Szene schon seit geraumer Zeit geraten ist, in der von *John B. Cobb* und *David R. Griffin* vorgelegten ›Prozeß-Theologie‹ (von 1976) zum Ausdruck, die nach den einleitenden Ausführungen ihr Modell in Gedankengängen der Philosophen *Whitehead* und *Hartshorne* fand.[1] Dabei entnahm das theologische Prozeßdenken Hartshorne mehr die für seine Identität erforderlichen Rahmenbedingungen, während Whitehead vor allem für die Vermittlungsproblematik, aber auch für kategoriale und inhaltliche Grundvorstellungen wichtig wurde. Was den »Horizont« anlangt, innerhalb dessen sich die Prozeß-Theologie bewegt, so wurde dafür der Satz maßgeblich, in dem *Hartshorne* sein Konzept eines erneuerten anselmischen Arguments zusammenfaßt:

Alle Argumente sind Phasen eines ›globalen‹ Argumentes, daß nämlich das zutreffend formulierte, theistisch religiöse Verständnis des Lebens und der Wirklichkeit dasjenige ist, welches das am meisten einsichtige, in sich folgerichtige und befriedigende ist, das gedacht werden kann.[2]

Sosehr diese »immanentistische« Erneuerung des anselmischen Gottesbeweises dem Orientierungsbedürfnis des theologischen Prozeßdenkens entgegenkommt – und sosehr sie überdies dem ideellen Ordnungsentwurf entspricht, wie ihn *Whitehead* im Schlußkapitel seines Werks über das ›Abenteuer der Ideen‹ (von 1933) entwickelt, blieb dabei doch das Vermittlungsproblem offen, das um so mehr auf eine Lösung drängte, als schon Whitehead unter dem Eindruck eines progressiven Schwindens des Realitätsbewußtseins, vor allem im Gefolge der mikrophysikalischen Entdeckungen, stand.[3] Wichtig für die Prozeß-Theologie dürfte zweierlei geworden sein: einmal die »theologische« Lösung des Vermittlungsproblems, nur daß es im Unterschied zu *Descartes* nicht der absolute, sondern der als »allgemeine Aktivität« begriffene Gott ist, der den Realitätsbezug der abstrakt konzipierten Ideen gewährleistet; zum andern, daß *Whitehead* wie kaum ein Philosoph vor ihm die beharrlich verschwiegenen Unrechtverhältnisse im sozialen Untergrund der griechisch-klassischen Kultur freilegt und das Christentum als Antwort auf das »schlechte Gewissen« dieser Kultur verstehen lehrt.[4] Damit wird aber nicht nur klar, daß mit der »allgemeinen Aktivität« Gottes ebenso die Seinsvollkommenheit des »actus purus« wie sein mitleidendes Betroffensein vom Leid der Kreatur, insbesondere aber von dem des unterdrückten Menschen, gemeint ist; vielmehr kommt damit auch der welt- und sozialkritische, in manchen Positionen auf die heutige Befreiungstheologie und die theologische Ökologie vorausweisende Zug dieses Prozeßdenkens zum Vorschein. Die Prozeß-Theologie setzt das in ihre auf die Begriffe Übergang (transition), Bezogenheit (relatedness), Unmittelbarkeit (immediacy) und Genuß (enjoyment) abgestimmten Grundpositionen um. Danach hat für sie die Gottbezogenheit den Vorrang vor einer abstrakten Bestimmung des göttlichen Seins, die göttliche Erwiderung der menschlichen Sehnsucht den Vorrang vor dem Herrentum Gottes, die offenbarende Überredung des Menschen den Vorrang vor seiner argumentativen Überführung, die Idee seiner Einladung zur Gegenliebe den Vorrang vor der seiner Verpflichtung auf das göttliche Gebot.[5] Mehr noch als in diesen Einzelpositionen tritt jedoch der Dynamismus im Grundgedanken des ganzen Entwurfs zutage, der das göttliche Heilswerk insgesamt aus der »schöpferisch-erwidernden Liebe Gottes als der primären Realität« zu begreifen sucht.[6] Daß die Prozeß-Theologie damit einem fundamentalen Interesse der Gegenwart entgegenkommt, zeigt sich überdies darin, daß sie mit der Thematisierung des ökologischen und feministischen Problems schon zu Beginn der siebziger Jahre zu Fragestellungen vorstieß, die heute in ihrer vollen Aktualität ersichtlich geworden sind.[7]

So nachdrücklich damit der Bewegungscharakter der heutigen Theologie bestätigt ist, bleibt doch noch die Frage nach Art und Sinn des sich in ihr vollziehenden Prozesses offen. Eine Antwort auf die erste Teilfrage gibt schon der amerikanische Theologe *Avery Dulles,* der eigenen Angaben zufolge seinen geistigen Werdegang als den einer progressiven Befreiung aus den »Fallstricken des Rationalismus« verstand, und der seine theologische Identität in Untersuchungen zur »Frage der Kontinuität und Diskontinuität in der katholischen Tradition« fand.[8] Geleitet von der Frage, ob es »in der Kirche Raum für ein gewisses Maß von dogmatischem Pluralismus« geben könne, entwickelte er die Vorstellung von unterschiedlichen Kirchen-Modellen (›Models of Church‹, von 1974), die er in der Folge zu der von unterschiedlichen Offenbarungsmodellen (›Models of Revelation‹, von 1983) fortbildete.[9] Daß er damit eine innovatorische Formel in die Debatte geworfen hatte, wurde ihm bald darauf dadurch bewußt, daß sich in einigen Kreisen sein Name eng »mit dem Begriff theologischer Modelle« verband.[10] Wie sich die Prozeß-Theologie ausdrücklich auf ihre philosophischen Prämissen zurückbezieht, betont auch er in diesem Zusammenhang, daß er sich der Ideen des Wissenschaftsphilosophen *Michael Polanyi* über »Kontinuität und Umbrüche in der Wissenschaft« bediente, um »mit der Frage von Tradition und Veränderung in der Kirche fertigzuwerden«.[11] Dabei sei für ihn vor allem die Kategorie der »Bekehrung« wichtig geworden, die er durch Polanyi als einen »Prozeß der Überbrückung logischer Brüche« verstehen gelernt habe. Wie seine weiteren Ausführungen zeigen, wurde diese Kategorie für ihn auch in kritischer Hinsicht bedeutungsvoll; denn »Bekehrung« ist für ihn im Unterschied zu einer gängigen Tendenz in der Gegenwartstheologie nur in der Veranlassung durch Wort und Botschaft des Evangeliums denkbar.[12] In diesem kraftvollen Plädoyer für die inhaltliche und strukturelle Identität des christlichen Glaubens liegt nicht zuletzt der Wert der von Dulles entwickelten Modell-Theorie. Was sie leistet, ist tatsächlich, mit seinem Programmwort gesprochen, die Verdeutlichung der Kontinuität in der Diskontinuität; denn für ihren Schöpfer hilft der Modellbegriff nicht zuletzt dazu, sicherzustellen, daß theologische Innovationen auf frühere Einsichten aufbauen und dadurch auf Fragen antworten, »die wirklich noch einer Lösung harren«.[13]

Darin unterscheidet sich Dulles von dem ihm in vieler Hinsicht vergleichbaren Konzept, das *Hans Küng* mit einer ihm nahestehenden Theologengruppe vorlegte.[14] Zwar bemüht sich der Mitherausgeber der Programmschrift ›Theologie – wohin?‹ (von 1984) *David Tracy* in aller Form darum, die »Konstanten im zeitgenössischen Paradigmenwechsel der Theologie« darzulegen; doch zeigt schon der von *Thomas S. Kuhn* übernommene Paradigmen-Begriff, daß in diesem Fall der Akzent auf den Umbrüchen in der Theologiegeschichte liegt.[15] Darauf verweist schon das auffällig gegenüber dem Moment der Herkunft abgeblendete Paradigmenverständnis, von dem Kuhn selber ausgeht – er spricht ausdrücklich von der Lockerung des Griffs, »in dem der Geist durch die Tradition gehalten wird«[16] –, erst recht aber das in der Programmschrift entworfene Bild der Theologiegeschichte, das diese in betonter Abgrenzung vom traditionellen Modell einer kontinuierlichen, fortschreitenden Wahrheitsfindung, orientiert am Gang der naturwissenschaftlichen Forschung, als eine Folge revolutionärer Umbrüche zu verstehen gibt.[17] Im Gegensatz dazu stellt sich selbstverständlich auch für Küng die Frage nach der Kontinuität, da die Innovation in der Wissenschaft, anders als etwa in der Kunst, niemals Selbstzweck, sondern immer nur Mittel ist, eine möglichst große Menge traditioneller Elemente zu bewahren und in einen neuen Lösungszusammenhang zu bringen.[18] Auffällig ist aber schon, daß in diesem Zusammenhang der Begriff »Conversio« geradezu gegensinnig zu seinem Verständnis bei *Dulles* verwendet wird: nicht als Inbegriff christlicher Identitätsfindung, sondern als Ausdruck der Akzeptanz einer wissenschaftlichen Modellvorstellung, von der die religiöse Grundentscheidung unberührt bleibt.[19] Vor allem aber läßt der Beitrag, mit welchem *Küng* in dem Sammelband ›Entwürfe der Theologie‹ nachstieß, keinen Zweifel mehr an dem revolutionären Sinn, den er mit seiner Theorie von dem sich in der Theologiegeschichte fortwährend abspielenden Paradigmenwechsel verbindet.[20]

Zur ausgesprochenen Polemik spitzt sich dieses Konzept in der Beurteilung des theologischen Werks *Karl Rahners* zu, den Küng in Erinnerung daran, daß er ihm in der Unfehlbarkeitsdebatte (von 1970) die Gefolgschaft verweigerte, kurzerhand zum Vertreter einer »systemimmanenten« Theologie erklärt, der dadurch, daß er sich auf die Seite der Kurie geschlagen habe, »für jedermann als letzter großer (und anregender) Neuscholastiker kenntlich geworden« sei.[21] Der Angriff muß deshalb berücksichtigt werden, weil er auf den Angreifer zurückfällt und den Befürworter eines fortwährenden Paradigmenwechsels einer unverkennbar restaurativen Einstellung überführt. Denn abgesehen davon, daß Rahner sein ganzes Ingenium zur Überwindung des »Stockwerkdenkens« einsetzte, dem er nach Küng unentrinnbar verhaftet blieb, und diese Initiative durch eine Reihe grundlegender Innovationen unterbaute, wird sich nun *Küng* seinerseits fragen lassen müssen, was in aller Welt ihn dazu veranlaßte, die Unfehlbarkeitsdebatte des Ersten Vatikanums, die ebenso durch den Gang der theologischen Entwicklung wie durch wiederholte Selbstkorrekturen des kirchlichen Lehramts mehr als obsolet geworden war, ohne jede zwingende Veranlassung erneut vom Zaun zu brechen. Denn selbst wenn er sich von der bisherigen Praktizierung des vom Zweiten Vatikanum proklamierten Kollegialitätsprinzips noch nicht überzeugt fühlt; sprachen nicht die Symbolhandlungen des Papstes *Paul VI.* – die Niederlegung der Tiara, der zwischen dem Papst und dem Patriarchen freigelassene Christusthron bei der Versöhnung von Ost- und Westkirche in der Grabeskirche von Jerusalem – eine unüberhörbar-eindeutige Sprache? Daß sie dem für progressive Entwicklungen sonst so hellhörigen Theologen unverständlich blieb, hängt aber vermutlich mit dem unüberbrückbaren Zwiespalt seines Denkens zusammen, das gleichzeitig am kritischen Paradigma der Aufklärung orientiert ist und für ein emotionales Apriori im Sinn des jedem Menschen eingestifteten Grundvertrauens plädiert.[22] Unausgeglichene Spannungsmomente begünstigen nach aller Erfahrung aber die Tendenz, die Zukunft im Rückgriff auf Probleme der Vorvergangenheit zu gewinnen.[23]

Nimmt man hinzu, daß sich auch *Johann Baptist Metz* zur Verwendung des Ausdrucks »Paradigmenwechsel« bereitfindet, um den »Wandel in den theologischen Ansätzen« zu kennzeichnen, daß *Jürgen Moltmann* die Theologie der Gegenwart insgesamt »in Bewegung« begriffen sieht und daß *Willi Marxsen* das aktuelle Interpretament der Osterbotschaft in dem Satz »die Sache Jesu geht weiter« gefunden zu haben glaubt, so bleibt am Faktum des erfragten Umschichtungs- und Wandlungsprozesses kein begründeter Zweifel mehr.[24] Um so mehr drängt die noch offene Teilfrage nach dem Sinn dieser Bewegung auf eine fundierte Antwort. Sucht man den Extremen einer nur peripheren Bewegung einerseits und einer revolutionär-umstürzenden andererseits zu entgehen und achtet man gleichzeitig auf Tendenzen, wie sie bereits unter dem Gesichtspunkt »vom Satz- zum Vertrauensglauben« und »vom Gehorsams- zum Verstehensglauben« diskutiert wurden, so bietet sich dafür fast von selbst die Hypothese an, daß die Theologie der Gegenwart in das Stadium ihrer Selbstkorrektur eingetreten sei.[25] Die angesprochenen Tendenzen betrafen freilich Umschichtungen im Glaubensbegriff, also in der »Sache«, noch nicht im theoretischen Aufbau der Theologie. Was sich dort abspielt, kann erst der anschließende Versuch eines die wichtigsten Erscheinungsformen durchgreifenden Durchblicks zeigen.

Dagegen läßt sich jetzt schon etwas zur Formalstruktur des Vorgangs sagen, zumal *Moltmann* in dem erwähnten Beitrag dazu ein wichtiges Stichwort ausgibt. Im Zusammenhang mit der von ihm beobachteten »Bewegung« spricht er davon, daß sein theologisches Bemühen anfänglich der Zielsetzung galt, die ganze Theologie aus ihrem aktuellen Brennpunkt zu begreifen, und daß er dafür eine eigene konzentrative Methode entwickelt habe.[26] Drei derartige Brennpunkte zeichneten sich ihm im Lauf seiner theologischen Arbeit ab, bevor er die konzentrative Methode aufgab und sich darauf beschränkte, nun umgekehrt »begrenzte und fragmentarische Beiträge zum Ganzen der Theologie zu liefern«.[27] Es waren dies zunächst das Prinzip Hoffnung, dann das nicht auf den Menschen bezogene, sondern als Schlüssel zum Gottesgeheimnis begriffene Kreuz Christi und schließlich, wenngleich minder profiliert, die als »Ort« des Geisteswaltens begriffene Kirche. Aufschlußreich für die Anwendung seiner konzentrativen Methode ist die Äußerung zum mittleren der genannten Brennpunkte:

> Es ging mir wieder so wie bei der ›Theologie der Hoffnung‹: Die ganze Theologie versammelte sich für mich in einem Brennpunkt, dem Kreuz, und in dieser Perspektive des gekreuzigten Christus sah ich viele Dinge in der Theologie anders als bisher. Das Kreuz Christi wurde für mich zum ›Grund und zur Kritik der christlichen Theologie‹. Was vor dem Angesicht des Gekreuzigten standhalten kann, das ist wahre christliche Theologie. Was dort nicht bestehen kann, das soll aus der Theologie verschwinden. Dies gilt ganz besonders für die christliche Rede von Gott. Christus starb am Kreuz mit einem lauten Schrei ... Dieser Verlassenheitsschrei Christi ist entweder das Ende aller Theologie oder aber der Anfang einer spezifisch christlichen Theologie. Seine Kritik der Theologie besteht darin, daß Theologen vor dem gekreuzigten Christus wie die Freunde Hiobs dastehen, weil sie alle auf die eine oder andere Weise seine letzte Frage zu beantworten suchen, indem sie theologische Gründe für seine Verlassenheit am Kreuz namhaft machen.[28]

Demgegenüber besteht die Begründung einer christlichen Theologie jedoch darin, daß sie versucht, die Gotteserfahrung des Gekreuzigten ins Zentrum ihrer Ableitungen zu rücken, anstatt der ihr gestellten Frage, wie es nur zu leicht geschieht, durch ideologische Konstrukte zuvorzukommen. Was Moltmann damit im Sinn einer »monostrukturellen« Konzeption entwickelt, war zuvor schon von *Walter Kern* in einem luziden Durchblick in den Zusammenhang seiner differenzierteren Strukturbestimmung einbezogen worden. Auch für ihn geriet die Gegenwartstheologie, nicht zuletzt unter dem Druck der auf ihr lastenden Faktoren der Säkularisierung, der Funktionalität und des kulturellen Pluralismus in Bewegung.[29] Indessen hat diese Bewegung insgesamt den Charakter einer Konzentration auf die im Vergleich zu ihren früheren Aktivitäten wesentlicheren Aufgaben. So zeichnen sich in ihrem Erscheinungsbild insbesondere vier Tendenzen ab:

1. Von der Überlieferung zur Entscheidung
2. Vom Spektrum zum Brennpunkt
3. Von der Definition zur Kommunikation
4. Vom Bekenntnis zur gesellschaftlichen Bewährung[30]

Wenn die erste der angesprochenen Tendenzen auch vorwiegend kirchensoziologisch gemeint ist, sofern sie primär den »Übergang von äußerer, autoritativer Reglementierung« zu einer mehr partnerschaftlichen, auf persönliche Entscheidung gegründeten Haltung im Auge hat, die anstelle der »autoritären Weisung« den Dialog fordert, ist ihre Rolle bei der Konstitution der Gegenwartstheologie doch unübersehbar. Denn an die Stelle des traditionellen Verfahrens, die vertretene Meinung durch überkommene Sentenzen und Entscheidungen zu stützen, tritt allenthalben ein ausgesprochen konfessorischer Denk- und Redestil. Das aber hängt fraglos mit der von *David Tracy* auch bei *Kuhn* nachgewiesenen Überzeugung zusammen, daß schon die Paradigmenanalyse, erst recht dann aber der Paradigmenwechsel nicht als eine »wertfreie Übung«, sondern als eine durch Werturteile gestützte Entscheidung zu gelten hatte, die sich als solche auch in den von dieser Entscheidung getragenen Propositionen widerspiegelt.[31] Doch könnte sich das auch aus einer heimlichen Hinkehr der Gegenwartstheologie zu den beiden großen Vertretern einer konfessorischen Theologie, *Paulus* und *Augustinus*, erklären, die beide, Paulus mehr noch als sein Erneuerer Augustin, im hohen Sinn des Ausdrucks »an der Zeit« sind.[32]

Demgegenüber stößt *Kern* mit der Verdeutlichung der Tendenz »vom Spektrum zum Brennpunkt«, wie schon der Parallelgedanke *Moltmanns* zeigte, eindeutig ins Zentrum des die theologische Szene bestimmenden Geschehens. In diesem Zusammenhang nennt er nicht nur als »äußeres Zeugnis« für diese Tendenz die Ausarbeitung von »Kurzformeln des Glaubens«, die sich von ihrem Theoretiker *Rahner* bis auf die neutestamentlichen Bekenntnisformeln zurückverfolgen lassen; vielmehr entwickelt er auch eine ausgesprochene Hoffnungsperspektive, die den vielfach beklagten Schwund an Glaubenswissen in eine positivere Beleuchtung rückt:

> Ist der Glaube nach dem Tridentinum ›Fundament und Wurzel‹ des Heiles: dann kann und muß aus der Wurzel eben auch alles

Weitere wachsen! Die Einzelsätze des Dogmas werden in das ursprüngliche Christusereignis rückgebunden, in das eine Geschehen der Selbstmitteilung Gottes an den Menschen, das angenommen sein will in personaler religiöser Erfahrung. Diese wieder kann uns nur aufgehen in der eigenen Daseinserfahrung mit Dingen und zumal Menschen: in der Erfahrung der Wandelbarkeit, der Verfänglichkeiten und Verfallenheiten unseres Lebens und des Verlangens nach Untrüglichkeit, Bestand, personalem Angenommensein für immer . . . Ohne solche Erfahrungstiefe erscheinen die Glaubenswahrheiten (in ihrer erschreckenden Vielzahl) heute allzuleicht als bloße, unwirkliche Ideologie, die man aufgeben kann, ohne daß sich damit im realen Dasein etwas ändert. Das scheinbare Schrumpfen des Glaubens kann so zu einer Verdichtung werden.[33]

Demgegenüber sind mit den Tendenzen »von der Definition zur Kommunikation« und »vom Bekenntnis zur Bewährung« eher Stilfragen und Konsequenzen der Gegenwartstheologie angesprochen. War die traditionelle Glaubenstheorie primär Reflexions- und Systemtheologie, so gilt es heute, dem glaubenswilligen Menschen Raum und Wohnung im Gebäude der theologischen Wahrheit zu schaffen. Das kann nur auf dem Weg einer dialogischen Präsentation dieser Wahrheit geschehen, die mit der Sache zusammen den Adressaten ins Visier nimmt und sich auf seine Verfassung abstimmt. Das bringt die Theologie in eine von der früheren Signifikanz verschiedene Redesituation, weil ihr Horizont, wie Kern mit einem Wort *Karl Lehmanns* sagt, nicht mehr vom »verschwommenen Bild des ›Gläubigen‹, sondern der Ungläubigen« gebildet wird.[34] Denn an dieser Horizontlinie entwickelt sich zusehends eine »latente Kirchlichkeit in gelebter Glaubenserfahrung«, die sich vielfach darin bekundet, daß sich die Ungläubigen als die wahren »Samariter der Menschheit« erweisen.[35] Damit hat sich der Blickpunkt aber auch schon auf die Frage der Glaubensbewährung verlagert. Allzulange erschien das Christentum in der schiefen Perspektive, ein »Stabilisierungsfaktor des Bestehenden, ein Beruhigungs- und Beschwichtigungssystem« zu sein.[36] Demgegenüber fordert Kern, gestützt auf Mahnworte kirchenkritischer Autoren wie *Camus* und *Dürrenmatt,* eine Glaubenspraxis »auch und gerade auf sozialem und politischem Gebiet«, wenngleich Christentum und Kirche keinesfalls zum sozialkritischen Korrektiv herabgewürdigt werden dürfen.[37] Denn wenn Dürrenmatt auch darin recht behält, daß es die Schuld der Christen und nicht die der Kommunisten ist, daß die Lehre des Christentums die Welt nicht nachhaltiger gebessert hat, spricht doch Albert Camus eine nicht minder wichtige Wahrheit mit dem Satz aus, daß die heutige Welt von den Christen in erster Linie verlange, »daß sie Christen bleiben«.[38] Unübersehbar zeichnet sich in diesen Konsequenzen ein erster Inhalt ab, auf den sich die Selbstkorrektur der Gegenwartstheologie zubewegt. Der Autor der Strukturanalyse aber beschließt sein Kapitel mit der denkwürdigen Feststellung:

> Der Glaube war früher leichter: heute kann das Glauben freier sein. Christus wollte uns frei machen. Er will das auch heute.[39]

### *2. Die Einholung der Sozialdimension*

Wie *Moltmann* seinen Beitrag zur Strukturanalyse mit einem nachdrücklichen Hinweis auf den Erfinder der Bezeichnung »politische Theologie« verbindet, kommt auch *Kern* im Zug seiner »Tendenzenbestimmung« auf *Johann B. Metz* zu sprechen:

> Seine ›Politische Theologie‹ denunziert das bisherige theologische Denken aller Richtungen als privatisierend. Die neue Maxime heißt: statt Orthodoxie Orthopraxie. Die Kirche soll eine oder gar die gesellschaftskritische Institution werden. Die Botschaft des Evangeliums von Friede, Gerechtigkeit, Freiheit ist das große Korrektiv der jeweiligen Realisation des menschlichen Zusammenlebens. Das Bestehende wird dem ›eschatologischen Vorbehalt‹ seiner Unangemessenheit zu dem sein-sollenden, je ausstehenden Idealentwurf unterworfen: der sprengt es auf und treibt es voran. Die Kirche: das große dynamische Nein zu aller inhumanen Fixierung![40]

Zumindest ansatzweise werden damit zwei Komponenten der von Metz entwickelten Theologie verknüpft, die in der Regel – und zum Schaden des Verständnisses – unverbunden bleiben: die individualkritische mit der gesellschaftskritischen. Indessen hat der Mitinitiator der politischen Theologie nie einen Zweifel daran gelassen, daß die sozialkritische Perspektive seines Ansatzes nur die Folge seines Versuchs ist, die traditionelle Vorstellung vom Glaubenssubjekt einer radikalen Revision zu unterziehen. Auch wenn Metz selber dieser Zielsetzung nur defensiv-kritischen Ausdruck verleiht – vor allem in Form der von ihm vielfach beklagten »Privatisierung« des theologischen Denkansatzes –, greift er damit doch ebenso auf eine Konzeption seines Lehrers *Rahner* zurück wie auf ein Grundinteresse der Befreiungstheologie vor, die beide in dieser Hinsicht ungleich deutlicher werden. In dem beziehungsreichen – wenngleich erst nachträglich hergestellten – Kontext mit der Frage nach dem heutigen Pluralismus und dem unter seinen Bedingungen möglichen

Gespräch machte sich *Rahner* schon in Band VI seiner ›Schriften zur Theologie‹ (von 1965) Gedanken »über die kollektive Findung der Wahrheit«, die ihn zu der Überzeugung führten, daß das den Menschen umfassende Geheimnis nur im offenen Gespräch der Vielen eingegrenzt werden könne, daß aber auch dann nur die Formel, welche die erzielte Übereinkunft besiegelt, nicht aber deren Verständnis »gemeinsam ist«. Deshalb verpflichtet der rechte Umgang mit der Formel zur »Offenheit nach vorne und zur umfassenderen oder besseren Formel«, da sie letztlich nur dazu dient, »ein Sakrament der Einweihung zu sein in das namenlose Geheimnis, dem alle Formen zu dienen haben«.[41] Letzter Grund dieser kollektiven Wahrheitsfindung ist für Rahner das »geistige Urvertrauen, daß der Mensch in seinem ihm vorgegebenen, ihn tragenden Selbstverständnis« niemals definitiv aus der Wahrheit herausfallen kann, die als die alles Suchen nach ihr umgreifende verhindert, daß die Einigung der Menschen entweder nur auf der Ebene eines biologisch-technisch hergestellten »Friedens« oder aber im abstrakten Ideal gesucht wird, weil der Suchende in seine subjektive Einsamkeit verbannt bleibt.[42]

Während sich Rahner seinem Beweisziel nur mit größter Behutsamkeit annähert, versichert ein von *Claus Bussmann* veröffentlichtes Seminarpapier über das Erkenntnisprinzip der lateinamerikanischen Befreiungstheologie mit thesenhafter Offenheit und Schärfe:

> Subjekt dieser Theologie ist nicht das Individuum – der theologische Denker –, sondern ein Kollektiv – das Volk –, aus dessen Mitte heraus der Theologe sie formuliert.[43]

Die Vorstellung von einem auf das Prinzip der kollektiven Wahrheit gegründeten übergreifenden Glaubenssubjekt ist keineswegs so neu und revolutionär, wie es zunächst den Anschein hat. Vielmehr lebt in ihm eine Überzeugung der romantischen Theologie auf, zu der sich am eindrucksvollsten *Johann Adam Möhler* in seiner Jugendschrift ›Die Einheit in der Kirche‹ (von 1834), vermutlich in Erinnerung an Briefworte *Schillers,* bekannte. In einem Brief an *Gottfried Körner* hatte Schiller die »Verbrüderung der Geister« als den »unfehlbaren Schlüssel zur Weisheit« erklärt und dem die Frage angefügt: »Und was existiert im unermeßlichen Reiche der Wahrheit, worüber Menschen wie wir, verbrüdert wie wir, nicht endlich Meister werden sollten?« (von 1785). Und *Goethe* schrieb er drei Jahre später, daß ihn in seinem Brief vor allem der Gedanke frappiert habe, »daß die Natur, obgleich von keinem einzelnen gefaßt, von der Summe aller Individuen gefaßt werden könnte« (von 1798).[44] Auf ebendiesem Weg kommt nun nach *Möhler* auch die Gotteserkenntnis zustande; denn:

> Nur vom Ganzen kann der, der das Ganze schuf, erkannt werden, weil er sich nur im Ganzen ganz offenbarte; wie soll ihn der Einzelne erkennen? Dadurch, daß er, obwohl er das Ganze nicht sein kann, es doch mit großem Gemüte, mit Liebe umfassen kann; obschon er also das Ganze nicht ist, so ist doch das Ganze in ihm... In der Liebe erweitern wir uns, die Einzelwesen, zum Ganzen; die Liebe erfasset Gott.[45]

Von diesem Ansatz unterscheidet sich derjenige der Befreiungstheologie lediglich durch seine »christologische Konzentration«. So geht es für *Hugo Assmann* zentral darum, »Christus, der in den Brüdern gegenwärtig und gleichzeitig ist, insbesondere in den Unterdrückten« zu entdecken. Gleichzeitig gilt es aber auch, die »Identität des Christus, der hier und heute in der zwischenmenschlichen Beziehung wirkt, mit dem Christus von damals«, also mit dem historischen Jesus, zu wahren, weil nur so das in Christus gegenwärtige Gottesgeheimnis, das »Fundament und Ermöglichung aller menschlichen Begegnungen ist«, aufgedeckt und in Initiativen der »gegenseitigen Befreiung« umgesetzt werden kann.[46] Obwohl *Metz,* wie bereits angedeutet, auf die Frage nach dem Glaubenssubjekt nur mittelbar eingeht, steht sie doch eindeutig im Zentrum dessen, was die provokative Rede von der »politischen Theologie« meint. Der Unterschied – und Grund seiner Zurückhaltung – besteht nur darin, daß sich bei ihm, mit *Walter Kern* gesprochen, der Akzent von der Orthodoxie ganz auf die Orthopraxie verschob, so daß für ihn das Erkenntnisinteresse ganz von dem eines erlösend-befreienden »Synergetismus« überlagert wird. Nicht die Zusammenstimmung der vielen zu dem einen Subjekt der Gotteserkenntnis, sondern ihre gemeinsame Beteiligung am Werk der Welterneuerung steht für ihn im Vordergrund. Das aber ist, traditionell und zugleich zugespitzt formuliert, die Frage nach dem in der Solidarität der Glaubenden fortwirkenden Christus, der in dieser Gemeinschaft gleichzeitig Subjekt und Adressat, Täter und Empfänger seines Erlösungswerkes ist.[47] Unter diesem Gesichtspunkt geht es *Metz,* nicht anders als den Theoretikern des kollektiven Glaubenssubjekts, um die Einholung der sozialen Dimension, wenngleich unter vorwiegend praktischem Aspekt. Darauf hebt er gleichzeitig mit seinem Entprivatisierungs-Postulat und der »politischen« Qualifikation seines Entwurfes ab, den er dadurch so scharf wie möglich von der beschaulichen Selbstgenügsamkeit der bisherigen Theologie abzugrenzen und als deren zeitgerechtes Korrektiv zu erweisen sucht.[48]

Indessen trat Metz mit seiner »memoria-These«, durch die er den theologischen Charakter seines Entwurfs hervorhob, auch in eine positive Beziehung zur skizzierten Konzeption. Denn mit seinem

Wort von der durch den Glauben an Kreuz und Auferstehung Christi geweckten »gefährlichen Erinnerung« stößt er genau auf die Stelle, die bei *Assmann* mit der Suche nach der Identität des in den zwischenmenschlichen Begegnungen gegenwärtigen Christus »mit dem Christus von damals« berührt wird. Was bei den Befreiungstheologen offenes Desiderat bleibt, füllt *Metz* dadurch mit einem ausgearbeiteten Theorem aus, das sich überdies durch seine sachliche Nähe zu *Kierkegaards* Gedanken von der im Glauben erlangten »Gleichzeitigkeit mit Christus« empfiehlt.

Es genügt, den Zusammenhang bis hierher zu verfolgen, um deutlich zu machen, in welchem Sinn der von Metz geleistete Beitrag auf eine Selbstkorrektur der Gegenwartstheologie abzielt. Wenn sein Konzept dennoch nicht spontan als Behebung eines das theologische Gewissen belastenden Defizits, sondern, wie schon der erwähnte Sammelband zeigt, als ausgesprochene Provokation empfunden wurde, hängt das vermutlich in erster Linie mit dessen »praktischer« Kopflastigkeit zusammen. Tatsächlich bringt es die Einseitigkeit dieser Perspektive mit sich, daß der Verdacht, mit der Schwerpunktverlagerung auf die Revision der Sozialstruktur werde auf subtile Weise das Werk der Selbsterlösung betrieben, nur schwer ausgeräumt werden kann. Unversehens erhebt sich, ebenso bizarr wie drohend, das Gespenst eines »ekklesiologischen« Monotheletismus im Hintergrund. Wenn es beschworen werden soll, müßte der Gedanke der auf die Beseitigung der gesellschaftlichen Unrechtsstrukturen abzielenden Wirkgemeinschaft um den des kollektiven Glaubenssubjekts vervollständigt werden. Da es, wie *Paulus* versichert, zum Wesen des Glaubens gehört, daß er »in der Liebe wirksam wird« (Gal 5,6), gehören beide Aspekte unentflechtbar zusammen. Und für die Paulusschule, die sich im Epheserbrief zu Wort meldet, ist es sogar eine ausgemachte Sache, daß der Glaube erst im mystischen Kollektiv zu seiner Vollgestalt heranreift, wobei die mit dem »Vollalter Christi« bezeichnete Zielangabe das Erkenntnisinteresse mit der Bewährungspflicht zu vollkommener Einheit verschmilzt, wenn es von den Trägern der kirchlichen Ämter und Dienstleistungen heißt:

> Sie sollten die Heiligen heranbilden zur Erfüllung ihres Dienstes, zur Auferbauung des Leibes Christi, bis wir alle hingelangen zur Einheit des Glaubens und zur Erkenntnis des Gottessohnes, zur vollen Mannesreife und zum Vollalter Christi (Eph 4,13).

Mit dem Theorem der »gefährlichen Erinnerung« zielt *Metz* jedoch nicht nur auf das christologische Zentrum des Glaubens, sondern darüber hinaus auf eine nachgerade okkulte Sozialdimension, die sich wie eine dunkle Rück-Spiegelung der ihm voranleuchtenden Utopie ausnimmt. Daß ihm diese, gemeinsam mit *Jürgen Moltmann,* aus der Begegnung mit *Ernst Bloch* und der Rezeption seines ›Prinzip Hoffnung‹ erwuchs, wurde von ihm und insbesondere seinem Weggefährten in aller Form bestätigt.[49] Doch hat es den Anschein, als sei für ihn die Blochsche Utopie vor allem in der brechenden Spiegelung durch die Kritische Theorie und ihre »negative Dialektik« wichtig geworden. Im Sinn ihrer philosophischen Zielsetzung empfindet er es als die vornehmste Aufgabe seiner Theologie, sich die verstummten Opfer der brutalen Gewalt zu vergegenwärtigen und in der Solidarität mit ihnen zu denken; denn:

> Diese Theologie formuliert die Gottesfrage in ihrer ältesten und umstrittensten Gestalt, nämlich als Theodizeefrage, freilich nicht in existentialistischer, sondern gewissermaßen in politischer Version. Sie setzt an bei der Frage nach der Rettung der ungerecht Leidenden, der Opfer und der Besiegten unserer Geschichte. Wie könnte man auch nach Auschwitz ohne diese Frage nach der eigenen Rettung fragen? Sie klagt diese Frage immer neu im öffentlichen Bewußtsein ein und sucht sie als eine Frage zu erläutern, an der das Schicksal der Menschen in ihrem anschaulichen Subjektsein hängt.[50]

Im Anschluß an diese Stelle zitiert er das maßgeblich von ihm verfaßte Synodendokument ›Unsere Hoffnung‹ mit dem bedenkenswerten Wort, daß nicht nur das Wachstum des wirtschaftlichen Potentials, sondern auch das »Potential an Sinn« begrenzt erscheint, so daß die Gefahr heraufdroht, daß den großen Worten wie Freiheit, Gerechtigkeit und Glück, unter denen heute noch die Geschichte veranstaltet werde, immer weniger an lebendiger Bedeutung entspricht. Dem könne nur mit einer »memoria passionis«, dieser zutiefst biblischen Kategorie, begegnet werden, die aber mit dem Leiden Christi zusammen auch die Opfer der Geschichte umfassen müsse, da kein sozialer Fortschritt mit der ihnen widerfahrenen Ungerechtigkeit versöhnen könne.[51] Deutlicher – und feiner – könnte die Trennungslinie dieser »nachidealistischen« Theologie gegenüber der idealistischen Denkweise schwerlich gezogen werden, da diese aus der Rückschau auf das »Wesen« der Dinge hervorging, während ihr theologischer Widerpart sich dem ungesühnten und unversöhnten Leid der Abgeschiedenen verpflichtet fühlt. So aber stellt sich schließlich doch noch die Konzeption eines kollektiven Glaubenssubjekts ein, nur daß dieses, altertümlich ausgedrückt, mehr noch die »leidende« als die »streitende« Kirche umfaßt, obwohl doch beide, zusammen mit der »triumphierenden«, die »communio sanctorum« bilden.

Selbstverständlich entsteht so ein einseitig verkürztes, auf ihren mystischen Konvergenzpunkt zurückgenommenes Bild der »politischen Theologie«. Doch mußte sie darauf zurückgeführt werden, wenn klarwerden sollte, in welchem Sinn sie eine Korrektur der bisherigen Theologie betreibt. Auf andere Weise als für die Sprecher der theologischen Romantik ist für den heutigen Menschen Gott »übergroß« geworden, so daß er an der Kompetenz des Einzelsubjekts bei der Bildung des Gottesgedankens zweifelt. Dachte *Möhler* unter dem Eindruck der expandierenden Naturerkenntnisse seiner Zeit in erster Linie an die Größe des göttlichen Schöpfertums, so ist heute das Gottesgeheimnis vor allem um die mit dem Stichwort »Auschwitz« bezeichnete Dimension gewachsen. Ihr gegenüber versagt, wie *Metz* mit Nachdruck anmerkt, die traditionelle Theodizee. In Sprechern wie *Elie Wiesel* weigern sich die Überlebenden der Hitlerschen Ausrottungspolitik aber auch, die Hiob-Rolle zu übernehmen und sich, wie dies dem alttestamentlichen Ankläger widerfährt, vom Selbsterweis der göttlichen Über-Macht und Über-Weisheit mundtot machen zu lassen.[52] Wenn davor nicht alles in Schweigen versinken, damit dann aber auch das mit den verstummten Opfern entstandene Problem auf neuer Ebene aufgeworfen werden soll, hilft nur eine Überschreitung der Einzelperspektive zum Ziel eines kollektiven Erkenntnis- und Glaubenssubjekts. Das aber wird sich im Sinne des Metzschen Ansatzes vornehmlich aus der Solidarität mit denen aufbauen müssen, die von der Geschichte »in Mitleidenschaft gezogen« wurden. Denn der Gott, der nach Auschwitz »bleibt«, wird im Sinne des pseudo-dionysischen Theorems zweifellos mehr durch Leiden als durch Forschen erkannt. Umgekehrt ergibt sich daraus die innerste Rechtfertigung des Metzschen Entprivatisierungs-Postulats. Es ist der »Zwang«, unter den Bedingungen einer durch namenlose Leiden belasteten Geschichte und in Erinnerung an beispiellose, an den Fundamenten der Humanität rüttelnde Exzesse der Unmenschlichkeit glauben zu müssen, der zur Solidarisierung der Glaubenden nötig, weil sie nur gemeinsam der Last der Gottesfrage gewachsen sind, wie sie sich heute stellt. Und es ist derselbe Zwang, der dann auch die theologische Glaubensreflexion zu jener Selbstkorrektur veranlaßt, die sie aus der Kompetenz des einzelnen in die der Glaubensgemeinschaft überführt.

### *3. Die Einholung des Ästhetischen*

In seinem theologischen Selbstporträt spricht *Jürgen Moltmann* davon, daß er der drohenden Engführung der politischen Theologie schon früh durch den »Entwurf einer ästhetischen Theologie« (von

1971) zu entgehen suchte.[53] Damit fällt das Stichwort für die zweite Selbstkorrektur der Theologie, die deutlicher noch als die erste auf den Verfall der christlichen Einheitskultur zurückweist, auf den die Theologie mit einer ausgesprochenen Segmentierung ihrer eigenen Ganzheit reagierte. Wenn *Hans-Rudolf Müller-Schwefe* in seiner Standortbestimmung (von 1958) an der Theologie der ausgehenden fünfziger Jahre einen dominierenden Zug ins Abstrakte bemerkte, konnte dies nur im Sinn einer Abstraktheit zweiten Grades gemeint sein.[54] »Abstrakt« im durchschnittlichen Wortverständnis war sie längst schon geworden, nachdem die altchristliche und mittelalterliche Einheitskultur zerfallen und sie gleichzeitig unter den zunehmenden Druck der Profanwissenschaften geraten war.

Demnach wirkten zwei sich gegenseitig steigernde Gründe auf die angesprochene Spezialisierung hin. Der eine besteht im Nachlassen jener Integrationskraft, die sämtliche Kulturbereiche der Inspiration des Glaubens unterwarf. Das hatte die zunehmende Abspaltung – und Emanzipation – ganzer Bereiche im Gefolge. Während dieser Prozeß auf dem Sektor der Therapie längst schon in Gang gekommen war, setzte er auf dem Gebiet der Naturerforschung, des Sozialwesens und nicht zuletzt auf dem der künstlerischen Entwicklung mit zunehmender Intensität ein. Zwar kam es zweimal zu umfassenden Versuchen einer Wiederherstellung der verlorenen Einheit. So entstand mit dem anfänglichen Bündnis von Papsttum und Kaisertum zu Beginn des Mittelalters noch einmal eine christliche Einheitskultur von imponierender Geschlossenheit und Größe, die freilich mit dem Bruch dieses Bündnisses einem rasch fortschreitenden Desintegrationsprozeß verfiel. Und noch einmal kam es im Barock, auch wenn in diesem Fall der Begriff der Einheitskultur zu hoch gegriffen wäre, zu einer »konzertierten Aktion« von Theologie, Philosophie und Kunst, die freilich ihren stärksten Rückhalt nicht so sehr in dem alles zur Einheit verklammernden Glauben selbst, als vielmehr in einem vom Glauben inspirierten Lebensgefühl hatte. Indessen sorgte das niemals ganz zu verdrängende Wissen um die »Gegenwelt« des Protestantismus, aber auch um die islamischen und asiatischen Kulturbereiche, daß diesem Einheitsversuch ein rasches und, wie zahlreiche Symptome zeigen, deutlich vorgefühltes Ende gesetzt war. Zudem erhob sich schon während der Spätblüte des Barock in Gestalt der Aufklärung ein kulturelles Prinzip, das Christentum und Kirche in die Defensive verwies und dadurch integrative Tendenzen der genannten Art für alle Zukunft ausschloß. Verborgen blieb indessen, daß die Konstituierung dieses Prinzips in der Abspaltung der aus dem Verfall der Einheitskultur hervorgegangenen Teilbereiche längst schon ein beziehungsreiches Vorspiel hatte. Zwar entstand dem Glaubensbewußtsein durch diese

Abspaltungen wenigstens anfänglich noch keine Opposition; doch verschmälerte sich zusehends seine Basis, und mit der Verengung seines Einflußbereichs schwand zunehmend auch seine integrative Kraft.

Freilich blieb es nicht lange bei diesem spannungsarmen Nebeneinander, da die abgespaltenen Bereiche – und darin besteht der zweite und stärkere Grund – rasch Tendenzen zu autonomer Selbstbegründung entwickelten und damit dem Glauben als eigenständige Größen entgegentraten. Am stärksten traf das auf die wissenschaftliche Welterklärung zu, die mit dem Glauben um so eher in ein Konfliktverhältnis geriet, als dieser seinerseits ein – als Referenzsystem für seine Verkündigung dienendes – Weltbild entwickelte. Dadurch fühlte er sich zunehmend unter einen szientifischen Druck gesetzt, der die wissenschaftliche Profilierung der Theologie beschleunigte. Eine ganze Reihe grundlegender Innovationen erklären sich aus diesem Zusammenhang. Im Fall der ersten innovatorischen Leistung, die in diesem Zusammenhang zu nennen ist, der Systematisierung des theologischen Gedankens durch *Origenes* – bekanntlich hatte sich sein Lehrer *Klemens von Alexandrien* noch damit begnügt, ein nach Art von ›Teppichen‹ gewobenes Ideengeflecht vorzulegen –, war die wissenschaftliche Herausforderung freilich bereits vorgegeben; allenfalls könnte man mit *Charles Kannengiesser* bei ihm davon sprechen, daß er sich mit der textkritischen Aufarbeitung der biblischen Schriften selbst unter einen wissenschaftlichen Druck gesetzt habe.[55] Wenn die zentrale Innovation *Augustins,* die fraglos in der Erneuerung der paulinischen Denk- und Redeweise bestand, auch eher auf die Erfahrung eines innerkirchlichen Defizits zurückgehen dürfte, kommt bei der Ausarbeitung seiner Theologie doch unverkennbar auch die Herausforderung durch die wissenschaftliche Leistung seiner donatistischen Gegner wie *Tychonius* oder *Julian von Eclanum* mit ins Spiel.[56] Ähnlich wird man bei der großen Wegweisung, die *Anselm von Canterbury* der Theologie durch sein Programmwort »Credo ut intelligam« gab, an den »scientifischen Schub« zu denken haben, der von dem überragenden Geist der Vorscholastik, *Johannes Scotus Eriugena,* ausgegangen war, auch wenn sich der vielfach angenommene Einfluß konkret nicht nachweisen läßt.[57] Unverkennbar steht sodann die Neubegründung der Theologie durch *Thomas von Aquin* in einem reaktiven Rückbezug auf den Einbruch des Aristotelismus in die mittelalterliche Denkwelt; und ebenso reagierte *Blaise Pascal* mit seinem Entwurf einer Apologie des Christentums, wie *Ewald Wasmuth* deutlich machte, auf die Herausforderung durch das ›Paradigma‹ *Montaigne* und den Skeptizismus seiner Zeit.[58] Und wären, um mit einer bloßen Erwähnung zu schließen, die theologischen Entwürfe von *Metz* und *Moltmann* ohne den inspiratorischen Anstoß durch *Blochs* ›Prinzip Hoffnung‹ oder die innovatorischen Beiträge von *Bultmann* und *Rahner* ohne die Impulse des Heideggerschen Denkens so, wie sie vorliegen, zustande gekommen?[59]

Die Folgen dieser Wechselwirkung sind in positiver ebenso wie in negativer Richtung bekannt. Positiv verdankt die Theologie der Herausforderung durch die autonom gewordene Philosophie und Wissenschaft die zunehmende Ausformung ihres eigenen Wissenschaftscharakters, der ihr gleicherweise die Gesprächsfähigkeit mit den Profanwissenschaften wie die Akzeptanz durch das öffentliche Bildungsbewußtsein sicherte. Die negativen Folgen, die sie sich damit einhandelte, umriß mit schlagender Treffsicherheit der von *Müller-Schwefe* erhobene Vorwurf, sie sei im Sinne moderner Kunst »abstrakt« und damit auf verhängnisvolle Weise »ungegenständlich« geworden, so daß sie nunmehr im Verdacht steht, durch die Übertreibung des Methoden- und Systeminteresses ihre ureigene Sache verloren zu haben. Doch während hier die Konsequenzen wie ein drohendes Menetekel vor aller Augen stehen, blieb die Abspaltung der ästhetischen Dimension nach weitverbreiteter Ansicht so gut wie folgenlos. Im Gegenteil: mit dieser Diastase schien in Form einer innertheologischen Rückwirkung ein Reinigungsprozeß in Gang gekommen zu sein, der die bildhafte Einkleidung vom harten Kern des tatsächlich Gemeinten unterscheiden lehrte. Um für den durch die Wissenschaft geprägten Menschen dieser Zeit noch annehmbar zu bleiben, könne die Bibel deshalb nicht radikal genug »entmythologisiert« werden, weil sich nur so das mit dem historischen Abstand entstandene »Gefälle« der Sprech- und Denkweisen ausgleichen lasse. Obwohl *Bultmann* gegen dieses Mißverständnis seines Entmythologisierungs-Postulats mit allem Nachdruck geltend machte, daß es ihm dabei keineswegs um ein »Subtraktionsverfahren« gehe, setzte sich nur zögernd die Erkenntnis durch, daß mit der intendierten Scheidung von Bild und Sache diese selbst beschädigt wurde, da die »epiphane« Offenbarungswahrheit von ihrem Wesen her nach bildhaftem Ausdruck verlangt. Das aber besagt, daß die Kritik *Müller-Schwefes* auch in ihrem buchstäblichen Sinn zutraf: die Theologie wurde zunehmend nach Art eines abstrakten Kunstwerks bild- und gegenstandslos. So schnitt die – scheinbar harmlose – Abspaltung des Ästhetischen tatsächlich in ihr innerstes Fleisch.

Wenn das nicht zu einer tödlichen Verletzung führen sollte, war eine Selbstkorrektur zum Ziel der Wiedereinholung des Verlorenen für die vom Bildverlust bedrohte Theologie geradezu lebensnotwendig. Diesen Prozeß in Gang gesetzt und gleichzeitig großartig dokumentiert zu haben, ist das Verdienst *Hans Urs von Balthasars.*

Zwar wird in diesem Zusammenhang immer wieder der Name *Guardinis* genannt, der sein Programm vom »Erwachen der Kirche in den Seelen« mit dem insistenten Bemühen unterbaute, der mit diesem Programmwort angesprochenen Jugend die Augen für die »heiligen Zeichen« zu öffnen, so wie er selbst, mit einem anderen Titel gesprochen, die Welt »in Spiegel und Gleichnis« sehen gelernt hatte.[60] Doch verfolgt sein interpretatorisches Werk, das schon von der Thematik her die Wiedergewinnung des Bildhaften zu betreiben scheint, nach seinen eigenen Angaben ein methodologisches Interesse; denn es will im Gegenzug zur historischen Kritik Wege zur Annäherung an die Gestalt Jesu erkunden und deshalb als »literarische Einübung« in sein Geheimnis verstanden sein.[61] Dagegen trifft das Urteil *Kay Jeffreys* zu, daß Balthasar eine bildhaft-metaphorische Theologie vertrete, die er konsequent der theoretisch-begrifflichen entgegensetze.[62] Das gilt zwar schon für beträchtliche Teile des Balthasarschen Frühwerks – und hier in erster Linie für die durch die Galionsfigur des Prometheus gekennzeichnete ›Apokalypse der deutschen Seele‹ (von 1937 und 1939) –, vor allem aber für das nun als grandiose Trilogie vorliegende Hauptwerk, das mit der ›Herrlichkeit‹ (von 1961 bis 1969) eröffnet, mit dem Mittelstück der ›Theodramatik‹ (von 1973 bis 1983) fortgeführt und neuerdings mit der ›Theologik‹ (von 1985) abgeschlossen wurde.[63]

Nachdem sich schon der Eröffnungsband der ›Theologik‹ – »Wahrheit der Welt« betitelt – der Welt der die Wahrheit zum Vorschein bringenden Bilder zuwandte, kehrt der der Offenbarungswahrheit gewidmete Fortsetzungsband abschließend auf eine Weise zu Balthasars begriffskritischem Ausgangspunkt zurück, die seiner nochmaligen, wenn freilich fast beklemmenden Bekräftigung gleichkommt.[64] Hatte er im Metaphysik-Band der ›Herrlichkeit‹ mit seiner Deutung der homerischen Athene-Gestalt, insbesondere des dialogischen Verhältnisses der Göttin zu ihrem Schützling Odysseus, ein faszinierendes Paradigma subtiler Idolenkritik – und legitimer Entmythologisierung – geboten, so begibt er sich jetzt in strikter Umkehrung des durchschrittenen Wegs in das »Höhlendunkel« der nunmehr »Effigien« genannten Bilder zurück, doch ohne daß etwas vom Impuls des im platonischen Höhlengleichnis Befreiten fühlbar würde.[65] So endet der Band mit der Beschreibung einer von gespenstischen Bildrelikten durchsetzten Szene, die allen emanzipatorischen Wegweisungen, angefangen vom platonischen Aufstiegsmodell bis hin zur Baconschen Idolenkritik, diametral entgegensteht. Doch gerade so entspricht es der – gegen den »stromaufwärts« gerichteten Zug des Analogiedenkens – gekehrten »katalogischen« Denkweise, der sich Balthasar hier, am Schluß der gewaltigen Trilogie, in verblüffender Annäherung an *Hegels* »Nach-

Denken« und *Heideggers* »An-Denken« offen verschreibt. Und doch: wie grandios nimmt sich über diesem »logischen« Fundament der narrative und spekulative Aufbau des Werkes aus! Gewaltig wie ein Gebirgsmassiv erhebt es sich nicht nur aus dem Flachland der theologischen Gebrauchsliteratur, sondern auch über die zu imponierender Größe ausgewachsenen ›Vorwerke‹ der eigenen Arbeiten, aufragend im Glanz einer fast abweisenden Größe: mächtig und – einsam; denn seine Größenordnung steht im umgekehrt proportionalen Verhältnis zu seiner Rezeption, die zumindest im deutschen Sprachraum durch ein fast völliges Verstummen vor ihm gekennzeichnet ist.[66] Um so mehr Anlaß, auf den von ihm geleisteten Beitrag zum theologischen Denken der Gegenwart einzugehen.[67]

Wenn der Weg der ›Theologik‹ mit dem *Goethe*-Wort »Vom Himmel durch die Welt zur Hölle« markiert werden kann – und dieses Wort drängt sich beim abschließenden Eintauchen in das Höhlendunkel geradezu auf –, hat dies, im platonischen Grundkontext gesehen, einen vorgängigen Aufstieg zur Ideenschau zur Voraussetzung. Nachdrücklicher könnte dies nicht bestätigt werden als durch den Titel, mit dem Balthasar den Eingangsband der ›Herrlichkeit‹ überschrieb: Schau der Gestalt.[68] Schon das Vorwort ist von hoher, durch den Sprengstoff *Nietzsche* gebildeter Brisanz: Wie dieser davon sprach, daß das Christentum aus seinem dogmatischen Stadium in ein moralisches übergegangen sei und nun im Begriff stehe, aus dieser Entwicklung die – für ihn nihilistische – Konsequenz zu ziehen, bekennt sich *Balthasar* zu der Aufgabe, die Theologie aus den bisher vorherrschenden Perspektiven des Wahren und Guten in eine dritte unter dem Gesichtspunkt des Schönen überzuführen.[69] Ein, gemessen an den dogmatischen und moraltheoretischen Engführungen der Vorzeit wahrhaft befreiendes Programm, das sowohl in erkenntnistheoretischer wie in fundamentaltheologischer und insbesondere theologiekritischer Hinsicht zu würdigen ist!

Wie *Medard Kehl* zeigte, hat es seine erkenntnistheoretische Spitze in der Betonung der Rezeptivität des Menschengeistes, mit der sich Balthasar dem ausschließlich auf die Spontaneität der Vernunft abhebenden Geistkonzept der Neuzeit widersetzt.[70] Denn die göttliche Offenbarungsgestalt, die Inhalt der gläubigen Anschauung ist, gibt sich in freier Selbstentschließung dem Menschengeist zu erkennen, der ohne diese Entgegenkunft ihr gegenüber blind wäre. Deshalb ist diese Schau auch nicht die Frucht des philosophischen Staunens, sondern weit eher eines »leidenden« Betroffenseins von dem in das Dunkel des Menschengeistes einstrahlenden Licht. Bis in seinen erkenntnistheoretischen Ansatz hinein erscheint Balthasar so von der patristischen Denkweise geprägt, insbesondere von dem pseudo-dionysischen Grundsatz, daß Gott mehr noch durch das Erleiden seiner Geheimnisfülle als durch das forschende Eindringen in sie erkannt wird. Darüber verliert er jedoch die dem göttlichen Geheimnis geschuldete »Anstrengung des Begriffs« nicht aus dem Auge. Beim Zustandekommen des Glaubens gibt der sich mitteilende Gott zwar den ersten und entscheidenden Anstoß, dies jedoch so, daß der Mensch dazu in Akten der Zustimmung einwilligen muß. So setzt sich die erkenntnistheoretische Perspektive organisch in die fundamentaltheologische fort, mit der sich Balthasar nun auch zu dem herrschend gewordenen Konzept der Glaubensbegründung querlegt. Zwar liegt es ihm seinem ausdrücklichen Hinweis zufolge fern, »eine von der Dogmatik unterscheidbare und ihr gegenübergestellte Fundamentaltheologie« zu entwickeln; doch kommt es dann doch zu einer Verzweigung der Perspektiven, derzufolge eine fundamentaltheologisch strukturierte »Erblickungslehre« von einer dogmatisch konzipierten »Entrückungslehre« zu unterscheiden ist.

Wichtiger als dieser systemtheoretische Gesichtspunkt ist jedoch der sachliche, der den Zugang zum Glauben in einem Akt spiritueller Wahrnehmung und nicht – wie im Sinn des traditionellen Konzepts – in einem argumentativ vermittelten »Hören des Wortes« erblickt.[71] Dabei verblaßt die Evidenz der vermittelnden Argumentationshilfen aus zwei Gründen: einmal deshalb, weil sie sich »extrinsezistisch« auf Motive stützen, die dem Glauben vorausliegen und deshalb in seinen Akt nicht mit eingehen; sodann aufgrund der Überzeugung, daß es zwischen dem mit »erleuchteten Augen« zu Gott aufblickenden Menschengeist und der epiphan gewordenen Offenbarungsgestalt eine Art »Sichtverbindung« gibt, die eine argumentative Anbahnung buchstäblich »gegenstandslos« werden läßt. Alles ist deshalb an der Läuterung des von Idolen und Trübungen verstellten Blicks gelegen, an der Öffnung der »Augen des Glaubens«, von denen der sich in diesem Interesse mit Balthasar berührende *Pierre Rousselot* gesprochen hatte, und dies aus dem einfachen Grund, weil es so dem von Jesus selbst geübten Verfahren entspricht:

> Vieles in der Glaubensunterweisung Jesu ist einfach ein Mutmachen zum Wagnis des Sichloslassens, als wollte er sagen: Gib mir die Hand, und du wirst sehen, daß es geht. Reflektiere nicht (das ist die ›Doppelseeligkeit‹), verzweifle nicht (das ist die ›Kleingläubigkeit‹), überlasse dich! Wobei Jesus weniger Gegenstand des Glaubens ist (das kommt erst bei Johannes) als derjenige, mit dem, durch den, in dem man den Akt leisten kann.[72]

In der – in bewußt liturgischem Anklang gehaltenen – Schlußwendung wird auch schon deutlich, weshalb die fundamentaltheologische Erblickungslehre unentflechtbar mit der theologisch-mystischen Entrückungslehre verknüpft ist. Denn der Glaube ist für Balthasar, anders als für den ihn in strenger Heteronomie denkenden *Guardini,* nur im mystischen Anschluß an seinen »Wegbereiter und Vollender« (Hebr 12,2) möglich; denn er ist für ihn zuletzt ein »synergetischer« Akt, so daß die Last Gottes, die der Glaubende auf sich nimmt, von ihm mit dem göttlichen Mittler zusammen getragen wird. Ja man wird im Sinne Balthasars sagen können, daß sich der Glaube in dem Maß vollendet, wie die erschaute Gestalt auch zu seinem Aktzentrum wird. Wenn aber so der Schwerpunkt der Fundamentaltheologie an die Dogmatik übergeht, so daß zwischen beiden nicht mehr sachlich unterschieden werden kann, tritt auch schon der theologiekritische Gesichtspunkt in den Vordergrund, der als der formbestimmende des ganzen Werkes zu gelten hat. Und unter ihm leistet Balthasar seinen spezifischen Beitrag zum Prozeß der Selbstkorrektur, in welchem die Gegenwartstheologie weithin begriffen ist.

Zum Teil mag sich die bestürzend schwache Rezeption, die seinem Werk zuteil wurde, aus dem Mißverständnis des Ästhetischen in einem Bewußtsein erklären, das im Unterschied zur aktuellen Interessenlage immer durch eine aktionistische Kopflastigkeit gekennzeichnet ist. Doch für Balthasar ist das Schöne zwar nicht wie für *Rilke* der Anfang des Schrecklichen, wohl aber die Manifestation des Wahren. Wo sich das Verhältnis zum Schönen verstörte, ist für ihn deshalb nicht nur der Zugang, sondern die Sache der Wahrheit bedroht. Damit stellt sich aber gerade für die auf das Gleichgewicht der transzendentalen Seinsperspektiven angewiesene Theologie eine ebenso dringende wie prekäre Aufgabe. Denn mochte es auch einmal den von *Gerhard Nebel* angenommenen »Kairos der Begegnung zwischen menschlicher Kunst und christlicher Offenbarung gegeben haben«, so häufte sich doch seither so viel an Mißverständnis und Verstörung auf, daß man beim Versuch einer Annäherung eher von der Diskrepanz als von der Übereinkunft der beiden Sphären ausgehen muß; dennoch:

> Wie groß auch immer diese Gefahren angeschlagen werden mögen – und sie müssen auf diesem Gebiet hoch angeschlagen werden – das Moment der Gefahr darf hier theoretisch nichts entscheiden. Auch ein gefährlicher Weg bleibt ein Weg. Ein Weg, der vielleicht besondere Ausrüstung und Kundigkeit braucht, aber nicht deswegen ungangbar ist.[73]

Die Schwierigkeit einer Wiedereinholung des Ästhetischen resultiert daraus, daß sich die Auflösung der christlichen Einheitskultur in wiederholten, teilweise gegensinnig verlaufenden Schüben vollzog und zudem von den altchristlichen und neuzeitlichen Kirchenspaltungen belastet war. So bedeutete der byzantinische Bildersturm, in dem die politisch gegängelte Theologie der Epoche die aus einer einzigartigen Synthese von Glaube und Kunst hervorgegangene Bilderwelt über Bord warf, nicht nur den radikalen Bruch mit der großen, auf Paulus und insbesondere auf die johanneischen Schriften zurückweisenden Tradition; vielmehr hat der Ikonoklasmus gleichzeitig auch als ein »Korrektiv der patristischen Theologie« zu gelten, das als solches »bedacht werden will«, zumal es zu Beginn des Mittelalters und der Neuzeit zum Ausbruch ähnlicher Tendenzen kam.[74]

Umgekehrt blieb den wiederholten, vor allem durch *Hamann* und *Scheeben* unternommenen Versuchen, dem Ästhetischen das ihm streitig gemachte Hausrecht in der Theologie zurückzugeben, ein durchschlagender Erfolg versagt, da die theologische Grundrichtung, nicht zuletzt unter dem Druck der Aufklärung und der Hegelschen Spekulation, von einem Trend zur »Entästhetisierung« beherrscht blieb. Was diese Initiativen zustande brachten, war allenfalls eine »ästhetische Theologie« etwa nach Art der von *Chateaubriand* konzipierten »Apologie des Christentums«, die »einzig die Schönheit dieser Religion« herausstellen wollte, nicht aber eine theologische Ästhetik, wie sie *Balthasar* vorschwebt.[75] Denn dem damit umrissenen Programm ist erst dann Genüge geschehen, wenn es, mit einigen charakteristischen Wendungen gesprochen – gelang, die Kategorie des »Hörens« mit der der »Schau« zu vertauschen, von der »Schönheit Gottes« nicht mehr in Abstraktionen, sondern in der Weise eines konkreten Ergriffenseins von ihr zu reden, das sehend gewordene Auge »in den Blickpunkt Gottes« zu verlegen und nicht zuletzt das verlorengegangene »enthusiastische Moment« und mit ihm das »Feuer des Eros« für die Theologie zurückzugewinnen. Wahrhaft »sprechendes« Indiz dafür, daß dieses Ziel tatsächlich erreicht wurde, wäre die Ausarbeitung einer Dogmatik, die insgeheim, ohne daß dies noch argumentativ herausgekehrt zu werden bräuchte, über eine apologetische »Plausibilität« verfügte, so wie ja die traditionelle Apologetik immer schon mit der Gedankenfracht der »ganzen Dogmatik« belastet war.[76] Denn unter den Gesichtspunkt des Schönen gestellt, beginnt die Wahrheit durch sich selbst zu leuchten und »einzuleuchten«, weil sie, mit dem Ausgangsgedanken gesprochen, die Wahrheit des sich zeigenden Gottes ist, die den Blick des suchenden Menschen auf sich zieht.

Im Zug der Ausarbeitung dieses gewaltigen, die ganze Theologie einem Perspektivenwechsel unterwerfenden Programms bedient sich Balthasar sowohl bei den beiden orientierenden Bänden – ›Fächer der Stile‹ und ›Im Raum der Metaphysik‹ betitelt (von 1962 und 1965) – als auch bei den interpretierenden Anschlußbänden zum Alten und Neuen Bund (von 1967 und 1969) eines Verfahrens, für das sich schon *Nietzsche* ausgesprochen hatte, wenn er zu Beginn seines Selbstporträts ›Ecce homo‹ (von 1888) betont:

> Ich greife nie Personen an – ich bediene mich der Person nur wie eines starken Vergrößerungsglases, mit dem man einen allgemeinen, aber schleichenden, aber wenig greifbaren Notstand sichtbar machen kann.[77]

Nur dienen *Balthasar* die den ›Fächer der Stile‹ repräsentierenden Personen nicht zur Verdeutlichung eines »Notstandes«, sondern als Prismen, in denen die Herrlichkeit der Offenbarungsgestalt in immer neuen Brechungen aufscheint. Geheime Leitfigur ist dabei der im ersten Orientierungsband gewürdigte *Dante,* dem Balthasar, wie erst in der Rückschau deutlich wird, das Formgesetz der Darstellung entnimmt. Denn auf eine höchst bezeichnende Weise erreicht die Interpretation ihren selbst noch die Erschließungskraft *Guardinis* übersteigenden Höhepunkt bei der Schilderung der Licht-Choreographien, die das Bild der höchsten Himmelsränge beherrschen:

> Nichts bleibt abstrakt, alles wird in Form und Sinnenhaftigkeit gebannt. Riesige Choreographien rollen sich auf, die Weisheitslehrer tanzen einen Reigen um Dante, ein zweiter, schließlich ein dritter Reigen entquillt dem ersten; im Jupiter bilden die Seelen zuerst eine lebende Schrift . . ., im Mars hatten die Martyrerseelen zusammen ein Kreuz gebildet, im Saturn der Kontemplativen formen alle zusammen eine Jakobsleiter, ›so hoch, daß ihr mein Blick nicht folgen konnte‹.[78]

Versucht man, das Band der Entsprechungen noch enger zu ziehen, so könnte man die in ›Fächer der Stile‹ aufgereihten Gestalten zu einer »Girlande« verkettet sehen, während die im ›Raum der Metaphysik‹ angesiedelten sich eher zu ›Wortgruppen‹ ordnen, die sich unschwer als »Boten«, »Zeugen«, »Seher« und »Narren« entziffern lassen. Dennoch bleibt die das Ganze bestimmende Hierarchisierung unangetastet: die Schau behält den Vorrang vor dem Hören, die Gestalt überragt das Wort.[79] Akzentuiert durch die Schlußbetrachtung über das in seiner geschichtlichen Bezeugung vielfach gebrochene und letztlich doch von der Liebe gehütete »Seinslicht«, wirkt das wie eine Einübung in die von den beiden Interpretationsbänden ins Werk gesetzte Entzifferung der alt- und neutestamentlichen Botschaft, die nicht umsonst an die von *Guardini* im Interesse seiner Christologie entwickelte Methode einer »literarischen Einübung« erinnert.[80] Dabei besteht die »Schrift«, die es zu entziffern gilt, im Fall der alttestamentlichen Gottesoffenbarung in den »Bildern« der Geschichte Israels, die »alle mehr oder weniger geistig sichtbar und lesbar« sind.[81] »Mehr oder weniger«, weil ein Licht von ganz unterschiedlicher Intensität auf sie fällt, wechselnd zwischen der überwältigenden Schau der Gottesherrlichkeit, in der die großen Offenbarungsträger Israels gewürdigt werden, und dem »langen Zwielicht« der nachexilischen Epoche, in dessen mattem Dämmerschein dann freilich so bedeutungsvolle Hervorbringungen wie die Apokalyptik und die Weisheitsliteratur entstehen.[82] Daß es bei dieser Entzifferung mehr auf das ›Lesbarwerden‹ der Zeichen als auf das Vernehmen des in ihnen mitgeteilten Wortes ankommt, zeigt sich, zumindest mittelbar, an der – fatalen – Gleichgewichtung von »Sprachereignis« und kultisch-rituellem »Blutereignis«, von der Problematik dieses Ausdrucks ganz zu schweigen.[83] Da auf das Verdämmern des Gotteslichts die Nacht der »großen Leere« folgt, entsteht der von religiösen Frustrationen und neuaufkeimenden Sehnsüchten gebildete Erwartungsdruck, dem Gott mit der Eröffnung einer neuen Heilszeit durch die Menschwerdung seines Sohnes entspricht.[84]

Seine ›Anknüpfungsstelle‹ findet der dem Neuen Bund gewidmete Band im Motiv der an ihren himmlischen Ort zurückkehrenden Weisheit, die nach Beendigung ihrer irdischen Mission nun wieder den angestammten Sitz »unter den Engeln« einnimmt.[85] Bei der Wiederaufnahme des Motivs, jetzt in Gestalt des Schreckbilds von der aus dem Tempel ausziehenden Gottesherrlichkeit, wird es überdies mit der Vorstellung von einer Art Verfallsgeschichte des Begriffs »Herrlichkeit« in Zusammenhang gebracht. Nachdem diese zunächst durch den Begriff der »Schechina«, der an- und einwohnenden Gottesgegenwart ersetzt worden sei, sei auch diese Vorstellung, weil sie »noch zu konkret schien«, mit »Wort« und schließlich mit »Name« vertauscht worden: eine Abfolge, die zu deutlich an die Übersetzungsszene von *Goethes* ›Faust‹ erinnert, als daß man den Gedanken an eine unterschwellige Beeinflussung abweisen könnte.[86]

Doch gerade so gewinnt Balthasar den ›Rahmenbegriff‹ einer religiösen Defizienz, der geradezu danach schreit, mit der Explikation der neutestamentlichen »Herrlichkeit« ausgefüllt zu werden. Das geschieht, wie an entscheidender Stelle mit aller Behutsamkeit angedeutet wird, auf dem Weg einer – von »Entmythologisierung« streng zu unterscheidenden und doch davon inspirierten – »Entösterlichung«, die im Gegenzug zu den von den »Lebensberichten« der Evangelien gesetzten Akzenten auf die in den Machterweisen verbleibende »Unscheinbarkeit« und die in der Entbergung fortdauernde »Verhüllung« aufmerksam macht.[87] Kein Wunder, daß die Lektüre der neutestamtentlichen Botschaft nicht in einen triumphalen Schlußakkord, sondern in ein Bündel von ›Verweisungsstrukturen‹ ausmündet. Am Ende steht das Wort von der »Utopie«, also der im Gesamtgeschichtsgang nicht voll einzuholenden Fülle der Herrlichkeit, während gleichzeitig die Vorstellung abgewehrt wird, daß sie in der »Bluthochzeit« mit Christus zu etwas anderem als zu diesem »unterwegs« sei.[88] So aber entspricht es nicht nur der ›Logik‹ des Zusammenhangs, aufgrund deren sich der defiziente Ausklang des Alten Bundes auf das »Resultat« des neutestamentlichen Heilsgeschehens niederschlägt, sondern mehr noch der Heteronomie des der Gesamtinterpretation zugrundeliegenden Glaubensbegriffs, die sich schließlich doch gegen die anfängliche Hinneigung zu einem mystisch-integrativen Glaubensverständnis durchsetzt, denn:

> Christlicher Glaube ist primär gar kein Selbstverständnis der Christen, auch nicht ein Selbstverständnis der Kirche als Gemeinschaft, sondern ein Gehorsam: Anerkennung des Enteignetseins in der Übereignung an Christus, der sich selbst für alle enteignet hat in seinem Sterben und Auferstehen.[89]

Doch hängt dies womöglich auch damit zusammen, daß die Kritik, vom Ausgangsgedanken her gesehen, zu hoch angesetzt ist: am Modell der ›Göttlichen Komödie‹ gemessen in den Rängen des ›Paradiso‹, wo sich auch für *Dante* die Einzelkonturen und die dunkleren Farbwerte im Glanz des ewigen Lichtes verlieren, das alles, was außer ihm noch sichtbar wird, in unzulänglicher Vorläufigkeit erscheinen läßt. Dabei hielt aber gerade das mittelalterliche Modell bei der Beschreibung des Läuterungsberges eine Anknüpfung bereit, die sich einer theologischen Ästhetik nicht schöner hätte anbieten können: auf dem nach oben führenden Spiralgang werden die Büßer durch die ihnen aufgebürdete Last gezwungen, die in den Marmorfelsen eingemeißelten Reliefbilder zu betrachten, die ihnen zu buchstäblich »fortschreitender« Läuterung verhelfen:

> Da erkannte ich, daß die Felswand
> aus strahlend weißem Marmorstein bestand,
> darin Gestalten eingemeißelt, so vollkommen,
> daß nicht allein der Griechen größte Künstler,
> daß die Natur hier übertroffen wurde . . .
> Und die Gestalten waren so lebendig,
> daß sie zu reden schienen miteinander.
> Gott, der noch niemals etwas Neues schaute,
> erschuf dies Reden schaubar: und so neu,
> weil sich's auf Erden nirgends findet.[90]

Das ist ein Weg mit der eindeutigen Tendenz zur Überwindung des zu tragen peinlichen »Erdenrests«, zur buchstäblichen »Abtragung« der Sündenlast und zur Zielruhe im Frieden des »irdischen Paradieses«, der jedoch weder im Konturenlos-Einen ausmündet noch, wie es bei Balthasar zuletzt den Anschein hat, in Aporien endet, da sich auf einem jeden seiner Schritte das Einheitsstreben mit dem Gestaltungswillen, die Suche nach dem »Sinn« mit dem Verlangen, ihn ins »Bild« zu heben, verbindet. Nimmt man hinzu, daß von den angeführten Dante-Versen ein wahrer Innovationsstoß auf die plastische Kunst der Folgezeit ausging, so fragt man sich unwillkürlich, warum Balthasar nicht hier, in diesem Bereich des durch die darstellende Kunst beschworenen Schönen ansetzte, obwohl er sich ihm mit dem Eingeständnis eines schmerzlichen Verzichts entzieht.[91] Vermutlich wirkt sich aber auch darin der Schatten *Guardinis* aus, der, wenn auch kaum sichtbar, über dem Werk liegt und seinen Autor veranlaßte, sich bei seinem Einholungsversuch auf die literarisch gedeutete, dramatisch gestaltete und spekulativ durchlichtete Welt zu beschränken.[92]

Doch so hoch man die mit der ›Herrlichkeit‹ geleistete Wiedereinholung veranschlagen mag, wird die innovatorische Leistung des Werkes doch erst mit der ›Theodramatik‹ erbracht. So ergibt es sich wiederum aus der Logik des Werkes, jetzt nur im Blick auf seine Gesamtanlage. Denn der Gang durch den ›Raum der Metaphysik‹ endete mit einem ähnlichen Eindruck, wie ihn auch die Interpretation der alttestamentlichen Heilsbotschaft hinterließ. Beide Male verliert sich die Schau der Herrlichkeit – dort der »Kabod Jahwe«, hier des »Seinslichtes« – im Dunkel einer hereinbrechenden Nacht. Wenn auch behutsamer als *Gustav Siewerth*, teilt Balthasar mit diesem die Heideggersche Diagnose von der das abendländische Denken durchwaltenden »Seinsvergessenheit«, nur daß diese für die theologische Rezeption nicht mit *Platon,* sondern mit dem auf *Thomas* folgenden Bruch einsetzt.[93] Das aber ist der im Grunde schon von *Nietzsche* gehegte Verdacht, daß die »wahre Welt« des Platonismus im Verlauf einer progressiven Verfallsgeschichte »endlich zur Fabel« wird.[94] Wenn es sich so verhält, dulden die theologischen Konsequenzen, die aus diesem Vorgang zu ziehen sind, keinen Aufschub. Insbesondere gewinnt dann das »Enthellenisierungs-Postulat«, das bisher nur auf die Unvereinbarkeit biblischer und hellenistischer Denkformen abgehoben hatte, eine unerwartete Brisanz.[95] Nicht mehr die Unvereinbarkeit, sondern die »Dekadenz« der hellenistischen Denkweise und der von ihr eingesetzten Kategorien steht nunmehr zur Diskussion. Denn der Verdacht gewinnt an Boden, daß das ganze auf »Wesenhaftes« gerichtete und damit, wie *Hegel* sagte, dem »Gewesenen« nachblickende

Denken einem progressiven Wirklichkeitsverlust Vorschub leistete. Genährt wird dieser Verdacht durch die schon von *Heidegger* vertretene und von *Hentig* aufgenommene These, wonach die moderne Technik als Vollstreckerin der hellenistischen, auf das »Wesenhafte« gerichteten Denkweise zu gelten hat, die als solche in immer radikalere Formen der »Seinsvergessenheit« hineintreibt.[96] Wenn es sich aber so verhält, gerät die Theologie unter einen mächtigen Erwartungsdruck, dem sie nur durch Akte kategorialer Selbstkorrektur zu genügen vermag. Denkformen verschrieben, die, selbst wenn noch so mittelbar, das Werk der Seinsverfehlung betreiben, würde sie sich selbst den Boden entziehen, von dem inneren Widerspruch dieser »rückwärtsgewandten« Kategorien zu ihrem Hoffnungsziel ganz zu schweigen.

An dieser Stelle setzt der innovatorische Beitrag der ›Theodramatik‹ ein. Dabei greift Balthasar bewußt »kürzer« als *Küng* und *Tracy,* die den wissenschaftstheoretischen Begriff des »Paradigmenwechsels« unbesehen auf die Theologie zu übertragen suchten, ohne dabei den mit ihm gemeinten Traditionsbruch in Rechnung zu stellen.[97] Wie so oft im geistigen Disput erbringt jedoch auch hier die Bescheidung den ungleich größeren Gewinn. Im Verzicht auf eine strukturelle Innovation – auf die er freilich wirksam genug in der »Herrlichkeit« hingearbeitet hatte – gelingt ihm ein Eingriff in jenen subtilen Mechanismus, zu dem das Enthellenisierungs-Postulat vorgestoßen war. Indem er den Vorhang vor der »Bühne« des Heilsgeschehens wegzieht, und den Blick auf die »Personen des Spiels« und den Gang des dramatischen Geschehens freigibt, setzt er, wenngleich mehr faktisch als theoretisch, einen »theologischen Kategorienwechsel« in Gang.[98] Am deutlichsten wird das Programm zu Beginn des – nach den ›Prolegomena‹ des ersten Bandes nochmals – um die Grundlegung des Unternehmens bemühten zweiten Bandes entwickelt. Das aber gelingt, so Balthasar, nur nach Ausräumung von zwei Schwierigkeiten, die sich aus der Unzulänglichkeit des verfügbaren Begriffsmaterials und aus der Gegensinnigkeit theologischer Zentralpositionen ergeben.[99]

Begriffe wie »Autor« und »Held« reichen, auch wenn sie ins Transzendente gesteigert werden, nicht hin, um die göttliche Urheberschaft und die Rolle des Gottmenschen im heilsdramatischen Geschehen zu verdeutlichen. Und der kusanische Gedanke, auf den Balthasar schon bei Guardini gestoßen war, daß Gott als der Andere des Menschen zugleich der »Nicht-Andere« ist, scheint zudem die für die Entwicklung des Dramas unerläßliche Rollenverteilung in Frage zu stellen:

Wie kommt es hier überhaupt zu verschiedenen Spielern? Ist Gott der Eine und der Mensch der Andere? Oder muß man diesen Satz so verstehen: Gott ist der Eine, und nur weil der Mensch nicht dieser Eine ist, ist er der Andere? Oder dasselbe, vom Menschen aus gesehen: die Menschen in der Welt sind Einer und Einer und Einer; Gott aber ist in diesem Sinn nicht ›Einer‹, der ›ein Anderer‹ ist, sondern der unvergleichbar Andere. Wie gelingt aber hier ein Zusammenspiel? Wo ist Raum für das ›Etwas‹, das der Mensch ist, wenn Gott seinem Wesen nach ›Alles‹ (Sir 43,27) sein muß, falls er wirklich Gott sein soll?[100]

Vor allem aber gilt es – und damit wird die entscheidende Schwierigkeit berührt –, den Menschen aus der ihm von der traditionellen Theologie zugedachten »Zuschauerstellung« aufzuscheuchen und ihn auf die »Bühne« des Geschehens zu holen, von der Kalamität, das Zutun des Gottesgeistes mit der Tätigkeit eines »Regisseurs« gleichzusetzen, ganz zu schweigen.[101] Damit ist dann freilich auch schon die innere Problematik des Werkes berührt. Denn wenn der Mensch erst von Gott her »aktionsfähig« wird und alle Fäden letztlich doch in der Hand des göttlichen Regisseurs liegen, ist zu fragen, ob bei allem Willen zu dramatischer Explikation am Ende mehr als ein gewaltiges Gemälde von dem zustande kommt, was aus der Position des Mitbeteiligten entwickelt werden sollte. Bestärkt wird diese Befürchtung wiederum durch Balthasars rigiden, auf reine Gehorsamshaltung reduzierten Glaubensbegriff, der dadurch, daß er dem Glaubenden das Moment der »Selbstverständigung« abspricht, ihm gleichzeitig auch den Boden der »Mitbeteiligung« entzieht. Daß diese Befürchtung berechtigt ist, zeigt schon der Ausklang der ›Handlung‹ (von 1980), der die »Schlacht des Logos« zum Gegenstand hat und dem Berichterstatter auch zu einem veritablen Schlachtengemälde gerät.[102] Trotz seines Titels schafft darin auch der vom ›Endspiel‹ handelnde Schlußband (von 1983) keine neue Sachlage. Vielmehr erweckt er den Eindruck einer zusammenfassenden »Rückführung« aller Verhältnisse, der kreatürlichen ebenso wie der geschichtlichen, auf das göttliche Urprinzip und Endziel. So gewinnt die Rede von einem »Spiel« einen geradezu gegen die Grundkonzeption gewendeten Sinn. Nicht als würde irgendein Element des dramatischen Geschehens entwirklicht oder auch nur in seiner Bedeutung abgeschwächt; wohl aber erscheint alles zurückgenommen auf seine innerste Herkunft, auf die Weisheit, den Ratschluß, den Schmerz und die Freude Gottes, und darin entschieden und – aufgehoben. Bezeichnend dafür ist die abschließende Frage, in der Balthasar wiederum mit dem späten *Guardini* übereinkommt, der in deutlicher Abkehr von seiner eigenen Ausgangsposition , der »Sorge um den Menschen«, dafür plädiert, daß sich die Theologie nicht so sehr wie bisher der »Sorge um das Heil des Menschen« verschreiben als vielmehr »um Gott Sorge tragen« müsse.[103] Im selben Sinn stellt Balthasar am Schluß des von ihm beschriebenen Geschehens die alles aus der menschlichen Perspektive in die Optik Gottes zurücknehmende Frage: »Was hat Gott von der Welt?«[104]

Noch bezeichnender ist die kurz zuvor gestellte Frage: »Ein antlitzloses Spiel?« Wenn sie als indirektes Eingeständnis des dem Autor selbst fühlbar gewordenen Verlustes an Relief – und Dramatik – verstanden werden darf, zieht sie, fast unabweislich, zwei Erinnerungen nach sich. Eine erste, weit zurückgreifende, an den in der ›Apokalypse der deutschen Seele‹ (von 1937) aus der Trauermarsch-Symbolik der ›Götterdämmerung‹ begriffenen *Wagner*, der in seinem »Weltabschiedswerk«, dem ›Parsifal‹, eine durchaus vergleichbare Reduktion vorgenommen hatte.[105] Im Sinne des – nach *Cosima Wagner* »philosophischen« Zuspruchs an Parsifal: »Du siehst, mein Sohn, zum Raum wird hier die Zeit« – geht das Werk auf dem Weg einer progressiven Verlangsamung und Erstarrung aus der Dramatik des Anfangs in die pseudoliturgisch-zeitlose Statik des Schlußtableaus über.[106] Ungleich näher liegt die zweite Erinnerung, die sich auf die »Leere« am Ende der israelitischen Heilszeit und ihre Verarbeitung, insbesondere durch die Weisheitsspekulation, bezieht.[107] Dort war von der Weisheit ausdrücklich gesagt worden, daß sie sich »vorgreifend der Herrlichkeit des Ganzen« zu versichern suche und deshalb auch auf den Schöpfungsanfang zurückgreife. Damit verweist Balthasar auf die staunenswerte Kompensation, mit welcher Israel das (in Psalm 74,9 beklagte) Ausbleiben der prophetischen Stimmen dadurch verarbeitet, daß es den von den Propheten bezeugten Gang der Heilsgeschichte im »Spiegel« der Weisheit (Wsht 7,26) reflektiert.[108] Kaum läßt sich der Gedanke abweisen, daß hier, bei der die ›Theodramatik‹ beschließenden Explikation des End-Spiels, etwas durchaus Vergleichbares geschieht – und auch hier auf Kosten jener »Handlung«, die mit der aktiven Einbeziehung des Betrachters in das theodramatische Geschehen beabsichtigt war.

Vor diesem – am Zentralvorhaben des Werkes gemessenen defizitären – Hintergrund hebt sich nun aber die innovatorische Leistung nur um so deutlicher ab. Sie besteht, wenn schon nicht in der Praxis, so doch in der Theorie eines »Kategorienwechsels«, der das Steuer von den traditionellen Denkformen der hellenistischen Metaphysik konsequent in Richtung auf die des theodramatischen »Spiels« herumzuwerfen sucht. Was bisher mit Hilfe des aus Kategorien des vorstellenden Denkens gebildeten Koordinatensystems gedacht worden war, soll neu und sachgerechter mit den Denkformen der Bühne, der dramatischen Handlung, der sie steuernden Regie und der Rollenträger des Dramas begriffen werden. Im Grunde tritt Balthasar damit gegen die gesamte, von den großen Alexandrinern geschaffene Tradition der wissenschaftlichen Theologie an. Mit der Befreiungstheologie teilt er das Unbehagen an ihrer dem Wesensdenken verhafteten Begrifflichkeit, die er gegen eine angemessenere auszutauschen sucht, mit *Kierkegaard* den Willen, den einzelnen, den die traditionelle Denkweise in die Zuschauerposition verwies, zu aktiver Mitbeteiligung am göttlichen Spiel zu bewegen. Denn die Kategorien des Wesensdenkens waren zu weitmaschig, als daß sie ihn hätten fangen und er sich in ihnen hätte finden können; die ihm viel enger auf den Leib geschneiderte Kategorie der Rolle leistet dagegen das eine wie das andere.[109]

Ihre kritische Sinnspitze erreicht die ›Theodramatik‹ aber vermutlich noch nicht mit ihrem Plädoyer für einen theologischen Kategorienwechsel, sondern erst mit der den Eröffnungsband beschließenden Neuformulierung der anthropologischen Frage. Damit wirkt Balthasar, vermutlich gegen seinen Willen, zugleich mit größtem Nachdruck auf den Perspektivenwechsel hin, für den sich der Begriff der »anthropologischen Wende« einbürgerte.[110] Gleichzeitig treibt er damit aber auch rückläufig seine Kategorienkritik auf die Spitze. Denn auf den Sinndruck, unter den der Mensch als Rollenträger gerät, gibt das Wesensdenken keine Antwort. Um ihm gerecht zu werden, muß die Grundfrage der philosophischen Anthropologie – nach *Kant* die Frage: »Was ist der Mensch?« – mit der radikaleren vertauscht werden, die, nachdem sie im Grunde schon vom biblischen Schöpfungsbericht gestellt war, durch *Kierkegaard* für das philosophische Bewußtsein wiederentdeckt wurde, durch die Existenzfrage: »Wer bin ich?«[111] Mit der Wasfrage hatte Ödipus, wie Balthasar anhand des tiefsinnigen Mythos darlegt, zwar die Sphinx bezwungen und sich damit den Weg nach Theben freigekämpft; doch war er mit ihr an der radikaleren Befragung durch sein Schicksal gescheitert.[112] Indessen konnte er nicht wissen, was erst dem vom christlichen Heilsereignis berührten Denken, zu dessen Sprecher sich *Jean Paul* machte, bewußt wurde: »Ich bin ein Ich!« Auf das Ereignis dieser Ichwerdung und der damit eröffneten Geschichte menschlicher Selbstfindung und Selbstverfehlung arbeitet das theodramatische Geschehen hin. Denn es geht ihr, mit dem Ausgangsgedanken gesprochen, letztlich darum, den anfänglichen Betrachter des theodramatischen Spiels aus seiner Zuschauerposition hervorzuholen und zum aktiven »Mitspieler« zu machen. So impliziert der Glaube auch für Balthasar ein Moment der »Selbstverständigung«, obwohl ihm dies noch in der ›Herrlichkeit‹ ausdrücklich abgesprochen worden war. Gleichzeitig setzt er eine Marke, an der sich jede künftige Theologie und theologisch orientierte Anthropologie wird bemessen müssen, und das um so mehr, als die bisherigen Deutungen des Menschseins, diejenige *Guardinis* ausgenommen, hinter diesem Standard bedenklich – und enttäuschend – zurückbleiben.[113] Doch ein Werk von dieser inneren und äußeren Größenordnung läßt sich nun einmal nicht ungestraft übergehen!

Auf sein Grundinteresse, die Wiedereinholung des Ästhetischen, zurückgeführt, ist das von *Balthasar* geschaffene ›Triptychon‹ ein einziges Plädoyer für die religiöse Zeugnishaftigkeit der Literatur und ihre Rolle als »theologische Erkenntnisquelle«.[114] Damit hat das Werk einen in seiner Bedeutung kaum zu überschätzenden Durchbruch vollzogen; denn nach ihm kann dieses Zeugnis nicht mehr übergangen oder doch in die Nebenrolle des bloß »Illustrativen« abgedrängt werden, ganz so, als bestehe die Leistung des Literaten nur darin, das theologisch Vorgedachte in Bilder und Handlungsabläufe umzusetzen, auch wenn die Vertreter der schwächlich-nazarenischen Nebenlinie der christlichen Literatur dieser Einschätzung wiederholt Vorschub leisteten.[115] Wie das Werk den allgemeinen Umgang der Theologie mit dem literarischen Zeugnis in Frage stellt, richtet sich nun aber auch umgekehrt eine grundsätzliche Frage an seine eigene Konzeption. Sie betrifft nicht nur die Ausklammerung der nur beiläufig erwähnten darstellenden Kunst und nicht zuletzt auch der Musik, der Balthasar in seiner Deutung des Abschieds-Terzetts aus *Mozarts* ›Zauberflöte‹ so eindrucksvoll gehuldigt hatte, sondern den Einsatz beim literarischen Zeugnis selbst.[116] Nicht zuletzt stellt sich diese Frage unter dem Diktat des Zeitgeschehens, das, wenn schon nicht durch das Ende der Schriftkultur, so doch durch deren Reduktion auf vorliterarische, primär bildhafte Vorstellungs- und Denkformen gekennzeichnet ist. Die Frage stellt sich auch schon im Blick auf die Erfahrungsbasis der ›Theodramatik‹, die sich angesichts der Tatsache zusehends verringert, daß der Masse der Bevölkerung theatralische Handlungsabläufe und Rollenzuweisungen nur noch aus der abkünftigen Form der audiovisuellen Medien bekannt sind, während das Primärerlebnis von Bühnenwerken einer elitären Minorität vorbehalten bleibt. Um so wichtiger wird, gerade auch im Blick auf den durch den Siegeszug der elektronischen Medien bewirkten Bewußtseinsbruch, das Zeugnis der darstellenden Kunst, das um so stärkere Beachtung verdient, als es schon aus den – zweifellos kultisch gemeinten – Wandmalereien der Höhlen von Altamira und Lascaux spricht, also aus einer dem Aufkommen der Schriftkultur weit vorausliegenden Zeit, und als es auch die gesamte Christentumsgeschichte hindurch seine Zeugniskraft behielt, angefangen von den Dokumenten der Katakombenmalerei und den großen Mosaikzyklen von Ravenna und Monreale über die Bilderwelt und Architektur der mittelalterlichen Dome, die Bild-Mystik *Fra Angelicos,* die eruptiven Fresken *Michelangelos,* die gemalten Visionen von *Bosch* und *El Greco,* dem Tagzeit-Zyklus *Runges* bis hin zu den mythisch verschlüsselten Triptychen *Beckmanns* und den »geträumten« Kirchenfenstern *Chagalls.*[117]

Noch dringlicher gestaltet sich die Anfrage hinsichtlich der Musik, zumal die elektronischen Medien die Verbreitung des musikalischen Kunstwerks im selben Maß begünstigen, wie sie die Voraussetzungen der Textualität untergraben. Denn aus ganz entgegengesetzten Gründen greift die Musik – mehr als jede andere Kunstform – in das Rezeptionsgeschehen ein, einmal deshalb, weil sie keiner vermittelnden Zeichenwelt bedarf, um den Rezipienten zu erreichen, zum andern, weil sie »interpretiert« und durch die Interpretation aktualisiert werden muß, um überhaupt hörbar zu werden, so daß sie im Augenblick des Erklingens den Eindruck erweckt, jetzt erst, in diesem Augenblick, entstanden zu sein. Von keinem Komponisten wurde das klarer zur Sprache gebracht als von *Beethoven,* der das Kyrie seiner ›Missa solemnis‹ (von 1823) mit dem programmatischen Wort überschrieb: »Von Hertzen – möge es wieder zu Hertzen gehen!« und der es als die leitende Absicht dieses nach seiner Ansicht »größten« seiner Werke bezeichnete, »sowohl bei den Singenden als bei den Zuhörenden religiöse Gefühle zu erwecken und dauernd zu machen«.[118] Wenn sich auch nur mutmaßen läßt, daß das Kyrie-Motto auf den – von Beethoven hoch geschätzten – *Johann Michael Sailer* zurückgeht, der es in der Einleitung zu seiner Ausgabe der ›Nachfolge Christi‹ als den »unverkennbaren Charakter« des Buches bezeichnet hatte, daß es zum Herzen gehen wolle, so wie es »aus dem Herzen« hervorging, steht die theologische Relevanz der beiden Aussagen doch außer Zweifel.[119] Das gilt sogar in erhöhtem Maß von Beethovens Absichtserklärung, die sich erstaunlich eng mit der Intention jeder religiösen Verkündigung, vor allem aber der Gleichnisse Jesu berührt. Denn in diesem Fall war es darum zu tun, dem programmatischen Gedanken vom kommenden Gottesreich in einer Weise Gehör zu verschaffen, daß die Adressaten der Botschaft nicht nur an die Realisierung der angesprochenen Utopie glauben, sondern sich in das ihnen in Aussicht gestellte »Reich« bereits eingebürgert fühlen konnten; somit war es hier gleichfalls darum zu tun, religiöse Gefühle zu wecken und ihnen Dauer zu verleihen.[120]

Wenn es sich aber so verhält, hat die Theologie gerade in einer Zeit des sich verflachenden Sprachverständnisses allen Anlaß, sich des Zeugnisses der Musik zu versichern, um von ihr zu lernen, wie die christliche Botschaft auf eine den Adressaten nicht nur informierende, sondern ihn bis in sein Zeit- und Selbstbewußtsein hinein strukturierende Weise vermittelt werden kann. Indessen könnte ihr die Musik nicht nur im Interessefeld der Stabilisierung, sondern nicht weniger auch in dem der Innovation behilflich sein. Angesichts der unverkennbaren Tatsache, daß innovatorische Anstöße in der Theologiegeschichte vielfach von intuitiven und visionären Erlebnissen ausgingen, gilt das vor allem von jenen Werken, in denen die Musik wie etwa in *Pfitzners* ›Palestrina‹ (von 1916) und *Hindemiths* ›Mathis der Maler‹ (von 1935) zu den Quellen ihrer eigenen Inspiration hinabsteigt.[121] Daß die Musik ihr im Einzelfall zur Korrektur eingefahrener Konzeptionen verhelfen kann, zeigt das Motettenwerk *Johann Sebastian Bachs,* das zweimal – sowohl in ›Jesu, meine Freude‹ (von 1723) als auch in ›Der Geist hilft unsrer Schwachheit auf‹ (von 1727) – in einer Weise auf Paulustexte zurückgreift, daß deren musikalische Gestaltung ebensosehr einer Distanzierung von der Rechtfertigungslehre *Luthers* wie einer Wiederentdeckung der genuinen Heilsbotschaft des Apostels gleichkommt.[122] Um so mehr ist nach Gründen für die Ausklammerung dieses so wichtigen Zeugnisses zu fragen, auch wenn sich darüber allenfalls Mutmaßungen anstellen lassen.

Den entscheidenden Fingerzeig gibt wohl *Balthasars* früher Essay über ›Sehen, Hören, Lesen im Raum der Kirche‹ (von 1939), der diese Rezeptionsformen einer subtilen Analyse unterzieht und dabei den synoptisch-paulinischen Westen dem Hören, den johanneischen Osten dagegen dem Sehen zuordnet, während er das gleicherweise vernehmende wie schauende Lesen in die Nähe des »Alexandrinismus« rückt, der schon das Spätjudentum, erst recht aber die Frühpatristik als gnostizistische Gefahr bedrohte.[123] Wohin der Verfasser des Essays in der aufgezeigten Alternative selbst tendiert, zeigt mit hinreichender Deutlichkeit der Satz, der die östliche Johannes-Kirche als das »heimliche Herz« der westlichen Petrus-Kirche bezeichnet.[124] Eine in diesem »Herzraum« ansetzende und ihn nach den Grundrichtungen der Trilogie ausmessende Theologie kann sich zentral nur auf die im Eingangsband beschworene »Schau der Gestalt« beziehen. Doch damit ist lediglich erklärt, warum das Triptychon das Zeugnis der Musik beiseite läßt. Daß aber auch die darstellende Kunst unberücksichtigt bleibt, dürfte sich, abgesehen von der Nachwirkung *Guardinis,* nicht zuletzt aus der Konzentration des Werkes auf das krisenhafte Leseverhalten, insbesondere der heutigen Christenheit und aus seinem Willen zu einer umfassenden Gegensteuerung erklären. Zwar gibt es für Balthasar ebenso einen »lesenden« Umgang mit dem Gottesgeheimnis wie den hörenden und schauenden Zugang zu ihm. Doch ist mit dem Lesen auch immer schon ein fiktionales Moment gegeben, sofern der Lesende eine Stimme zu vernehmen glaubt, »die als solche nie erklungen ist«.[125] Das führte schon bei *Origenes* dazu, daß er die heilige Schrift nicht – wie nach ihm *Augustinus* – als den vom göttlichen Vater an seine irdischen Kinder gesandten Brief verstand, der geradezu als eine Art »Stellvertretung des abwesenden Gottes« zu gelten hatte, sondern seinem Alexandrinismus folgend vom Buchstaben auf einen »hinter« ihm liegenden »esoterisch-pneumatischen Sinn« zurücksprang und damit den Leseakt beiseite schob.[126] Ebenso brachte es der Alexandrinismus der Gegenwart mit sich, daß das Lesen noch weit stärker verkümmerte als die Fähigkeit zum Sehen und Hören: für die Rezeption des biblischen Gotteswortes ein alarmierender Tatbestand. Mit dieser Wahrnehmung nahm Balthasar schon vor einem halben Jahrhundert Ergebnisse heutiger Kultur- und Medienkritik vorweg; doch zog er aus dieser Bestandsaufnahme entgegengesetzte Konsequenzen. Denn für ihn handelt es sich keineswegs um einen irreversiblen Vorgang, sondern um einen Notstand, der dazu drängt, dem Lesen seine genuine Funktion zurückzugeben, und das besagt, »durch Lesen, das immer eine sekundäre, stellvertretende Rolle spielt, die großen primären Sinnesfunktionen zu beleben«.[127] Und er beließ es nicht bei der Theorie; vielmehr unterzog er den gewaltigen »Großtext« *(Wimmel)* der abendländischen Literatur- und Geistesgeschichte jener »relecture«, der ihn im Medium der »Herrlichkeit« neu lesbar machte. Und damit erwies er sich selbst als der große »Lesemeister« unserer Zeit.

### *4. Soll Glaube heilen?*

Durch kaum etwas wird die szientifische Kopflastigkeit der traditionellen Theologie so vehement zum Vorschein gebracht wie durch die Vertauschung des erwarteten Hilfszeitwortes »kann« durch das irritierende »soll«. Denn während sich im Fall der Kann-Frage die bejahende Antwort geradezu aufdrängt, müßte die tatsächlich gestellte Frage: »Soll Glaube heilen?« – gemessen an der »Logik« der theologiegeschichtlichen Entwicklung – verneint werden. Heilung, so wäre in ihrem Sinn zu sagen, gehört ausschließlich in die Kompetenz der wissenschaftlichen Medizin, die sich mit Fug und Recht schon in vorchristlicher Zeit aus der Direktive der theologischen Therapie emanzipierte und die dadurch erzielte Diastase höchst erfolgreich für ihre theoretische und praktische Ausgestaltung nutzte.[128] Bei diesem Trennungsprozeß kamen ganz unterschiedliche Tendenzkräfte ins Spiel. Auf seiten der Medizin verband sich mit dem

Emanzipationswillen sehr bald schon eine »säkularistische« Tendenz, die bei *Hippokrates* dazu führte, daß er die im Orient als »heilige Krankheit« geltende Epilepsie ihres numinosen Charakters entkleidete und auf den Standard eines ganz »normalen« Krankheitsbildes reduzierte; denn mit der vorgeblich »heiligen Krankheit« verhält es sich seiner Ansicht nach wie mit allen anderen:

> Sie scheint mir in keiner Beziehung einen göttlicheren Ursprung zu haben als die übrigen Krankheiten und auch nicht heiliger zu sein als sie, sondern von der gleichen Beschaffenheit zu sein wie jene. Denn nur aus Unkenntnis und aus Verwunderung darüber, daß sie in keiner Hinsicht den anderen Krankheiten gleicht, haben die Menschen geglaubt, ihr eine göttliche Qualität und Veranlassung zuschreiben zu sollen.[129]

Doch waren auch auf der theologischen Gegenseite ganz unterschiedliche Tendenzen am Werk, die freilich im Gesamteffekt den Abkoppelungsprozeß begünstigten. Noch am greifbarsten ist die Reaktion auf die jüdisch-heidnische Polemik, die, wie *Reginald H. Fuller* zeigte, zu einer apologetischen Umstilisierung der Botschaft und insbesondere der Berichte von den Heilungswundern Jesu führte.[130] Standen die Heilungswunder ursprünglich ganz im Kontext der Reich-Gottes-Verkündigung Jesu, die sie nach Art einer »Tatsprache« bekräftigten, so wurden sie jetzt, unter dem Druck der polemischen Herausforderung, in einer Weise akzentuiert, daß sie argumentativ gegen die Angriffe der Gegner eingesetzt werden konnten. Dadurch aber wurde die in ihnen noch nachwirkende Heilszusage zu einer Aussage über die von Jesus »getätigte« Heilsmacht Gottes. Damit aber war bereits der erste Schritt in die Richtung getan, die im weiteren Verlauf der Entwicklung zur Ausbildung der wissenschaftlichen Theologie im Sinn einer lehrhaften Selbstdarstellung des Glaubens führte. Zwar war in ihrem System an zentraler Stelle von dem durch Christus vermittelten Heil die Rede, dies jedoch nach Art eines Lehrstücks, das in der Folge zu einem eigenen Traktat, der »Soteriologie«, ausgestaltet wurde.[131]

Im weiteren Verlauf gerieten beide unter den Zwang noch stärkerer Ausgestaltung ihres Wissenschaftscharakters: die Medizin, die noch in *Paracelsus* den Vertreter einer Subjekt und Objekt übergreifenden Ganzheitskonzeption gefunden hatte, durch die rapiden Fortschritte auf dem Gebiet der Physiologie, Physik und Chemie; die Theologie durch die Herausforderung der Aufklärer und ihrer Selbstdarstellung in den großen idealistischen Systemen. Das hatte für die Medizin eine zunehmende Instrumentalisierung ihrer Therapie und, bedenklicher noch, des Verlustes der bis zu Paracelsus gewahrten ›Funktionseinheit‹ zur Folge: der Patient wurde zum »Gegenstand« der auf ihn angesetzten diagnostischen Methoden und schließlich zum »Fall« klinischer Behandlung. Umgekehrt die Theologie; sie verlor ihren Gegenstandsbezug, denn in dem Bestreben, es den sich so erfolgreich fortentwickelnden Wissenschaften gleichzutun, wurde sie, mit *Müller-Schwefe* gesprochen, im ungegenständlichen Sinn des Ausdrucks »abstrakt«.[132]

Es liegt auf der Hand, daß sich diese Entwicklung am stärksten auf die therapeutische Komponente der Theologie auswirkte. Nicht nur, daß die ursprüngliche Heilszusage zu einem doktrinalen Lehrstück verkümmerte; auch dabei war, gemessen am biblischen Heilsverständnis, nur noch in einem restringierten Sinn von »Heil« die Rede. Denn mit der wissenschaftlichen Systematisierung der Theologie ging eine Spiritualisierung der christlichen Botschaft Hand in Hand, so daß sich ihre Aussage nur noch auf das »Heil der Seele« und, was nahezu dasselbe besagte, das »jenseitige Heil« bezog. Doch damit brachte sich die Theologie schon auf dem Höhepunkt dieser Entwicklung in einen schreienden Widerspruch zum Zeitgeist, den *Nietzsche* mit den schockierenden Worten beschworen hatte:

> Hybris ist heute unsere ganze Stellung zur Natur, unsre Natur-Vergewaltigung mit Hilfe der Maschinen und der so unbedenklichen Techniker- und Ingenieur-Erfindsamkeit; Hybris ist unsere Stellung zu Gott, will sagen zu irgendeiner angeblichen Zweck- und Sittlichkeits-Spinne hinter dem großen Fangnetz-Gewebe der Ursächlichkeit –; Hybris ist unsere Stellung zu uns, denn wir experimentieren mit uns, wie wir es uns mit keinem Tiere erlauben würden, und schlitzen uns vergnügt und neugierig die Seele bei lebendigem Leibe auf: was liegt uns noch am ›Heil‹ der Seele![133]

Inzwischen wurde dem auf das Seelenheil eingeengten, vorwiegend ethisch akzentuierten Heilsbegriff aber durch eine noch ungleich folgenschwerere Erscheinung defizitärer Art der Boden entzogen: durch den Schwund des Sündenbewußtseins, den schon *Kierkegaard* angekündigt und *Heine* zu seinem sensualistischen Programm erhoben hatte.[134] Eine vergleichbare Krise erlitt aber auch die gerade durch ihre wissenschaftliche Ausgestaltung zu so vielen Triumphen gelangte Medizin, zunächst schon dadurch, daß es ihr immer weniger gelingt, die Lebenserwartung zu steigern, vor allem aber dadurch, daß sich ihre Strategien in Form des von ihnen verursachten »strukturellen Leidens« selbst als pathogen erwiesen; denn in dem Maß, wie sie, um wirksam zu werden, den Patienten zum »Fall« vergegenständlichten, entzogen sie ihm die Möglichkeit, sich durch die Mobilisierung seiner immanenten Genesungskräfte aktiv am Heilungsprozeß zu beteiligen.[135] So aber entstand auf beiden Seiten ein irritierendes Defizit zwischen »Angebot und Nachfrage«; auf seiten der Theologie, sofern sich das Gefühl der Bedürftigkeit für ihr Heilsangebot signifikant verringerte; aber auch seitens der Medizin, da sich der zum »Fall« degradierte Mensch – sosehr diese Vergegenständlichung den auf ihn angesetzten diagnostischen und therapeutischen Methoden entgegenkam – von der aktiven Beteiligung an seinem Genesungsprozeß ausgeschlossen sah.

An dieser Stelle entwickelte sich nun aber unvermeidlich ein »Leidensdruck«, der zunächst seinerseits rückschlägige Formen annahm. Anstatt daß er sich, wie es in der Natur der Sache gelegen hätte, auf die beiden »schuldig« gewordenen Instanzen ausgewirkt und sie zu einer Selbstkorrektur veranlaßt hätte, bewog er den frustrierten Menschen zu einer breiten Skala von qualifizierten, aber auch fragwürdigen Selbsthilfeaktionen. Die spektakulärste und folgenreichste unter ihnen war die Entstehung der Psychoanalyse, die, im wissenschaftsgeschichtlichen Kontext gesehen, auf eine Revision des gestörten Verhältnisses von Arzt und Patient, womöglich sogar der Diastase von Subjekt und Objekt, hinarbeitet.[136] Ungleich kritischer steht es um die neuerdings ins Kraut schießenden Formen von »Geistheilung«, die sich schon dadurch verdächtig machen, daß sie den Begriff »Geist« in einem dezidiert antilogischen, auf Formen energetischer Kommunikation reduzierten Sinn verwenden. Wie bei anderen Krisenerscheinungen ist es aber auch hier vordringlich darum zu tun, das damit gegebene Signal zu erkennen. Und das richtet sich in erster Linie an die Adresse einer Medizin, die alles Heil von der Perfektion ihrer Methoden erwartet, die den Arzt zum Funktionär der von ihm eingesetzten Apparaturen degradiert und die suggestive Beeinflussung des Patienten verteufelt, der sich so in der Frage der Akzeptanz seiner Krankheit selbst überlassen bleibt. In hellsichtiger Erfassung dieser Kopflastigkeit sprach sich deshalb *Hans Schaefer* in seinem ›Plädoyer für eine neue Medizin‹ (von 1979) für eine Revision des traditionellen Grundkonzepts zugunsten einer ›interessenehmenden‹ Medizin aus.[137] Kein Zweifel: nur dem interessenehmenden Arzt, der sich den Kranken nach einem tiefsinnigen Paracelsus-Wort »eingebildet« sein läßt, wird es gelingen, den Patienten aus seiner »kasuistischen« Vergegenständlichung herauszurufen und zur aktiven Teilnahme an seinem Genesungsprozeß zu bewegen.

Zwar richtet sich dieses Signal mit gleicher Eindringlichkeit auch an die Theologie, die sich dadurch auf ihre therapeutische Qualität hin angesprochen sieht; doch kommt in ihrem Fall der unüberhörbare Appell hinzu, der von der mit dem schwindenden Sündenbewußtsein kontrastierenden Krisenerfahrung ausgeht. Denn dieselbe Generation, die sich durch eine Verschiebung im sittlichen Wertespektrum unversehens »exkulpiert« fühlt, entwickelt gleichzeitig ein Krisenbewußtsein, das von vornherein jeden Verdacht ausschließt, als sei sie einer moralischen Indifferenz verfallen.[138] Ein Gefühl der Entfremdung hat den heutigen Menschen befallen, das sich jedoch nicht auf das ihm enteignete Produkt seiner Arbeit, sondern auf seine Individuation bezieht: Selbstentfremdung, wie sie schon von *Kierkegaard* diagnostiziert und als ein Unzuhause in der ihn umgebenden Welt beschrieben wurde.[139] Einem existentiellen Zerwürfnis mit sich selbst verfallen, fühlt sich der heutige Mensch von sich und seinem Dasein abgehalten, unfähig, es mit der Tatsache seiner Existenz »aufzunehmen« und damit, wie *Guardini* formulierte, unfähig zur »Annahme seiner selbst«.[140] Bestand der Krisenfall der traditionellen Moral im Gewissenskonflikt mit der göttlichen Norm, so steht der heutige Mensch im Konflikt mit der ihm auferlegten Existenz, die er als drückende Hypothek, wenn nicht gar als lästige Zumutung empfindet. Nicht Prometheus, der gegen die Götter aufbegehrende Rebell, ist – wie noch *Karl Marx* meinte – die Leitfigur des Zeitgeistes, sondern Hiob, der den Tag seiner Geburt verfluchte und damit, soviel an ihm lag, das Band zwischen ihm und seinem Schöpfer zerschnitt.[141] Damit aber steigert sich die Anfrage nachgerade zur Herausforderung.

Was der Theologie mit dieser Herausforderung abverlangt ist, läßt sich mit einem einzigen Satz sagen: sie müßte die Lehre vom Heil so auf dessen Zusage zurückführen, daß in der Lehre wieder die Zusage hörbar – und wirksam – würde! Vom tatsächlichen Ausmaß der damit skizzierten Aufgabe vermitteln zwei Postulate eine Vorstellung. Das erste zielt darauf ab, die im Gang der wissenschaftsgeschichtlichen Entwicklung abgetretene Dimension des Heilen zurückzugewinnen, ohne dadurch die legitimen Rechte der Medizin zu schmälern. Denn die Diastase von Theologie und Medizin hatte bei allen Beeinträchtigungen, die mit ihr verbunden waren, einen eminent positiven, beiden Disziplinen zugute kommenden Sinn. Bei dem Plädoyer für eine therapeutische Theologie kann es sich somit keinesfalls darum handeln, einen Grenzstreit mit der wissenschaftlichen Medizin vom Zaun zu brechen, sondern allenfalls darum, das zwischen beiden Positionen entstandene Niemandsland, das hauptsächlich durch die Frage nach Sinn und Annahme der Krankheit ausgemessen wird, durch konstruktive Initiativen »bewohnbar« zu machen. Was zur Einleitung und Förderung des Genesungsprozesses getan werden kann, bleibt somit in der unbestrittenen Kompetenz des Arztes; doch kann ihm eine therapeutische Theologie in der Form in die Hand arbeiten, daß sie Strategien entwickelt, die den Patienten zu einem sinnvermittelnden Verhältnis zu seinem Leiden anleiten.

Es liegt auf der Hand, daß dieses Postulat auf eine Neukonzeption der Theologie bis in ihre Strukturen und Denkformen hinein drängt. Was die Strukturfrage anlangt, so gibt vermutlich der Systemverzicht *Karl Rahners,* der die menschenfreundlichste Theologie dieser Zeit entwarf, einen weiterführenden Fingerzeig. Hatte er womöglich die ironische Bemerkung *Kierkegaards* im Ohr, der den Systembauer mit dem Architekten eines großen, hochgewölbten Palastes verglich, der es allerdings verabsäumte, sich darin eine eigene Wohnung einzurichten und sich statt dessen damit begnügt, nebenan, in einer Scheune oder gar in einer Hundehütte zu hausen?[142] Auf jeden Fall wäre eine Systemtheologie am wenigsten geeignet, das therapeutische Interesse wahrzunehmen, da sie primär nach innen gebaut ist, nach Art einer sich selbst tragenden Konstruktion, während heilende Wirkung nur von einer Theologie ausgehen könnte, die strukturell in einem Akt der Selbstüberschreitung begriffen ist. Das aber hätte Denkprozesse zur Voraussetzung, die anstatt von Konzentration Ent-Äußerung erstreben und den Herrschaftswillen des Systems zugunsten einer Haltung des dienenden Loslassens aufgeben.

Damit ist aber auch schon das zweite Postulat berührt, dessen Brisanz schon die mit ihm aufgeworfene Frage vergegenwärtigt: Kann Denken heilen? Auf diese verblüffende Frage antworten – nicht weniger verblüffend – drei große Paradigmen bejahend: die ›Tröstung der Philosophie‹ des *Boethius,* sofern sie es darauf angelegt hat, den an Lethargie erkrankten Philosophen aufzurichten; das Proslogion-Argument des *Anselm von Canterbury,* sofern es die geistige Insuffizienz des »Toren« zu heilen sucht; und *Franz Rosenzweigs* ›Büchlein vom gesunden und kranken Menschenverstand‹, sofern es die Krankheits- und Heilungsgeschichte des Verstandes im Stil einer »Behandlung« beschreibt.[143] Indessen fehlt es auch nicht an theoretischen Bestätigungen dieses Ansatzes. So folgerte *Kant* aus seiner These, daß die »physische Wirkung der Philosophie« in der Gesundheit der Vernunft bestehe:

> Da aber die menschliche Gesundheit ein unaufhörliches Erkranken und Wiedergenesen ist, so ist es mit der bloßen Diät der praktischen Vernunft (etwa einer Gymnastik derselben) noch nicht abgemacht –; sondern die Philosophie muß (therapeutisch) als Arzneimittel (materia medica) wirken, zu dessen Gebrauch dann Dispensatorien und Ärzte (welche letztere aber auch allein diesen Gebrauch zu verordnen berechtigt sind) erfordert werden.[144]

Und *Wittgenstein* stimmt dem mit dem programmatischen Satz seiner ›Philosophischen Untersuchungen‹ (von 1958) zu:

Der Philosoph behandelt eine Frage; wie eine Krankheit (§ 255).

Wenn das der Philosophie gelingen soll, dann gewiß nicht auf dem Weg des von der idealistischen Was-Frage gesteuerten Denkaktes, der die Dinge auf ihr Wesen – und damit auf ihr Gewesensein – festlegt, um ihrer ansichtig zu werden, sondern mit Hilfe jenes »nennenden« Denkens, das sie zu ihrer vollen Präsenz aufruft. So sieht es zumindest *Rosenzweig,* dessen philosophische Therapie sich darauf konzentriert, den Perspektivenwechsel von der Rückschau in die vorwärts gerichtete Denkweise einzuleiten. Daß diese Blickwendung auch der neutestamentlichen Denkweise entspricht, gibt das programmatische Paulus-Wort zu verstehen:

> Nicht so, als hätte ich es schon ergriffen oder als wäre ich gar bereits vollendet. Doch möchte ich es ergreifen, so wie ich von Jesus Christus ergriffen bin. Nein, Brüder, ich bilde mir nicht ein, es schon ergriffen zu haben; eins aber tue ich: ich vergesse, was hinter mir liegt, und strebe dem entgegen, was vor mir liegt. Den Blick auf das Ziel gerichtet, jage ich dem Siegespreis der himmlischen Berufung durch Gott in Jesus Christus nach (Phil 3,12ff).

Die Paulusbriefe vermitteln auch einen Begriff davon, wie sich aus diesem Ansatz therapeutische Worte und Formeln entwickeln. Wendungen dieser Art häufen sich geradezu im Geist-Kapitel des Römerbriefs. Dazu gehört schon der Satz: »Ich bin der Ansicht, daß die Leiden der Jetztzeit keinen Vergleich aushalten mit der künftigen Herrlichkeit, die sich an uns offenbaren soll« (Röm 8,18) und nicht weniger der andere: »Wir wissen aber, daß denen, die Gott lieben, alles zum Guten ausgeht, da sie von der Vorsehung erwählt sind« (Röm 8,28). Vor allem aber gehört der hymnische Schluß des Kapitels in diesen Zusammenhang, mit welchem Paulus mehr noch als mit dem berühmten Hymnus des Ersten Korintherbriefs (13,1–13) seinen Lobgesang auf die Liebe angestimmt hat:

> Wenn Gott mit uns ist, wer ist dann gegen uns? Er, der den eigenen Sohn nicht schonte, sondern ihn für uns alle hingegeben hat – wie sollte er uns nicht mit ihm alles schenken? Wer wird uns trennen von der Liebe Christi? Not oder Bedrängnis, Verfolgung oder Hunger, Blöße, Gefahr oder Schwert? Ich bin gewiß, daß weder Tod noch Leben, weder Engel noch Mächte, weder Gegenwärtiges noch Künftiges, weder Gewalten der Höhe noch der Tiefe noch irgendein anderes Geschöpf uns werden trennen können von der Liebe Gottes, die in Christus Jesus ist, unserem Herrn (Röm 8,32.35.38f).[145]

Von hier führt freilich ein weiter Weg bis zu einer ausgearbeiteten Theologie, zumal sich der theologische Gedanke nicht auf der Höhe der paulinischen Verkündigungssprache zu halten vermochte. Nun kann aber der Mensch, gerade in seiner heutigen Existenznot, nicht so lange warten, bis die Theologie mit seinem Bedürfnis gleichgezogen hat. Insbesondere hat er ein Recht auf die Auskunft, ob er von seinem Glauben Hilfe in seiner Identitätsnot erhoffen kann. Eine begründete Auskunft kann ihm aber nur unter der Voraussetzung gegeben werden, daß es gelingt, die wissenschaftsspezifische Vergegenständlichung wenigstens für die Glaubensurkunde zu beheben, und das besagt, die vor den biblischen Schriften durch die historisch-kritische Methode errichtete Barriere zu durchbrechen.[146] Dabei kann es sich keinesfalls darum handeln, die »regionale« Kompetenz der Methode auf ihrem ureigenen Einzugsgebiet, der literarkritischen und formgeschichtlichen Textbefragung, in Frage zu stellen; sie ist in dieser Hinsicht, wie schon *Ernst Troeltsch* unterstrich, nicht hintergehbar.[147] Dagegen ist ein Durchbruch dort möglich, wo sich der Zugriff der historischen Kritik lockert oder am Textbestand geradezu vorbeigeht. Das gilt in erster Linie für die transinformativen, konkret gesprochen für die empirie- und evidenzvermittelnden Sprachqualitäten.[148] Als Schlüssel zu diesem schwer zugänglichen und zudem meist übersehenen Bereich kann eine von hoher Sensibilität eingegebene Nachlaßnotiz *Nietzsches* dienen, die eine Art Summe aus langer Spracherfahrung zieht und zu dem Urteil gelangt:

> Das Verständlichste an der Sprache ist nicht das Wort selber, sondern Ton, Stärke, Modulation, Tempo, mit denen eine Reihe von Worten gesprochen wird – kurz die Musik hinter den Worten, die Leidenschaft hinter dieser Musik, die Person hinter dieser Leidenschaft: alles das also, was nicht geschrieben werden kann. Deshalb ist es nichts mit Schriftstellerei.[149]

In textorientierter Abwandlung dieses Nietzsche-Wortes könnte man auch sagen, verständlicher als die Aussage selbst sei das, was sie zu sehen, zu hören und zu fühlen gibt, also das Bild hinter dem Wort, der Ton hinter dem Bild und die Person als der Formalgrund der gesamten Mitteilung. In dieser Form verhilft der Schlüssel fürs erste zur Wiedergewinnung der von der historischen Kritik als bloße »Legendenbildungen« abgefertigten Bildgeschichten wie etwa der Matthäus-Perikope vom »sinkenden Petrus« (Mt 14,22–33).[150] Sowenig es angeht, diese offenkundig »nachösterlich« zu verstehende Perikope auf ein – durch Sondertraditionen vermitteltes – historisches Faktum zu beziehen, läßt sie sich als bloße »Lehrdichtung über die Kraft des Glaubens« *(Haenchen)* abtun; denn sofern überhaupt ein Faktum ins Spiel kommt, handelt es sich eindeutig um das »der Ersterscheinung des Auferstandenen vor Petrus« (*Grundmann*). Gleichzeitig spiegelt die Perikope aber zuviel an ›Realität‹, als daß sie der Kategorie der bloßen Dichtungen zugeordnet werden könnte. Im ersten Fall würde der Bildcharakter verkannt, im zweiten würde die Bildhaftigkeit aus dem Gesamtkontext der Aussage herausgebrochen. Was sie im Sinn der Schlüsselstelle tatsächlich zu sehen gibt, ist demgegenüber die Figur des »inneren Lesers«, der sich seinerseits durch sie an seine – dramatische – Gebetserfahrung erinnert sieht. Das aber heißt, daß die Perikope genetisch aus der Summe der in sie eingeflossenen spirituellen Erfahrungswerte hervorging, so wie sie umgekehrt aus diesen die »strukturelle Summe« zieht. So macht sie deutlich, daß auch das Gebet des Christen die Struktur eines ›De profundis‹ aufweist, wie es im Aufschrei des Petrus hörbar wird; und man treibt die Deutung wohl nicht zu weit, wenn man in der Retterhand Jesu den Hinweis darauf erblickt, daß der Notschrei des christlichen Beters in den Todesschrei des Gekreuzigten einmündet und in ihm (nach Hebr 5,7) seine Erhörung findet.[151]

In die Ebene des »Hörbaren« führt demgegenüber der innovatorische Gedanke *Karl Rahners,* der sich an der hellsichtigen Beobachtung entzündete, daß sich die Gottesfrage im Sinn einer Problematisierung Gottes und seiner Existenz den Autoren der neutestamentlichen Schriften nicht stellt.[152] Es genügt, die Grundgedanken der in anderem Kontext bereits mitgeteilten Stelle aus Rahners Reflexion über ›Theos im Neuen Testament‹ in Erinnerung zu rufen:

> Eine Qual, erst nach Gott fragen zu müssen ..., eine Furcht, ob nicht etwa Gott am Ende doch nichts sei als eine ungeheure Projektion der Sehnsüchte und Nöte des Menschen ins Objektive, ein Leiden an der Gottesfrage: von all diesen und ähnlichen Haltungen des modernen Gottesbewußtseins weiß das Neue Testament nichts.[153]

Ein zulänglicher Grund für diesen Tatbestand läßt sich nur unter der Voraussetzung angeben, daß die neutestamentlichen Schriften, jenseits der grammatischen Sinnverknüpfungen, von einem Impuls durchwaltet sind, der eine Problematisierung Gottes deshalb nicht aufkommen ließ, weil die Gottesfrage durch ein von ihm ausgehendes Evidenzerlebnis gelöst ist. Für ihre Autoren – und intentional auch für ihre Leser – ist Gott der Erstgegebene und Erstgewisse, so daß sich die Frage nach ihm gar nicht auszuformen vermag. Man ginge vermutlich nicht fehl, wenn man darin den empirischen Niederschlag der sie zu heiligen Schriften qualifizierenden Inspiration erblicken würde; doch führt der Rückverweis auf ihre »Quelle«, die Gottesverkündigung Jesu, vermutlich weiter, da so der Grund der beobachteten Bewußtseinsinversion ersichtlich wird. Denn das neutestamentliche Denken kommt, anders als das Alltagsbewußtsein, nicht von der Welt zu Gott, sondern von Gott zur Welt; und diese Umkehrung läßt sich zulänglich nur aus der fortwirkenden Suggestion Jesu erklären, der in der Wort- und Tatverkündigung des Gottesreiches sein Gottesbewußtsein an die Jünger und durch sie an die Christenheit weitergab.[154]

Zum Grund dieses ›Schichtenmodells‹ führt jedoch erst *Kierkegaard,* der in seiner ›Einübung im Christentum‹ (von 1850) das große Paradigma einer an das kategoriale Gefüge rührenden Identitätschristologie entwarf.[155] Tatsächlich hebt er mit dem Schlüsselwort des Werkes – »Der Helfer ist die Hilfe – die vergegenständlichenden Bestimmungen von ihrer Wurzel her auf, doch ohne sie dadurch als Orientierungshilfen in Frage zu stellen. So wirkt die ›Einübung‹ ebenso kritisch wie mystisch: eine Vergegenwärtigung Jesu und seiner Heilszusage, die gleichzeitig aufs entschiedenste in den philosophisch-theologischen Disput eingreift. In der Vielfalt seiner Hilfen wirkt im Sinne des Schlüsselwortes der eine Helfer; und der in der theologischen Reflexion vielfach vergegenständlichte Glaube an ihn wird zur Gleichzeitigkeit des Glaubenden mit ihm.[156] Was das für die Überwindung der historischen Kritik besagt, zeigt der Satz des Werkes, der die Authenzität der Großen Einladung Jesu an die Bedrückten und Bedrängten in – anerkennender – Kenntnis der kritischen Einwände behauptet:

> Kommt her zu mir alle, die ihr mühselig und beladen seid. So spricht er, und die mit ihm Lebenden sahen und sehen, daß es auch nicht das mindeste in seiner Lebensweise gibt, was diesem widerspräche. Mit der stillen und aufrichtigen Beredsamkeit der Tat drückt es sein Leben aus, auch wenn er dies Wort nie ausgesprochen hätte ... Er steht zu seinem Wort, er ist selbst sein Wort, ist, was er spricht – auch in diesem Sinne ist er das Wort.[157]

Unüberhörbar klingt in dieser Stelle die Tagebuchnotiz nach, daß *Chrysostomus,* der größte Redner der Christenheit, ungeachtet seiner Beredtsamkeit »mit seiner ganzen Existenz« gestikuliert habe, doch wohl auch der an anderer Stelle geäußerte Gedanke, daß die Christenheit erst wieder durch *Luther* dazu geführt worden sei, in Christus nicht nur das Vorbild, sondern die im Glauben zu empfangende Gottesgabe zu sehen.[158] Doch nimmt die Stelle auch schon die Einsicht *Nietzsches* vorweg, daß der letzte Grund der Verstehbarkeit eines Textes in der sich in ihm mitteilenden Person zu suchen sei. Auf die Frage einer möglichen Überwindung der historischen Kritik zurückbezogen aber besagt dies: Wenn man davon ausgehen darf, daß die durch die Inspiration garantierte Ausnahmestellung der biblischen Schriften darin besteht, daß sie aufgrund der in ihnen fortwirkenden Suggestion Jesu mehr an transinformativen Sprachqualitäten enthalten, als dies im Normalfall der schriftlichen Medien gegeben ist, kann es sich bei der gesuchten Strategie nur darum handeln, diese sprachliche »Mitgift« zu verdeutlichen und in letzter Konsequenz die Texte auf den in ihnen redenden Autor zurückzuführen. Es liegt auf der Hand, daß sich dieses Verfahren weitgehend der theoretischen Erfassung und vergegenständlichenden Explikation entzieht. Seine Realisierung wird vielmehr von ihrer ganzen Logik her Experimentalcharakter annehmen. Originärer »Testplatz« ist dafür eindeutig die Predigt, verstanden als der liturgische »Ort« der Rückübersetzung des biblischen Textes in sein genuines Gesprochensein.[159] Kriterium für die gelungene Realisierung ist dann aber in erster Linie die Frage, in welchem Umfang dadurch Glaube geweckt wird, eine Frage, die nur im Wechselspiel von subjektivem Zeugnis und wissenschaftlicher Analyse, also im Rückbezug des gewonnenen Glaubens auf die fundamentaltheologische Glaubenstheorie beantwortet werden kann.

Daß die ›Einübung‹ diese Tendenz verfolgt, daß sie also die Große Einladung Jesu in einer den Leser ergreifenden und in die Gleichzeitigkeit mit dem Einladenden führenden Weise zur Sprache bringen will, zeigt nicht nur die wiederholte Überschreitung der argumentativen Sprachebene in die betende Anrufung, sondern nicht weniger auch die Nähe des Werks zu den von *Kierkegaard* stets unter seinem persönlichen Namen veröffentlichten ›Erbaulichen Reden‹, die in der Konsequenz dann auch dazu führte, daß Kierkegaard in einer nachgeschobenen Erklärung (vom 16. Mai 1855) das Anti-Climacus-Pseudonym, unter dem er die Schrift herausgegeben hatte, widerrief.[160]

Der definitive, wenngleich stringent nicht zu erbringende Beweis für die theorieüberschreitende, seelsorgerlich-therapeutische Tendenz des Werkes aber ergibt sich aus seiner geradezu spiegelbildlichen Konstellation zu der in der Wiederholungsschrift gebotenen Existenzanalyse. Dort hatte *Kierkegaard* seinem »stummen Mitwisser« jene ontische Entfremdung geklagt, die ihm schließlich die biblische Radikalfrage nach dem Menschen auspreßte: »Wo bin ich?«[161] Hier nun, in der ›Einübung‹, entwickelt er eine Christologie, die sich, ausgehend von dem Heilandsruf »Kommt her zu mir!«, wie eine einzige Antwort auf diese Frage ausnimmt. Der »Ort« der wiedergefundenen Geborgenheit und der damit gewonnenen Identität ist die liebende Selbstübereignung dessen, der sich nach einer

Zentralaussage des Werkes einem jeden so zuwendet, als gäbe es für ihn nur diesen in aller Welt. Daß es im Kern dieser Zuwendung um die Überwindung der menschlichen Identitätsnot geht, wird sowohl durch das Leitwort des Werkes wie durch seine Zentralaussage bestätigt. Durch das Leitwort, weil die Zusicherung an die Bedrückten und Bedrängten: »Ich will euch Ruhe geben« (Mt 11,28) nur als die »Ruhe« der Stabilisierung verstanden werden kann, vermittelt durch die Jochgemeinschaft mit dem, der die Lebenslast der Bedrückten auf sich nimmt, um sie gemeinsam mit ihnen zu tragen; aber auch durch die Zentralaussage – »Der Helfer ist die Hilfe« –, die jetzt erst in ihrer Sinnspitze fühlbar wird. Denn der Helfer mußte in seiner Hilfe vergegenwärtigt und diese als seine Selbstgewährung verständlich gemacht werden, weil die Not des seiner Welt Entfremdeten und dadurch mit sich selbst Zerfallenen nur durch den behoben werden kann, der nicht nur kategoriale Hilfen bietet, sondern die Hilfe zur Selbsthilfe, nein zum Selbstsein ist. Auf seine Weise bestätigt das der Begriff der Gleichzeitigkeit, der sich keineswegs auf die Sinnbestimmung des Glaubens beschränkt, sondern die im Glauben gewonnene Seinsgemeinschaft mit dem Geglaubten im Blick hat.[162]

Daß damit zugleich der heilenden Sprache und mit ihr dem Grundelement einer therapeutischen Theologie Bahn gebrochen ist, liegt auf der Hand; doch wird es von der Bildsprache des Werks auch noch ausdrücklich bestätigt, wenn es von dem Einladenden heißt:

> Und wunderbar! Während er alle einlädt und allen helfen will, ist seine Behandlungsweise der Kranken ganz wie auf jeden einzelnen berechnet, als hätte er in jedem Kranken gerade nur diesen einen. Sonst muß sich der Arzt unter seine vielen Kranken teilen . . ., er verschreibt das Heilmittel, sagt, was zu tun sei, wie es angewendet werden müsse; dann geht er zu einem anderen oder heißt ihn gehen, wenn der Kranke bei ihm gewesen ist . . . Deshalb ist (in diesem Fall) Helfer und Hilfe nicht ein und dasselbe . . . Wenn aber der Helfer die Hilfe ist, muß er ja den ganzen Tag hindurch bei dem Kranken bleiben, oder der Kranke bei ihm – wie wunderbar, daß nun dieser Helfer gerade alle einlädt![163]

Damit ist nicht nur die Einzigartigkeit dieser Raum und Zeit übergreifenden Hilfe hervorgehoben, sondern gleichzeitig auch ein Wendepunkt der religiösen Sprachgeschichte markiert. Denn zu den beredtesten Anzeichen der beginnenden Diastase von Heilszusage und Theologie war die von dem Kirchenhistoriker *Carl Schneider* verzeichnete Tatsache, daß die Anrufung Jesu Christi als Arzt, die zu den beliebtesten Redewendungen der Frühzeit zählte, allmählich aus dem christlichen Vokabular verschwand.[164] Vermutlich muß dieser »Sprachverlust« im Zusammenhang mit Umschichtungsprozessen gesehen werden, wie sie sich auch im Attributenaustausch zwischen Christus und seiner Kirche dokumentierten. Während der Kolosserbrief betont: »Alles ist durch ihn und für ihn erschaffen; er ist vor allem, und das All hat in ihm Bestand« (1,16f), heißt es im ›Hirt des Hermas‹, einer frühchristlichen Apokalypse, von der bald in jugendlicher Schönheit, bald in greisenhafter Würde erscheinenden Kirche: »Sie ist so alt, weil sie von allem zuerst gegründet wurde; ihretwegen wurde die Welt erschaffen«.[165] Indessen kommt die volle Tragweite dieser Umschichtung erst dort zum Vorschein, wo Christus, den die Paulusbriefe die leibhaftige Gottesweisheit (1 Kor 1,30), unsere Hoffnung (Kol 1,27) und unseren Frieden (Eph 2,14) genannt hatten, im Bild eines die ganze Welt überschattenden Baumes erscheint, von dem der Deuteengel erklärt: »Er bedeutet das Gesetz Gottes, das für die ganze Welt gegeben ist. Das Gesetz aber ist der Sohn Gottes, der bis an die Grenzen der Erde verkündet worden ist; die Völker in seinem Schatten sind die, die seine Botschaft hören und an ihn glauben«.[166] Fraglos erfolgt hier die Weichenstellung, die zur rechtlichen Festlegung der Botschaft und in deren weiterem Gefolge zu ihrer wissenschaftlichen Systematisierung führte.

Damit verglichen wirkt die Kierkegaard-Stelle wie eine Wiederentdeckung der in Vergessenheit geratenen Anrufung und, tiefer noch besehen, wie die Wiederentdeckung der therapeutischen Dimension der Heilsbotschaft.[167] Anläufe, die sich die Wiedergewinnung dieser Dimension für die Theologie zum Ziel setzen, werden sich um so mehr auf die »Einübung« beziehen können, als diese die Stelle eines von ihrem Autor geplanten, aber nicht ausgeführten Buchs einnahm, für das der Titel ›Die Heilung von Grund auf‹ vorgesehen war.[168] Doch spräche die therapeutische Grundabsicht, um es im Anschluß an die methodenkritische Stelle zu sagen, auch dann unüberhörbar aus der stillen Beredtsamkeit des Werkes, wenn sich seine entstehungsgeschichtlichen Anfänge nicht mehr klären ließen.

### *5. Das Zentralereignis*

Der Versuch, die Selbstkorrektur der Gegenwartstheologie nachzuzeichnen, brachte Verläufe zum Vorschein, die unwillkürlich an die Spiralbewegung der glaubensgeschichtlichen Wende erinnern. Zuletzt, bei der Einbeziehung der *Kierkegaard*-Schrift, kam nun auch schon das Zentrum dieser Bewegung in Sicht, und dies in einer

Weise, die einer Neuentdeckung gleichkommt. Mit der Anrufung Jesu als Arzt greift die ›Einübung‹ nicht nur auf einen in Vergessenheit geratenen Titel zurück; vielmehr entwirft sie unter diesem Titel eine Christologie, die so weit aus dem theologischen Spektrum ihrer Zeit herausfällt, daß sie von *Albert Schweitzer* in seiner ›Geschichte der Leben-Jesu-Forschung‹ nicht einmal erwähnt wird.[169] Um so deutlicher spricht das Werk als Symptom dafür, daß das Jesus-Thema schon vor einem Jahrhundert neu in den Blickpunkt des Glaubensinteresses trat. Aber auch sachlich dürfte von der ›Einübung‹ der theologiegeschichtliche Anstoß dazu ausgegangen sein, daß sich *Karl Barths* ›Kirchliche Dogmatik‹ zu einem Werk mit deutlich christologischer Konzentration gestaltete.[170] Auf diese Konzentration dürfte aber auch die Wechselwirkung mit der religiös engagierten Literatur der Zeit hingearbeitet haben, die in *Dostojewskij* (Der Idiot), *Hauptmann* (Der Narr in Christo Emanuel Quint) und *Papini* (Storia di Christo) eine vorwiegend symbolische Vergegenwärtigung Jesu anstrebte.[171]

Vor allem aber scheint *Guardini* den konzentrativen Vorgang registriert zu haben; denn anders ist es kaum zu erklären, daß er nach seinem enthusiastischen Hinweis auf das »Erwachen der Kirche in den Seelen« das Kirchen-Thema fast nur unter liturgisch-pädagogischem Aspekt behandelte, um sich statt dessen mit aller Kraft der Gestalt Jesu zuzuwenden.[172] Nicht zufällig erfolgte Guardinis thematische »Kehre« zur gleichen Zeit, in der die Vorentscheidung dafür fiel, daß die Frage nach dem historischen Jesus, vor allem im Raum der Bultmann-Schule, neuen Auftrieb bekam, und in der sich die dogmatische Christologie mit Modellen befaßte, die schon deutlich auf die spätere Polarisierung in eine Aszendenz- und eine Deszendenz-Christologie vorauswiesen.[173] Wie ein Vorgriff auf die spätere »Christologie von unten« wirkt insbesondere die von *Déodat de Bally* entwickelte und von *Paul Galtier* revidierte ›Assumptus-Homo-Theologie‹, die das Christusgeheimnis als Überhöhung des Menschlichen zu begreifen und dadurch der Menschlichkeit Jesu eine im Vergleich zur traditionellen Lehrmeinung größere Eigenbedeutung zuzumessen suchte.[174] Freilich ließ der Einspruch des kirchlichen Lehramts nicht lange auf sich warten: in ihrer ursprünglichen Radikalform wurde diese Theorie ebenso verworfen wie das »symbiotische« Modell, das *Karl Pelz* unter dem Titel ›Der Christ als Christus‹ (von 1939) zur Diskussion gestellt hatte.[175]

Wie nach jedem lehramtlichen Eingriff war auch diesmal ein jähes Abebben des theologischen Disputs die unmittelbare Folge.[176] Daran änderte auch die eindrucksvoll dokumentierte Besinnung auf das Glaubenszeugnis des Konzils von Chalkedon nur insofern etwas, als die Denkbahn »von unten«, verstanden als eine im Feld der Menschlichkeit und Mitmenschlichkeit Jesu ansetzende Christologie, deutlicher als bisher ins theologische Bewußtsein trat.[177]

Durchaus gleichsinnig wirkte sich aber auch die von und um *Rudolf Bultmann* geführte Diskussion aus, in die, aufgeschreckt durch das Stich- und Reizwort von der »Entmythologisierung des Evangeliums«, auch katholische Theologen wie *Karl Adam, Heinrich Fries, Rudolf Schnackenburg* und *René Marlé,* ja schließlich sogar der von Bultmanns Philosophieverständnis befremdete *Karl Jaspers* eingriffen.[178] Trotz aller Klärungsversuche des Initiators, daß sein Programm keine »subtraktive« Zielsetzung verfolge, sondern auf eine »existentiale Interpretation« der neutestamentlichen Schriften hinarbeite, gelang es ihm nicht, den weltweit entstandenen Eindruck zu widerlegen, daß mit seinem Postulat Abbruch am Grundbestand des Evangeliums getrieben werde.[179] Was sich auf den Fortgang des »Disputs um Jesus« *(Kern)* lähmend auswirkte, war aber nicht so sehr die von ihm entwickelte Methode als vielmehr der distanzierende Satz, daß alles, »was historisch über Jesus ermittelt werden« könne, »theologisch völlig unerheblich« sei *(Marxsen);* denn so Bultmann in seiner Reflexion ›Zur Frage der Christologie‹ (von 1927) wörtlich:

> Wie es in Jesu Herzen ausgesehen hat, weiß ich nicht und will ich nicht wissen.[180]

Dadurch war der Initiative *Ernst Käsemanns,* der mit Nachdruck für das Recht der Rückfrage nach dem historischen Jesus eintrat, insgesamt die Schwungkraft genommen.[181] Es bedurfte somit eines völlig neuen Anstoßes, wenn der christologische Disput und das, was er zuinnerst bezweckte, die Konzentration des Glaubens auf Jesus, neu in Gang kommen sollte. Wie aus einer Hohlform ergibt sich aus dem Bultmann-Wort überdies, worin dieser Anstoß nur bestehen konnte: nicht so sehr – oder doch nicht primär – in einem theologischen Modell als vielmehr in einer spirituellen Erweckung; denn nur sie konnte die tabuisierte Innerlichkeit Jesu und die Frage nach seinem Selbstbewußtsein wieder disputfähig machen.

Doch damit ist ein Motiv ins Spiel gebracht, das nur auf der Basis einer Methode auch wirklich »ausgespielt« werden kann. In dieser Frage gibt nun aber gerade *Bultmann* das mit der einen Hand, was er mit der anderen genommen hatte, wenn er im Rückgang auf die Anfänge des Christusglaubens die Entfaltung der Christologie als die »Antwort der Gemeinde auf den Entscheidungsruf Jesu« deutet.[182] Danach reagierte die Jüngergemeinde auf den Anruf Jesu mit dem gläubigen Verständnis des Rufenden, das sich spontan in den neutestamentlichen Hoheitstiteln artikulierte; und damit war dann auch schon der Grundriß für die spekulative Ausdeutung seines Geheimnisses gewonnen.[183] Wie eine – ebenso freie wie kühne – Übersetzung dieses Tatbestands in die religiöse Erfahrung und Sprache der Gegenwart wirkt eine Passage, in der *Karl Rahner* die Summe aus seiner Darstellung des Christusdogmas zieht:

> Im Vollzug des Daseins kann man nicht jedwede Position, die begrifflich denkbar ist, auch existentiell einnehmen. Wer sich darum von Jesus die letzte Wahrheit seines Lebens sagen läßt und bekennt, daß hier in ihm und in seinem Tod Gott ihm das letzte Wort sagt, auf das hin er lebt und stirbt, der nimmt ihn darin als Sohn Gottes an, wie ihn die Kirche bekennt, wie immer bei ihm selbst die theoretisch mißglückte, ja falsche begriffliche Formulierung des glaubenden Vollzugs seines Daseins auf ihn hin lauten mag. Ja noch mehr: schon mancher ist Jesus Christus begegnet, der nicht wußte, daß er denjenigen ergriff, in dessen Leben und Tod er hineinstürzte als in sein seliges, erlöstes Geschick.[184]

Damit ist aber bereits der Ansatz der gesuchten Methode gefunden. Was sich im Entstehungsgrund des Christusglaubens abzeichnet, ist ein Modell von überzeitlicher Geltung. Wie damals reagieren auch heute Menschen, wenn sie sich in bewußtem oder unbewußtem Glauben an Jesus anschließen, auf einen von ihm an sie ergangenen Anruf. Die ›Anfangsprobleme der Christologie‹, wie sie *Marxsen* in seinem gleichnamigen Essay (von 1960) skizzierte, legten den Schwerpunkt auf die beginnende Reaktion und ihre nennend-begriffliche Ausarbeitung. Wer dem Anstoß, der zur Neubelebung des christologischen Disputs in der Gegenwart führte, auf den Grund kommen will, muß umgekehrt nach dem an den heutigen Menschen ergehenden Anruf und der Form seiner Äußerung fragen. Für die Bezeichnung seines Vorgehens bietet sich dann fast spontan der Begriff einer »Archäologie des Glaubens« an, nachdem *Michel Foucault* in durchaus vergleichbarer Absicht eine »Archäologie des Wissens« entwarf.[185] Eine derartige ›Glaubensarchäologie‹ kann zwei Hauptziele verfolgen; einmal – und dies gleichsam in Verlängerung der von *Marxsen* eingeschlagenen Forschungsrichtung – das Ziel, dem ›Elementargeschehen‹ auf die Spur zu kommen, das dem (nach Röm 10,9) auf die Auferstehung Jesu konzentrierten Christenglauben zugrunde liegt. Anders als bei *Bultmann* bezieht sich diese Rückfrage aber nicht auf den »Entscheidungsruf« des historischen Jesus, sondern, wie in der Hellsichtigkeit seines Hasses schon

*Nietzsche* erkannte, auf das Faktum des Kreuzes, das verarbeitet werden mußte, bevor darüber auf eine kommunikationsfähige, und das bedeutet aus christlicher Sicht: auf »kerygmatische« Weise gesprochen werden konnte.[186] Für die Jünger bestand die entscheidende Hilfe bei der Lösung dieser Aufgabe in der Auferstehung des Gekreuzigten, die vor allem von *Paulus* als die göttliche »Interpretation« seines Todes begriffen und in der Konsequenz dieses Verständnisses ins Zentrum seiner Heilsbotschaft gerückt wurde.[187] In diesem Kontext führt die ›Glaubensarchäologie‹ vor allem auf jenes Problemfeld zurück, in dem sich die Versprachlichung des entscheidenden Heilsereignisses vollzog und die sich daraus entwickelnde Heilslehre erste Umrisse gewann.[188]

Die »archäologische« Fragerichtung kann sich dann aber auch, wie im vorliegenden Zusammenhang, auf die Anfangsgründe des heutigen Glaubensgeschehens beziehen, zumal sich darin in abkünftiger Form die Strukturen des Erstbeginns wiederholen. Konkret ist damit nach dem Anstoß gefragt, der nach dem zweifach bedingten Verebben des christologischen Disputs zu dessen Wiederaufnahme in Gestalt jenes spirituellen Ereignisses führte, für das der Begriff der »Neuentdeckung Jesu« nicht zu hoch gegriffen ist. Wie kam es dazu, und worin fand es seinen dokumentarischen Ausdruck? Die Beantwortung der – ungleich schwierigeren – ersten Teilfrage wird durch die sich fast von selbst ergebende der zweiten erleichtert, sofern sie nur mit dem Faktum dieser Dokumentation zusammen auch ihren Stil berücksichtigt. Das Faktum aber besteht in der vielfach registrierten Entstehung der Jesusliteratur, die zu Beginn der siebziger Jahre ihre ausgesprochene »Achsenzeit« hatte.[189] Für den Rang dieses Jesusgesprächs spricht schon die Tatsache, daß sich an ihm neben Vertretern der etablierten Theologie auch Sprecher der kirchlichen Randszene und, zusammen mit gläubigen Christen, erstmals auch Juden und Atheisten beteiligten, nicht weniger aber auch die Beobachtung, daß im Unterschied zu der durch *Albert Schweitzer* verarbeiteten Jesusliteratur nunmehr die von Betroffenheit, Engagement und Liebe inspirierten Werke denen vom Haß eingegebenen qualitativ weit überlegen waren.[190] Schon darin liegt ein Fingerzeig, der zur Klärung der Stilfrage verhilft. Den wichtigsten Anstoß zu ihrer Beantwortung dürfte jedoch *Christian Schütz* gegeben haben, als er die Annäherung an Jesus als einen Prozeß des »gegenseitigen Ergreifens« beschrieb, wenn er auch als solcher »nicht eindeutig festzumachen« sei:

> Es handelt sich dabei um ein plötzliches oder auch allmähliches Transparentwerden von Situationen, Zusammenhängen, Ereignissen und Personen, das sich nicht erklären läßt. Immer wieder

stoßen wir auf eine geheime Anziehungskraft Jesu, die Menschen in seinen Bann zieht, bevor sie ihn ergreifen bzw. ergriffen haben.[191]

Und er bezieht sich bei der Beschreibung dieses wechselseitigen Geschehens, das er im selben Atemzug als ein Ergriffensein durch die »Selbstgewährung, Selbsterschließung oder Selbstmitteilung Jesu« zu verdeutlichen sucht, auf das schöne Wort des *Paschasius Radbertus:*

Durch die Hand der Hoffnung, die unsrige, wird Christus gehalten. Wir halten ihn und werden gehalten. Aber es ist etwas Größeres, daß wir von Christus gehalten werden, als daß wir ihn halten.[192]

Nimmt man hinzu, daß sich diese Bestimmung des »Beweggrundes« der ›Suche nach Jesus Christus‹ mit der Befürwortung einer »Theologie des Schweigens« verbindet, so kann – der symptomatische Charakter des Werkes vorausgesetzt – am »responsorischen« Grundzug der angesprochenen Jesusliteratur kaum noch ein Zweifel bestehen.[193] Bevor sie noch auf die von ihr wiederentdeckte Gestalt Jesu »eingeht«, versucht sie auf den von ihr ausgehenden Anruf zu »antworten«. Insgeheim versteht sie sich somit als die Aufarbeitung der in und mit Jesus gestellten Frage, im Grenzfall sogar so, daß sie diese Frage wie in der choralartigen Schlüsselstelle der Rockoper ›Jesus Christ Superstar‹ (von 1970) wieder an Jesus zurückgibt:

Jesus Christ, Jesus Christ,
Who are you? What have you sacrificed?
Jesus Christ Superstar
Do you think you're what they say you are?[194]

Noch schwieriger gestaltet sich die Beantwortung der Frage, worauf diese responsorische Jesusliteratur konkret antwortet. Doch wird man sich in diesem Zusammenhang an den Hintergrund dieser Literatur zu erinnern haben, den *Karl Matthäus Woschitz* im Anschluß an eine Wortprägung von *Nelly Sachs* als eine »Landschaft aus Schreien« beschrieb; denn damit wird wenigstens klar, worauf sich die Aufmerksamkeit dieser ihrem innersten Selbstverständnis zufolge »antwortenden« Literatur richtet. Es ist dies nicht so sehr das Zeugnis der Texte als vielmehr des Wortes, das, mit *Lacan* gesprochen, im Verschwinden der Schrift noch bleibt: das Wort vor und nach seiner schriftlichen Fixierung, das auch noch im Verstummen der Sprache hörbar ist.[195] Darum wird man in diesem Zusammenhang noch am ehesten an den Anruf der verstummten Opfer der diktatorischen Blutjustiz, der Todeslager und Gaskammern zu denken haben, besonders dann, wenn diesem Verstummen wie im Fall der *Sophie Scholl* die Anrufung Jesu vorangeht. Auf dem Höhepunkt von *Udo Zimmermanns* Oper ›Weiße Rose‹ (von 1985) verabschiedet sich die Mutter von ihrer zum Tod verurteilten Tochter mit dem historisch verbürgten Zuspruch: »Gelt, Sophie: Jesus«, während diese ernst, fast befehlend erwiderte: »Ja, aber du auch!«[196] Wie kaum irgendwo sonst verdichten sich in diesem Abschiedswort die Stimmen aller, die sich gegen das Gewaltsystem aus menschlicher und christlicher Verantwortung erhoben, zu jener Anrufung, die in ihrem Chor die »große Stimme Jesu« hörbar werden läßt, wie sie im Übergang zur Neuzeit schon *Nikolaus von Kues* vernahm.[197] Und damit gewinnt dann auch die Vermutung an Boden, daß die wie auf eine geheime Verabredung hin entstandene Jesusliteratur letztlich auf jenen Appell zu antworten suchte, der von der zeitgeschichtlichen Aktualisierung des Todesschreis Jesu ausging. Im Blick auf die von *Christian Schütz* entwickelte Deutung kann die Entstehung dieser Literatur auch gegensinnig erklärt werden. Dann ist sie nicht so sehr die Reaktion auf den von ihr vernommenen Anruf als vielmehr die vielstimmige Dokumentation der Selbstvergegenwärtigung Jesu in dieser Zeit: seiner »Auferstehung« im gestalteten oder noch gestaltlosen Glauben der von ihm Berührten.[198]

Wie aber kam es zu dem so raschen Verebben dieses so vielstimmigen, engagierten und bewegenden Disputs? Wie kam es insbesondere angesichts der Tatsache dazu, daß sich in dieses Gespräch der Jude *Ben-Chorin* mit dem programmatischen Titel ›Bruder Jesus‹ (von 1970) und der Marxist *Milan Machovec* mit dem nicht weniger provozierenden Titel ›Jesus für Atheisten‹ (von 1972) eingeschaltet hatten? Denn hätte sich dadurch nicht die gerade zu Beginn der siebziger Jahre erstarkte ökumenische Bewegung angesprochen fühlen und zu einer das konfessionelle Problemfeld übergreifenden »Horizonterweiterung« bewegen lassen müssen? Daß der »Disput um Jesus« *(Kern)* bereits abzuflachen begann, bevor sich derartige Folgen entwickeln konnten, mag zunächst »atmosphärisch« verursacht gewesen sein; denn in der Konkurrenz mit der gleichzeitig ihrem Höhepunkt entgegentreibenden Studentenrevolte und der von ihrem philosophischen Hintergrund ausgehenden Bewußtseinssteuerung befand sich das christologische Gespräch von vornherein in der Defensive. Dabei wirkte sich besonders hemmend die Monopolisierung des sozialen Interesses aus, die sämtliche Inhalte dem Gesichtspunkt der »gesellschaftspolitischen Relevanz« unterwarf und, schlimmer noch, das Verlangen nach subjektiver Spiritualität als »privatistisch« diskriminierte.[199] Zu dieser »atmosphärischen Störung« kam aber ein womöglich noch folgenschwererer Dissens der theologischen Theorie, der dem Glauben gerade das vorenthielt, was er zu seinem Wachstum benötigt: Eindeutigkeit! Denn durch kaum etwas bestätigte sich der Neuheitscharakter der Entdeckung Jesu so deutlich wie durch die Reaktion der Theologie, die darauf mit dem Entwurf der beiden gegensinnigen Modelle antwortete: mit der vom traditionellen Christusdogma ausgehenden »Christologie von oben« und der beim menschlichen und sozialkritischen Verhalten Jesu ansetzenden »Christologie von unten«.[200] Schon die unterschiedlichen Ansätze, erst recht aber die gegensinnigen Denkweisen ließen vermuten, daß sich die beiden Modelle durch keine wie immer geartete »Kompromißformel« zur Deckung bringen ließen. Statt dessen trieb die Entwicklung zu dem als der »Fall Küng« bekanntgewordenen Eklat, der praktisch das Ende des Disputs signalisierte.[201]

Die besondere Tragik des Verstummens bestand darin, daß die zur Eindeutigkeit führende Lösung längst vorgegeben, von den »Diskussionsteilnehmern« jedoch mit einer Ausnahme nicht wahrgenommen worden war. Diese Ausnahme bildet *Milan Machovec,* der Verfasser des Jesusbuchs »für Atheisten«, dem sich, vermutlich im Blick auf das von ihm anvisierte Interessefeld, die Frage nach dem Grund der von Jesus über die Jahrhunderte hinweg ausgehenden Faszination stellte.[202] Und seine Antwort:

> Die ›Lehre‹ Jesu... setzte die Welt in Brand nicht wegen irgendeiner offenkundigen Überlegenheit des theoretischen Programms, sondern vor allem, weil er selbst identisch mit diesem Programm war, weil er selbst mitreißend wirkte.[203]

Ebendies aber hatte längst zuvor schon *Kierkegaard* »auf den Begriff gebracht«, als er die Lebensleistung Jesu mit dem – freilich alle gewohnten Denktraditionen sprengenden – Satz verdeutlichte: »Der Helfer ist die Hilfe«.[204] Denn die aus diesem Satz bereits abgeleiteten methodenkritischen Konsequenzen ergeben sich lediglich aus dem, was er impliziert; in seiner Zentralaussage begriffen legt er aber den Grund für ein christologisches Modell, das, sosehr es auf älteste Traditionen zurückweist, in seinem Aktualitätswert kaum zu überschätzen ist. Was seine Herkunft anlangt, weist es tatsächlich bis auf *Origenes* zurück, der Jesus im Zug seiner Identitätschristologie den Logos, die Weisheit und das Gottesreich »in Person« genannt hatte.[205] Dabei ist die Bezeichnung Jesu als »autobasileia« deswegen von besonderem Belang, weil sie unverkennbar auf den von *Charles Dodd* eingeführten Begriff der »realized eschatology« vorausweist, der sich wie kein anderer dazu anbietet, die Aktualität des Kierkegaardschen Ansatzes unter Beweis zu stellen.[206] Denn wenn Jesus das in seiner Person vorweggenommene und anbrechende Gottesreich und damit die »eschatologische Prolepse« *(Jeremias)* ist, gehört er wie kein anderer in eine geistige Landschaft, die, der eingangs entwickelten Zeit-Diagnose zufolge, durch die signifikante Verringerung der Distanz von Utopie und Wirklichkeit gekennzeichnet ist. Insofern konnte er schon in zeitgeschichtlicher Hinsicht nicht aktueller »zur Diskussion gestellt« werden als durch den Schlüsselsatz, der ihn die mit ihm selbst gegebene Hilfe nennt.

Die Aktualität dieses Satzes ergibt sich aber mehr noch aus existenzanalytischen Gründen. Denn schon die Wahl der Großen Einladung Jesu an die Bedrückten und Bedrängten als Leitwort der ›Einübung im Christentum‹ ist, sosehr sich der Besucher der Kopenhagener Frauenkirche damit durch die Inschrift auf dem Sockel der von *Thorvaldsen* geschaffenen Christusstatue konfrontiert sah, letztlich nur aus dem Rückbezug auf seine Modal-Anthropologie zu erklären.[207] Im Grunde wirkt der Schlüsselsatz der ›Einübung‹ wie die – mystische – Beantwortung der Doppelfrage, die sich dem ins Zerwürfnis mit der Welt und sich selbst geratenen Menschen auferlegt: »Wo bin ich? Wer bin ich?« Da sich die mit der Doppelfrage aufgeworfene Kluft innermenschlich nicht überbrücken läßt, kann nur der zum Wiedergewinn der verlorenen Identität verhelfen, der seinerseits im Modus einer zuständlichen Selbstübereignung lebt, der also als Helfer die Hilfe und in seiner Hilfe nichts anderes als der sich selbst »Gebende« ist. Was zu Lebzeiten Kierkegaards die Not eines ausgesprochenen Einzelgängers war, der sein Leben zudem zum »Spielfeld« eines religiösen Experiments gemacht hatte, nimmt heute zunehmend den Charakter einer geradezu epidemischen Zeit-Krankheit an. Mit dem Schwund des Sündenbewußtseins ging, wie bereits aufgewiesen, eine neue Noterfahrung Hand in Hand, die den davon Betroffenen nicht, wie bisher, in Konflikt mit dem göttlichen Gesetzgeber, sondern – wie Hiob – mit seinem Schöpfer brachte, da die von ihm erlittene Not einer Entfremdung vom Faktum der eigenen Existenz gleichkam. Stimuliert wird diese Krise nun zudem von dem, was *Freud* die Schwächung der Triebstruktur nannte, und was *Schneider* als den die Glaubenskraft schwächenden Vitalitätsverlust beklagte. Der aktuelle Bezug ist somit am augenscheinlichsten mit der therapeutischen Zielsetzung des Kierkegaardschen Modells gegeben. Denn dieses Modell könnte tatsächlich nicht überzeugender beweisen, wie sehr es »an der Zeit« ist, als dadurch, daß es auf die pathologische Existenznot des heutigen Menschen eingeht – und ihr Heilung verheißt.

Doch worin besteht die diesem Modell zunächst zugesprochene Lösungsfunktion im Dilemma der beiden gegensinnigen Christologien? Keinesfalls darin, daß die eine oder andere Alternative verstärkt oder eine Verknüpfung von beiden versucht würde, sondern in einer radikaleren Lösung des beiden zugrundeliegenden Problems! Denn an diesem »Problemstand« gemessen kommt die Christologie »von oben« zu früh und die »von unten« ausgehende Konzeption zu spät. Um bei dieser anzusetzen, so war sie zu sehr den gesellschaftskritischen Vorstellungen der Frankfurter Schule und des utopischen Neomarxismus verhaftet, als daß sie dem von der Neuentdeckung Jesu geweckten Identifikationsinteresse hätte gerecht werden können. Aus ebendiesem Grund war sie auch außerstande, Jesus in sein Ichbewußtsein und das Geheimnis seiner Identität zu folgen und damit die vom kirchlichen Christusdogma markierte Sprachebene zu erreichen. Umgekehrt gelang es dem bei diesem Dogma ansetzenden Gegenmodell nicht, von der »Höhe« der dogmatischen Formalbestimmungen in die »Ebene« der lebensgeschichtlichen Gegebenheiten herabzusteigen, von denen die Neuentdeckung ihren Ausgang genommen hatte. Ideengeschichtlich gesehen kam die Deszendenzchristologie somit ebenso »zu früh«, wie die an der Denkwelt der Kritischen Theorie orientierte Aszendenzchristologie, gemessen am Aufbruch des Problembewußtseins, »zu spät« kam. Denn dieses Problembewußtsein hatte seinen Ursprung, lange schon vor *Kierkegaard,* in jener Erschütterung des subjektiven Hochgefühls, mit dem die Neuzeit angetreten war, die mit der ihm eigenen Sprachgewalt von *Heinrich von Kleist* beschworen, aber längst zuvor schon von *Pascal* vorgefühlt worden war. Man braucht sich nur an das – unter der ausgesagten Erfahrung noch spürbar erbebende – Pascalwort vom unaufhaltsamen Entzug in allen Dingen zu erinnern, um einzusehen, daß dem mit dem grobmaschigen Begriffsnetz der gesellschaftskritischen Denkweise nicht beizukommen ist:

> Entgleiten. – Etwas Furchtbares ist's zu spüren, wie alles entgleitet, was man besitzt.[208]

Hier zeigt sich überdies, wenngleich weniger deutlich als bei *Kierkegaard,* wie sehr Pascals Christologie auf die von ihm artikulierte Noterfahrung abgestimmt ist; denn für ihn gilt:

> Jesus Christus ist ein Gott, dem man sich ohne Dünkel nähert und unter den man sich ohne Verzweiflung beugt.[209]

Kern dieser Christologie ist somit eine Erfahrung, die den zu selbstzerstörerischen Exzessen neigenden Menschen, der immer dann, wenn er sich zum Engel aufzuschwingen sucht, Gefahr läuft, sich zur Bestie zu erniedrigen, ins Gleichgewicht bringt. *Kierkegaard* verfolgt diese Balance auf ihren Ursprung, den christologisch vermittelten Identitätsgewinn, zurück. Denn der mit seiner Welt und sich selbst überworfene Mensch ist allenfalls noch eine »schwebende Mitte«, die, um gehalten werden zu können, der stabilisierenden Hilfe bedarf. Die aber kann nur in jener »überkategorialen« Hilfe bestehen, die der Selbstzuwendung des Helfers entstammt und so mit diesem identisch ist. Insofern »antwortet« das Schlüsselwort der ›Einübung‹, wie sich nunmehr definitiv zeigt, unmittelbar auf die Doppelfrage der Wiederholungsschrift. Und das besagt, auf das leitende Herrenwort zurückbezogen, daß die »Ruhe«, die der Einladende den Bedrückten und Bedrängten in Aussicht stellt, nicht in einem Zustand der Beschwichtigung, sondern der Stabilisierung durch den besteht, der mit ihnen zusammen unter ihre Lebenslast tritt, um sie ihnen in der Gemeinsamkeit des Tragens zu erleichtern.

Der »Radikalität« dieses Ansatzes muß eine angemessene Bezeichnung entsprechen. Im Blick auf diesen Ansatz, aber auch im Interesse der Unterscheidung von den beiden konkurrierenden Modellen, bietet sich dafür unmittelbar das Titelwort »Christologie von innen« an.[210] Dabei gilt es freilich die Klärung festzuhalten, die *Walter Kern* in der Frage herbeiführte, ob sich dieses Modell vom ›Innen‹ Jesu oder vom ›Innen‹ des Christen her verstehe.[211] In dieser Form stellt sich die Alternative überhaupt nicht; denn durch seine Selbstmitteilung geht der Helfer in die Innerlichkeit des überforderten und gebrochenen Menschen ein, während dieser seine Identität in dem gewinnt, der ihm zunächst zur Stütze, dann zum Lebensinhalt und schließlich zum Beweggrund liebender Selbstmitteilung wurde. Freilich trüge das Modell den Titel einer Christologie zu Unrecht, wenn in der angesprochenen Alternative der Schwerpunkt nicht doch auf der Innerlichkeit Jesu läge. Sein »Herz«, von dem *Bultmann* »nichts wissen« wollte, steht, verstanden als die Schnittstelle seines Gottes- und Selbstbewußtseins, seiner Sendung und seines Offenbarertums, der Umsetzung all dessen in die Konzeption seiner Botschaft, der Freisetzung seines Heilswillens, seines an Gott und die Menschheit mitgeteilten Selbstseins, seiner Gottessohnschaft und seiner Heilsmission, im Blickpunkt dieser Christologie. Gleichzeitig macht sie sich aber auch nicht minder »radikal« das anthropologische Interesse zu eigen. Denn der sich Mitteilende, der seine Identität nicht in Akten der Abscheidung, sondern der Selbstübereignung gewinnt, bliebe ein uneingelöstes Versprechen, wenn sich kein Empfänger für diese unvergleichliche Hilfe fände; umgekehrt bliebe aber auch der Mensch eine unbeantwortete Frage, wenn er sich diese göttliche »Lösung«, seine Er-Lösung, entgehen ließe. Somit handelt es sich bei dem Modell um den Entwurf einer Christologie, die spiegelbildlich zu sich gleichzeitig die Umrisse einer Anthropologie skizziert. Bei aller Verankerung im biblischen Zeugnis und im traditionellen Christusdogma macht sie sich damit auf ihre Weise die »anthropologische Wende« zu eigen, die aus dem Erscheinungsbild der Gegenwartstheologie nicht mehr wegzudenken ist.

Auch wenn die »Christologie von innen«, ungeachtet vereinzelter Würdigungen, noch weit davon entfernt ist, in den christologischen Disput eingegangen zu sein, läßt sich doch mit einiger Sicherheit etwas über die ihr zukommende Funktion sagen. Vergleichsweise klar sind auch die Gründe, die eine angemessene Rezeption verhinderten. Sie sind hauptsächlich pastoraler und kategorienkritischer Art. Was diese anlangt, so zieht die Identität von Helfer und Hilfe eine im Vergleich zu den Initiativen der Befreiungstheologie und der Balthasarschen ›Theodramatik‹ noch radikalere Revision des kategorialen Instrumentariums nach sich, da, wie schon der von *Kierkegaard* eingeführte Begriff der »Gleichzeitigkeit mit Christus« erkennen läßt, von dieser Revision mit den Denkformen zusammen auch die »Anschauungsformen« – Raum und Zeit – betroffen sind. Im Blick auf den unumgänglichen Dialog, der mit den auf lateinamerikanischem, afrikanischem und asiatischem Boden neu entstehenden Theologien zu führen ist, wird man sich aber fragen müssen, ob den Initiativen, die auf einen »theologischen Kategorienwechsel« abzielen, nicht weit höhere Priorität zukommt, als ihnen bisher zugemessen wird.[212] Demgegenüber besteht das »pastorale« Handikap in einer auf das Rechtfertigungsmotiv konzentrierten Verkündigung und Seelsorge, die sich nur zögernd der Einsicht erschließt, daß diese Lehre sich schon im ganzen der paulinischen Heilsverkündigung, mit *Albert Schweitzer* gesprochen, nur wie ein »Nebenkrater« ausbildete, und daß für Jesus zu den am »Tisch der Sünder« Versammelten in erster Linie die Menschen des »gebrochenen Herzens« zählen.[213] Und wie schwer käme es die immer noch auf die Rechtfertigungslehre eingeschworene Pastoral erst an, sich der von *Günter Rohrmoser* an sie gerichteten Frage zu stellen, ob das in ihrem Sinngrund nachwirkende Ringen Luthers um den gnädigen Gott dem gegenwärtigen Menschen überhaupt noch begreiflich sei![214]

Doch worin bestünde die theologische Funktion des Modells? In erster Linie in einer Signalwirkung, die dahin zu verstehen wäre, daß der christologische Disput, ungeachtet der gegenwärtigen Flaute, in Wirklichkeit noch am Anfang steht. Das bestätigt nicht zuletzt auch sein Stellenwert im Gang der Glaubensgeschichte. Denn mit der Konzentration auf das Christus-Thema wendet sich der Glaube nicht nur seinem Zentralinhalt zu; vielmehr hält er, zumindest aus paulinischer Sicht, zugleich Einkehr in seinem ureigenen Grund, dem »Grund, außer dem kein anderer gelegt werden kann« (1 Kor

3,11).[215] Das aber kann, strukturell gesehen, nur heißen, daß der auf sein Zentralgeheimnis »zurückkommende« Glaube im zweifachen Sinn des Wortes »reflex« geworden ist: zurückbezogen auf sein tragendes Zentrum und durchsichtig bis hinab auf seinen Grund. Und wie eine ungerufene Vergünstigung tritt ein ästhetisches Moment hinzu: Die Spiralbewegung, in der die Zeit begriffen ist, sagt auch etwas über die Bewegung des Glaubens aus. Es ist die Zeit der Glaubenswende!

# VII.
# Prognosen

## *1. Die prospektiven Modelle*

Die Zukunft lebt von denen, die um sie wissen. Da das Wort von der Glaubenswende nicht nur deskriptiv, sondern programmatisch und damit als Vorgriff auf kommende Entwicklungen verstanden sein will, muß sich mit ihm, wenn es nicht ins Leere stoßen soll, eine Prognose verbinden. Auf eine vertretbare und diskussionsfähige Weise kann das nur im Rückbezug auf bereits vorliegende und in sich stimmige Prognosen geschehen. Unter ihnen seien drei besonders charakteristische herausgegriffen: eine spirituelle, eine mystische und eine atheistische. Die spirituelle stammt von dem kalabrischen Abt *Joachim von Fiore,* der sich dazu durch ein visionäres Leseerlebnis in der Morgenfrühe eines Pfingsttages (um 1190) geführt sah. Von dieser Lektüre der Johannes-Apokalypse berichtet er:

> Da durchfuhr plötzlich, zu der Stunde, in der unser Löwe vom Stamme Juda auferstanden ist, eine Helligkeit der Erkenntnis die Augen meines Geistes, und mir wurde die Erfüllung dieses Buches und die spiegelbildliche Konkordanz des Alten und des Neuen Testaments enthüllt.[1]

Mit der bekannten Lehre von den drei Weltaltern, zu der sich Joachim durch diese »erleuchtete Lektüre« geführt sah, entwickelte er Ideen von ebenso großer theologischer wie politischer Brisanz. Davon vermittelt nicht nur der faschistische Mißbrauch seiner Rede vom »Dritten Reich« einen Begriff, sondern kaum weniger schon die Beobachtung *Karl Löwiths,* »daß er den Enthusiasmus des frühen Christentums neu aufflammen ließ und indirekt die Fortschrittsreligion der Neuzeit bedingt hat«.[2] Demgegenüber läßt sich der Tiefgang seiner theologischen Auswirkung schon an der langen Reihe der von ihm beeinflußten Denker ablesen, die sich von *Bonaventura* bis zu *Herder, Schleiermacher* und den religiösen Sozialisten dieses Jahrhunderts erstreckt.[3] Angesichts eines Jahrhunderts, das unter Erscheinungen des »Schreckens und des Ruins« seinem Untergang entgegenging, war Joachims eigene Zielsetzung jedoch eher auf eine spirituelle Erweckung gerichtet:

> Daher glaube ich, daß es nicht vergebens sein wird, der Wachsamkeit der Gläubigen durch dieses Werk jene Dinge zu unterbreiten, welche die göttliche Weisheit meiner unwürdigen Person bekanntgemacht hat, um die verhärteten Herzen durch heftigen Lärm aus ihrem Schlaf zu wecken und, wenn möglich . . ., zur Verachtung der Welt zu führen.[4]

Trotz seines politischen Mißbrauchs und seiner Desavouierung durch den tatsächlichen Geschichtsgang hat Joachims Drei-Phasen-Modell kaum etwas von seiner faszinierenden Kraft eingebüßt. Abgesehen von seiner theologischen Schlüssigkeit dürfte sich das vor allem auch aus seinem Appell an ein psychologisches Grundgefühl erklären. Während die lebensgeschichtliche Selbsterfahrung des Menschen, mit *Max Scheler* gesprochen, den Eindruck einer sich zusehends verengenden Fläche erweckt, geht mit diesem Gefühl zunehmender Eingrenzung die Hoffnung auf Entschränkung und »Bewußtseinserweiterung« einher.[5] Auf dieses emanzipatorische, nach Ausweitung des Möglichkeitsspielraums strebende Bedürfnis geht die joachitische Geschichtsvision ein, wenn sie auf die Zeit des Gesetzes die der Gnade und darauf die des Geistes, symbolisiert durch Nesseln, Rosen und Lilien, folgen und damit den von der Vorsehung regierten, durch menschliches Versagen jedoch immer wieder verstörten Geschichtsgang schließlich doch auf jene »Lilienzeit« hinauslaufen sieht, die auch der von vergleichbarem Enthusiasmus erfüllte *Jakob Böhme* als das Erfüllungsziel der kommenden Geist-Kirche begriff:

> Eine Lilie blühet über Berg und Tal, in allen Enden der Erden. Wer da suchet, der findet. Amen.[6]

In dieser Entdeckung der zur Selbstüberschreitung drängenden Tendenzen, bei der sich die Negativität der jeweils durchlaufenen Epochen als Bedingung für die Erreichung der nächsthöheren Stufe erweist, liegt die hauptsächliche Faszination des Modells. Nimmt man den Konkordanzgedanken hinzu, so könnte man das Entsprechungsverhältnis sogar dialogisch, als das von Verheißung und Erfüllung, denken, so daß die Folgezeit jeweils als die Einlösung des Versprechens zu gelten hätte, das die Vorzeit gab, ohne daß sie es selbst zu halten vermochte.

Noch erstaunlicher ist jedoch der individualgeschichtliche Rückbezug des Modells. Im Übergang von der Zeit des Gesetzes in die der Gnade und schließlich des Geistes sieht sich jene menschliche Wesenssehnsucht gespiegelt, die aus Zuständen der Abhängigkeit in Stadien der Freiheit und Souveränität zu gelangen sucht. Dem trägt Joachim in der Form Rechnung, daß er in seiner Epochengliederung auf eine Zeit des Gehorsams die des Glaubens und darauf die der vollendeten Gottesfreundschaft folgen läßt. Darin wirkt unverkennbar der paulinische Grundimpuls nach, der das Christsein als Ausbruch aus dem Stand sklavischer Unmündigkeit in den der gottgeschenkten Freiheit begreift. Umgekehrt klingt die joachitische Konzeption, wie *Löwith* hervorhob, noch erstaunlich klar in der von *Nietzsche* zu Beginn seines ›Zarathustra‹ entwickelten Lehre von den drei Verwandlungen nach, wenn es dort, in deutlichem Rückbezug auf *Kant*, nicht weniger aber auch auf paulinische Motive, heißt:

> Drei Verwandlungen nenne ich euch des Geistes: wie der Geist zum Kamele wird, und zum Löwen das Kamel, und zum Kinde zuletzt der Löwe.
> Alles ... Schwerste nimmt der tragsame Geist auf sich: dem Kamele gleich, das beladen in die Wüste eilt, also eilt er in seine Wüste.
> Aber in der einsamsten Wüste geschieht die zweite Verwandlung: zum Löwen wird hier der Geist, Freiheit will er sich erbeuten und Herr sein in seiner eigenen Wüste.
> Aber sagt, meine Brüder, was vermag noch das Kind, das auch der Löwe nicht vermochte? Was muß der raubende Löwe auch noch zum Kinde werden?
> Unschuld ist das Kind und Vergessen, ein Neubeginnen, ein Spiel, ein aus sich rollendes Rad, eine erste Bewegung, ein heiliges Ja-sagen.
> Ja, zum Spiele des Schaffens, meine Brüder, bedarf es eines heiligen Ja-sagens: seinen Willen will nun der Geist, seine Welt gewinnt sich der Weltverlorene.[7]

Für die glaubensgeschichtliche Positionsbestimmung ist die Konzeption besonders aufschlußreich, weil sie eine ›Übersetzung‹ des Glaubens aus Gehorsam in Freiheit anvisiert, zweifellos auch dies in Erinnerung an das Pauluswort, das zwar die offene Schau für diese Weltzeit des Glaubens verneint, mit der These »wir leben im Glauben, nicht in der Anschauung« (2 Kor 5,7) jedoch die Tendenz des Glaubens anspricht, in die offene Schau überzugehen, so wie er seinerseits aus der gehorsamen Unterwerfung unter den als gebieterische Autorität empfundenen Gott hervorging.[8]

Ganz anders das mystische Modell, das sich bereits bei *Pascal* findet, das seine volle Ausgestaltung jedoch erst durch *Gertrud von Le Fort* erfuhr.[9] Es besteht in einer geschichtlichen Strukturierung der Vorstellung vom fortlebenden Christus, die, entscheidend für ihre definitive Ausgestaltung, von Pascal zum Bild des die ganze Weltzeit hindurch »fortleidenden« Christus abgewandelt wurde; denn das meint seine Forderung:

Bis ans Ende der Welt dauert die Agonie Jesu; so lange darf man nicht schlafen![10]

Wörtlich nimmt dieses Motiv in der Folge *John Henry Newman* auf, wenn er in einem Gebet (von 1861) versichert:

O Gott, die Zeit ist voller Bedrängnis.
Die Sache Christi liegt wie im Todeskampf.
Und doch – nie schritt Christus mächtiger durch die Erdenzeit,
nie war sein Kommen deutlicher, nie seine Nähe spürbarer,
nie sein Dienst köstlicher – als jetzt.[11]

Anders als bei Pascal ist hier jedoch die Agonie Jesu die Bedingung seines sieghaften Fortwirkens, so daß die »Erdenzeit« ebenso von seiner Passion wie von seiner Auferstehung her bestimmt ist. Daran knüpft die mystische Geschichtsspekulation *Le Forts* an, indem sie die beiden Stadien in gegensinnigen Richtungen extrapoliert. Ausgangspunkt ist für sie die synchron mit dem Zeitgeschehen gesehene Todesangst Jesu. Demgemäß heißt es von der Titelfigur ihrer Meisternovelle ›Die Letzte am Schafott‹ (von 1931), dieser Geschichte einer traumatisch erlittenen, vergeblich bekämpften, neurotisch verdrängten, zuletzt aber religiös angenommenen und mystisch bewältigten Angst, daß sie ihr zitterndes Dasein ausschließlich aus der Vorahnung ihrer Dichterin empfangen habe:

Geboren aus dem tiefen Grauen einer Zeit, die in Deutschland überschattet wurde von den vorauseilenden Ahnungen kommender Geschicke, stieg diese Gestalt vor mir auf gleichsam als »Verkörperung der Todesangst einer ganzen zu Ende gehenden Epoche«.[12]

Und umgekehrt wird für die geängstete Blanche der ihr – nach der Sitte des Karmeliterordens – verliehene Mysterienname »de Jésus au jardin de l'Agonie«, in dem sie die religiöse Sinndeutung ihrer schicksalhaften Belastung erkennt, leben- und schicksalsbestimmend. In die Geschichte dieser Figur, in der sich ein mystischer Austausch von menschlicher Schwachheit und göttlicher Kraft vollzieht, entschlüsselt sich der Erzählerin der Sinn der auf die deutsche Katastrophe hintreibenden Schreckenszeit. Es ist die Stunde der kollektiven Todesangst, transparent auf die Agonie Jesu in Getsemani und in ihren Möglichkeiten geheimnisvoll bestimmt durch sie. Wie eine Wiederaufnahme dieses Themas wirkt die aus demselben Erfahrungskontext wie die kriegerische ›Magdeburgische Hochzeit‹ (von 1938) geschöpfte ›Abberufung der Jungfrau von Barby‹ (von 1940), nur daß sich der glaubensgeschichtliche Schwerpunkt von Getsemani auf Golgota verlagerte. Was die zur »sterbenden Minne« geführte Titelfigur in ihren »Abberufungen« erfährt, ist jene radikale »Entbildung«, die letztlich den Verlust des Gottesbildes und damit die für das Urteil der Vorgesetzten besonders bedenkliche Ununterscheidbarkeit von den Gottlosen nach sich zieht. Damit reagierte die Dichterin gleicherweise auf den Bildersturm wie auf die praktische Gottlosigkeit des ›Dritten Reiches‹, das für sie einer weltgeschichtlichen Karfreitagsstunde gleichkam.[13]

Die Konsequenz einer in mystischer Stellvertretung erlittenen Passion heißt für die Dichterin jedoch nicht – wie für die atheistische und theologische Klientel *Nietzsches* – »Tod Gottes«, sondern »Auferstehung«. Mit dem zarten Geläut der Osterglocken schließt darum auch die vom Sieg der Erbarmung über die Gewalt handelnde Erzählung ›Die Tochter Farinatas‹ (von 1950), nachdem schon die auf die mystische Überschreitung der Todesgrenze abgestimmte Novelle ›Die Opferflamme‹ (von 1938) das österliche Motiv intoniert hatte. Letztes Erfüllungsziel der – mit der Gegenwartstheologie als zeitgeschichtliche Vorwegnahme der Parusie verstandenen – Auferstehung ist aber erst die Wiederkunft Christi, die aus ganz unterschiedlichen Perspektiven aufscheint: als rettendes Gericht in der ›Magdeburgischen Hochzeit‹, als letzte Ankerstelle im Fortriß des Untergangs in der ›Consolata‹ (von 1947), als Heimholung aller, der Geopferten wie der an ihnen schuldig Gewordenen, in der ›Frau des Pilatus‹ (von 1955) und als Überwindung aller Gegensätze in der letzten Erzählung der Dichterin ›Der Dom‹ (von 1968).

In der Gegenrichtung führt die Linie dieser »Geschichtsmystik« auf den Ausgangspunkt der Heilsgeschichte, das Mysterium der Menschwerdung zurück, das im Werk der Dichterin zweimal aufscheint: zunächst schon im waffenklirrenden ›Papst aus dem Ghetto‹ (von 1930), wo sich die blinde Schwester des schismatischen Papst-Prätendenten »anhand« der auf dem Altar seiner Palastkapelle liegenden Figur des Jesuskindes buchstäblich in das Geheimnis des menschgewordenen Gottes hineintastet; sodann in der Erzählung ›Das Gericht des Meeres‹ (von 1943), wenn sich die fast noch kindliche Anne de Vitré außerstande sieht, das ihr anvertraute Kind des brutalen Eroberers, wie ihr aufgetragen wurde, in den Tod zu singen, weil etwas Höheres als der Spruch der unerbittlichen Gerechtigkeit an ihr Herz rührte:

> Es war ihr, als sei sie einem andern Richter unterworfen, allmächtig wie das Meer, heilig wie das Meer, aber nicht nur gerecht wie jenes, sondern auch erbarmend wie ihr eigenes Herz – es war ihr, als sei Gott hinfort Mensch geworden.[14]

Für die innere Schlüssigkeit dieser Konzeption spricht schon die Tatsache, daß das Gesamtwerk der Dichterin durch die aufgewiesene Zuordnung eine ungewöhnliche Konsistenz erreicht. Ohne daß der dichterischen Qualität Abbruch geschähe, gewinnt es durch den Rückbezug auf die Heilsmysterien eine Plausibilität, die sogar die störenden Motivwiederholungen überstrahlt, indem sie die formale Defizienz von innen, der geschichtstheologischen Grundkonzeption her, rechtfertigt. Danach empfängt jede Epoche ihre innerste Sinnzuweisung aus dem Mitvollzug der sich in die Zeiten hinein fortsetzenden Lebensgeschichte Jesu, so daß sich im Grund der geschichtlichen Aporien und Widersprüche ein unerwartet positives, nach den Stationen dieser Lebensgeschichte strukturiertes Geschichtsbild abzeichnet. Ohne daß dadurch die geschichtlichen Paradoxien überspielt würden, ist damit doch die denkbar schärfste Antithese zu jenen Auffassungen formuliert, die in der Geschichte nur die »Schlachtbank« *(Hegel)* ungeheuerster, für einen unbekannten Endzweck gebrachter Opfer oder gar nur ein »Gewebe von Unsinn für den höheren Denker« *(Goethe)* sehen.[15]

Auf diesen radikalen Pessimismus ist auch die atheistische Prognose abgestimmt, die *Nietzsche,* gestützt auf sein Nihilismus-Konzept, gegen Ende seiner ›Genealogie der Moral‹ entwirft. Nachdem er sich schon in einer Nachlaß-Aufzeichnung als einen »Wahrsagevogel-Geist« bezeichnete, der zurückblicken muß, um ansagen zu können, was kommen wird, und der aus dieser Sicht für den Geschichtsgang der nächsten zwei Jahrhunderte die »Heraufkunft des Nihilismus« ankündigt,[16] stellt er nunmehr dem Christentum in aller Form das Schicksal der bereits absehbaren Selbstaufhebung in Aussicht. Die bereits in einer gleichsinnigen Wendung der ›Fröhlichen Wissenschaft‹ vorweggenommene Stelle gipfelt in der Prognose:

> Nachdem die christliche Wahrhaftigkeit einen Schluß nach dem andern gezogen hat, zieht sie am Ende ihren stärksten Schluß, ihren Schluß gegen sich selbst; dies aber geschieht, wenn sie die Frage stellt: »Was bedeutet aller Wille zur Wahrheit?«[17]

Zweifellos hängt diese wichtige Textstelle, wie *Hans M. Wolff* erkannte, mit einer Selbstkorrektur Nietzsches zusammen, der nunmehr, vermutlich von der Frage nach der Herkunft des Nihilismus umgetrieben, in dem bisher nur affirmativ gesehenen Lebenswillen eine zerstörerische Tendenz, man könnte geradezu sagen, den Todestrieb im Lebenstrieb, entdeckt. Davon sind mit der Menschheit zusammen, die seit Kopernikus »auf eine schiefe Ebene geraten« ist, auch alle Kulturgestalten und mit ihnen das Christentum betroffen. Wie er dessen Entstehung im ›Antichrist‹ (von 1888) als eine von seinem Ursprung wegführende ›Auslegungsgeschichte‹ begreift, sieht er es auch hier als einen auf sein Ende hinführenden »Prozeß«, nur daß es in dieser Sicht nicht durch äußere Einflüsse in Gestalt ihm wesensfremder Interpretamente, sondern an seinen eigenen Hervorbringungen zugrunde geht.[18] Ein erster Schritt zur Selbstaufhebung war für den Antirationalisten Nietzsche bereits mit der Theoretisierung des Christentums zur dogmatischen Doktrin getan; denn sie erwies sich seiner moralischen Kraft gegenüber unterlegen. Auch als die Einheit des Dogmas zerbrach – so dürfte dieser Satz zu verstehen sein –, behielt das Christentum noch über Jahrhunderte hinaus seine Bestimmungsmacht über die Seelen. Doch war es gerade die von ihm selbst entwickelte »letzte Tugend« der intellektuellen Redlichkeit, die nunmehr zerstörerisch auf das Ganze zurückschlägt.[19] Dabei dürfte Nietzsche in erster Linie die historisch-kritische Methode vor Augen gestanden haben, deren Destruktivität ihm schon durch seine frühe Lektüre des ›Leben Jesu‹ von *David Friedrich Strauss* deutlich geworden war.[20] Wie es für ihn keine Moral, sondern nur moralische Interpretationen und Vorurteile gibt, bringt auch die Frage »Was bedeutet aller Wille zur Wahrheit?« das lange verdeckte Unwesen dieses Begriffs zum Vorschein. Von der »Wahrheit«, zu der das Christentum erzog, bleibt nur eine Willenshaltung übrig, die jedoch durch den lebensverneinenden Charakter der Doktrin im Widerspruch mit sich selber liegt. Im Kampf dieses verneinenden Prinzips gegen die zusehends wegschmelzenden Restbestände von Dogma und Moral besteht das große vom untergehenden Christentum gebotene Schauspiel, das der Botschafter des Nihilismus den beiden nächsten Jahrhunderten »aufgespart« sieht: dieses »furchtbarste, fragwürdigste und vielleicht auch hoffnungsreichste aller Schauspiele«.[21]

Das Verblüffende an dieser Prognose besteht in ihrer Unvollständigkeit. Anders, als es in Zarathustras Lehre von den drei Verwandlungen geschieht, erreicht sie das nihilistische End-Ziel schon in zwei Schritten. Wie sehr die »Kurzschlüssigkeit« der Konklusion Nietzsche selbst bedenklich erscheinen mußte, zeigt sein Vorgehen beim Generalangriff auf das Christentum: Nie vertraut er einer einzigen Strategie; vielmehr sucht er sowohl seine Gotteskritik als auch seine »genealogische« Revision der Christentumsgeschichte durch »flankierende Maßnahmen«, vor allem in Gestalt seiner exzessiven Sprachpolemik, zusätzlich abzustützen.[22] Daß diese Selbstzweifel schließlich auch auf die Untergangs-Prognose der ›Genealogie der Moral‹ durchschlugen, läßt eine – von Nietzsche freilich wieder gestrichene – Aufzeichnung zu ›Ecce homo‹ erkennen, in der er sich selbst zum Vollstrecker und ›Testfall‹ der von ihm angekündigten Entwicklung erklärt:

Fünfter und letzter Satz: ich greife nur Dinge an, die ich von Grund aus kenne, – die ich selbst erlebt, die ich bis zu einem gewissen Grade selber gewesen bin. – Das Christentum meiner Vorfahren zum Beispiel zieht in mir seinen Schluß, – eine durch das Christentum selber großgezogene, sonnenrein gewordene Strenge des intellektuellen Gewissens wendet sich gegen das Christentum: in mir richtet sich, in mir überwindet sich das Christentum selbst.[23]

Diese einzigartige Verknüpfung der Prognose mit der eigenen – bereits vom nahen Zusammenbruch gezeichneten – Existenz gibt einer möglichen Fortbildung in positiver Richtung Raum. Im Sinn der zu Beginn des ›Zarathustra‹ entworfenen Drei-Stadien-Lehre liefe diese dann nicht auf den Untergang, sondern auf eine dritte Verwandlungsstufe hinaus, die der Figur des »Kindes« und des von ihm symbolisierten »heiligen Ja-sagens« entspräche. Nimmt man die Beobachtung von *Karl Jaspers* hinzu, wonach in Nietzsches Kampf nicht nur der Vernichtungswille, sondern auch sein Gegenteil, der Wille zum Überleben des Gegners, spürbar wird, so wird sich ein bedingtes Recht dieser Fortbildung nicht bestreiten lassen.[24] Im Grunde würde damit nur das atheistische Vernichtungsmodell auf *Joachims* Modell der Selbstüberschreitung zurückgeführt, das zumindest tendenziell auch die Vorstellung der damit berührten Gefahrenzone enthält. Doch wie es sich damit auch verhalten mag: Wie in einer Reihe ähnlicher Fälle erweist sich Nietzsches Kritik auch hier als Anreiz, theologische Ansätze zu neuartigen Modellvorstellungen fortzubilden. Wo er das Christentum, das aus seiner dogmatischen Gestalt in die moralische übergegangen war, auf seinen Untergang zustreben sieht, müßte nur anstelle dieser Negativität ein positives Entwicklungsstadium treten.

Die Frage, wie dieses bestimmt werden könnte, wurde durch die aktuelle Interessenlage des religiösen Bewußtseins längst schon beantwortet. Nach ihrem »Spruch« kann auf das dogmatische und das moralische Stadium nur das mystische folgen. Damit treten die beiden ersten aber rückläufig in ein neues Licht. Daß sich der dogmatische Aspekt in den moralischen überholte, war, wie sich nunmehr zeigt, keine Folge einer inneren Verfallserscheinung, sondern die Konsequenz aus jener übergeordneten »Logik«, die darauf drängte, den zunächst vorwiegend intellektuell angesprochenen Menschen auch in seinem Entscheidungs- und Handlungszentrum zu ergreifen, um ihm schließlich in einem letzten Schritt zu einem neuen Selbstbewußtsein zu verhelfen. Kaum braucht dem hinzugefügt zu werden, daß die anthropologische Folgerichtigkeit, die dieser Konsekution zugrunde liegt, den Verdacht des Konstruktivismus, kaum daß er aufkam, auch schon entkräftet. Dafür ist der Zug zur Selbstüberschreitung dem – nach Pascal sich um ein Unendliches übersteigenden – Menschen zu tief ins Herz geschrieben: so tief, daß er sich durch Hoffnungsperspektiven, die ihm die Erreichung dieses Zieles begründet in Aussicht stellen, nicht düpiert, sondern in seinem innersten Selbstverständnis bestätigt fühlt.

Um so mehr muß deshalb auf die für die Richtigkeit der Ableitung sprechenden Daten verwiesen werden. Im Grunde ist schon die gewandelte religiöse Situation, die durch die Abkehr von der Gesellschaftskritik und das Verlangen nach Innerlichkeit gekennzeichnet ist, ein um so gewichtigerer Beweis, als auch eine Reihe von Erscheinungen im religiösen Umfeld, wie der Erfolg der Logotherapie oder die Besinnung auf östliche Versenkungstechniken, in dieselbe Richtung weist. Indessen ergibt sich der entscheidende Beweis aus einem Defizit. Es besteht in dem wiederholt schon angesprochenen Selbstzerwürfnis des heutigen Menschen, dem letztlich nur durch eine Identifikationshilfe mystischer Art, konkret gesprochen von der Art des paulinischen Inexistenz-Verhältnisses, abgeholfen werden kann. Wenn das aber nicht nur eine Sache der Stimmung und damit eine rasch vergehende Episode bleiben soll, ist die Rückfrage nach einer Entsprechung im Gang der Zeit-Verhältnisse unumgänglich. Denn nur unter der Voraussetzung, daß sich eine derartige Entsprechung ausfindig machen läßt, kann mit Konstanten gerechnet werden, die das hochgegriffene Wort von einem mystischen »Stadium« rechtfertigen.

### *2. Am Wendepunkt des Säkularisierungsprozesses?*

Vor einiger Zeit stellte *Wolfgang Seibel* die an den Kern des kritischen Bewußtseins der Gegenwart rührende Frage »Abschied von der Aufklärung?«.[25] Aufgrund einer ganzen Reihe inzwischen hinzugetretener Symptome besteht heute Anlaß, diese Frage in radikalisierter, also auf den Säkularisierungsprozeß bezogener Form zu wiederholen. Damit wird sie nicht nur erweitert, sondern gleichzeitig auf den Ursprung des kritischen Wahrheitswillens zurückgenommen, der sich in der Aufklärung seinen zeitgeschichtlichen Ausdruck geschaffen hatte. Für die Geschichtsprognose *Nietzsches* war dies, wie soeben gezeigt wurde, die das christliche Dogma verdrängende Moral und sie in der Zeitigung ihrer »letzten Tugend«, der intellektuellen Redlichkeit. Nun zeigt sich ein noch »früherer« Entstehungsgrund im Dogma selbst, näherhin in jener Entgöttlichung der Welt, die einerseits zur Inthronisierung des weltunabhängigen, unbedingten Gottes und andererseits zur Freigabe der Welt in ihre »säkulare« Wirklichkeit führte. Der »Erfolg« dieses Vorgangs lag in der Chance, die entgöttlichte Welt in den wissenschaftlich-technischen Zugriff des Menschen zu bringen, der »Preis« in der Tatsache, daß das Instrument der Weltbemächtigung auf seinen Urheber, den Menschen selbst, zurückschlug und ihm sein kategoriales Gepräge aufdrängte. Inzwischen erreichte diese Entwicklung insofern ein neues Stadium, als sie auch auf den tragenden Glauben, den Säkularisierungsgedanken, durchschlug und ihn in seiner innersten Bedingung in Frage stellte. Obwohl von seinem politischen Derivat, der Säkularisation her als »Unrechtskategorie« denunziert *(Blumenberg)*, bestand doch an der Unaufhaltsamkeit des Säkularisierungsprozesses nicht der geringste Zweifel.[26] Nichts schien gegen seine Erosionsgewalt aufzukommen, noch nicht einmal die Theologie, die in ihren Radikalformen, der »Gott-ist-tot-Theologie« und dem theologischen Entsakralisierungsprogramm, sogar dazu überging, ihn in sich aufzunehmen. Seelsorgerliche Klagen über die zunehmende Entchristlichung bisher resistenter Lebensbereiche sind ganz dazu angetan, den Eindruck einer geradezu schicksalhaften Progression zu verstärken.

Doch schon der Blick auf die leitende Kategorie, die Fortschrittsidee, bietet ein dazu gegensinniges Bild. Hier ist der methodische Zweifel, der dem Säkularismus letztlich zugrunde liegt, mit *Leszek Kolakowski* gesprochen, längst in den »Zweifel an der Methode« umgeschlagen.[27] Dazu kommt, wie bereits erwähnt, die Diskriminierung der Fortschrittskategorie, die sich vom Vorwurf ihrer »Monotonie«, ihrer »Stereotypie«, ihrer strukturellen Repressivität und Inhumanität bis zu ihrer Denunzierung als »Verhängnis« *(Löwith)* erstreckt.[28] Wichtiger aber ist noch das Faktum ihrer inneren »Selbsterschöpfung«, die sich in gegensinnigen Richtungen nachweisen läßt. Einmal im negativen Sinn des Ausdrucks, sofern der Fortschritt auf die ihm von äußeren Gegebenheiten und strukturellen Bedingungen her gezogenen Grenzen stößt. Dann aber auch im positiven Sinn des Begriffs; denn der Fortschritt zielt auf die Einholung des Möglichen in den Bereich des Verfügbaren und Machbaren. Er erreicht dieses Ziel mit den Vorstößen der heutigen Technik in den utopischen Möglichkeitsbereich, also mit jenen Hervorbringungen, durch die sich die Distanz von Möglichkeit und Realität signifikant verringert. Als programmatische Leitkategorie ist der Fortschritt damit hinfällig, wenn nicht gar schon obsolet geworden.

Doch im selben Maß, wie sich damit die Frage nach dem Ende des Säkularismus erledigt, bricht die radikalere nach dem mit diesem Ende womöglich eröffneten Anfang, also nach dem Fortgang des strukturellen Zeitgeschehens auf. Mangels ausreichender

Symptome kann diese Frage nur aus der Rückschau beantwortet werden, so daß von einer »Umpolung des Säkularisierungsprozesses« gesprochen werden müßte. Eine kühne, bei näherem Zusehen jedoch durch unabweisbare Fakten ausgewiesene Behauptung! Denn dafür spricht die ganze Reihe jener Anhaltspunkte, die von der im Zusammenhang mit der Situationsanalyse geforderten »Spurensuche« zutage gefördert wurden.[29] Doch nicht nur sie; denn zuvor noch muß auf eine erstaunliche Veränderung im Bereich der atheistischen Szene hingewiesen werden. Während noch vor wenigen Jahrzehnten lautstark der Abschied vom Christentum und, Hand in Hand damit, die »Zukunft des Unglaubens« (*Szczesny*) proklamiert wurden, kam es, fast unbemerkt, zu einem ganz unerwarteten Szenenwechsel, der ebenso die Artikulation wie die Argumentation betraf. Denn heute träfe *Ryles* Verhöhnung der Geistseele als »Gespenst in der Maschine« kaum noch auf Resonanz, und mit seiner kurzschlüssigen Behauptung, daß die mit dem Nomen »Gott« gebildeten Sätze sinnlos seien, käme *Alfred J. Ayer* sogar mit der Sprachphilosophie des späten *Wittgenstein* ins Gehege.[30] Nicht als sei die atheistische Gewitterfront bereits abgezogen; doch entspricht der augenblicklich herrschenden Atmosphäre weit mehr die Tonart, auf die sich *John L. Mackie* einstimmte, als er seine antitheistischen Einwände unter dem klangvollen Titel ›Das Wunder des Theismus‹ vorlegte.[31] Das läßt aufhorchen, auch wenn es keineswegs auf eine Schmälerung des atheistischen Potentials, allenfalls auf eine Schwächung der aggressiven Tendenzen schließen läßt. Denn einige Symptome deuten darauf hin, daß von ungläubigen »Basisgruppen« und Initiativen her ein »Atheismus von unten« im Entstehen begriffen ist, der dem klassischen zwar an Lautstärke, nicht jedoch an Durchschlagskraft nachsteht.

Immerhin entstand so ein Augenblick der Stille, der nach dem lautstarken Disput die ihrer Natur nach leiseren Vorgänge hörbar werden ließ, in denen sich der epochale Umschwung ankündigte. Welche Richtung er nahm, läßt das bereits erwähnte Postulat einer Rehabilitierung von Autorität und Tradition erkennen, mit dem *Hans-Georg Gadamer* für jene Positionen eintrat, von denen sich das neuzeitliche Bewußtsein abgekoppelt hatte, um gerade im Bruch mit ihnen seine Identität zu gewinnen.[32] Daß dieses Postulat im Rahmen einer philosophischen Hermeneutik entwickelt wird, läßt vollends auf eine dem Säkularismus ebenso entgegengesetzte wie dem von ihm verworfenen Offenbarungsglauben »entgegenkommende« Umstrukturierung des Denkens schließen, das sich, seiner Rezeptivität bewußt geworden, nun auf eine neue Weise dem ihm zugesprochenen Wort öffnet. Wo das Verstehen als elementare Denkform anerkannt wird, hat auch der Glaube sein Existenzrecht wiedererlangt. Niemand braucht dann noch »das Wissen aufheben, um zum Glauben Platz zu bekommen« *(Kant)*.[33]

Der mit der »Säkularisierung«, der Freisetzung der Welt in ihre Weltlichkeit, verbundene Verlust wurde von *Max Weber* mit der suggestiven Formel von der »Entzauberung« aller Daseinsbereiche auf den Begriff gebracht.[34] Damit war vor allem jener Entzug der numinosen, mysterienhaften und sakralen Qualitäten angesprochen, der die Welt zum Inbegriff des Verwendbaren, Genießbaren, Brauchbaren werden und damit zur Material-, Konsum- und Warenwelt herabsinken ließ. Noch vor der Geburt der Entzauberungsthese hatte sich freilich bereits *Nietzsche* für eine dazu gegenläufige Initiative ausgesprochen, als er seine atheistische Absicht mit dem programmatischen Satz umschrieb:

> All die Schönheit und Erhabenheit, die wir den wirklichen und eingebildeten Dingen geliehen haben, will ich zurückfordern als Eigentum und Erzeugnis des Menschen: als seine schönste Apologie.[35]

Damit war der versachlichten Wirklichkeit ein neuer Zaubermantel übergeworfen worden, aber auch nur ein Mantel, da die für den Menschen reklamierte Schönheit, wie *Odo Marquard* betont, nur in der »Ästhetisierung der Kunst« – und, wie dem hinzuzufügen ist, der Religion *(Wagner)*, der Politik *(Hitler)* und der Technik *(Chirico)* – bestand, nicht jedoch in der Wiederentdeckung der transzendentalen Übereinkunft des Schönen und Wahren mit dem Sein, dem Schönen als dem »Glanz des Wahren«, um es mit dem unvergänglichen Thomas-Wort zu variieren.[36] Indessen war damit, nach Marquard, immerhin eine »Ersatzverzauberung« ins Werk gesetzt, die zumindest tendenziell die trostlose Faktenwelt des Säkularismus aufs neue zu verklären suchte. Auch darin hatte *Nietzsche* vorgearbeitet, wenn er es als sein erklärtes Programmziel bezeichnete, dem Dasein den »herzzerbrecherischen Charakter« zu nehmen und, wie er dieses Briefwort verdeutlichte, »das Notwendige an den Dingen als das Schöne« zu sehen, um damit einer von denen zu sein, »welche die Dinge schön machen«.[37] Mit seinem »Weltbild« aber verlor der Säkularismus grundsätzlich an Boden; und gleichzeitig begann die von ihm betriebene Entzauberung auch schon in ihr Gegenteil umzuschlagen, wenngleich die Gegenströmung in diesem Fall der Sache des Glaubens nur mittelbar zugute kam.

Um so stärker schlagen für dieses Interesse jedoch die von der religiösen Spurensuche erbrachten »Funde« zu Buch. Symptomatisch ist dafür insbesondere die neue »Lesart«, die *Heidegger* dem in seinem Kontext begriffenen Wort vom Tod Gottes abgewann. Im Blick auf die von Nietzsche instinktsicher gewählte Rollenfigur des

»tollen Menschen« – dieser über *Dostojewskijs* »Idiot« bis auf den »Toren« des anselmischen Gottesbeweises zurückweisenden Maske –, der die durch seinen grotesken Auftritt verblüfften Marktsteher mit dem Ruf »Ich suche Gott« schockiert, stellt Heidegger die bereits in anderem Zusammenhang mitgeteilte Frage:

> Vielleicht hat da ein Denkender wirklich de profundis geschrieen? Und das Ohr unseres Denkens? Hört es den Schrei immer noch nicht?[38]

Daß Heidegger mit dieser Lesart keineswegs allein steht, zeigt eine Bemerkung *Friedrich Georg Jüngers,* dem die übergroße Lautstärke der Proklamation von Gottes Tod Zweifel an der Eindeutigkeit von Nietzsches Verneinung erweckt:

> Er rief mit einer zu lauten Stimme in den Raum hinein, daß der alte Gott gestorben sei, mit einer Stimme, in der ein Lauschen ist, ob nicht aus dem Raum ein Ruf, ein Echo zurückkomme.[39]

Doch so sehr die von Heidegger aufgeworfene Frage durch die Kühnheit ihrer Deutung imponiert, leistet sie dadurch noch Wichtigeres, daß sie die Vielfalt der von dem Nietzsche-Wort angeregten – und insgeheim gesteuerten – Äußerungen auf den Grundton des von ihm vernommenen ›De profundis‹ einstimmt, das dadurch auch dort noch hörbar wird, wo sich der Aufschrei zu Gott zu Bekundungen der Empörung, des Protestes und der Absage verfremdet. Erneut drängt sich damit das Bild von der »Landschaft aus Schreien« auf, mit welchem *Karl Matthäus Woschitz* unter Berufung auf ein *Nelly-Sachs*-Gedicht die geistige Szenerie der Gegenwart zu beschreiben suchte.[40] Im Rückbezug auf die Ausgangsfrage wird man daraus folgern dürfen, daß die vermutete Inversion des Säkularisierungsprozesses »hörbar« wird, noch bevor ihre Anzeichen sichtbar in Erscheinung treten.

Indessen steht das Programm der religiösen Spurensuche in einem viel zu engen Zusammenhang mit dem Konzept einer »Archäologie des Glaubens«, als daß es ihm um den Aufweis greifbarer Symptome und Fakten zu tun sein könnte. Was das oberflächliche Erscheinungsbild anlangt, behält vielmehr nach wie vor die Winter-Diagnose *Karl Rahners* recht, und dies sogar in einem umfänglicheren Sinn, als es ihrer ursprünglichen Intention entsprach.[41] Aufs Ganze gesehen scheint sich der Glaube sogar in einer ausgesprochen desintegrativen Lage zu befinden. Auch wenn man nicht so weit zu gehen braucht wie *Heinz Robert Schlette,* der im Anschluß an die Klage des nachexilischen Psalms, daß weder »weisende Zeichen zu sehen noch prophetische Stimmen zu hören« seien (74,9), von einer »Zeit ohne Zeichen« spricht, läßt sich doch der Schatten nicht übersehen, der zumindest hierzulande die religiöse Szene verdunkelt und sie vielfach in den Anschein eines unaufhaltsamen Verlustgeschäftes geraten läßt.[42] Auch wenn der nachwachsenden Generation in deutlichem Unterschied zu den Epigonen der Studentenrevolte, die weithin einem resignativen, bisweilen zynischen Skeptizismus verfielen, ein Verlangen nach transempirischer Lebenserfüllung und damit ein elementar religiöses Bedürfnis nicht abzusprechen ist, wagt doch niemand auf eine baldige Wiedergeburt spontaner Religiosität zu hoffen. Auf seine Weise bestätigt das der Ausbau restaurativer Defensivpositionen im innerkirchlichen Raum, vom Erstarken eines militanten Fundamentalismus, der alles Heil von ideologisch gehärteter Kompromißlosigkeit und alles Unheil vom offenen Dialog erwartet, ganz zu schweigen.

Ganz anders das Bild, das sich der »archäologischen« Perspektive darstellt! Es sind die Umrisse eines in die geistig-gesellschaftlichen Strukturen abgesunkenen und somit »strukturellen« Christentums; und es ist zuletzt die Signatur des »anonymen«, in seinen anthropologischen und kulturellen Auswirkungen gegenwärtigen Christus, auf dessen Präsenz schon *Guardini* mit seinem Wort vom »jahrhundertelangen Mitvollzug der Christus-Existenz« aufmerksam machte.[43] Was damit im Anschluß an das Rahner-Wort vom »anonymen Christen« auf den Begriff gebracht wird, ist lediglich die auch von *Gertrud von Le Fort* geteilte, über *Newman* jedoch bis auf *Pascal* und *Nikolaus von Kues* zurückzuverfolgende Überzeugung von der Geschichtsmächtigkeit des »fortlebenden Christus«, für die das heutige Glaubensbewußtsein eine neue Sensibilität, sicher jedoch eine erhöhte Ansprechbarkeit aufbringt. Wie anders als mit Hilfe der Annahme dieses »mystischen Entscheidungszentrums« ließe sich, um das Hauptargument an die Spitze zu stellen, der ebenso überraschende wie übergreifende Konsens erklären, der sich bei dem alle Konfessionsgrenzen durchbrechenden Christus-Gespräch zu Beginn der siebziger Jahre ergab, zumal damit, wie *Franz-Josef Niemann* hervorhebt, die Neuentdeckung Jesu als »Glaubensgrund« verbunden war?[44] Und greift man mit der Erwartung zu hoch, daß die vielfältigen Formen der von der Existenznot des heutigen Menschen stimulierten Sinnsuche mit innerer Logik schließlich auf den hinauslaufen, der ihr allein zu entsprechen vermag, weil er auf sie weder mit einer Doktrin noch mit einer Utopie, sondern mit Erweisen seiner Selbstübereignung eingeht?

Kaum weniger eindrucksvoll sind aber auch die Spuren eines »strukturellen Christentums«, die sich überall dort abzeichnen, wo es in der von Zweckrationalität beherrschten Lebenswelt der Gegenwart unversehens zu ethischen und mystischen »Einbrüchen« kommt. Das ist in der Diskussion der Menschen- und Lebensrechte ebenso der Fall wie in dem neuerwachenden Verantwortungsbewußtsein für die Leidenden der Dritten Welt und für die ohne Rücksicht auf ihre kreatürliche Würde ausgebeutete Natur, insbesondere aber in dem ständig wachsenden Verlangen nach subjektiver Innerlichkeit und persönlicher Lebenserfüllung. Da *Nietzsche* der Befürchtung Ausdruck verlieh, wir würden Gott nicht los, »weil wir noch an die Grammatik glauben«, sei schließlich noch auf eine beziehungsreiche Umschichtung im lyrischen Sprachstil hingewiesen, auch wenn das dafür wohl signifikanteste Beispiel nicht dem deutschen, sondern dem ungarischen Sprachraum entstammt. Auf ein ahnungsvoll einsetzendes »Heute noch« läßt *Gabor Görgey* nach einer Reihe frustrierender Fortführungen schließlich den Zuspruch des Gekreuzigten an seinen Leidensgefährten folgen, so daß die Strophe den Charakter eines nach vergeblichen Anläufen doch noch zustandegekommenen Dialogs gewinnt:

*Heute noch*

Nicht im verrinnenden Nichts der Träume,
Nicht im Schlaraffenland süßer Gelüste,
Nicht im Labyrinth guter Besserung,
Nicht nach der Kausalität der Gedanken,
Nicht in verschleiernden Mythen,
Nicht wegen der Erhaltung der Energie,
Nicht literarisch, nicht symbolisch,
Nicht im kommenden Jahr, auch nicht morgen, nein
Heute noch wirst du mit mir im Paradiese sein.[45]

Überzeugender könnte die Rede von den mystischen Einbrüchen in der heutigen Lebens- und Sprachwelt schwerlich veranschaulicht werden als mit der Schlußwendung, in der das »Heute noch«, nachdem es die Verlockungen und Drohungen der Alltagswelt durchspielte, unversehens im Trost- und Heilswort des Gekreuzigten »fündig« wird. Zwar hebt bei diesem Durchbruch, anders als bei *Eichendorffs* »Zauberwort«, die Welt nicht an »zu singen«; wohl aber führt er dorthin, wo die Fragen der Gegenwart ihre immer schon gegebene Antwort finden: ins »Paradies« der Selbstgewährung des für das Heil der Welt Geopferten.[46] Vor allem aber kommt in dem Schlußvers der Umschlag zum Ausdruck, in dem die zunächst ins Vergebliche verweisenden – und drängenden – Verhältnisse begriffen sind. Unvermutet, unter dem Eindruck der scheinbar alles aufzehrenden Vergeblichkeit, wird das Rettende fühlbar, stellt sich das befreiende Wort ein, geht die menschliche Befürchtung in den hilfreichen Zuspruch über:

Heute noch wirst du mit mir im Paradies sein!

### *3. Das mystische Stadium*

Zu Eingang des dem Problemkreis der Spiritualität gewidmeten siebten Bandes seiner ›Schriften zur Theologie‹ (von 1966) stellt *Karl Rahner* die Frage nach der Gestalt der »Frömmigkeit von morgen«.[47] Denn in einer Situation, die durch eine unauflichtbare Gemengelage »von Angst vor dem Neuen und beinahe wildgewordenem Wollen des Neuen« gekennzeichnet sei, spitze sich alles auf die Frage zu, ob es den Menschen dieser Zeit gelinge, in Glaube, Hoffnung und Liebe zu Gott und den Menschen zu wachsen, die Finsternis des Daseins und den Tod williger als bisher anzunehmen und »seine Freiheit freier« zu bestehen; und ebendies sei die Frage »nach der Spiritualität von morgen«.[48] Die im Stil seiner stillen Radikalität gegebene Antwort führt zunächst über eine kritische Zeitanalyse, die auf drei Momente abhebt: auf die »aktive Welt- und Selbstmanipulation des Menschen«, die aus der sich dem Walten himmlischer Mächte verdankenden Welt einen »Steinbruch« wissenschaftlich-technischer Weltkonstruktion gemacht habe; auf den zunehmenden Hang zu innerweltlicher Analyse aller Verhältnisse, dem religiöse Erfahrung lediglich noch als Relikt einer mythischen Vorwelt gilt, und auf die Umkehrung der traditionellen Theodizee in den Anspruch auf eine Rechtfertigung Gottes vor dem Forum der »gequälten Kreatur«, verbunden mit dem verbreiteten Mißtrauen gegenüber dem Hinweis auf ein »Jenseits«, in welchem »alles zur Klarheit und Ordnung kommt«.[49]

Im Versuch, dieser Belastung standzuhalten, fordert die Antwort eine Frömmigkeit, die sich zu einem unmittelbaren Verhältnis zu dem »unsagbaren Gott« durchringt und, wie Rahner mit einer Art Kurzformel seines theologischen Grundansatzes sagt, den Mut aufbringt, die »schweigende Selbstmitteilung« dieses Gottes »als das wahre Geheimnis des eigenen Daseins anzunehmen«.[50] Dazu bedürfe es jedoch einer Mystagogie, die so vermittelt werden müsse, daß ein jeder »sein eigener Mystagoge« werde; denn solange jemand das unentrinnbare Verwiesensein »seines um sich wissenden und sich selbst aufgebürdeten Daseins auf das absolute Geheimnis« des sich schweigend mitteilenden Gottes nicht begriffen habe, sei ihm noch nicht einmal der Anfang dieser Mystagogie klargeworden. Denn die Einweihung in diese Mystagogie beginne mit der Überwindung der ängstigenden Anfechtung, daß sich die betende Anrufung des schweigenden Gottes lediglich auf eine Projektion der eigenen Sehnsucht beziehe. Den Schlüsselgedanken seiner Antwort aber faßt Rahner in den Satz:

> Der Fromme von morgen wird ein ›Mystiker‹ sein, einer, der etwas ›erfahren‹ hat, oder er wird nicht mehr sein . . .[51]

Was an dieser Antwort aufhorchen läßt, ist fürs erste ihre gedankliche und sprachliche Dignität. Denn sie gehört eindeutig in die Kategorie jener Aussagen, die das von vielen dunkel Gefühlte in eine Formel von »stigmatischer Klarheit« zusammenfassen, und denen es als programmatischen Formeln zugleich gegeben ist, das noch diffuse Zeitbewußtsein zu strukturieren. Insofern liegt sie auf derselben Linie wie das frühe Guardini-Wort vom »Erwachen der Kirche in den Seelen«, mit dem seinem Schöpfer nach eigenem Urteil ein »Eingriff« in das religiöse Bewußtsein der Zeit gelang, oder auch wie sein Postulat von der »Annahme seiner selbst«, mit dem er die menschliche Selbstverständigung der Gegenwart auf neue Bahnen wies.[52] Nicht weniger gewichtig ist die Formel aber in inhaltlicher Hinsicht. Wenn man sie im Kontext der vorangestellten Zeitanalyse zu verstehen sucht, wirkt sie, wie kaum noch betont zu werden braucht, wie eine positive Vervollständigung der von *Nietzsche* aufgestellten Prognose. Aus der nihilistischen Perspektive des Kritikers folgte auf das dogmatische und das moralische Stadium des Christentums dessen Selbstaufhebung, da sich die von ihm »gezüchtete« intellektuelle Redlichkeit zuletzt gegen seine eigenen Fundamente, vor allem in Gestalt der biblischen Texte, richtete. Dabei hatte *Nietzsche* lediglich ein abstraktes Ablaufgesetz, das nihilistische Gesamtgefälle der Kulturentwicklung, nicht jedoch ihr Subjekt, den von Selbstmanipulation bedrohten, zum Immanentismus neigenden und auf sich selbst fixierten, gleichwohl aber nach religiöser Sinnerfüllung verlangenden Menschen im Blick. Der aber wird sich, schon im Interesse seines Überlebens, der mystischen Alternative verschreiben, weil ihm kein anderer Weg der Rettung, aber auch kein sinnvollerer »Schluß« aus den entwicklungsgeschichtlichen Prämissen bleibt. In der Konsequenz der durchschrittenen Stadien und im Sog des drohenden Nihilismus gibt es für ihn Zukunft nur im Rahmen einer spirituellen Lebensform; der Christ der Zukunft wird ein Mystiker – oder er wird nicht mehr sein!

Was die Form dieser Mystik anlangt, so wird sie notwendig von dem zeitgeschichtlichen Randdruck bestimmt sein, der von der säkularistischen Situation auf sie ausgeht. Auch in dieser Frage gab *Gertrud von Le Fort* entscheidende Hinweise. Wie sie im Vorgefühl der deutschen Katastrophe in der ›Letzten am Schafott‹ (von 1931) den Schatten der Angst beschwor, entwarf sie nach Ausbruch des Zweiten Weltkriegs in der Fortsetzungsnovelle ›Die Abberufung der Jungfrau von Barby‹ (von 1940) das Konzept einer auf Entzug und radikale Entbildung abgestimmten Mystik, mit dem sie zugleich auf die bilderstürmerische Kulturrevolution des ›Dritten Reiches‹ reagierte.[53] Deshalb erklärt die in die Karfreitagsnacht verwiesene Mystikerin der sie nach ihrem geistlichen Leitwort befragenden Äbtissin:

> Es heißt: ›Frau Seele, Ihr sollt aus sein!‹ Eia, süße Mutter, da Schwester Mechthild dieses Wort vernahm, da war es ihr, als werde ihre Gottesminne auf den Mund geküßt, daß sie glaubte, dieselbe müsse vor Seligkeit sterben, aber meine Gottesminne, die stirbt wirklich.[54]

Und sie nimmt diesen mystischen Tod so ernst, daß sie sich dadurch sogar in eine fatale Ähnlichkeitsbeziehung mit den Gottlosen gezogen sieht; denn ihre Entäußerung ist radikaler als die »dunkle Nacht« der klassischen Mystik, da sie mit dem Bewußtsein zusammen auch das Sein, konkreter ausgedrückt, eine Verstörung der menschlichen Konstitution, nach sich zieht. Auf die Frage nach dem ihrer Seele eingeprägten Gottesbild muß sie deshalb gestehen:

> Süße Mutter, nein; ich hab' kein Gottesbild mehr. Eia, meine süße Mutter, glaubt mir doch! Alle unsere Bilder sind zernichtet worden. Ich sah sie fallen wie die schönen Sterne vom Himmel, – es ist nichts mehr da denn die Wüste der nackenden Gottheit.[55]

Kaum braucht man sich an die kühne Ausdeutung des Kreuzeswortes Jesu am Schluß von *Joseph Bernharts* ›De Profundis‹ zu erinnern, um der Herkunft dieses dichterischen Entwurfs aus der paulinischen Kreuzesmystik sicher zu sein.[56] Damit ist dann aber auch schon die Frage nach der Möglichkeit einer frömmigkeitspraktischen Einholung der dichterischen Projektion, konkreter noch, nach dem frömmigkeitsgeschichtlichen Anknüpfungspunkt beantwortet. Wenn der Christ der Zukunft dem Rahner-Wort zufolge ein Mystiker sein wird, dann wird er dies im Anschluß an die paulinische Spiritualität sein! Der Grund dafür liegt nicht nur in der Zentrierung dieser Spiritualität im Kreuzesgeheimnis, also in ihrem Charakter als Kreuzesmystik, sondern unmittelbarer noch in der Aktualität, die *Paulus* für den nach Glaubenserfahrung verlangenden Menschen dieser Zeit zukommt. »Erfahrung« ist tatsächlich, wie *Hans Waldenfels* betont, der neuzeitliche »Schlüsselbegriff«, der ebenso die Sensibilität und Angewiesenheit wie die Gestaltungskraft des heutigen Menschen anspricht und in beidem seine religiöse Relevanz beweist.[57] Wenn in früheren Epochen der Eindruck entstehen konnte, daß der religiöse Akt mit einer argumentativen Vergewisserung über Gottes Existenz begann, so nimmt er heute zweifellos seinen Anfang mit der aus unvordenklicher Tradition überkommenen Einsicht, daß Gott mehr durch das leidende Erfahren der mit ihm den Menschen gezogenen Grenze als durch forschendes Bedenken seines Geheimnisses erkannt wird. Mit Recht erinnert Waldenfels in diesem Zusammenhang daran, daß *Rahner* den »Mystiker« der künftigen Frömmigkeitsform als denjenigen bestimmt, »der etwas erfahren hat«.[58] Davon rührt dann auch der bereits angesprochene Umbruch im Konsens der Glaubensbegründung her. Im Unterschied zum Gläubigen der Vorzeit stellt der glaubenswillige Mensch der Gegenwart die Forderung: »Gib mir Erfahrung, und ich glaube!« Das Verlangen nach Glaubenserfahrung trat an die Stelle des traditionellen Modells, das in erster Linie auf argumentative Vergewisserung abhob.[59]

Auf *Paulus* weist dieser Umschwung insofern zurück, als er, schon unter der Nötigung seines theologischen Ausgangspunktes, nachdrücklicher als jeder andere der neutestamentlichen Autoren von seiner Heils- und Glaubenserfahrung spricht. So ist er, wie nicht oft genug betont werden kann, als der »antwortende« – gerade auch auf die heutige Frage nach Glaubenserfahrung antwortende – Zeuge in die Geschichte des Christentums eingegangen.[60] Mit seinem Ausgangspunkt hat das insofern zu tun, als er, ganz auf das Mysterium von Kreuz und Auferstehung verwiesen, mit einem Minimum an Jesus-Überlieferungen auskommen muß, so daß ihm bei der Explikation seiner Botschaft nur die Möglichkeit bleibt, das fundamentale »Faktum« durch das Medium seiner eigenen Existenz zu interpretieren.[61] Mit der negativen Mystik der um das Motivwort der »sterbenden Minne« gestalteten Erzählung teilt Paulus freilich nur die Ausgangsposition und auch sie nur, sofern das Kreuz im Zentrum seiner Verkündigung und, strenger noch gefaßt, seines Denkens steht. Dann aber füllt sich für ihn der »Hohlraum« der Leere und Verlassenheit randvoll auf. Denn er sieht das Kreuz stets im Licht der ihm von Gott selbst durch die Auferweckung Jesu gegebenen Deutung. Sein Ausgangspunkt ist, so gesehen, die »Lesbarkeit« des Kreuzes, wenn auch er selbst, angemessener, in akustischen und optischen Kategorien davon redet. In seiner Berufungsstunde sei ihm, so sagt er im Schlüsseltext des Galaterbriefs, das Geheimnis des Gottessohnes ins Herz gesprochen worden.[62] Und der starke Ausdruck von seinem »Mitgekreuzigtsein« mit Christus (Gal 2,19) läßt keinen Zweifel daran, daß ihm der Gekreuzigte als Inbegriff der Gottesoffenbarung zugleich zum Lebensinhalt geworden ist. Auf das Offenbarungsmotiv hebt die nicht minder aufschlußreiche Stelle des zweiten Korintherbriefs ab, die vom strahlenden Aufgang der Gottherrlichkeit auf dem Antlitz des Auferstandenen spricht (2 Kor 4,6). Da Paulus dieses Ereignis auf den Schöpfungsmorgen zurückbezieht – »Gott, der gesprochen hat, es werde Licht, er hat es auch in unseren Herzen tagen lassen« –, ist aber auch hier das integrative Moment angesprochen. Mit beiden Motiven aber geht er eindeutig über Anspruch und Erwartung der negativen Mystik hinaus.

Doch im selben Maß, wie dies geschieht, kommt er der durch die

Sinn- und Existenzkrise stimulierten Erwartung des heutigen Menschen entgegen. Er vertritt ein Christentum, das seine Botschaft so vermittelt, daß sie zugleich als Licht und Hilfe – Hilfe zu Selbsthilfe und Selbstsein – erfahren wird. So »antwortet« er auf die gerade den Menschen dieser Zeit bedrängende Frage nach seiner Identität. An einer ganzen Reihe von Symptomen wird ersichtlich, daß der heutige Mensch seiner Zeit tatsächlich als das »utopisch-antiquierte Wesen« entgegentritt: progressiv und rückständig, tolerant und aggressiv, gesprächsbereit und stupid, hoffnungsvoll und angsterfüllt, sehnsüchtig und skeptisch, neugierig und blasiert, offen und borniert, zu sich selbst unterwegs und sich selbst entfremdet. Wenn irgendwo, liegt darin der Beweggrund für die ebenso alarmierende wie »provozierende« Umschichtung im moralischen Bewußtsein, die es dahin brachte, daß der heutige Mensch das zentrale Problem seiner Moralität nicht mehr so im Konflikt mit dem göttlichen Gesetzgeber als vielmehr – wie hier – mit dem Schöpfergott, der ihm das Dasein auferlegte, erblickt. Ein neues Schuldgefühl hat sich seiner bemächtigt, das weit mehr mit dem zu tun hat, was er sich selber schuldig blieb, als mit seinen Verstößen gegen göttliche und menschliche Normen. Was er sich schuldig blieb und ihm gleichzeitig von den entfremdenden Einflüssen seiner Lebenswelt ständig streitig gemacht wird, ist aber nicht mehr und nicht weniger als seine – Identität!

Angesichts der Tatsache, daß sich im Raum der protestantischen Theologie so etwas wie eine »konzertierte Aktion« zum Ziel einer Rehabilitierung der Lutherschen Rechtfertigungslehre formierte, erscheint es fast abwegig, gerade Paulus in der Frage der Identitätsfindung als Eideshelfer anzurufen.[63] Elastischer wirkt in diesem Zusammenhang noch die Position *Wolfhart Pannenbergs,* da er das Problemfeld »Sünde«, wenngleich in bemerkenswerter Problemverengung, auf den durch die »Rechtfertigung« zu überwindenden Identitätsverlust bezieht.[64] Umso entschiedener wandte sich *Eberhard Jüngel* schon in seiner Untersuchung ›Paulus und Jesus‹ (von 1964) gegen den von *William Wrede* ins Werk gesetzten und von *Albert Schweitzer* mit geradezu kämpferischem Elan fortgeführten Versuch, die paulinische Rechtfertigungslehre, die von den Reformatoren zum Kern- und Hauptstück des Glaubens erhoben wurde, als einen bloßen »Nebenkrater« im Ganzen der Heilsverkündung des Apostels zu erweisen, der sich lediglich sekundär, im Zug seiner Gesetzes-Polemik, ausgebildet habe.[65] Diesen Fehlinterpretationen gegenüber gehe es nunmehr darum, die Rechtfertigungslehre wieder als »die beherrschende Mitte der paulinischen Theologie« zu erweisen.[66] Denn es treffe einfach nicht zu, daß man »aus der Nacht an den hellen Tag zu treten« meine, wenn man von der mühsamen

Argumentation der Rechtfertigungslehre zu den »wundervoll einfachen Sätzen« der paulinischen Freiheitsverkündigung kommt; und ebenso wenig stehe die Rechtfertigungslehre in einem unüberbrückbaren Spannungsverhältnis zur Christusmystik des Apostels.[67]

Als der von der Theologiegeschichte niemals ganz eingeholte »Vordenker der Christenheit« ist Paulus jedoch stets aktueller als alle seine Interpreten, die Reformatoren eingeschlossen; und er ist es besonders heute, sofern er als der »antwortende Zeuge« auf die Frage des Menschseins, wie sie sich gerade heute stellt, eingeht. Einsichtig wird dies freilich erst, wenn man hinter dem Theologen den Zeugen wiederentdeckt und wenn man diesen, entgegen einer verbreiteten Tendenz, auf sein eigenes – und nicht nur auf das von ihm tradierte – Osterzeugnis zurückbezieht. Denn in diesem ist bei dem »maßlosen Verfolger der Kirche Gottes« (Gal 1,13) noch nicht einmal ansatzweise von Sünde und Versöhnung, wohl aber davon die Rede, daß er durch die Leidensgemeinschaft mit Christus zu jenem Herzenstausch gelangte, der ihm das Grundwort mystischer Identitätsfindung eingibt: »nicht mehr ich – Er in mir!« (Gal 2,19f) Sofern damit ein lebensgeschichtlicher Umbruch verbunden ist, betrifft dieser nicht das Spannungsfeld von Sünde und Rechtfertigung, sondern von »alt« und »neu«;

> denn wenn einer in Christus ist, ist er eine neue Schöpfung. Das Alte ist vergangen; siehe, Neues ist geworden! (2 Kor 5,17).[68]

Im Römer-Brief wird Paulus dann freilich auf dem Weg einer »existenzanalytischen Archäologie« die menschlichen Voraussetzungen dieser Alternative ausleuchten; doch auch dort steht für ihn nicht der Sünder, sondern die Todverfallenheit des Menschen im Blickpunkt, wenn er die dramatische Frage stellt:

> Ich unglücklicher Mensch! Wer wird mich von diesem todverfallenen Leib befreien? (Röm 7,24)[69]

Wie schon ihr Klang zu verstehen gibt, ist das dann auch die Frage, durch die sich die Selbstbefragung des heutigen Menschen von Paulus eingeholt sieht. Denn mit dem Apostel fragt er nach dem, der sich ihm als Helfer aus seiner Todesverfallenheit und aus dem, was sie an Existenz- und Identitätsnot nach sich zieht, anbietet. Überholt fühlt sich der heutige Fragesteller aber nicht nur durch die Radikalität des Römer-Wortes, sondern weit mehr noch dadurch, daß es im Fortgang auch schon auf die Rettung aus der menschlichen Todesverfallenheit verweist, gleichviel ob man den Folgesatz im Sinn des heutigen Textverständnisses als neuerlichen, jetzt aber von Heilsgewißheit eingegebenen Ausruf – »Gott sei Dank durch Jesus Christus, unsern Herrn!« (Röm 7,25) – oder aber mit einer Reihe von Textzeugen als Selbstbeantwortung des fragenden Aufschreis – »Die Gnade Gottes durch Jesus Christus, unseren Herrn« – versteht.[70]

Wenn es noch eines Beweises dafür bedürfte, daß die paulinische Heilslehre zugleich radikaler und umfassender gedacht ist, als es dem Begriffspaar Sünde und Rechtfertigung entspricht, würde er von dem in dieser Bedeutung noch viel zuwenig gewürdigten Glaubenszeugnis *Johann Sebastian Bachs* erbracht.[71] Denn in seiner Motette ›Jesu, meine Freude‹ (von 1723) geht Bach in einer Weise auf die Heilslehre des Römer-Briefs ein, daß er damit faktisch an den Aufschrei »Ich unglücklicher Mensch! Wer wird mich von diesem todverfallenen Leib befreien?« anknüpft. Wenn das nicht auch formell geschieht, so wohl aufgrund der instinktsicheren Erkenntnis, daß die exklamatorische Frage, wie *Walter Schmithals* deutlich machte, aus der Rückschau gestellt ist, während der Text erst mit den von Bach tatsächlich vertonten Worten die volle Gleichzeitigkeit erreicht:

> Es ist nun nichts Verdammliches an denen, die in Christo Jesu sind (die nicht nach dem Fleische wandeln, sondern nach dem Geist).[72]

Mit der dreifachen Betonung des »nichts« im Stil der – nach der Musiktheorie der Bachzeit auf eine verlorene Sache hindeutenden – »Anaphora« widerruft Bachs Musiksprache keineswegs, wie *Friedemann Otterbach* geltend machte, die Aussage des Textes; vielmehr macht er sich nur von dessen reformatorischer Auslegung frei, um gegen das »simul iustus et peccator« die Neuschöpfung des »Gerechtfertigten« herauszustellen; denn: »das Alte ist vergangen; siehe, Neues ist geworden!«

Während hier, in ›Jesu, meine Freude‹, eher der Umfang des gottgewirkten Heils zur Sprache kommt, läßt die Motette ›Der Geist hilft unsrer Schwachheit auf‹ (von 1727) den Tiefgang des Ansatzes erkennen. Denn in diesem Fall rührt der von Bach – anläßlich der Begräbnisfeier für den Thomas-Rektor *Ernesti* – gewählte Text an das subtile Selbstzerwürfnis des religiösen Menschen, der sich bei seinem Gebetsversuch eingestehen muß, daß er nicht weiß, um was er beten soll, »wie sich's gebührt«. In dieser – auf eine innerste Identitätskrise zurückweisenden – Ratlosigkeit kommt ihm die Intervention des Gottesgeistes zu Hilfe, doch nicht in Form einer Beseitigung des Notstands, sondern durch einen Akt der Aneignung. Denn es klingt, als habe sich der Gottesgeist die Ratlosigkeit des Beters zueigen gemacht, wenn es von ihm heißt: »Da tritt der Geist selbst für uns ein mit unaussprechlichem Seufzen« (Röm

8,26). Gerade so aber macht er sich, stellvertretend für den ratlosen Menschen, bei Gott verständlich:

> Der aber die Herzen erforscht, weiß, was das Ansinnen des Geistes ist: daß er sich im Sinn Gottes für die Heiligen verwendet (Röm 8,27).

Ohne aufzuhören, der Adressat und »Erhörer« des Gebets zu sein, tritt Gott somit in Gestalt seines Geistes auf die Seite des Menschen, um so die von diesem gesuchte Partnerschaft des Gebets aufs höchste zu bestätigen. Und damit beantwortet sich dann auch die immer noch offene Ausgangsfrage, was wirkliches Beten sei: ein Vorgang nicht nur, wie die vermutlich auf *Euagrius Ponticus* zurückgehende Rede von der »Erhebung des Geistes« will, zwischen Mensch und Gott, sondern zwischen Gott und Gott; denn der Mensch ist jenes paradoxe Wesen, das ungeachtet seiner allseitigen Begrenztheit und Kontingenz nur im Unbedingten Genüge findet. Hinter der Unschlüssigkeit in Sachen des Gebets stand somit die – nur zu verständliche – Neigung des Menschen, sich an Vorletztes zu binden, stimuliert von dem Argwohn, daß ihm das Letzte doch unerreichbar sei. Dieser Anfechtung gegenüber ermutigt ihn der Zuspruch des Geistes – zu Gott. Gleichzeitig erinnert er daran, wie Paulus selbst aus Zerrissenheit und Identitätsnot zu definitiver Selbstfindung gelangte. Denn die von Bach vertonte Stelle weist unmißverständlich auf den biographischen Ursprung in der Damaskusvision zurück, deutlicher noch, wenn man als Lesehilfe das zweifellos demselben Erlebnis entstammende Wort von der Entrückung des Apostels »in den dritten Himmel« heranzieht, wo ihm »unsagbare Worte« zugesprochen wurden, »die kein Mensch nachsprechen darf« (2 Kor 12,4).[73] Kein Zweifel: die über alle menschliche Sagekraft hinausgehenden Worte, die der Apostel bei seiner Entrückung zu hören bekommt, beziehen sich auf das Geheimnis des Gottessohnes, das ihm in der Entscheidungsstunde seines Lebens (nach Gal 1,15) als neuer, gottgeschenkter Lebensinhalt »ins Herz gesprochen wurde«.

Alles dreht sich bei Paulus um diese Achse. Das gibt seiner Botschaft die ungeheure Stoßkraft, die den gleich ihm bedrängten, zerrissenen und erschütterten Menschen über alle Zeiten hinweg ins Herz trifft, gleichviel, ob er *Chrysostomus, Augustinus, Luther* oder *Kierkegaard* heißt. Kaum einmal aber dürfte für die paulinische Botschaft eine größere Ansprechbarkeit bestanden haben als heute, da der von ihm erlittene und von seinen theologiegeschichtlichen Erneuerern bestätigte Notstand inzwischen epidemisch, also zu einer Zeitkrise, geworden ist. Schon im Hinblick darauf ist das Wort von der »paulinischen Stunde« nicht zu hoch gegriffen, auch wenn sich das Bewußtsein von ihrem Anbruch noch keineswegs durchgesetzt hat.[74] Erst recht gilt dies von der durch ihn gebotenen »Lösung«. Denn er ist der Befürworter eines Christentums, das die Welt verändert, indem es die Herzen verwandelt. Hier, im Menschenherzen, muß sich das Wunder des Glaubens ereignen, durch das sich der Glaubende in dem wiederfindet, von dem er sich geliebt und angenommen weiß. Denn Glaube ist für Paulus (nach Röm 10,9) inhaltsgleich mit dem Geschehen vor Damaskus. Auch dem Glaubenden wird das Geheimnis des gekreuzigten und auferweckten Gottessohnes ins Herz gesprochen, nur, wie es seinem Status entspricht, mittelbar, vermittelt durch das Wort der Botschaft.

Wenn es sich aber so verhält, hat *Rahner* mit seinem Wort von der mystischen Signatur des »Frommen von morgen« nur das aktualisiert, was Paulus für das Christentum seiner Stunde, dieser oftmals angesagten und doch immer wieder vertagten Stunde, in Aussicht nahm: eine Frömmigkeit, die bei allem kirchlichen und sozialen Engagement ihr Zentrum doch nirgendwo anders als in der Gottesfreundschaft und dem sich (2 Kor 4,16) von Tag zu Tag erneuernden »inneren Menschen« hat, weil sie weiß, daß es nur ihm gegeben ist, die Menschen zu mehr Menschlichkeit zu bewegen und dadurch die Welt zu verwandeln.

### *4. Die Konturen des Kommenden*

Prognosen waren kaum einmal so schwer wie heute, unter den komplexen Bedingungen der Gegenwart. Wenn überhaupt, können sie darum nur in möglichst enger Rückbindung an das Bestehende und den daran ablesbaren Tendenzen gewagt werden. Wie groß auch dann noch das Risiko der Fehldiagnose ist, zeigt das mit geradezu prophetischer Geste vorgetragene Guardini-Wort von der künftigen Gestalt des Glaubens:

> Im Verhältnis zu Gott wird das Element des Gehorsams stark hervortreten. Reiner Gehorsam, wissend, daß es um jenes Letzte geht, das nur durch ihn verwirklicht werden kann ... Diese Unbedingtheit ist keine Preisgabe an die physische und psychische Macht des Befehls; sondern der Mensch nimmt durch sie die Qualität der Gottesforderung in seinen Akt auf.[75]

Zweifellos hatte *Guardini* bei dieser Bestimmung den Erosionsdruck der Massengesellschaft im Auge, vermutlich auch das, was er im weiteren Kontext der Stelle das bedrohliche Anwachsen der »Es-Mächte« in ihr nannte; daß er die darauf reagierende Glaubensgestalt trotz der von ihm bereits mit aller Klarheit vorgefühlten Autoritätskrise mit solcher Entschiedenheit auf das Gehorsamsmoment festlegte, hängt aber nicht so sehr mit der Zeit-Diagnose als vielmehr mit der von ihm nie voll überwundenen Heteronomie seines Denkens zusammen, die ihn in Gott stets mehr den Anderen als den Nicht-Anderen erfahren und in Christus, mit dem Titel seines Erfolgsbuchs gesprochen, den »Herrn« erblicken ließ. Man wird auch schwerlich irregehen, wenn man in diesem Glaubenskonzept den von einem strengen »Führungspathos« bestimmten Stil seines erzieherischen Wirkens wiedererkennt.

Von daher läßt sich im prognostischen Interesse dann auch schon eine erste Komponente ausmachen, die mit dem Glauben zusammen die Gestalt des Christentums von morgen betrifft. Wenn tatsächlich die »paulinische Stunde« heraufkommt, kann es sich nur um das Zentralmotiv der von Paulus mehr noch erlittenen als erarbeiteten Botschaft handeln: um das Motiv der Freiheit. Denn sein Leitwort »zur Freiheit hat uns Christus befreit« (Gal 5,1) hat auch angesichts der Tatsache nichts an Aktualität eingebüßt, daß die Freiheit im westlichen Lebens- und Kulturraum zur Selbstverständlichkeit geworden ist, während die Macht ihre diktatorisch-terroristische Erscheinungsform ablegte, um mit um so größerer Wirksamkeit durch die Maske der Überredung und Verführung zu sprechen. Tatsächlich ist die kaschierte Unfreiheit, die sich im Feld der durch den Zweiten Weltkrieg ausgeräumten Diktaturen etablierte, kaum weniger gefährlich als die brutale Gewalt, da sich ihre Destruktivität durch die Ungreifbarkeit ihres Einflusses eher noch steigert. Nochmals ist in diesem Zusammenhang an die These *Neil Postmans* zu erinnern, daß heute weniger diejenigen zu fürchten seien, die Bücher verbrennen, als vielmehr jene, die den Menschen das Bücherlesen abgewöhnen. In dieser Lähmung des Willens zu personaler Lebens- und Selbstgestaltung, die schon mit dem stillschweigenden »Wechsel« von den anstrengenden »Print-Medien« zu den drogenhaft wirkenden Medien der audiovisuellen Generation einsetzt, liegt die akute Gefahr. Doch die Botschaft des Christentums ist, wie nicht oft genug betont werden kann, in den Wind geschrieben, wenn es den zu seinem unvertretbaren Selbstsein entschlossenen Hörer dieser Botschaft nicht mehr gibt. Daran muß sich der Stil ihrer Verkündigung bemessen. Anders als in der ersten Stunde will das Wort von der christlichen Freiheit heute nicht mehr so sehr mit emanzipatorischem Gestus vorgetragen werden als vielmehr im Stil einer Ermutigung, der »Ermutigung zum Selbstsein«.

Damit ist keineswegs einem nur defensiven Umgang mit der für den heutigen Freiheitsverlust hauptverantwortlichen Instanz, den

Medien, das Wort geredet. Denn es bleibt dabei: Wer die Medien hat, hat die Zukunft. Wenn die Kirchen die Zukunft nicht verlieren sollen, werden sie in der theoretischen und praktischen Bewältigung des Medienproblems eine Aufgabe von höchster Priorität sehen müssen. Zu den grundlegenden Einsichten der damit geformten Medientheorie aber gehört die in ihre restriktiven Tendenzen, da die von *Herbert Marcuse* angesprochene »Absperrung des Universums der Rede« jenen nicht weniger als den diktatorischen Machtsystemen anzulasten ist.[76] Diesem Freiheitsentzug kann nur durch kompensatorische Initiativen, die auf eine Stärkung der Freiheit und des Freiheitswillens abzielen, abgeholfen werden. Das aber kann nicht wirksamer als in der Form geschehen, daß sich das Christentum bewußt – und gezielt – als die Religion der Freiheit profiliert, und dies nicht nur durch die ihm geschichtlich abverlangte Solidarisierung mit den Unterdrückten in aller Welt, sondern auch – und vor allem – gegenüber der Front der geheimen Repression.

Im Interesse der Verständlichkeit wird das zunächst unter dem Gesichtspunkt seiner freisetzenden Wahrheit geschehen müssen; wenn es nämlich schon die Wirkung der philosophischen Wahrheit ist, die nach ihr Strebenden, wie es programmatisch im platonischen Höhlengleichnis zum Ausdruck kommt, aus Wahnbefangenheit zur befreienden Schau des Richtigen – in diesem Sinn trifft *Heideggers* Deutung tatsächlich die Absicht des Textes – zu führen, dann gilt dies erst recht für die einem Akt der Selbsteröffnung Gottes entstammende Offenbarungswahrheit, die, so wie sie die »Tat« göttlicher Freiheit ist, auch (nach Joh 8,32) zur Freiheit verhilft.[77] Hier wie dort gilt dann aber auch das Umgekehrte: Wer sich der Wahrheit verpflichtet weiß, darf von ihr Befreiung erwarten, weil er sich schon im Akt des Strebens nach ihr, erst recht aber im Augenblick ihrer intuitiven Gewahrung – und auch der Glaube ist Sinn-Wahrnehmung – von der Alltagswelt distanziert und in der Richtung auf einen je größeren Freiheitsraum »über sich hinausgeführt« sieht.

Eine Freiheitsbotschaft liegt dem Christentum aber nicht schon deshalb zugrunde, weil es die Religion der Wahrheit ist, sondern weil sich diese Wahrheit von dem herleitet, der sich im Sinn des johanneischen Schlüsselwortes »Ich bin die Wahrheit« (Joh 14,6) mit ihr gleichsetzt. Sie ist, paulinisch ausgedrückt, das Aufleuchten der Gottherrlichkeit im Antlitz Jesu Christi (2 Kor 4,6), die »Tat« seines Geistes; denn:

> Der Herr ist der Geist. Wo aber der Geist des Herrn waltet, da ist Freiheit (2 Kor 3,17).

Wie die Schau des Auferstandenen die Hemmungen des Zweiflers Thomas beseitigt (Joh 20,24–29), so sprengt sie im Fall des Paulus alle niederhaltenden Zwänge von ihm ab. Das steht für ihn so sehr im Vordergrund, daß er in drei Fragen, mit denen er die Damaskus-Vision umkreist, zuerst auf seine Befreiung und erst an letzter Stelle auf sein Ostererlebnis zu sprechen kommt:

Bin ich nicht frei?
Bin ich nicht Apostel?
Habe ich nicht Jesus, unsern Herrn,
gesehen? (1 Kor 9,1)

Was für Paulus den Rang einer höchsten Vergünstigung besitzt, ist für den Angehörigen der modernen Konsumgesellschaft bekanntlich so sehr zur Selbstverständlichkeit geworden, daß ihm sein unverzichtbares Freiheitsrecht erst wieder zu Bewußtsein gebracht werden muß. Um so mehr entspricht das zweite Gestaltmotiv seinem akuten Bedürfnis: der Friede! Zwar läßt das rasche Abebben der lautstarken Friedensdemonstrationen zu Beginn der achtziger Jahre darauf schließen, daß sich in sie auch sachfremde Kräfte, vor allem in Form politischer Propaganda und demagogischer Emotionssteuerungen, eingemischt hatten, denen es lediglich um spektakuläre Augenblickswirkung zu tun war; dennoch duldet die Echtheit des »Beweggrundes« keinen Zweifel. Friede ist und bleibt ein Zentralthema des von den Möglichkeiten der waffentechnischen Entwicklung traumatisch betroffenen Weltbewußtseins. Indessen hängt der rasche Verfall der Friedensbewegung weit mehr noch mit einer ideologischen Schwäche zusammen. Ungeachtet der Tatsache, daß sie für den Frieden höchste Priorität verlangte, verfügte sie lediglich über den negativen Friedensbegriff, wie ihn bereits das antike Denken, und dieses schon in vorphilosophischer Zeit, entwickelt hatte.[78] Denn der unbedingte und universale Friede, der mit so großem Pathos gefordert wurde, läßt sich durch ein Konzept, das über den Begriffsstand von »Kriegsvermeidung« nicht hinauskommt, niemals rechtfertigen, da dieses, ähnlich dem von Athene am Schluß der ›Odyssee‹ proklamierten Götterfrieden (XXIV, 483ff) den Frieden immer nur alternativisch zu dem als Normalzustand angenommenen Kriegszustand begreift.[79] Bedingungsloser Friede – Friede, der nicht nur möglich ist, sondern sein muß – kann demgegenüber nur von dem in Aussicht gestellt werden, der in der mit dem Wort »Friede« bezeichneten Sache so aufgeht, daß er von sich sagen kann:

Frieden hinterlasse ich euch, meinen Frieden gebe ich euch; nicht wie die Welt ihn gibt, gebe ich (ihn) euch (Joh 14,27).

Nur dort, wo der Friede (nach Eph 2,14) aus der Identität mit seinem Spender begriffen wird, von ihm geprägt, erfüllt und gegeben, besteht die Möglichkeit, ihn, wie es sonst nur den transzendentalen Begriffen wie Wahrheit, Gutheit und Schönheit zukommt, alternativelos und damit »unbedingt« zu denken: nicht mehr gebunden an das seine Reinheit verfälschende und sein Geheiß abschwächende Kontrastbild des Krieges.[80] Damit schlägt aufs neue die Stunde des Christentums, sofern es ihm nur gelingt, sich als die Religion des Friedens, gegründet auf das »evangelium pacis« (Eph 6,15), zu erweisen. Deutlicher als sonst käme in diesem Fall der integrative Zug des angesprochenen Vorgangs zum Tragen. Obwohl der Friede, wie er vom heutigen Krisenbewußtsein angerufen wird, eindeutig als Gegebenheit des »strukturellen Christentums« – und nicht etwa als Spätfolge der Pax Romana – zu gelten hat, erlitt er doch durch den Säkularisierungsprozeß eine so schwere Erosion, daß er nur als negativer ›Rahmenbegriff‹ überlebte, der nun, unter dem Druck einer extremen Herausforderung weltpolitischer und waffentechnischer Art, nach positiver Sinnerfüllung verlangt. Ihm dazu zu verhelfen, ist die einzigartige Chance eines seiner Friedensmission bewußt gewordenen Christentums.

Womöglich noch tiefer ist das dritte Motiv dem heutigen Menschen aus der Seele gesprochen, wobei mit »tief« zugleich angedeutet ist, daß es in diesem Fall um eine Frage der menschlichen Grundverfassung geht. Es handelt sich um die das menschliche Geschichtsverhältnis betreffende Wirkung der Angst, die den Blick des von ihr befallenen Menschen in die Zukunft derart trübt, daß er es erst gar nicht mehr mit ihr aufzunehmen wagt und, wie es das Engelbild *Paul Klees* mit symbolhafter Eindringlichkeit darstellt, mit dem Rücken zu ihr lebt.[81] Die beiden Motive steigern sich gegenseitig: Die sich mehrenden Ängste vertiefen die Unfähigkeit des heutigen Menschen zur Zukunft, und diese mehrt seine Anfälligkeit für die Angst. So entsteht ein wahrer Teufelskreis, aus dem nur eine himmlische Botschaft herauszuführen vermag. Zwar steht das Christentum noch immer in dem bereits angesprochenen Verdacht, die Angst bewußt als Mittel der Disziplinierung seiner Gläubigen eingesetzt zu haben; gleichzeitig vertritt es aber doch das einzige Geschichtsmodell, das gegen die verbreiteten Tendenzen zur geschichtlichen Selbstabschließung den Glauben an eine von Gott selbst eröffnete Zukunft aufrecht erhält.[82] Denn sein Gott ist, wie schon der alttestamentliche Gottesname zu verstehen gibt, der Gott der Zukunft, der in seinem Anderssein zu allem, was von ihm begriffen und erwartet werden kann, immer noch bevorsteht und als solcher (nach Hebr 4,1–11) nicht ruht, bevor nicht alles in dieses Anderssein hineinverwandelt ist, »damit Gott alles und in allem sei«

(1 Kor 15,28).[83] Das aber heißt, daß es eines Perspektivenwechsels bedarf, wenn die Unfähigkeit des heutigen Menschen zu seiner Zukunft überwunden werden soll.

Dazu ist keine Macht der Welt imstande, wohl aber jene, in deren Namen das Christentum spricht. Damit stellt sich diesem freilich die schwerste der ihm in der gegenwärtigen Situation diktierten Aufgaben, da es den zukunftsblind gewordenen Menschen nur dadurch zur Zukunft bewegen kann, daß es ihm die Angst aus der Seele nimmt, und da es ihm zur Angstüberwindung verhelfen muß, wenn es ihn zur Zukunft befähigen will. Aufs neue stellt sich ihm damit ein Zirkelproblem, das nur unter der Voraussetzung gelöst werden könnte, daß sich ein Motiv finden läßt, das gleichzeitig den Abgrund der Angst versiegelt und die Tür zur Zukunft aufstößt. Durch kaum etwas beweist das Christentum seine weltüberwindende Kraft so offensichtlich wie durch die Tatsache, daß es über dieses Motiv verfügt. Es ist, gleich-ursprünglich wie die Religion der Freiheit und des Friedens, die Religion der Hoffnung. Denn auch für die Hoffnung gilt dieselbe Identifikation, die bereits im Sinngrund der christlichen Freiheits- und Friedensbotschaft ersichtlich wurde. Wie die neutestamentlichen Schriften Christus den Quellgrund der Freiheit und des Friedens nennen, führen sie auch den Sinn der Hoffnung auf ihn zurück; denn nach dem emphatischen Wort des Kolosser-Briefs besagt das seit ewigen Zeiten verborgene, jetzt aber offenbar gewordene Gottesgeheimnis soviel wie:

> Christus in euch – die Hoffnung auf die Herrlichkeit (Kol 1,27).[84]

Somit ist es keine Frage der Kompetenz, ob es dem Christentum gelingt, sich jene Form zu geben, die der Welt von morgen entspricht, wohl aber eine Frage des Bewußtseins und der Sprache. Auch für das zulängliche Bewußtsein von dem, was »an der Zeit« ist, wird die Zeitsituation selbst mit den von ihr ausgehenden Pressionen und den von ihr geweckten Sehnsüchten sorgen, so daß zuletzt nur noch das Sprachproblem bleibt. Doch zeigt sich dadurch nur aufs neue, daß, zusammen mit dem der Welt geschuldeten Wort, ihr Schicksal – auf der Zunge liegt.

## *5. Identität im Umbruch*

Noch nie war die religiöse Szene in einem so raschen und nachhaltigen Umbruch begriffen wie heute. Noch nie war darum auch das Wort von einer ›Glaubenswende‹ so sehr gerechtfertigt wie bei der

Beschreibung der derzeitigen Situation. Schon sprachliche Neubildungen bestätigen das, auch wenn man die aus begriffstheoretischen Gründen anfechtbare Rede von einem theologischen »Paradigmenwechsel«, die dafür am deutlichsten sprechen würde, nur beiläufig heranzieht. Ein anderes, bereits angesprochenes Beispiel sagt im Grunde schon alles: Von Anfang an wußte sich die Theologie, zusammen mit dem sie tragenden Glauben, in einem Fortschritt begriffen, wie ihr dies schon von *Vinzenz von Lerin* ins Stammbuch geschrieben worden war. Wann aber wäre es ihr je zuvor in den Sinn gekommen, sich formell als »Prozeß-Theologie« zu entwerfen, wie dies in dem gleichnamigen Versuch von *James B. Cobb* geschah?[85] Desgleichen war es ihr stets um die Gewinnung der Zukunft zu tun; und doch gehört die Ausarbeitung einer »Theologie der Zukunft« erst zu den Eingebungen dieser Zeit.

In den Namen kündet sich die Sache an. Und die ist gekennzeichnet durch ein erschreckend rasches Altern der theologischen Begriffe und Konzepte. Ein äußeres, gleichwohl bezeichnendes Symptom dessen ist die Tatsache, daß Verlage, die kurz nach Abschluß des Zweiten Vatikanums eine Bilanz der bis dahin geleisteten theologischen Arbeit zu ziehen und die Grundbegriffe des Glaubens zu definieren suchten, ihre Leserschaft nach wenig mehr als zwei Jahrzehnten mit neuen Bestandsaufnahmen oder radikalen Neufassungen der früheren Unternehmung überraschen und damit offensichtlich Anklang finden. Bedenklicher stimmt schon die Beobachtung, daß mit Modischem zusammen auch ganze Programme, die sich noch unlängst hoher Popularität erfreuten, fast über Nacht der Vergessenheit anheimfielen. Wer erinnert sich, von Experten einmal abgesehen, noch an die Theologie der Verkündigung, der »gesellschaftlichen Diakonie« und der »weltlichen Wirklichkeit«? Vor allen Dingen aber ist, wie es scheint, den »kathartischen« Postulaten, die den theologischen Disput bis vor kurzem noch in Atem hielten, mit einem Mal der Wind aus den Segeln genommen. Daß das Entmythologisierungspostulat, das in diesem Zusammenhang an erster Stelle zu nennen ist, nicht im Sinne eines »Subtraktionsverfahrens« aufgefaßt – und gehandhabt – werden dürfe, wurde schon von *Bultmann* selbst, wenngleich nur mit bedingtem Erfolg, unterstrichen.[86] Demgegenüber hat sich die Entsakralisierungsthese, die eine Zeitlang von sich reden machte, offensichtlich von selbst überholt. Doch wirkt auch die »Gott-ist-tot-Theologie«, wie sich die in das von *Nietzsche* angekündigte Stadium der Selbstauflösung geratene ›Radical Theology‹ amerikanischer Provenienz hierzulande nannte, nach anfänglich starker Resonanz heute wie das monströse Relikt aus einer versunkenen Welt.[87] Als abgetan dürften aber auch die Versuche gelten, die

Theologie im Interesse ihrer aktuellen Konsensfähigkeit auf einen sprachanalytischen (*Güttgemanns*) oder wissenschaftstheoretischen (*Pannenberg*) Boden zu stellen.[88]

Mit dem Altern der Ideen geht überdies ein nicht minder fühlbares Defizit an Leit- und Orientierungsgestalten Hand in Hand. Mit *Karl Rahner* sank der letzte Theologe ins Grab, der mehr noch durch seine persönliche Ausstrahlung und das durch ihn verkörperte Programm als durch seine wissenschaftliche und literarische Arbeit bewußtseinsbildend gewirkt hatte. Ähnliches gilt von *Guardini, Barth* und *Bultmann,* um nur die unter diesem Aspekt bedeutendsten Gestalten zu nennen. Dabei stand bei Guardini mehr die Suggestivität der Persönlichkeit, bei Barth mehr das theologische Programm, bei Bultmann mehr die exegetische Methode im Vordergrund. Unverkennbar ist jedoch auch das zeitgebundene Element ihrer Wirkung: bei Bultmann das Verlangen nach einer mit der wissenschaftlichen Denkweise kompatiblen Auslegung der Heilsbotschaft, bei Barth das Streben nach einer entschiedenen Unterscheidung der Geister, bei Guardini die Sehnsucht nach einer dialogisch geöffneten Kirche.

Die Zeitgebundenheit bedingt jedoch auch eine unübersehbare Distanz zur Gegenwart, durch die jeder Versuch einer Vergegenwärtigung mit dem Ziel, die Wirkung von gestern für heute zurückzugewinnen, zum Scheitern verurteilt ist. Die kraftvolle Erneuerung der reformatorischen Rechtfertigungslehre durch Barths ›dialektische Theologie‹, geht zu sehr am Heils- und Selbstverständnis des heutigen Menschen vorbei, als daß den derzeitigen Aktualisierungsversuchen ein nachhaltiger Erfolg beschieden sein könnte. Im Fall Bultmanns zeichnet sich sogar ein offener Grabenbruch ab, seitdem die Einsicht in die der historisch-kritischen Methode gezogenen Grenzen bereits in das vielfach artikulierte Verlangen nach Alternativen zu ihr umschlug. Doch wird man auch im Fall Guardinis abwarten müssen, ob den auf Reaktivierung seines stupenden Lehr- und Bildungserfolgs abzielenden Initiativen eine den Augenblick überdauernde Wirkung beschieden ist, da seine Ausstrahlung mehr von seinem Wort als von seinem literarischen Werk ausging, da das Werk in seiner Aussage zu diffus blieb und da er im Kern seiner Aussage zu sehr im heteronomen Glaubensverständnis der Vorzeit verharrte.[89]

Zusammengesehen mit diesem auffälligen Defizit an personaler Orientierung ergibt das Altern der Ideen aber doch auch eine Art doppelte Negation, so schwer die daraus resultierende Positivität zu bestimmen ist. Doch liegt im Verfall der kurzlebigen Ideen die Insinuation, auf die Grundpositionen des Glaubens und die vom Evangelium gebotenen Modelle zurückzugreifen; und nicht weniger könnte der schmerzliche Ausfall im personalen Orientierungsfeld im Sinn jener großen Szene von *Dantes* ›Göttlicher Komödie‹ gedeutet werden, in welcher der am Ziel seines Auftrags angelangte Führer durch die Höllenschlünde Vergil den durch die erfahrenen Schrecknisse gehärteten Dante seiner eigenen Urteils- und Entscheidungsfähigkeit überantwortet:

> Erwarte von mir nicht mehr Wort und Wink.
> Jetzt ist dein Wille frei, gesund und richtig.
> Und töricht wär' es, seiner Weisung nicht zu folgen.
> Drum setz' ich jetzt dir Kron' und Mitra auf.[90]

Zu dem beklemmenden Defizit wäre es freilich ebenso wenig wie zu dem raschen – und überraschenden – Ideenverfall gekommen, wenn sich nicht in der von den theologischen Ideen gespiegelten Sache, also im Glauben, ein Wandel vollzogen hätte. Was ihm als neue Dimension, vor allem durch ihre »Einklagung« im religionsphilosophischen Werk *Guardinis* zuwuchs, war der Komplex der religiösen Erfahrung, der durch den intellektualistisch verengten Glaubensbegriff der Neuscholastik mit geradezu methodischer Strenge von ihm ferngehalten worden war.[91] Ob neuere Versuche, die Erfahrung als »interpretierende Wahrnehmung« zu deuten, eine über Guardini hinausführende Klärung erzielen, darf allerdings bezweifelt werden.[92] Denn in der religiösen Erfahrung wird, mit Guardini gesprochen, gleichzeitig die qualitative Andersheit des Heiligen entdeckt – und überwunden.[93] Sie hat deshalb primär mit der Aneignung des Geglaubten und, radikaler noch, mit der Selbstaneignung des Glaubenden zu tun.[94] Insofern verbreitert sie die Basis, auf der sich der »Turm« des Glaubens erhebt. Mit ihr wächst seine Sicherheit, so daß eine höhere Vergewisserung als ihr unmittelbares Werk zu gelten hat.

Der Wandel im Glaubensverständnis drängt indessen über das subjektive Erfahrungsmoment hinaus auch auf die Einbeziehung dessen, was der Glaube der vielen, auch der Teilkirchen in aller Welt und der Christen der unterschiedlichen Bekenntnisse, einbringt. Vermutlich ist die so heftig umstrittene »Befreiungstheologie« lediglich eine erste Stimme, mit der sich bisher stumme Bereiche kollektiver Glaubenserfahrung zu Wort melden. Und es liegt auf der Hand, daß sich der Dialog mit ihr noch vergleichsweise einfach gestalten wird, verglichen mit den Sprachbarrieren, die im Disput mit den Glaubensformen negroider und asiatischer Herkunft zu überbrücken sind.[95] Als hilfreiche Einübung wird dann nicht zuletzt der ökumenische Disput empfunden werden, der heute noch an vielerlei Hemmungen leidet, obwohl er aus dem Glaubensleben der Christenheit nicht mehr wegzudenken ist.[96]

Fast befällt den Betrachter dieser Szene das Gefühl, vor einem aufreißenden Abgrund zu stehen, der alles, was es an in Jahrhunderten erhärteten Konstanten und theologisch ausgearbeiteten Konturen gibt, zu verschlingen droht und der sich doch gleichzeitig, wie unter dem Druck einer tektonischen Bewegung, auch schon wieder zu schließen scheint. Während ein anschwellender Pluralismus der Erfahrungswerte, Deutungen, Initiativen und Verhaltensmuster die gesicherten Glaubenspositionen zu untergraben droht, hat längst schon eine kompensatorische Gegenbewegung eingesetzt, die das wankend Gewordene aufs neue festigt und dort, wo Altes einstürzte, Neues entstehen läßt. Es ist, auf ihre Ursache zurückgeführt, die spirituelle Bewegung, die *Gottfried Bitter* – ganz im Sinn der Kernschen Strukturanalyse – die »christologische Konzentration« im Glaubensleben der letzten Jahrzehnte nennt; denn, so lautet seine resümierende Feststellung:

> Jesus Christus ist kein Reservat der Christologie im engeren Sinne mehr; die Person und das Werk des Mannes aus Nazaret werden als die Erkenntnis- und Glaubensachse der Christen (wieder-)entdeckt: quer durch die dogmatischen Traktate, quer durch die theologischen Disziplinen, quer durch die Suche nach Neuorientierung des christlichen Lebens.[97]

Obwohl heute von der »zunehmenden Dichte« der für diesen Vorgang sprechenden Symptome nicht mehr die Rede sein kann, ist mit ihm doch ein Prinzip von so fundamentaler, alle Erscheinungs- und Ausdrucksformen durchgreifender Einigungskraft angesprochen, daß für den Fortgang der christlichen Sache ungleich mehr Anlaß zu Hoffnung als zu Besorgnis oder gar Resignation besteht. Vor allem aber braucht um den Bestand des Glaubens nicht mehr gefürchtet zu werden, da die Konzentration auf sein Zentralgeheimnis, wie bereits hervorgehoben, einer Rückführung auf seinen ureigenen Grund gleichkommt. Denn die glaubensgeschichtliche Wende, die sich nicht zuletzt auch im Blick auf die – aus ihrem Grundcharakter begriffenen – Befreiungstheologie oder auch auf jüngste Erscheinungsformen der religiösen Randszene Nordamerikas abzeichnet, läuft nicht so sehr auf eine Veränderung als vielmehr auf eine Verinnerlichung des Glaubens hinaus. Wie in jeder Umbruchsituation fehlt es auch dabei nicht an alarmierenden Symptomen. Doch der Wildwuchs ist in dieser Welt des immer nur Relativen nun einmal der Preis jedes wirklichen Wachstums. Und es ist sehr die Frage, ob der integralistische Fundamentalismus, der in streng geschlossenen Glaubensgemeinschaften einen besonders günstigen Nährboden zu finden pflegt, nicht die vergleichsweise größere

Gefahr darstellt, vom Aufkommen mystizistischer Fehlformen ganz zu schweigen.

Im Maß wie sich der Glaube jedoch im Zug der registrierten Wende auf das Mysterium Jesu zurückbezieht, wird er wie kaum einmal in seiner bisherigen Geschichte reflex, und das besagt, durchsichtig auf seine Struktur und das Gesetz seines Vollzugs. Wenn er aber weiß, wem und warum er glaubt, wird es ihm auch gelingen, im Umbruch der Verhältnisse und im Ansturm der Einflüsse seine Identität zu wahren. Und nicht nur dies; dem um sich wissenden Glauben ist im Sinn des paulinischen Grundsatzes »Ich glaube, darum rede ich« (2 Kor 4,13) auch die Fähigkeit zur bezeugenden Selbstdarstellung gegeben. Und vermutlich liegt darin sogar die allergrößte Chance. Denn der Glaube der jüngsten Vergangenheit litt bei allem Willen zum Disput und zu Kommunikation an einer geheimen Sprachlosigkeit, die sich gleicherweise hinter dem Aktionismus der einen wie hinter der Lethargie der andern verbarg. Dabei kann und darf es nicht bleiben, weil dieses Defizit wie kaum ein anderes an das Lebensinteresse des Glaubens rührt. Wie er dem offenbarenden Gotteswort entstammt, drängt er ins bezeugende Menschenwort. Aus ihrem gegenseitigen Zuspruch baut sich die Gemeinschaft der Glaubenden auf. Sie ist der sich immerfort erneuernde Quellgrund der Glaubensgewißheit, die lebendige Umschlagstelle, an welcher der Glaube »durch die Liebe wirksam wird« (Gal 5,6), das Sensorium für die Gegenwart des (nach Mt 18,20) inmitten der in seinem Namen Versammelten anwesenden Herrn.

Nach einem apokryphen Herrenwort sind »Bewegung und Ruhe« das Zeichen der Auserwählten.[98] In der nachkonziliaren Beunruhigung ist dieses Doppelinteresse aus dem Gleichgewicht geraten. Durch die in Gang gekommene Bewegung scheint in den Augen vieler Besorgter die Einheit und mehr noch die Identität des Glaubens bedroht zu werden, so daß sie ihre ganze Hoffnung auf einen möglichst strengen Stabilisierungskurs setzen. Doch die Identität läßt sich niemals »herstellen«, es sei denn auf die Gefahr hin, dadurch die angezielte Sache selbst zu verletzen. Nein, Identität ist immer nur ungeschuldete Frucht, niemals ein herbeigeführtes Werk. Indessen lehrte der Blick in die gegenwärtige Glaubenssituation, daß der angesprochenen Strategie eine verkehrte Prioritätensetzung zugrunde liegt. Was gefördert werden muß, wenn die ins Zwielicht geratene Identität gewahrt werden soll, ist gerade die Bewegung, weil sie, sofern sie den Tatbestand der »christologischen Konzentration« erfüllt, schon von sich aus auf jenen Einheitsgrund hinarbeitet, außer dem (nach 1 Kor 3,11) »kein anderer gelegt werden kann«. So unerhört es klingen mag, heißt das in letzter Konsequenz dann doch, daß gerade der Umbruch die Bedingung der Identität der Einheit ist. Denn was die Stimmen der vielen zum symphonischen Chor des einen Bekenntnisses zusammenstimmt, ist zuletzt nur der von ihnen Geglaubte, der den Dissens der Interpretationen durch die Zusage seiner einigenden Gegenwart überwindet und der im Wechsel der glaubensgeschichtlichen Epochen derselbe bleibt »gestern, heute und in Ewigkeit« (Hebr 13,8).

# Schlußwort

Hervorgegangen aus der Sorge, daß eine sich dem Christentum bietende Chance von historischer Größenordnung übersehen, womöglich sogar vergeben werden könnte, vertrat das vorliegende Buch zunächst drei Thesen; näherhin die Überzeugung,

1. daß durch das Potential dessen, was während der Jahrhundertmitte durch Menschen verübt, Menschen angetan und von Menschen erlitten worden ist, die Frage nach dem Menschen auf eine neue Weise aufgeworfen wurde und demgemäß auch neu, vor allem aus religiöser Sicht und Einsicht beantwortet werden muß;
2. daß mit dem Geschichtsbruch der letzten Jahrzehnte, der mit den kulturellen Hervorbringungen, also dem »objektiven Geist«, auch das menschliche Subjekt der Geschichte betraf, eine glaubensgeschichtliche Wende einhergeht, die als solche wahrgenommen, gedeutet und ebenso als Grundorientierung der Theologie wie der christlichen Verkündigung und Lebenspraxis anerkannt werden muß;
3. daß dem Christentum eine so seit langem nicht mehr gegebene Chance durch die Tatsache erwächst, daß der das neuzeitliche Geistesgeschehen weithin bestimmende Säkularisierungsprozeß sein Ende erreichte, sofern er sich nicht sogar schon umzupolen begann, so daß von seiner »Inversion« gesprochen werden kann *(Schatz)*.

Den drei Bestimmungen der zeit- und glaubensgeschichtlichen Situation entsprach sodann der Versuch, die künftige Gestalt des Christentums zu umreißen; das besagt konkret:

1. Es muß »dialogisch« im Sinn eines die heraufkommenden Ausprägungen lateinamerikanischer, asiatischer und negroider Provenienz umgreifenden Selbstverständnisses sein; und es müßte sich angesichts dieser »Ausweitung« zu der Erkenntnis durchringen, daß das Ziel des damit geforderten »inneren Ökumenismus« nur in Akten einer entschiedenen Rückbesinnung auf die biblischen, insbesondere auf die paulinischen Denkmodelle zu erreichen ist.

2. Es muß »medienkompetent« sein, da die künftige Gestalt der modernen Lebenswelt so sehr durch die neuen Medien bestimmt ist, daß das geistig-religiöse Überleben entscheidend von der Frage abhängt, ob Wege zur Beherrschung der Medienszene gefunden werden.
3. Und es wird sich als ein im »mystischen« Sinn verinnerlichtes, die Gläubigen in ihrem individuellen und kollektiven Gottesverhältnis ergreifendes und förderndes Christentum erweisen müssen, da der Christ von morgen entweder »ein Mystiker oder überhaupt nicht sein« wird *(Rahner)*.

Daraus ergaben sich schließlich drei Zielbilder christlicher Selbstdarstellung, die jeweils auf spezifische Notlagen der Gegenwart eingehen. Um ihm als Anruf aus der Geheimnistiefe göttlicher Selbstmitteilung glaubhaft zu sein, wird sich das Christentum dem heutigen Menschen in seinen von Ungewißheit, Überforderung und Frustrationen eingeflößten Ängsten unter drei Aspekten verdeutlichen müssen:

1. als die Religion der Angstüberwindung und Hoffnung, die ihm in der Bedrängnis des Augenblicks Halt und Geborgenheit gewährt und ihm gleichzeitig eine Zukunft, selbst jenseits der Todesgrenze, in Aussicht stellt;
2. als die Religion der Freiheit, die inmitten einer von offenen und geheimen Zwängen durchsetzten Welt einen Raum des Aufatmens, der gegenseitigen Bestätigung und – im Blick auf das evokative Freiheitsmoment – der Selbstentfaltung eröffnet, während es sich gleichzeitig dem verbreiteten Verlust der Maßstäbe, Werte und Ideale, gestützt auf die Orientierungskraft des Glaubens, widersetzt;
3. vor allem aber als die Religion des Friedens, die als einzige Instanz dem negativen, auf bloße Kriegsvermeidung bedachten Friedensbegriff von Politik und politischer Theorie ein positives, auf die friedenstiftende Selbstübereignung Jesu gegründetes Friedensverständnis entgegenzustellen vermag *(Comblin)*.

Mit diesen Themen und Postulaten widerspricht die Programmschrift den von der resignativen Gesamtstimmung eingegebenen Diagnosen, die von einer kaum noch aufzuhaltenden Krise, wenn nicht gar von der drohenden Agonie des gegenwärtigen Christentums wissen wollen, ohne daß sie sich dem Gewicht der dafür aufgeführten Gründe entzieht. Doch wenn schon Agonie, dann nur im Sinne jenes Todeskampfs, aus dem der Gekreuzigte zu neuem Leben hervorging, um in der Kraft und Konsequenz dieser Überwindung immerfort im Glauben der Seinen aufzuerstehen – nicht zuletzt auch im Glauben dieser Zeit.

# Anmerkungen

## *Vorwort*

1 Näheres dazu in meiner Schrift ›Jesus für Christen‹, Freiburg/Br. 1984, 49; 112.
2 *M. Heidegger*, Die Frage nach der Technik, in: Vorträge und Aufsätze, Pfullingen 1954, 44.

## *I.*
## *Vorzeichen*

1 Näheres dazu in meiner Schrift ›Der schwere Weg der Gottesfrage‹, Düsseldorf 1982, 21–27.
2 *Guardini*, Berichte über mein Leben. Autobiographische Aufzeichnungen, Düsseldorf 1984, 117.
3 Dazu auch die Ausführungen meiner Schrift ›Wer war Romano Guardini?‹ (Augsburg 1985), die auf die situativen Bedingungen dieser Aussage eingeht.
4 *Eichendorff*, Werke (Tempel-Klassiker), 103.
5 Dazu *Max Müller*, Existenzphilosophie im geistigen Leben der Gegenwart, Heidelberg 1964, 215–218; ferner *Otto Pöggeler*, Der Denkweg Martin Heideggers, Pfullingen 1963, 181 ff. und insbesondere die Ausführungen *Hans-Georg Gadamers* über den »Weg in die Kehre«, in: Heideggers Wege, Tübingen 1983, 103–116.
6 Der vermutete Zusammenhang gewinnt durch die Beobachtung an Boden, daß die angegebene *Cusanus*-Stelle (De visione Dei, c. 7) nach den Forschungen der Herausgeberin *Elisabeth Bohnenstaedt* auf Parallelen bei *Augustinus* (Enarratio in Ps 41) und *Hugo von Sankt Viktor* (De anima IV, c. 3) zurückweist: Von Gottes Sehen, Leipzig 1944, 177.
7 Dazu *Rudolf Schnackenburg*, Gottesherrschaft und Reich, Freiburg/Br. 1959, 60f; 69ff.
8 *Grabmann*, Die Geschichte der scholastischen Methode I, Berlin 1957, 274.
9 So entspricht es auch dem Gottesbeweis, den *Anselm von Canterbury* in seinem – ursprünglich mit der substantivischen Fassung des Programmworts, also mit dem Titel »Fides quaerens intellectum« überschriebenen – ›Proslogion‹ führt.
10 Dazu *Reinhold Seeberg*, Lehrbuch der Dogmengeschichte II, Darmstadt 1953, 597–600.
11 *Vinzenz von Lerin*, Commonitorium, c. 23; dazu auch die Ausführungen in meiner Studie ›Religiöse Sprachbarrieren. Aufbau einer Logaporetik‹, München 1980, 191 ff.
12 Dazu *Rudolf Schnackenburg*, Der Brief an die Epheser, Zürich/Neukirchen-Vluyn 1982, 171–196.
13 Dazu meine Studie ›Der Zeuge. Eine Paulus-Befragung‹, Graz 1981, 30f.
14 Näheres zu diesem Prinzip in meiner Studie ›Theologie als Therapie. Zur Wiedergewinnung einer verlorenen Dimension‹, Heidelberg 1985, 54ff.
15 Dazu mein Beitrag ›Der Schuldner des Wortes. Gedanken zum Luther-Jubiläum 1983‹, in: Stimmen der Zeit 201 (1984) 734–748.
16 Dazu *Hermann Fischer*, Die Christologie des Paradoxes. Zur Herkunft und Bedeutung des Christusverständnisses Sören Kierkegaards, Göttingen 1970; *Hayo Gerdes*, Sören Kierkegaards ›Einübung im Christentum‹, Darmstadt 1982; ferner *Ewald Wasmuth*, Der unbekannte Pascal, Regensburg 1962, 85–109.

17 Dazu *Josef Pieper*, »Scholastik«. Gestalten und Probleme der mittelalterlichen Philosophie, München 1960, 38ff; 137–184.
18 *Seeberg*, Lehrbuch der Dogmengeschichte II, 400. Daß Paulus für *Augustinus* geradezu »in der Luft« lag, betont *Peter Brown* in seiner Biographie ›Der heilige Augustinus‹ (Originaltitel: Augustine of Hippo), München 1975, 88.
19 Dazu *Rudolf Bultmann*, Das Urchristentum im Rahmen der antiken Religionen, Zürich 1949, 163ff; ferner die Hinweise auf die angstüberwindende Funktion der Botschaft Jesu in meinem Taschenbuch ›Jesus für Christen‹, Freiburg/Br. 1984, 42ff.
20 *Gogarten*, Jesus Christus – Wende der Welt. Grundfragen zur Christologie, Tübingen 1966.
21 A.a.O., 43.
22 A.a.O., 44.
23 Ebd.
24 Näheres dazu S. 52f.
25 Dazu mein Beitrag ›Romano Guardini: Wegweiser in eine neue Epoche. Überlegungen zu einer kritischen Guardini-Rezeption‹, in: *Walter Seidel* (Hrsg.), »Christliche Weltanschauung«. Wiederbegegnung mit Romano Guardini, Würzburg 1985, 210–240.
26 *Marcuse*, Der eindimensionale Mensch. Studien zur Ideologie der fortgeschrittenen Industriegesellschaft (Originaltitel: The One-Dimensional Man), Neuwied/Berlin 1967.
27 *Jaspers*, Wahrheit, Freiheit und Friede, in: Hoffnung und Sorge. Schriften zur deutschen Politik 1945–1965, München 1965, 174ff; dazu mein Beitrag ›Was (uns) zum Frieden dient‹, in: *Eduard Kroker* (Hrsg.), Beiträge zum Problem des Friedens und seiner Sicherung, Königstein 1983, 55–71.
28 Daß die berühmte Stelle aus Lessings ›Duplik‹ (von 1777) im Zusammenhang mit seinem durch eine »geschichtliche Struktur« bestimmten Wahrheitsverständnis gesehen werden muß, betont *Helmut Thielicke* in seiner Schrift ›Offenbarung, Vernunft und Existenz. Studien zur Religionsphilosophie Lessings‹ (Gütersloh 1957, 141ff.); *Alt*, Frieden ist möglich, München 1983.
29 Näheres dazu S. 309, Anm. 24.
30 Dazu die Ausführungen meiner Schrift ›Provokationen der Freiheit. Antriebe und Ziele des emanzipierten Bewußtseins‹, Salzburg 1974, 29.
31 *G. W. F. Hegel*, Die Vernunft in der Geschichte (Ausgabe *Hoffmeister*), Hamburg 1955, 54–64; 155ff; dazu *K. Löwith*, Weltgeschichte und Heilsgeschehen. Die theologischen Voraussetzungen der Geschichtsphilosophie, Stuttgart 1953, 55–61.
32 Dazu *Franz Mussner*, Der Galaterbrief, Freiburg/Br. 1981, 342–345; ferner die Ausführungen meiner Studie ›Der Zeuge. Eine Paulus-Befragung‹, 97–101.
33 *Whitehead*, Wie entsteht Religion? Frankfurt/M. 1985, 24–35.
34 A.a.O., 32ff. Da *Whitehead* in diesem Zusammenhang mit Recht darauf hinweist, daß die Bekehrung des Apostels Paulus auf einer Reise erfolgte, und daß er auf Reisen seine Theologie ausgearbeitet habe (33), wird die Wechselbeziehung seiner Missionsarbeit noch stärker als bisher zu bedenken sein; dazu die Hinweise in meiner Schrift ›Paulus für Christen‹, Freiburg/Br. 1985, 98–121.
35 A.a.O., 33f.
36 A.a.O., 36.
37 So *Kaufmann* in seinem Referat zum 21. Evangelischen Kirchentag, zitiert in dem Bericht des Münchner Merkur (Nr. 129, vom 7. Juni 1985, 3).
38 *Hentig*, Das allmähliche Verschwinden der Wirklichkeit. Ein Pädagoge ermutigt zum Nachdenken über die Neuen Medien, München/Wien 1984.
39 *Nietzsche*, Sämtliche Werke. Kritische Studienausgabe XIII 161; dazu die Ausführungen meiner Schrift ›Gottsucher oder Antichrist? Nietzsches provokative Kritik des Christentums‹, Salzburg 1982, 42ff.
40 *Berger*, Auf den Spuren der Engel. Die moderne Gesellschaft und die Wiederentdeckung der Transzendenz, Frankfurt/M. 1970, 133.
41 Aus ›Hesperus‹ (von 1794), nach dem von *Richard Benz* zusammengestellten Sammelband: *Jean Paul*, Träume und Visionen, München 1954, 53.
42 *Nietzsche*, Zur Genealogie der Moral III, § 28; dazu die Ausführungen meiner

Studie ›Gott ist tot – Nietzsches Destruktion des christlichen Bewußtseins‹, München 1962, 181f.

43 *Tenbruck*, Die unbewältigten Sozialwissenschaften oder: Die Abschaffung des Menschen, Graz/Wien/Köln 1984.

44 A.a.O., 230.

45 A.a.O., 232.

46 A.a.O., 243; zur Entsprechung des von Tenbruck kritisierten Ansatzes mit der marxistischen Anthropologie verweise ich auf meinen Beitrag ›Karl Marx und die Gottesfrage‹, in: *Venanz Schubert* (Hrsg.), Karl Marx (1818–1883). Eine Ringvorlesung der Universität München, St. Ottilien 1984, 99–149.

47 *Müller*, Erfahrung und Geschichte. Grundzüge einer Philosophie der Freiheit als transzendentale Erfahrung, Freiburg/Br. 1971, 307ff.

48 *Rahner*, Grundkurs des Glaubens. Einführung in den Begriff des Christentums, Freiburg/Basel/Wien 1976, 37; dazu *Leo Scheffczyk*, Die Anthropogenese in theologischer Sicht, in: *Elmar Klinger* und *Klaus Wittstadt*, Glaube im Prozeß. Christsein nach dem II. Vatikanum, Freiburg/Basel/Wien 1984, 580–596.

49 *Rahner*, Grundkurs des Glaubens, 45f.

50 *Balthasar*, Theodramatik II/2: Die Personen in Christus, Einsiedeln 1978, 188ff.

51 A.a.O., 191; zum Personbegriff *Guardinis* sei vor allem auf den gleichnamigen Beitrag *Jörg Spletts* verwiesen, in: Theologie und Philosophie 54 (1979), 80–93.

52 *Pannenberg*, Anthropologie in theologischer Perspektive, Göttingen 1983, 185–235.

53 A.a.O., 214.

54 A.a.O., 233f.

55 *Pseudo-Dionysius*, De divinis nominibus, c. 2,9; dazu *R. Garrigou-Lagrange*, Der Sinn für das Geheimnis und das Hell-Dunkel des Geistes, Paderborn 1937, 48ff.

56 *Buber*, Zur Geschichte des dialogischen Prinzips, in: Werke I, München/Heidelberg 1962, 291–305; ferner *Th. Steinbüchel*, Der Umbruch des Denkens. Die Frage nach der christlichen Existenz erläutert an Ferdinand Ebners Menschdeutung, Regensburg 1936; ferner *E. Meier* (Hrsg.), Sprachnot und Wirklichkeitszerfall, dargestellt an Beispielen neuerer Literatur, Düsseldorf 1972; *R. Lay*, Manipulation durch die Sprache, Hamburg 1980, sowie meine Untersuchung ›Religiöse Sprachbarrieren. Aufbau einer Logaporetik‹, München 1980.

57 Dazu *H. Ebeling* (Hrsg.), Der Tod in der Moderne, Königstein 1979; ferner meine Schrift ›Dasein auf Abruf. Der Tod als Schicksal, Versuchung und Aufgabe‹, Düsseldorf 1981.

58 Siehe S. 305, Anm. 29.

59 *Guardini*, Zwischen zwei Büchern, in: Die Kirche des Herrn, Würzburg 1965, 15f.

60 Dazu *M. Dibelius*, An die Kolosser, Epheser, an Philemon, Tübingen 1953, 22f; ferner *G. Bornkamm*, Paulus, Stuttgart 1977, 179.

61 Dazu *F. Mussner*, Der Galaterbrief, Freiburg/Basel/Wien 1981, 314; ferner meine Ausführungen in ›Der Zeuge. Eine Paulus-Befragung‹, Graz 1981, 160–183 sowie die Bemerkungen in meiner Schrift ›Paulus für Christen‹, 104–109.

62 Behutsame Hinweise gibt *Walbert Bühlmann* in seinem Buch ›Wo der Glaube lebt. Einblicke in die Lage der Weltkirche‹, Freiburg/Basel/Wien 1974.

63 Näheres zu den ökumenischen Konsequenzen dieses Ansatzes in meiner Schrift ›Jesus für Christen‹, 99–102.

64 Näheres dazu in meinem Beitrag ›Das Wort von oben. Zum Problem der einseitigen Kanalisierung der innerkirchlichen Kommunikation‹, in: *Adolf Exeler/Norbert Mette* (Hrsg.), Theologie des Volkes, Mainz 1978, 120–139.

65 Näheres dazu in meinem Paulusbuch ›Der Zeuge‹, 53; 226.

66 Näheres dazu in meiner Schrift ›Paulus – der letzte Zeuge der Auferstehung‹; Regensburg 1981, 30–49.

67 *Augustinus*, Sermo 227; dazu meine Abhandlung ›Das Christusgeheimnis der Sakramente‹, Heidelberg 1950, 119f.

68 *Balthasar*, Unser Auftrag. Bericht und Entwurf, Einsiedeln 1984, 54f; 138; 164.

69 Näheres dazu in dem Abschnitt ›Vom Satz- zum Vertrauensglauben‹ S. 185–193.

70 *H. R. Schlette*, Skeptische Religionsphilosophie. Zur Kritik der Pietät, Freiburg/Br. 1972, 144–154.

71 Gleiches gilt auch von der in diesem Zusammenhang zitierten Studie *R. Guardinis*,

Religiöse Gestalten in Dostojewskijs Werk, München 1947, 113–162; dazu die Ausführungen meiner Abhandlung ›Interpretation und Veränderung. Werk und Wirkung Romano Guardinis‹, Paderborn 1979.

72 *G. Eich*, Ausgewählte Gedichte, hrsg. von *W. Höllerer*, Frankfurt/M. 1960; dazu mein Beitrag ›Die Trauer der Welt‹, in: Seele 37 (1961) 243–248.

73 Dazu der Abschnitt über die »Annahme des Unannehmbaren« in meiner Abhandlung ›Theologie als Therapie‹, 147–152.

74 Dazu die Erklärung *Rudolf Schnackenburgs* in seinem Kommentarwerk ›Das Johannesevangelium‹ III, Freiburg/Basel/Wien 1975, 125f.

75 *I. F. Coudenhove (Görres)*, Von der Last Gottes. Ein Gespräch über den Menschen und den Christen, Frankfurt/M. 1934, 13ff.

76 Daran läßt seine umfassende Kritik an *Rahners* ›Hermeneutik‹ keinen Zweifel: *Kuhn*, Die Kirche im Zeitalter der Kulturrevolution, Graz/Wien/Köln 1985, 150–160. Näheres dazu im 4. Kapitel S. 153ff.

77 *Platon*, Politeia VII, 517a; dazu *M. Heidegger*, Platons Lehre von der Wahrheit, Bern 1954, 5–52. Es trifft sich seltsam, daß *Kuhn* in seinem Werk über die Liebe gerade diesem Text eine besonders einfühlsame Bemerkung widmet: ›Liebe. Geschichte eines Begriffs‹, München 1975, 51; dazu mein Beitrag ›Die Logik der Liebe‹, in: Communio 6 (1977) 86–92.

78 *Maximus Confessor*, Quaestiones ad Thalassium 59 (PG 90, 361 D); dazu mein Nachwort zur Taschenbuchausgabe von *Nossacks* Roman ›Nach dem Letzten Aufstand‹ unter dem Titel ›Das übersehene Hauptwerk‹, Frankfurt/M. 1981, 369–412.

79 Dazu *Hans Egon Holthusen*, Rainer Maria Rilke in Selbstzeugnissen und Bilddokumenten, Reinbek 1958, 61f.

80 *Deissmann*, Paulus. Eine kultur- und religionsgeschichtliche Skizze, Tübingen 1925, 47f.

81 *Augustinus*, Confessiones X, 16,25.

82 *Grabmann*, Die Geschichte der historischen Methode I, Berlin 1957, 274.

83 *Augustinus*, Reden über das Johannesevangelium, Sermo 29,6; 27,7.

84 *Ebeling*, Luther. Einführung in sein Denken, Tübingen 1981, 121.

85 Dazu *Paul Hacker*, Das Ich im Glauben bei Martin Luther, Graz 1966, 21–96.

86 Über den Beweis des Geistes und der Kraft (von 1777); dazu die Ausführungen meiner Schrift ›Glaubensverständnis. Grundriß einer hermeneutischen Fundamentaltheologie‹, Freiburg/Br. 1975, 28–31.

87 Stellenangabe S. 304, Anm. 2.

88 So der Eingangssatz von *Guardinis* Essay ›Vom Sinn der Kirche‹, Mainz 1955, 19.

89 Näheres dazu in meiner Schrift ›Interpretation und Veränderung. Werk und Wirkung Romano Guardinis‹, Paderborn 1979, 81–87.

90 Dazu die Hinweise in meiner Schrift ›Interpretation und Veränderung‹, 138–145; ferner *G. Becker*, Theologie in der Gegenwart, Regensburg 1978, 108–112.

91 Dazu das themengleiche Kapitel bei *Becker*, Theologie in der Gegenwart, 134–138.

92 Daß »konzentrative Akte« der von *Rahner* anvisierten Art auf der Linie des theologischen Gegenwartsdenkens liegen, wurde schon vor Jahren mit aller Klarheit von *Walter Kern* ausgesprochen, als er den Strukturwandel im theologischen Denken der Gegenwart auf die zu Beginn des 6. Kapitels erwähnten Tendenzen, insbesondere auf die zur »konzentrativen Figur« und »Formel« zurückführte; siehe dazu S. 214ff. Daß gerade diese Tendenz der Intention des Zweiten Vatikanums entspricht, betont *Max Seckler* in seinem Beitrag ›Das eine Ganze und die Theologie. Fundamentaltheologische Überlegungen zum wissenschaftstheoretischen Status der Grundkurs-Idee Karl Rahners‹, in: *E. Klinger/K. Wittstadt* (Hrsg.), Glaube im Prozeß. Christsein nach dem II. Vatikanum, Freiburg/Br. 1984, 826–852.

## *II.*
## *Diagnose*

1 *J. S. von Drey*, Die Apologetik als wissenschaftliche Nachweisung der Göttlichkeit des Christentums in seiner Erscheinung I (Mainz 1838), II und III (Mainz 1847); Näheres dazu in meiner Abhandlung ›Glaubensverständnis. Grundriß einer hermeneutischen Fundamentaltheologie‹, Freiburg/Br. 1975, 24–47; ferner *H. Waldenfels*, Kontextuelle Fundamentaltheologie, Paderborn 1985, 81–85.
2 Erstmals veröffentlichte unter diesem Titel *Johann Nepomuk Ehrlich* eine Darstellung des apologetischen Gedankengangs in seiner dreibändigen ›Fundamental-Theologie‹ (Prag 1859ff.); als ›Ort‹ des geistigen Umbruchs gilt die in der Benediktinerabtei Sankt Bonifaz Ende 1863 abgehaltene Gelehrtenversammlung in München; dazu *J. Speigl*, Hergenröther und Döllinger. Die Gelehrtenversammlung von 1863 in München, in: Korrespondenzblatt für die Alumnen des Collegium Germanicum et Hungaricum (1960), 89–105.
3 Dazu *Eugen Seiterich*, Die Glaubwürdigkeitserkenntnis. Eine theologische Untersuchung zur Grundlegung der Apologetik, Heidelberg 1948, 47.
4 Näheres dazu S. 325, Anm. 10.
5 Dazu die Ausführungen meiner Untersuchung ›Religiöse Sprachbarrieren. Aufbau einer Logaporetik‹, München 1980, 219ff.
6 Näheres dazu in meiner Schrift ›Paulus für Christen‹, Freiburg/Br. 1985, 87f.
7 *G. E. Lessing*, Die Erziehung des Menschengeschlechts, §4; dazu *Helmut Thielicke*, Offenbarung, Vernunft und Existenz. Studien zur Religionsphilosophie Lessings, Gütersloh 1957, 63–68.
8 *D. Wyss*, Lieben als Lernprozeß, Göttingen 1975.
9 Zu der vergleichsweise hervorgehobenen Rolle des Wortes bei der Konstitution der menschlichen Grundbeziehungen siehe die Ausführungen meiner Schrift ›Menschsein und Sprache‹, Salzburg 1984, 67–83.
10 Davon zu unterscheiden ist das Postulat einer »fides informata«, also eines auf die besonderen Interessen und Vergünstigungen der heutigen »Informationsgesellschaft« abgestimmten Glaubens, wie es sich nicht zuletzt angesichts der mit den modernen Medien gebotenen Chancen aufdrängt; dazu die Ausführungen meiner Schrift ›Glaubensvollzug‹, Einsiedeln 1967, 26f.
11 Kaum irgendwo wird das Elend der theologischen Rezeption, besonders hinsichtlich des Transfers innovatorischer Gedanken, so offensichtlich wie auf diesem Feld. So enthält etwa die von *Heinrich Fries* vorgelegte und als ›Standardwerk‹ des Faches begrüßte ›Fundamentaltheologie‹ in dem ganzen mit ›Glauben und Verstehen‹ überschriebenen Abschnitt keinerlei Hinweise auf die seit langen Jahren in Gang gekommene Bemühung um die Ausarbeitung eines hermeneutischen Glaubensbegriffs (Graz 1985, 105–114); dazu *Peter Knauer*, Der Glaube kommt vom Hören. Ökumenische Fundamentaltheologie, Graz 1978; ferner meine Schriften ›Glaubensvollzug‹ (Einsiedeln 1967), ›Glaubensprobleme‹ (Augsburg 1970), ›Gott verstehen‹ (München/Freiburg 1971), ›Theologie und Atheismus‹ (München 1972), ›Glaubensverständnis. Grundriß einer hermeneutischen Fundamentaltheologie‹ (Freiburg/Br. 1975) und die Aufsatzsammlung ›Glaube nur!‹ (Freiburg/Br. 1980).
12 *M. Heidegger*, Sein und Zeit, Halle 1935, 143. Näheres dazu in dem Abschnitt ›Vom Gehorsams- zum Verstehensglauben‹ S. 198.
13 In diesem Zusammenhang gesehen kommt der soeben erwähnten ›Fundamentaltheologie‹ von *H. Fries* angesichts ihrer Konzentration auf diese Beweise tatsächlich paradigmatische Bedeutung zu.
14 Näheres dazu in meiner Schrift ›Jesus für Christen‹, 35f.
15 Dazu außer den bereits gegebenen Hinweisen auch die einfühlsame Würdigung der Damaskusvision durch *Schalom Ben Chorin*, Paulus. Der Völkerapostel in jüdischer Sicht, München 1970, 15.
16 Dazu die Hinweise in meinem Beitrag ›Romano Guardini: Wegweiser in eine neue Epoche. Überlegungen zu einer kritischen Guardini-Rezeption‹.
17 *Guardini*, Das Ende der Neuzeit, Würzburg 1950, 111.

18 Ebd. Der Gedanke an diesen »neuen Ernst des Daseins« taucht erstmals in *Guardinis* Jesusbuch ›Der Herr‹ (von 1937) auf, wenn er in Bezugnahme auf ein »kluges Buch« davon spricht, daß sich »das Bild des Menschen durch die Person und das Leben Jesu von Nazareth verändert« habe (Paderborn 1980, 380), und er setzt sich über die angegebene Stelle hinweg bis in die nachgelassene ›Existenz des Christen‹ fort, wo von dem »Ernst der Wahrheit« oder genauer von dem »Ernst der Person, welche weiß, daß sie in der Wahrheit ihre Ehre hat«, die Rede ist (Paderborn 1976, 9).

19 Dazu der Hinweis meines Beitrags ›Wer war Romano Guardini?‹ (Augsburg 1985, 23ff).

20 Näheres dazu in meiner Schrift ›Jesus für Christen‹, 42; 50; dort auch der Hinweis auf die Studie von *Rudolf Gögler*, Zur Theologie des biblischen Wortes bei Origenes, Düsseldorf 1963, 264–270.

21 Auf diesen Grundgedanken ist das Gleichnisbuch von *Charles Harald Dodd* ›The Parabels of the Kingdom‹ (London 1958) abgestimmt; dazu *Eberhard Jüngel*, Paulus und Petrus. Eine Untersuchung zur Präzisierung der Frage nach dem Ursprung der Christologie, Tübingen 1964, 110ff.

22 *W. Marxsen*, Die Sache Jesu geht weiter, Gütersloh 1976.

23 Dazu mein Beitrag ›Sinn und Herz. Das Sinnproblem bei Milan Machovec‹, in: *Horst Georg Pöhlmann* (Hrsg.), Worin besteht der Sinn des Lebens?, Gütersloh 1985, 126–136.

24 Dazu mein titelgleicher Beitrag, in: Politische Studien 35 (1984), 268 –278.

25 Näheres dazu in meiner Schrift ›Jesus für Christen‹, 21ff; 31ff.

26 Dazu die Titel- und Stellenangaben S. 20, S. 305, Anm. 20, und S. 309, Anm. 18.

27 Insofern müssen die vor allem von *Eduard Schweizer* untersuchten Ich-bin-Worte (Ego Eimi. Die religionsgeschichtliche Herkunft und theologische Bedeutung der johanneischen Bildreden, Göttingen 1965) neu zur Diskussion gestellt und auf ihren aktuellen Bedeutungsgehalt hin befragt werden.

28 Dazu die Hinweise auf die subjektorientierte »Inversion« im Ganzen der abendländischen Sprachverwendung in meiner Studie ›Menschsein und Sprache‹, Salzburg 1984, 20–31.

29 Demgegenüber bewegt sich die Mehrzahl der heutigen Theologen immer noch auf der Linie der traditionellen Glaubensbegründung. So schreibt *Hans Küng* in seinem umfangreichen Werk ›Existiert Gott?‹ (München 1983): »Der Mensch soll nicht geistig vergewaltigt, sondern mit Gründen überzeugt werden, damit er eine verantwortete Glaubensentscheidung fällen kann« (582); dazu *John Leslie Mackie*, Das Wunder des Theismus. Argumente für und gegen die Existenz Gottes (Originaltitel: The Miracle of Theism), Stuttgart 1985, 384ff.

30 *H. Marcuse*, Der eindimensionale Mensch. Studien zur Ideologie der fortgeschrittenen Industriegesellschaft (Originaltitel: The One-Dimensional Man), Neuwied/Berlin 1967, 21–138.

31 *R. Guardini*, Das Ende der Neuzeit, Würzburg 1950, 73f.

32 *Marcuse*, a.a.O., 103–138.

33 Dazu die Untersuchung von *Walter Wimmel*, Die Kultur holt uns ein. Die Bedeutung der Textualität für das geschichtliche Werden, Würzburg 1981, 154–162; ferner das gleichzeitig in deutscher Übersetzung erschienene Sammelwerk von *Jack Goody* (Hrsg.), Literalität in traditionellen Gesellschaften (Originaltitel: Literacy in Traditional Societies), Frankfurt/M. 1981, das in breiter Feldanalyse der Frage nach Entstehung und Folgen der Schriftlichkeit nachgeht.

34 *E. Canetti*, Masse und Macht, München 1984.

35 *N. Postman*, Eröffnungsrede zur Frankfurter Buchmesse 1984; dazu mein Beitrag ›Das Wort im Stadium seiner technischen Reproduktion. Religiöse Kommunikation in der modernen Mediengesellschaft‹, in: *Günter Pöltner/Helmuth Vetter* (Hrsg.), Theologie und Ästhetik, Freiburg/Br. 1985, 90–107.

36 Es ist jetzt schon abzusehen, daß das Sichttelefon den Untergang der Briefkultur besiegeln und daß der perfektionierte Bildschirmtext das Lexikon weitgehend verdrängen wird.

37 Dazu *S. Freud*, Das Unbehagen in der Kultur (von 1930), Frankfurt/Hamburg 1953, 175–191; ferner *H. Marcuse*, Triebstruktur und Gesellschaft (Originaltitel: Eros and Civilisation), Frankfurt/M. 1982, 17–58.

38 *Nietzsche*, Zur Genealogie der Moral III, §27.

39 Dazu nochmals die Ausführungen *H. Thielickes* in seiner Studie ›Offenbarung, Vernunft und Existenz‹, 152–156.

40 *G. Ebeling*, Luther. Einführung in sein Denken, Tübingen 1964, 145; dazu nochmals mein eingangs (S. 304, Anm. 15) erwähnter Luther-Aufsatz ›Der Schuldner des Wortes‹.

41 Dazu die Ausführungen meiner Schrift ›Der Zeuge – eine Paulus-Befragung‹, 160ff; 208ff; 223ff.

42 Dazu nochmals *Wimmel*, Die Kultur holt uns ein, 9ff; 163ff.

43 *M. McLuhan*, Die magischen Kanäle (Originaltitel: Understanding Media), Frankfurt/Hamburg 1970, 17.

44 A.a.O., 17f.

45 A.a.O., 18.

46 Ebd.

47 Dazu etwa *A. H. Beck*, Worte und Wellen. Geschichte und Technik der Nachrichtenübermittlung, Frankfurt/M. 1974, 44–48. Angesichts der modischen Hinneigung zu asiatischen, insbesondere buddhistischen Meditationsformen wäre ein Seitenblick auf die militärische Herkunft der vom Zen-Buddhismus kultivierten Kunst des Bogenschießens durchaus angebracht. Dazu das gleichnamige Werk von *Eugen Herrigel* (München 1952).

48 *W. Benjamin*, Das Kunstwerk im Zeitalter seiner technischen Reproduzierbarkeit, in: Illuminationen, Frankfurt/M. 1961, 152ff.

49 Dazu nochmals die Angabe S. 308, Anm. 7.

50 Titelangabe S. 305, Anm. 38.

51 Die angesprochene Analyse der Ängste entwickelte *M. Heidegger* in seiner Antrittsvorlesung ›Was ist Metaphysik?‹ (von 1929), Frankfurt/M. 1949, 29f; zur Zukunftsunfähigkeit des heutigen Menschen siehe die Ausführungen zu Beginn des vierten Kapitels. Auch von dem erstaunlichen Tatbestand, daß die moderne Technik eine stärkere Affinität zur Utopie als zum Bereich der menschlichen Bedürfnisse und Notstände aufweist, wird erst im Fortgang der Studie ausführlicher die Rede sein.

52 Damit soll der kaum beachtete Zusammenhang gerade dieser beiden signifikanten Erfindungen der gegenwärtigen Epoche unterstrichen werden.

53 Dazu *E. Fromm*, Haben oder Sein. Die seelischen Grundlagen einer neuen Gesellschaft (Originaltitel: To Have or to Be?), Stuttgart 1976; ferner die Ausführungen meiner noch unveröffentlichten Vorlesung zum Thema ›Menschsein als Selbstsein und Selbstmitteilung‹.

54 *H. Ibsen*, Die Wildente, 5. Aufzug; für die Gegenwartspsychologie wurde das durch die Forschungsergebnisse der Psychologen *Peter Becker* (Trier) und *H. A. Sackheim* (New York) wiederentdeckt, wobei sich der letztere auf die bemerkenswerte Beobachtung bezieht, daß die meisten Menschen durch die Tonbandwiedergabe ihrer eigenen Stimme so erschreckt werden, daß sie spontan dazu neigen, sich mit fremden Stimmen zu identifizieren.

55 Dazu der Sammelband ›Der utopische Staat‹, hrsg. von *Klaus J. Heinisch*, Reinbek 1960.

56 *F. Nietzsche*, Zarathustra II: Die stillste Stunde.

57 *A. Deissmann*, Licht vom Osten. Das Neue Testament und die neuentdeckten Texte der hellenistisch-römischen Welt, Tübingen 1923, 138.

58 *K. Löwith*, Das Verhängnis des Fortschritts, in: Vorträge und Abhandlungen zur Kritik der christlichen Überlieferung, Stuttgart 1966, 139–155; dazu *Hermann Lübbe*, Fortschritt als Orientierungsproblem, Freiburg/Br. 1975, 38.

59 *Löwith*, a.a.O., 142.

60 Nach *Löwith* lautet das Motto seines Entwurfs: »Scientia et potentia in idem coincidunt« (a.a.O., 149).

61 *Löwith*, a.a.O., 149f.

62 Dazu außer *Löwiths* Studie ›Weltgeschichte und Heilsgeschehen‹ (110ff) auch seine Akademieabhandlung ›Vicos Grundsatz: verum et factum convertuntur. Seine theologische Prämisse und deren säkulare Konsequenzen‹ (Sitzungsbericht der Heidelberger Akademie der Wissenschaften vom 18. November 1967); ferner die Bemerkungen in meiner Schrift ›Glaubensvollzug‹, Einsiedeln 1967, 65ff. Zu *Vicos* »Kritik am Cartesianismus« siehe *Wolfgang Röd*, Geschichte der Philosophie VIII, München 1984, 298ff.

63 *H. Lübbe*, Fortschritt als Orientierungsproblem, 82f.

64 Näheres dazu S. 77 und 82f.

65 Dazu die Ausführungen meiner Schrift‹ Gottsucher oder Antichrist? Nietzsches provokative Kritik des Christentums‹, Salzburg 1982, 37f., vollständiges Zitat S. 278.

66 Näheres dazu in meinem Beitrag ›Das Wort im Stadium seiner technischen Reproduktion‹, in: *G. Pöltner/H. Vetter* (Hrsg.), Theologie und Ästhetik, Freiburg/Br. 1985, 90–107.

67 *H. von Hentig*, Das allmähliche Verschwinden der Wirklichkeit, 11–17.

68 *P. Watzlawick*, Wie wirklich ist die Wirklichkeit? Wahn – Täuschung – Verstehen, München 1978, 142ff.

69 Dazu nochmals die Ausführungen S. 68.

70 *S. Freud*, Eine Schwierigkeit der Psychoanalyse (von 1917), in: Gesammelte Werke XII, Frankfurt/M. 1966, 3–12; dazu *M. Landmann*, De Homine: Der Mensch im Spiegel seines Gedankens, Freiburg-München 1962, 513ff; ferner *C.F. von Weizsäcker*, Der Garten des Menschlichen. Beiträge zur geschichtlichen Anthropologie, München 1977, 441.

71 *F. Nietzsche*, Nachlaß (Die Unschuld des Werdens II), § 176.

72 Näheres dazu in meiner Studie ›Menschsein und Sprache‹, 16ff; 47f.

73 Näheres dazu in meinem Beitrag ›Jesus Christus – Anspruch und Ausweis‹, in: *W. Kern/H.J. Pottmeyer/M. Seckler*, Handbuch der Fundamentaltheologie II: Traktat Offenbarung, Freiburg/Br. 1985, 223–240.

74 Nähere Angaben S. 129 und 319, Anm. 22.

75 Dazu mein Werk ›Menschsein in Anfechtung und Widerspruch‹, Düsseldorf 1980, 108.

76 *K. Jaspers*, Die geistige Situation der Zeit, Berlin 1971, 30–77; 104–138.

77 *Jaspers*, a.a.O., 100–104.

78 *Jaspers*, a.a.O., 86–91.

79 *Jaspers*, a.a.O., 191–194.

80 *S. Freud*, Das Unbehagen in der Kultur, Frankfurt/Hamburg 1953, 123ff; dazu die Ausführungen meiner Schrift ›Glaubensprobleme‹, Augsburg 1970, 48ff.

81 *Nietzsche*, Nachlaß (Der Wille zur Macht) § 750.

82 Dazu nochmals die Titel- und Stellenangaben S. 68; ferner *Stephan Otto*, Die transzendentalphilosophische Relevanz des Axioms »verum et factum convertuntur«, in: Materialen zur Theorie der Geistesgeschichte, München 1979, 174–196.

83 *E. Bloch*, Geist der Utopie, Frankfurt/M. 1973, 13.

84 Dazu außer dem S. 309, Anm. 24, erwähnten Aufsatz ›Friede muß sein!‹ meine Beiträge ›Was höher ist als die Gerechtigkeit‹, in: Wort und Antwort 22 (1981), 65–70; und ›Die Utopie des Glaubens‹, in: Lebendiges Zeugnis 40 (1985), 44–53.

85 Dazu die scharfsinnige Untersuchung von *Sebastian Haffner*, Anmerkungen zu Hitler, München 1978, ferner *Klaus Hildebrand*, Das Dritte Reich, München 1978.

86 Näheres dazu in meiner Schrift ›Menschsein in Anfechtung und Widerspruch. Ansatz einer christlichen Anthropologie‹, Düsseldorf 1980, 13–21; ferner mein Aufsatz ›Ist der Mensch, was er sein kann?‹ in: Stimmen der Zeit 199 (1981) 291–300 sowie mein Beitrag ›Sinnsuche und Selbstfindung‹, in: Menschenwürde – Soziale Gerechtigkeit – Europa, Percha 1985, 55–69.

87 *Cassiodor*, Vom Adel des Menschen (De anima), Einsiedeln 1965, 69.

88 *Kierkegaard*, Die Wiederholung (Ausgabe *Richter*), Reinbek 1961, 62; dazu die Untersuchung von *Victor Guarda*, Die Wiederholung: Analysen zur Grundstruktur menschlicher Existenz im Verständnis Sören Kierkegaards, Königstein/Ts. 1980.

89 Dazu nochmals die Stellenangabe S. 69.

90 So ist es unschwer abzusehen, daß in einem nicht allzu fernen Entwicklungsstadium audiovisuelle Medien genauso implantiert werden, wie es heute mit Langzeitpräparaten und Herzschrittmachern bereits üblich ist; insofern wirken die Bilder von Jugendlichen, die sich von ihrem »Walkman« in einen tranceartigen Zustand versetzen lassen, wie die leibhaftigen Vorzeichen einer bereits absehbaren Zukunft.

91 *G. Ryle*, Der Begriff des Geistes, Stuttgart 1969, 177–180; dazu die Hinweise meiner Schrift ›Glaube nur! Gott verstehen lernen‹, Freiburg/Br. 1980, 56ff; *E. Tugendhat*, Selbstbewußtsein und Selbstbestimmung. Sprachanalytische Interpretationen, Frankfurt/M. 1979, 91–113; dazu die von *Harald Weinrich* unter dem Titel ›Zwischen Sprechen und Handeln‹ veröffentlichte Rezension, in: *Die Zeit* (vom 9. November 1979).

92 *A. N. Whitehead,* Wie entsteht Religion?, Frankfurt/M. 1985, 47.

93 *E. H. Erikson,* Identität und Lebenszyklus (Originaltitel: Identity and the Life Cycle), Frankfurt/M. 1966, 123–212; *H.-G. Gadamer*, Wahrheit und Methode. Grundzüge einer philosophischen Hermeneutik, Tübingen 1972, 238ff; 426.

94 *D. Henrich*, Selbstverhältnisse. Gedanken und Auslegungen zu den Grundlagen der klassischen deutschen Philosophie, Stuttgart 1981, 6–56; die Position *Guardinis* verdeutlicht *Joseph F. Schmucker-von Koch*, Autonomie und Transzendenz. Untersuchungen zur Religionsphilosophie Romano Guardinis, Mainz 1985, 15–42.

95 *Henrich*, a.a.O., 131–141.

96 Dazu das Kapitel »Menschsein im Zeichen der Desintegration« meiner Schrift ›Menschsein in Anfechtung und Widerspruch‹, Düsseldorf 1980, 59–116.

97 Erste Hinweise dazu gibt mein Beitrag ›Das Wort im Stadium seiner technischen Reproduktion. Religiöse Kommunikation in der modernen Mediengesellschaft‹, in: *Günter Pöltner/Helmuth Vetter* (Hrsg.), Theologie und Ästhetik, Freiburg/Br. 1985, 90–107.

98 *Boethius*, Die Tröstung der Philosophie I, 2. Prosa; dazu die Ausführungen meiner Studie ›Theologie als Therapie. Zur Wiedergewinnung einer verlorenen Dimension‹, Heidelberg 1985, 33ff.

99 Näheres dazu S. 75.

100 *J. Ortega y Gasset*, Vom Menschen als utopischem Wesen, Stuttgart 1951, 9–54.

101 *G. Anders*, Die Antiquiertheit des Menschen. Über die Seele im Zeitalter der zweiten industriellen Revolution, München 1961.

102 *H. Friedrich*, Die Struktur der modernen Lyrik, Hamburg 1971, 69ff.

103 Dazu nochmals die S. 307, Anm. 90, erwähnten Ausführungen *G. Beckers.*

104 So vor allem im Blick auf *Dorothee Sölle*, Stellvertretung. Ein Kapitel Theologie nach dem »Tode Gottes«, Stuttgart 1965, 175–205.

105 So der Titel des starkbeachteten Vortrags *Guardinis* zum 75. Deutschen Katholikentag in Berlin (August 1952).

## *III.*
## *Symptome*

1 *H. Lübbe*, Religion nach der Aufklärung, in: *W. Oelmüller* (Hrsg.), Diskurs Religion, Paderborn 1979.

2 Vor allem in der bewegenden Meditation zu der Möglichkeit, daß das Wort »Gott« aus der menschlichen Lebenswelt verschwände: *Rahner*, Grundkurs des Glaubens, Freiburg/Br. 1976, 54–61; dazu auch die Bemerkungen *Wolfhart Pannenbergs* zu den von *Georg Sporschill* hrsg. ›Bekenntnissen‹ Karl Rahners, München 1984, 67–77.

3 *J. Möller*, Die Gottesfrage in der europäischen Geistesgeschichte, in: Handbuch der Fundamentaltheologie I, Freiburg/Br. 1985, 93.

4 Dazu die scharfsinnigen Bemerkungen *Uwe Gerbers* in seiner Untersuchung ›Katholischer Glaubensbegriff. Die Frage nach dem Glaubensbegriff in der katholischen Theologie vom I. Vatikanum bis zur Gegenwart‹, Gütersloh 1966, 32f.

5 Dazu *K. Wuchterl*, Philosophie und Theologie. Zur Aktualität der Religionsphilosophie, Bern/Stuttgart 1982, 17–80.

6 *Wuchterl*, 30ff; 86–93; dazu auch *Michael Welker*, Die neue »Aufhebung der Religion« in Luhmanns Systemtheorie in dem von ihm hrsg. Sammelband ›Theologie und funktionale Systemtheorie. Luhmanns Religionssoziologie in theologischer Diskussion‹, Frankfurt/M. 1985, 93–119.

7 Dazu *Wuchterl*, Philosophie und Religion, 24; *Rahner* hat sich im Grunde ständig zu dieser These bekannt, so etwa in seiner Reflexion ›Zur Geschichtlichkeit der Theologie‹, in: Schriften zur Theologie III, Einsiedeln 1967, 88–110.

8 *P. L. Berger*, Auf den Spuren der Engel. Die moderne Gesellschaft und die Wiederentdeckung der Transzendenz (Originaltitel: A Rumor of Angels), Frankfurt/M. 1970; *Ch. Schütz*, Auf der Suche nach Jesus Christus, Düsseldorf 1982.

9 *Schütz*, a.a.O., 35–43; 49–61.

10 *Berger*, Auf den Spuren der Engel, 132f.

11 *Berger*, a.a.O., 133f. Auf das Wagnis, die heutige Theologie wieder an die halbvergessene Lehre von den Engeln zu erinnern, ließ sich inzwischen *Gerhard Adler* in einer einfühlsamen Studie ein: Erinnerung an die Engel, Freiburg/Br. 1986.

12 Dazu nochmals das S. 20f. Gesagte.

13 Zitat mit Stellen- und Literaturangaben S. 52.

14 Das eine behandelt mein Beitrag ›Erkundung des Menschlichen. Romano Guardinis Anthropologie im Umriß‹, in: *Joseph Cardinal Ratzinger* (Hrsg.), Wege zur Wahrheit. Die bleibende Bedeutung von Romano Guardini, Düsseldorf 1985, 70–95, das andere mein S. 54 erwähnter Aufsatz, der unter dem Titel ›Friede muß sein!‹ Anstöße zu einem neuen Friedensbewußtsein zu geben sucht.

15 Daß zur Wirkungsgeschichte Jesu auch sein überragender Beitrag zu der auf die Entstehung dieser Subjektsprache hinführenden »sprachgeschichtlichen Revolution« gehört, verdeutlicht meine Studie ›Menschsein und Sprache‹, 20–31.

16 Dazu mein Beitrag ›Inspirierter Glaube. Zur Frage der Glaubensbegründung heute‹, in: Theologie der Gegenwart 29 (1986) 110–113.

17 *F. Gogarten*, Der Mensch zwischen Gott und Welt, Heidelberg 1952, 149ff; 199ff; 351–423; *Ders.*, Verhängnis und Hoffnung der Neuzeit. Die Säkularisierung als theologisches Problem, Heidelberg 1953; dazu *H. Fischer*, Systematische Theologie, in: *Georg Strecker* (Hrsg.), Theologie im 20. Jahrhundert, Tübingen 1983, 366f.

18 *H. Blumenberg*, Die Legitimität der Neuzeit, Frankfurt/M. 1966, 9–74; *W. Pannenberg*, Gottesgedanke und menschliche Freiheit, Tübingen 1978; dazu auch die Hinweise meiner Schrift ›Gott verstehen‹, 24–30.

19 *H. Heine*, Zur Geschichte der Religion und Philosophie in Deutschland, Schluß des 3. Buches; in etwas härterer Ausdrucksweise wandelt *Nietzsche* das zu dem Satz ab: »Er moralisiert beständig, er kriecht in die Höhle jeder Privattugend, wird Gott für jedermann, wird Privatmann, wird Kosmopolit« (Der Antichrist, § 16); dazu meine Schrift ›Gottsucher oder Antichrist? Nietzsches provokative Kritik des Christentums‹, Salzburg 1982, 30ff.

20 *E. Jünger*, An der Zeitmauer, Stuttgart 1959, 159.

21 Die damit angestoßene Überlegung wird im Schlußkapitel S. 275–281 wieder aufgenommen.

22 *Q. Huonder*, Die Gottesbeweise. Geschichte und Schicksal, Stuttgart 1968, 176.

23 Nach *Henri Bremond*, Das wesentliche Gebet (Originaltitel: La Métaphysique des Saints), Regensburg 1939, 253; ähnlich ein von *Friedrich Heiler* mitgeteilter Ausspruch der Madame Guyon, in: Das Gebet. Eine religionsgeschichtliche und religionspsychologische Untersuchung, München 1921, 316f.

24 *E. Ch. Hirsch*, Das Ende aller Gottesbeweise? Naturwissenschaftler antworten auf die religiöse Frage, Hamburg 1971; offensichtlich ist der Schlußsatz im Anschluß an den Ausklang von *Kierkegaards* Abhandlung über den ›Begriff Angst‹ gebildet: »Hier endet diese Betrachtung, da, wo sie begann. Sobald die Psychologie mit der Angst fertig ist, muß diese an die Dogmatik abgeliefert werden« (Ausgabe *Richter*), Reinbek 1960, 147.

25 Dazu mein Beitrag ›Struktur und Funktion des religiösen Aktes‹, in: Stimmen der Zeit 195 (1977) 159–168.

26 Zum Folgenden meine Studie ›Der schwere Weg der Gottesfrage‹, Düsseldorf 1982, insbesondere der Abschnitt über die »entschlüsselte Geschichte«, 137–145.
27 Näheres dazu im Hauptteil der genannten Studie (15–118).
28 *B. Pascal*, Pensées, § 77; dazu *Wolfgang Röd*, Descartes. Die Genese des cartesischen Rationalismus, München 1982, 102–118.
29 Näheres dazu in meiner Schrift ›Theologie und Atheismus‹, München 1970, 50–64.
30 *M. Heidegger*, Holzwege, Frankfurt/M. 1950, 246f.
31 *J. Möller*, Die Gottesfrage in der europäischen Geistesgeschichte, 93.
32 *Anselm von Canterbury*, Proslogion, Prooemium.
33 Dazu nochmals das S. 96 wiedergegebene Schlußwort von *E. Ch. Hirsch*.
34 Dazu etwa die von *Norbert Hoerster* unter dem Titel ›Glaube und Vernunft‹ hrsg. Textsammlung (von 1979), die mit einer Rechtfertigung des philosophischen Pessimismus, gerade auch in der Frage der religiösen Sinnfindung, schließt (304f); ferner *Heinrich Döring*, ›Abwesenheit Gottes‹, Paderborn 1978.
35 *W. Weischedel*, Der Gott der Philosophen II, München 1979, 256f; dazu auch *Jörg Splett*, Über die Möglichkeit, Gott heute zu denken, in: Handbuch der Fundamentaltheologie I, 136–155.
36 *G. W. F. Hegel*, Vorlesungen über die Beweise vom Dasein Gottes (Ausgabe *Lasson*), Hamburg 1966, 13f; dazu ferner die Ausführungen meiner Studie ›Theologie und Atheismus‹, die sich im Hauptteil thematisch mit den beim Gottesproblem auftretenden Aporien befaßt und demgemäß dem Untertitel zufolge ›Anstöße zu einer theologischen Aporetik‹ zu geben versucht.
37 Daß der kusanische Begriff des »Nicht-Anderen« in diesem Sinn von *Guardini* aufgenommen und fortgebildet wurde, zeigt *Hans Urs von Balthasar* in seiner Schrift ›Romano Guardini. Reform aus dem Ursprung‹, München 1970, 32; 51.
38 Näheres zu dieser dreifachen Aporiebildung in ›Theologie und Atheismus‹, 36–64; dazu auch die Ausführungen meines Nietzsche-Buches ›Gottsucher oder Antichrist?‹ (52–71); ferner auch die von *Walter Kasper* gegebenen Hinweise auf theologische Aporiebildungen, in: Der Gott Jesu Christi, Mainz 1982, 68–91.
39 Nach *James A. Martin*, Philosophische Sprachprüfung der Theologie. Eine Einführung in den Dialog zwischen der analytischen Philosophie und der Theologie, München 1974, 130–133; ferner *Ingolf U. Dalferth* (Hrsg.), Sprachlogik des Glaubens, München 1974, 28–31.
40 Dazu seine Selbstdarstellung in *Dalferth*, Sprachlogik des Glaubens, 247–257.
41 *Dalferth*, a.a.O., 264; zu den von *Mackie* erhobenen Einwänden siehe ›Das Wunder des Theismus‹ (Originaltitel: The Miracle of Theism), Stuttgart 1985, 344–363.
42 *F. Nietzsche*, Götzen-Dämmerung: Die »Vernunft« in der Philosophie, § 5.
43 *P. Celan*, Die Niemandsrose – Sprachgitter. Gedichte, Frankfurt/M. 1980, 26; dazu die einführenden Bemerkungen *Hans-Georg Gadamers*, in: Wer bin ich und wer bist Du? Ein Kommentar zu Paul Celans Gedichtfolge ›Atemkristall‹, Frankfurt/M. 1973, 9–13.
44 Nach einer mündlichen Äußerung des Komponisten; dazu auch der Hinweis in meinem Nietzsche-Buch ›Gottsucher oder Antichrist?‹ (117).
45 Näheres dazu in meinem Beitrag ›Der unvorstellbare Gott‹, in: Moses und Aron. Zur Oper Arnold Schönbergs, Bensberg 1979, 25–49.
46 Wie sehr sich in diesem Wort die Grundtendenz der am 10. März 1932, also zwanzig Jahre vor *Schönbergs* Tod abgebrochenen Komposition bekundet, bestätigt das Urteil *Theodor W. Adornos*, wonach die Oper die Tendenz erkennen lasse, der »Musik, der bilderlosen Kunst, die abbildlich ästhetischen Züge« auszumerzen (nach dem Sammelband ›Moses und Aron‹, 66).
47 Dazu *Hans Ferdinand Redlich*, Alban Berg. Versuch einer Würdigung, Wien/Zürich 1957, 268–283.
48 In seiner Würdigung des Konzerts spricht *Ralph Hill* davon, daß in diesen Takten »the image of a dancing spectre« heraufbeschworen werde: The Concerto, Melbourne/London 1954, 379.
49 Dazu das titelgleiche Kapitel meiner Abhandlung ›Theologie als Therapie‹, 147–152.
50 *J. Bernhart*, De profundis, Leipzig 1939, 9.

51 Ebd.
52 Als eine zumindest indirekte Bestätigung dessen kann *Bernharts* Schrift ›Meister Eckhart und Nietzsche‹ (Berlin o. J.) gelten.
53 *Bernhart*, De profundis, 176. Mit der Schlußwendung nimmt *Bernhart* ein Motiv auf, das sich von der anselmischen Hypothese »etsi Deus non daretur« bis zu *Leszek Kolakowskis* Studie ›Wenn es Gott nicht gäbe‹ (von 1982) verfolgen läßt.
54 Dazu die Deutungsversuche in meiner Studie ›Der schwere Weg der Gottesfrage‹ (99ff), in meiner Meditationsfolge ›Älteste Heilsgeschichten. Wege zum Ursprung des Glaubens‹ (Würzburg 1984, 52–59) und in meiner Schrift ›Jesus für Christen‹, 68f.
55 So ergibt es sich, wenn man das Hebräerwort (5,7) auf den Briefeingang zurückbezieht, der das »im Sohn« gesprochene »abschließende Gotteswort« ausdrücklich der »vielfältigen Weise« gegenüberstellt, in welcher Gott in der Vorgeschichte Jesu »zu den Vätern« sprach (1,1f); dazu die gedankentiefe Erklärung *Rudolf Schnackenburgs* in seinem Beitrag ›Zum Offenbarungsgedanken in der Bibel‹ (von 1963), in: Schriften zum Neuen Testament. Exegese in Fortschritt und Wandel, München 1971, 35–42.
56 *Le Fort*, Die Letzte am Schafott, München 1931, 24; 135.
57 *Cusanus*, Excitationes III (Opera 1565, 412), nach *Henri de Lubac*, Katholizismus als Gemeinschaft, Einsiedeln-Köln 1943, 405.
58 Dazu etwa der von *de Lubac* unter dem Titel ›Symphonie der Kirche‹ mitgeteilte Kommentar zu Mattäus 14: Katholizismus als Gemeinschaft, 344ff.
59 *Augustinus*, Epistola 138,5; *Quintilian*, Institutiones I,10; nach *de Lubac*, a.a.O., 233.
60 Dazu das von mir bearbeitete Stichwort ›Schrift/Kanon‹ in: Neues Handbuch theologischer Grundbegriffe, München 1985, 122–128.
61 *K. M. Woschitz*, De Homine: Existenzweisen. Spiegelungen, Konturen, Metamorphosen des antiken Menschenbildes, Graz 1984, 258ff. Die Interpretation verdient auch deshalb hervorgehoben zu werden, weil sie sich aufgrund ihres einfühlsamen Textverständnisses von der verbreiteten Tendenz freimacht, die Stelle auf die Getsemani-Szene zu beziehen.
62 Näheres zu diesem Programm in meinem Beitrag ›Mit anderer Stimme. Predigt als Rückübersetzung‹, in: Communio 11 (1982) 97–112.
63 *W. Weitling*, Das Evangelium des armen Sünders, Reinbek bei Hamburg 1971, 9.
64 *M. Machovec*, Jesus für Atheisten, Stuttgart 1972, 99; dazu mein Beitrag ›Geistliche Schriftauslegung heute?‹ in: Lebendige Seelsorge 36 (1985) 104–111.
65 *Cusanus*, De docta ignorantia III, c. 6.
66 *K. M. Woschitz*, De Homine, 261.
67 *M. Horkheimer*, Zur Kritik der instrumentellen Vernunft, Frankfurt/M. 1974, 152
68 *G. von Le Fort*, Die Letzte am Schafott, München 1931, 132f.
69 A.a.O., 133f; dazu die Ausführungen meiner Studie ›Überredung zur Liebe. Die dichterische Daseinsdeutung Gertrud von Le Forts‹, Regensburg 1980, 38ff.
70 Dazu mein Beitrag ›Glaube und Mythos. Zur Aktualität eines alten Konflikts‹, in: Philosophisches Jahrbuch 91 (1984) 62–81 und meine Replik Der »beleidigte« Nietzsche und der »bekehrte« Wagner, in: Philosophisches Jahrbuch 93 (1986) 175–180; ferner *C. F. von Weizsäckers* ›Notiz zur ewigen Wiederkehr‹, in: Wahrnehmung der Neuzeit, München-Wien 1982, 75ff.
71 Die vor allem in der Gegenwartsliteratur *(Max Frisch, Hans Erich Nossack)* und literarischen Sprachkunst *(Thomas Bernhard, Peter Handke)* zu beobachtende Vergegenwärtigung Kleists erhielt einen zusätzlichen Akzent durch die mustergültige Verfilmung der Kleist-Novelle ›Die Marquise von O . . .‹ (von *Erich Rohmer*), die sich ebenso durch ihre Umsetzung wie durch ihre (auch in theologischer Hinsicht bedeutsame) Themenwahl auszeichnet.
72 *St. Wittschier*, »Langsame Heimkehr« zu Nietzsche? Eine Anfrage an Peter Handke, in: Stimmen der Zeit 202 (194) 849–857.
73 Dazu *Wilhelm Jacobs*, Moderne deutsche Literatur. Porträts, Profile, Strukturen, Gütersloh o. J., 136–140.
74 Dazu vor allem die den Motivhintergrund aufhellende Abhandlung ›Der Mensch

in der heutigen Literatur‹ (von 1962) in: *H. E. Nossack*, Die schwache Position der Literatur. Reden und Aufsätze, Frankfurt/M. 1967, 62–87.

75 Zum Begriff der »Geschichte mit sich selbst« sei nochmals auf den Abschnitt ›Das utopisch-antiquierte Wesen‹ verwiesen; auf die Frage der menschlichen Vernunftfähigkeit wird im nächsten Kapitel einzugehen sein. Zum »Prinzip Liebe« vgl. meine Untersuchung ›Überredung zur Liebe. Die dichterische Daseinsdeutung Gertrud von Le Forts‹, Regensburg 1980, 155–159; 229.

76 *L. Andreas-Salomé*, Eintragungen. Letzte Jahre, hrsg. von *Ernst Pfeiffer*, Frankfurt/M. 1982, 43–58.

77 *D. Henrich*, Fichtes ›Ich‹, in: Selbstverhältnisse, Stuttgart 1982, 57–82; dazu auch *W. Pannenberg*, Anthropologie in theologischer Perspektive, Göttingen 1983, 194–198. Eine Bestätigung dessen erbrachte auch die neuere Kleist-Forschung mit dem Nachweis, daß die sog. »Kant-Krise«, die *Kleist* im Brief an seine Schwester Ulrike (vom 23. März 1801) darüber Klage führen ließ, daß sein »einziges und höchstes Ziel. . .gesunken« sei, tatsächlich auf seine Auseinandersetzung mit der Fichteschen Philosophie zurückgeht.

78 *Heinrich von Kleist*, Sämtliche Werke, München/Zürich 1951, 664.

79 *Augustinus*, Confessiones VIII, c. 7; dazu *Romano Guardini*, Die Bekehrung des Heiligen Aurelius Augustinus. Der innere Vorgang in seinen Bekenntnissen, Leipzig 1935, 40; 50; 270.

80 *Nikolaus von Kues*, Von Gottes Sehen (De visione Dei, Ausgabe *Bohnenstaedt*), Leipzig 1954, 73.

81 Dazu die gleichnamige Schrift *Guardinis*, Würzburg 1960; ferner mein Beitrag ›Erkundung des Menschlichen. Guardini als Wegbereiter einer strukturalen Anthropologie‹, in: *Joseph Cardinal Ratzinger* (Hrsg.), Wege zur Wahrheit. Die bleibende Bedeutung von Romano Guardini, Düsseldorf 1985, 70–95.

82 Die Einsinnigkeit der beiden Wege wird auch vom religiösen Hintergrund der verglichenen Dichtungen her bestätigt, der jedesmal durch das Mysterium der Menschwerdung gebildet wird. Dabei klingt im ergebungsvollen »Ach!« Alkmenes nach *Curt Hohoff* das einwilligende ›Mir geschehe nach deinem Wort‹ aus der biblischen Verkündigungsszene nach, während das Schicksal der Marquise leise, aber unübersehbar im Sinn der »Jungfrauengeburt« stilisiert ist: Heinrich von Kleist in Selbstzeugnissen und Bilddokumenten, Hamburg 1958, 70.

83 *Kleist*, Amphitryon, 2. Akt, 4. Auftritt.

84 A.a.O., 3. Akt, 11. Auftritt.

85 Auf den von *Villers* in seinen ›Briefen eines Unbekannten‹ einbekannten »Aberglauben an den Zwischenmenschen« bezieht sich *Martin Buber* in der Nachbemerkung seines Essays ›Elemente des Zwischenmenschlichen‹, in: Werke I: Schriften zur Philosophie, München/Heidelberg 1962, 289; auf das Werk Ferdinand Ebners, insbesondere auf sein ›Pneumatologische Fragmente‹ (von 1921), bezieht sich der Essay von *Theodor Steinbüchel* ›Der Umbruch des Denkens‹, Regensburg 1936.

86 *J. Bernhart*, De Profundis, Weißenhorn 1985, 144. Näheres dazu in meinem Vorwort zur Neuausgabe, 11–17; ferner in meinem Beitrag ›Zur Aktualität von Joseph Bernharts »De Profundis«‹, in: Renovatio 42 (1986) 1–14.

87 A.a.O., 144f.

88 A.a.O., 148.

89 Dazu die sorgfältig unterbauten Ausführungen von *Friedrich Mordstein*, Menschenbild und Gesellschaftsidee. Zur Krisis der politischen Ethik im neunzehnten Jahrhundert, Stuttgart 1966, 115–152; ferner *Adam Schaff*, Marxismus und das menschliche Individuum (Reinbek 1970, 199) sowie mein S. 306, Anm. 46, erwähnter Beitrag ›Karl Marx und die Gottesfrage‹.

90 *Nietzsche*, Nachlaß (Die Unschuld des Werdens II), §§356; 734.

91 *A. Comte*, Système de philosophie positive, Paris 1942, 278; nach *Mordstein*, a.a.O., 81.

92 Während *Herbert Marcuse* auf dem Recht der »Großen Weigerung« besteht, tritt *Max Horkheimer*, wie bereits erwähnt, für die Anerkennung jener ein, deren Stimmen durch die brutale Gewalt zum Schweigen gebracht wurden; dazu nochmals der Hinweis S. 109.

93 Nach *W. van Rossum*, Ein Kampf ums Subjekt, in: Frankfurter Allgemeine Zeitung vom 20. November 1984, B 12.

94 *Nietzsche*, Nachlaß (Die Unschuld des Werdens II), § 176.

95 *J. Derrida*, Die Schrift und die Differenz (Originaltitel: L'écriture et la différence), Frankfurt/M. 1985, 50ff. 271.

96 Dazu die instruktiven Ausführungen bei *Anton Grabner-Haider*, Ethos und Religion. Entstehung neuer Lebenswerte in der modernen Gesellschaft, Mainz 1983, 132–136.

97 *J. B. Metz*, ›Politische Theologie‹ in der Diskussion, in: *H. Peukert* (Hrsg.), Diskussion zur ›Politischen Theologie‹, Mainz/München 1969, 267–301; *H. Cox*, The Pool of Narcissus, in: Cross Currents 27 (1977), 28.

98 Dazu der von *Hans Waldenfels* und *Thomas Immoos* hrsg. Sammelband ›Fernöstliche Weisheit und christlicher Glaube‹, der vor allem in seinen beiden letzten Kapiteln auf das Problemfeld der Personalität eingeht (Mainz 1985, 161–315).

99 *J. van Bragt*, Begegnung von Ost und West, in: Fernöstliche Weisheit und christlicher Glaube, 268–288.

100 *H. Waldenfels*, Sprechsituationen: Leid – Ver-nicht-ung – Geheimnis (a.a.O., 289–312); *W. Bauer*, Das »Allein« als eine Metapher des »Ich« (a.a.O., 177–195).

101 So gesehen ist das mit der Lebensform Jesu gegebene Paradigma immer schon eine Korrektur des individualistischen Ansatzes, nach dem das Ich seine Identität immer nur in Akten der Abscheidung und Distanzierung gewinnt; dazu der Hinweis in meiner Schrift ›Jesus für Christen‹, 102.

102 Näheres dazu in dem Abschnitt ›Elemente der Glaubensmystik‹ in meinem fundamentaltheologischen Grundriß ›Glaubensverständnis‹, Freiburg/Br. 1975, 83–106.

103 *H. Rahner*, Die Gottesgeburt. Die Lehre der Kirchenväter von der Geburt Christi im Herzen des Gläubigen, in: Zeitschrift für katholische Theologie 59 (1935) 333–418; *A. Stolz*, Theologie der Mystik, Regensburg 1936; *J. Bernhart*, Der stumme Jubel. Ein mystischer Chor, Bonn 1926; *Ders.*, Meister Eckhart und Nietzsche, Berlin 1934; dazu ferner die abschließenden Mitteilungen des von *Lorenz Wachinger* hrsg. Auswahlbandes ›Joseph Bernhart. Leben und Werk in Selbstzeugnissen‹, Weißenhorn 1981, 386–395.

104 Zur geistesgeschichtlichen Perspektive der Übersetzungsszene siehe meinen Beitrag ›Il principio della pace. Riflessioni sulla scena della traduzione nel »Faust« di Goethe, in: Il nuovo Areopago 9 (1984) 94–110.

105 *J. G. Herder*, Sprachphilosophische Schriften (Ausgabe *Heintel*), Hamburg 1960, 159–179; dazu *W. Pannenberg*, Anthropologie in theologischer Perspektive, 40–71.

106 Nach *G. Pico della Mirandola*, Die Würde des Menschen (Ausgabe *Rüssel*), Fribourg o. J., 52f.

107 *E. Cassirer*, Individuum und Kosmos in der Philosophie der Renaissance, Darmstadt 1963, 200f.

108 A.a.O., 201.

109 *Herder*, Ideen IX, 5 (nach *Pannenberg*, a.a.O., 41f).

110 *J. G. Fichte*, Die Anweisung zum seligen Leben (Ausgabe *Medicus*), Hamburg 1954, 13.

111 *M. Scheler*, Die Stellung des Menschen im Kosmos, München 1947, 45.

112 Stellenangabe S. 82.

113 Dazu *Manfred Spieker*, Die Sinnfrage im Marxismus, in: *Stanis-Edmund Szydzik* (Hrsg.), Sinnfrage und Gottbegegnung, Regensburg 1978, 61–69.

114 *L. Kolakowski*, Die Weltanschauung und das tägliche Leben, in: Der Mensch ohne Alternative. Von der Möglichkeit und Unmöglichkeit, Marxist zu sein, München 1964, 191ff; *M. Machovec*, Vom Sinn des menschlichen Lebens, Freiburg/Br. 1971, 227f; dazu mein Beitrag ›Sinn und Herz. Das Sinnproblem bei Milan Machovec‹, in: *Horst Georg Pöhlmann* (Hrsg.), Worin besteht der Sinn des Lebens? Gütersloh 1985, 126–136.

115 *P. Biehl*, Die Sinnfrage – Gottesfrage oder ›Götzenfrage‹? Anmerkungen zur Konzeption Gerhard Sauters, in: Worin besteht der Sinn des Lebens? (47–59).

116 *G. Sauter*, Was heißt: nach Sinn fragen? Eine theologisch-philosophische Orientie-

rung, München 1982; *Ders.*, ›Sinn‹ und ›Wahrheit‹, in: *T. Rendtorff* (Hrsg.), Religion als Problem der Aufklärung, Göttingen 1980, 69–106.

117 Näheres in meinem Beitrag ›Das Verschwinden der Sinnfrage‹, in: Sinnfrage und Gottbegegnung, 9–27.

118 *D. Sölle*, »Die Ros ist ohn Warum«. Eine mystische Annäherung an die Frage nach dem Sinn des Lebens, in: Worin besteht der Sinn des Lebens? (110–116).

119 Dazu nochmals die Literaturangaben S. 113.

120 Das ist der glaubenstheoretische Sinn der Ausführungen über die Selbstmitteilung Gottes und das Verhältnis von transzendentaler und kategorialer Offenbarungsgeschichte in *Karl Rahners* ›Grundkurs des Glaubens‹, Freiburg-Br. 1976, 123–132; 157–165.

121 Dazu gehört etwa die im Eingangsabschnitt des Kapitels bereits angesprochene Verabschiedung des ›Instruktionsmodells‹ *(Seckler)*, also des Konzepts einer didaktisch-argumentativen Hinführung zum Glauben, die schon von *Guardini* betriebene und neuerdings (in dem Sammelband ›Zugänge zur religiösen Erfahrung‹, Düsseldorf 1980) von *Otto Betz, Peter Eicher, Dietmar Mieth, Alfons Rosenberg* und *Michael Schibilsky* befürwortete Berücksichtigung des Erfahrungsmoments, nicht zuletzt aber auch die sich in zahlreichen Publikationen bekundende Hinwendung zu einer christologisch oder trinitarisch akzentuierten ›Glaubensmystik‹; dazu außer den obigen Ausführungen (S. 45–56) vor allem auch die in dem Kapitel ›Prozesse‹ folgenden Überlegungen.

## *IV.*
## *Hemmnisse*

1 Als das große Paradigma dessen hat die von der Urchristenheit sehnsüchtig erwartete, im Lauf der Kirchengeschichte dann aber immer mehr zum Inbegriff der Bedrohung und des Schrecklichen gewordene Parusie zu gelten, ein Vorgang, der sich terminologisch darin spiegelt, daß sich die Gegenwartstheologie immer noch nicht darüber einig werden konnte, ob das Wort Jesu von dem kommenden und in ihm bereits angebrochenen »Gottesreich« nicht besser mit dem imperialen Ausdruck »Herrschaft Gottes« wiedergegeben werden sollte, wie er etwa von *Rudolf Bultmann* durchweg gebraucht wird; dazu *Oskar Pfister*, Das Christentum und die Angst, Frankfurt/M. 1985, 168f.

2 *S. Kierkegaard*, Der Begriff Angst (Ausgabe *Richter*), Reinbek 1960, 131; 141–147.

3 Näheres dazu im folgenden Abschnitt (140–156).

4 Im folgenden schließe ich mich dem Gedankengang an, wie ich ihn zu Beginn meiner Vorlesungsreihe ›Der Gott unserer Zukunft – Christsein in der glaubensgeschichtlichen Wende‹ entwickelte in: *Paulus Gordan* (Hrsg.), Die Zukunft der Zukunft, Graz 1985, 37–79.

5 So *W. Benjamin* in der neunten seiner Anfang 1940 verfaßten »Thesen über Geschichte«; nach dem von *Siegfried Unseld* hrsg. Sammelband ›Zur Aktualität Walter Benjamins‹, Frankfurt/M. 1972, 130. Näheres dazu in dem im gleichen Zusammenhang wiedergegebenen Bericht von *Gershom Scholem* ›Walter Benjamin und sein Engel‹ (87–138) sowie bei *Hans Mayer*, Ein Deutscher auf Widerruf, Frankfurt/M. 1982, 241.

6 *H. Lübbe*, Zeit-Verhältnisse. Zur Kulturphilosophie des Fortschritts, Graz 1983, 9.

7 *F. Nietzsche*, Vom Nutzen und Nachteil der Historie für das Leben, § 7.

8 Dazu *Karl Löwith*, Weltgeschichte und Heilsgeschehen. Die theologischen Voraussetzungen der Geschichtsphilosophie, Stuttgart 1953, 50.

9 Die bekannte Beobachtung ist um so höher zu veranschlagen, als sie in einem unübersehbaren Spannungsverhältnis zu *Burckhardts* »definitivem Gesichtspunkt« der Kunstbetrachtung steht, nachdem es nicht etwa darum zu tun ist, sich in retrospektiver Weise in die Zeugnisse der Vergangenheit zu versenken, sondern jene »Stimme des Ewig-Schönen« aus ihnen herauszuhören, die den Betrachter zum Überstieg in ein »zweites Dasein« einlädt; nach *Löwith*, Jacob Burckhardt, Stuttgart 1984, 209.

10 *S. Freud*, Abriß der Psychoanalyse – Das Unbehagen in der Kultur, 155–191. Von der hellsichtigen Deutung der technischen Entwicklung und ihrer Rückwirkung auf den zu problematischer Gottähnlichkeit gelangenden Menschen war schon oben (S. 77 und 82f) die Rede; dagegen sei noch angemerkt, daß *Freud* bereits einen Grad »in der Beherrschung der Naturkräfte« erreicht sah, der die Menschheit in die Lage möglicher Selbstvernichtung versetzte (a.a.O., 190f).

11 A.a.O., 188.

12 *H. Marcuse*, Triebstruktur und Gesellschaft. Ein philosophischer Beitrag zu Sigmund Freud (Originaltitel: Eros and Civilisation), Frankfurt/M. 1982, 27–58.

13 A.a.O., 195–218.

14 A.a.O., 216.

15 A.a.O., 241f.

16 A.a.O., 242.

17 Näheres dazu im folgenden Kapitel (S. 199–208).

18 *Schneider*, a.a.O., 9.

19 *G.W.F. Hegel*, Grundlinien der Philosophie des Rechts (Ausgabe *Hoffmeister*), Hamburg 1955, 17; dazu *Karl Löwith*, Von Hegel zu Nietzsche. Der revolutionäre Bruch im Denken des neunzehnten Jahrhunderts: Marx und Kierkegaard, Stuttgart 1950, 53ff.

20 Nach *Robert Heiss*, Der Gang des Geistes. Eine Geschichte des neuzeitlichen Denkens, Bern 1959, 188.

21 *Hegel*, Phänomenologie des Geistes (Ausgabe *Hoffmeister*), Hamburg 1952, 29.

22 *F. Rosenzweig*, Das Büchlein vom gesunden und kranken Menschenverstand, hrsg. von *Nahum Norbert Glatzer*, Düsseldorf 1964; Näheres dazu in meiner Untersuchung ›Theologie als Therapie‹, Heidelberg 1985, 41–47.

23 A.a.O., 34.

24 Dazu die Titelangaben S. 309, Anm. 33; ferner *Aleida* und *Jan Assmann*, Schrift und Gedächtinis, in dem gleichnamigen Sammelband, München 1983, 265–284.

25 *Wimmel*, a.a.O., 15.

26 *Wimmel*, a.a.O., 48ff.

27 *Wimmel*, a.a.O., 50.

28 *Wimmel*, a.a.O., 51ff.

29 Dazu *Gert Kalow*, Poesie ist Nachricht. Mündliche Tradition in Vorgeschichte und Gegenwart, München/Zürich 1975, 41–55.

30 *K. Jaspers*, Die geistige Situation der Zeit (1931), Berlin 1971, 55; in diesem Zusammenhang sei auch daran erinnert, daß die Angst im Vorigen als der eigentliche Gegenbegriff zu Glaube herausgestellt wurde (S. 124).

31 *W. Bergengruen*, Am Himmel wie auf Erden, Zürich 1947, 37f; *Ders.*, Schreiberinnerungen, Zürich 1961, 131.

32 *G. von Le Fort*, Die Letzte am Schafott, München 1931, 16f; dazu mein Beitrag ›Furcht und Angst. Zwei Paradigmen dichterischer Angstbewältigung‹, in: *Lothar Bossle* (Hrsg.), Hans Filbinger. Ein Mann unserer Zeit, Dießen 1983, 196–226.

33 *S. Kierkegaard*, Der Begriff Angst II, § 2 (Ausgabe *Richter*), 57.

34 *R. Otto*, Das Heilige. Über das Irrationale in der Idee des Göttlichen und sein Verhältnis zum Rationalen, Breslau 1922, 13–38; dazu auch die Hinweise bei *Rahphael Lenné*, Das Urphänomen Angst. Analyse und Therapie, München 1978, 26ff.

35 *Otto*, a.a.O., 36; *Kant*, Kritik der reinen Vernunft (Ausgabe *Schmidt*), Hamburg 1956, 583; dazu die Ausführungen meiner Schrift ›Theologie und Atheismus‹, München 1982, 70ff.

36 Dazu *Heini Hediger*, Die Angst, Zürich 1959, 7ff.

37 Dazu *R. Lenné*, Das Urphänomen Angst, 11ff.

38 *Kierkegaard*, Der Begriff Angst, 89; *Heidegger*, Was ist Metaphysik?, Frankfurt/M. 1951, 29f.

39 *Otto*, Das Heilige, 39–52.

40 *Le Fort*, Die Letzte am Schafott, 23.

41 Dazu *Kurt Wuchterl*, Philosophie und Religion. Zur Aktualität der Religionsphilosophie, Bern/Stuttgart 1982, 29–47; ferner *Heinrich Döring/Franz-Xaver Kauf-*

*mann*, Kontingenzerfahrung und Sinnfrage, in: Christlicher Glaube in moderner Gesellschaft IX, 5–67.

42 Dazu *Oskar Pfister*, Das Christentum und die Angst, 242f; 368–377; 403f.

43 Stellenangabe S. 132.

44 *H. Lübbe*, Religion nach der Aufklärung, in: Diskurs Religion, Paderborn 1979, 13–17; ferner *Niklas Luhmann*, Funktion der Religion, Frankfurt/M. 1977, 130f; dazu auch die Beiträge von *Wolfgang Kasprzik* und *Michael Welker* in dem von diesem hrsg. Sammelband ›Theologie und funktionale Systemtheorie‹, 76–92; 93–119.

45 *Wuchterl*, Philosophie und Religion, 22f.

46 In diesem Sinne plädierte *Postman* in der bereits ausführlicher zitierten Eröffnungsrede zur Frankfurter Buchmesse 1984; siehe dazu nochmals die Ausführungen S. 57.

47 *K. Jaspers*, Von der Wahrheit, München 1947, 620; dazu die mit der Jaspers-Medaille ausgezeichnete Studie von *Franz Josef Fuchs*, Seinsverhältnis. Karl Jaspers' Existenzphilosophie I: Existenz und Kommunikation, Frankfurt/M. 1984, 285ff.

48 Daß schon der griechische Kosmosbegriff »soziomorphe« Strukturen aufwies, zeigt *Michael Landmann* in seinem Werk ›De Homine. Der Mensch im Spiegel seines Denkens‹, Freiburg/München 1962, 11.

49 Nach einer von *Gerhard Schmidtchen* angeregten und von ›Infratest‹ (München) durchgeführten Recherche wurde unter der Spitzengruppe der Angstmotivationen die Besorgnis vor einer möglichen Erkrankung (67 %), die befürchtete Erschöpfung der Energiequellen (68 %), der rapide Vormarsch der Technik (69 %), der moralische Verfall (78 %), der befürchtete Verlust eines nahestehenden Menschen (79 %), die Umweltzerstörung (89 %) und die drohende Arbeitslosigkeit (94 %) genannt. Gegenüber dieser Umfrage von 1982, die im übrigen auch auf ein erschreckendes Desinteresse gegenüber religiösen Motiven schließen läßt, dürfte sich in der Zwischenzeit eine Verschiebung in dem Sinn ergeben haben, daß die damals nur im Mittelfeld (75 %) rangierende Kriegsfurcht zusammen mit ökologischen Befürchtungen die Spitzenposition erreicht haben dürften, in: *Nikolaus Lobkowicz* (Hrsg.), Irrwege der Angst – Chancen der Vernunft – Mut zur offenen Gesellschaft, Köln 1983, 124ff.

50 Dazu meine Schrift ›Dasein auf Abruf. Der Tod als Schicksal, Versuchung und Aufgabe‹, Düsseldorf 1981, 27ff; 59ff; 112ff.

51 A.a.O., 28f, 88–94.

52 Dazu die abschließenden Erörterungen derselben Schrift (128–143).

53 Dazu nochmals die Ausführungen zu Beschluß des zweiten Kapitels (S. 79–87).

54 Mit dem ersten Ausdruck ist auf das *Mahler*-Lied »Ich bin der Welt abhanden gekommen«, mit dem zweiten auf Äußerungen *Reinhold Schneiders* in ›Winter in Wien‹ angespielt.

55 *Le Fort*, Die Letzte am Schafott, 23.

56 Daß das auch der Sinn der ursprünglich letzten Vaterunser-Bitte (Lk 11,4) ist, zeigt mein Jesusbuch »für Christen« 89ff.

57 Dazu *Rudolf Schnackenburg*, Das Johannesevangelium III, Freiburg/Br. 1975, 187f; die Wiedergabe des Wortes im Anschluß an die *Luther*-Übersetzung erscheint dadurch gerechtfertigt, daß die vom Text gebrauchte Vokabel »Bedrängnis« (thlipsis) zugleich die seelische Verfassung der von der Welt angefochtenen Jüngergemeinde ausdrücken will, der dieser letzte Zuspruch Jesu gilt. Auch *Bultmann*, der aus inhaltlichen Gründen an dieser Stelle für eine Textverschiebung plädiert, räumt ein, daß die Stelle den Charakter eines Schluß-Wortes hat: Das Evangelium des Johannes, Göttingen 1950, 457ff.

58 Im Blick auf die heutige Friedensdiskussion besagt das, daß im Sinne des johanneischen Schlußwortes mit der Sache des Friedens nicht so sehr im Feld der Rüstungspolitik, so wichtig die darauf abzielenden Aktivitäten auch immer sein mögen, sondern dort der Anfang gemacht werden muß, wo aus Angst und Mißtrauen Feindbilder entworfen und Aggressionen freigesetzt werden. Für die therapeutischen Bemühungen um angstfreie Verhaltens- und Lebensformen ergibt sich daraus gleicherweise, daß das Entscheidende noch nicht mit dem Abbau der

gegenwärtig umlaufenden Phobien getan ist, sondern erst mit der Gewinnung jenes Grundverhältnisses des Menschen zu Gott, zur Welt, zum Mitmenschen und zu sich selbst, auf dessen Konstituierung der christlich konzipierte Friedensbegriff abzielt; dazu meine Schrift ›Er ist unser Friede‹ (Herderbücherei 1092), Freiburg/Br. 1984, 11–80.

59 *O. Pfister*, Das Christentum und die Angst, Frankfurt/M. 1985, XXXV–XL.

60 So das Vorwort von *Th. Bonhoeffer*, a.a.O., X.

61 Näheres dazu in meinem Beitrag ›Sinnfindung im Schatten der Lebensangst‹, in: Mann in der Kirche 3 (1985) 66–80.

62 *Pfister*, a.a.O., 184–231.

63 A.a.O., 427.

64 A.a.O., 231–297.

65 A.a.O., 297.

66 A.a.O., 402–207.

67 A.a.O., 321–341.

68 A.a.O., 331; 338.

69 A.a.O., 318.

70 A.a.O., 305. Dazu mein Beitrag ›Bach als Wiederentdecker der paulinischen Heilsbotschaft‹, in: Bibel und Liturgie 59 (1986) 25–35.

71 So *Pfister* mit einem Zitat von *Rudolf Thiel*: a.a.O., 309.

72 A.a.O., 397.

73 A.a.O., 384.

74 A.a.O., 350f.

75 A.a.O., 353.

76 *Castellio*, Traité des Hérétiques; nach: a.a.O., 409f.

77 A.a.O., 407–423.

78 Dazu *Gerhold Becker*, Neuzeitliche Subjektivität und Religiosität. Die religionsphilosophische Bedeutung von Heraufkunft und Wesen der Neuzeit im Denken von Ernst Troeltsch, Regensburg 1982, 227–259.

79 Dazu nochmals die Stellenangabe Anm. 63.

80 Dazu *Wilhelm Grönbech*, Kultur und Religion der Germanen I, Darmstadt 1954, 249f.

81 *Cusanus*, De visione Dei, c. 5, 13.

82 Dazu die Angaben und Ausführungen S. 56 und 59.

83 Wieweit sich diese Prinzipien auch auf den schon heute erreichten Stand der elektronischen Speicherung übertragen lassen, bleibt zunächst eine offene Frage. Zunächst scheint hier freilich das expansive Moment eine bisher ungeahnte Ausweitung zu erfahren, nicht zuletzt dank der durch die Mikroelektronik erzielten Zeitgewinne, die Speicherungs- und Repräsentationsmöglichkeiten von einer bisher kaum geahnten Größenordnung erlaubt, gleichzeitig aber auch das individuelle Fassungsvermögen derart übersteigt, daß nur eine elektronisch »erweiterte« Gehirnkapazität zur Kontrolle fähig ist. Der von *Wimmel* registrierte Reduktionszwang ist somit in diesem Bereich nicht so sehr psychologischer als vielmehr anthropologischer Art. Nur ein Mensch der »dritten Art« scheint nach allem, was sich absehen läßt, dem »computerisierten Großtext« gewachsen zu sein.

84 *Wimmel*, Die Kultur holt uns ein, 101.

85 Dazu nun *Franz Overbeck*, Über die Anfänge der patristischen Literatur (von 1882), Basel o.J.; ferner die kritische Beurteilung dieses Ansatzes durch *Eduard Norden*, Agnostos Theos. Untersuchungen zur Formengeschichte religiöser Rede (von 1913, Darmstadt 1956) sowie die Bemerkungen in meiner ›Theologischen Sprachtheorie und Hermeneutik‹, München 1970, 44; 215f.

86 Dazu die Ausführungen meiner Schrift ›Gottsucher oder Antichrist? Nietzsches provokative Kritik des Christentums‹, Salzburg 1982, 42–47.

87 Dazu *Heinz Schürmann*, Das Lukasevangelium I, Freiburg/Br. 1969, 1–17; ferner *Paul-Gerhard Müller*, Der Traditionsprozeß im Neuen Testament. Kommunikationsanalytische Studien zur Versprachlichung des Jesusphänomens, Freiburg/Br. 1982, 175–190.

88 Es kennzeichnet das defiziente Problembewußtsein der heutigen Exegese, daß sie zwar auf das Problem der »Versprachlichung« und »Lehrweise« *(Riesner)*, nicht

jedoch auf das nicht minder wichtige Problemfeld der »Verschriftung« eingeht.

89 Dazu *Ernst Dassmann*, Der Stachel im Fleisch. Paulus in der frühchristlichen Literatur bis Irenäus, Münster 1979, 24f; ferner die Ausführungen meiner Schrift ›Paulus für Christen‹, 76ff.

90 *B. Tuchmann*, Der ferne Spiegel. Das dramatische 14. Jahrhundert, München 1983, 438.

91 Nach *Johan Huizinga*, Herbst des Mittelalters. Studien über Lebens- und Geistesformen des 14. und 15. Jahrhunderts in Frankreich und in den Niederlanden, Stuttgart 1952, 244.

92 Ebd.; dazu auch die Hinweise in meiner Untersuchung ›Religiöse Sprachbarrieren. Aufbau einer Logaporetik‹, München 1980, 276ff.

93 *J. M. Sailer*, Das Buch von der Nachfolgung Christi, München 1908, XXXVII. Zur Frage eines möglichen Zusammenhangs der Sailerschen Imitatio-Ausgabe mit dem Kyrie-Motto von *Beethovens* ›Missa solemnis‹ siehe die Ausführungen S. 240.

94 Zur theologischen Begründung und anthropologischen Konsequenz dieses Akosmismus siehe die Ausführungen meiner Schrift ›Theologie und Atheismus. Anstöße zu einer theologischen Aporetik‹, München 1972, 76ff.

95 Deshalb wird *Wimmels* zentrale Position auch nicht von dem Vorwurf berührt, daß er sich in seiner Kulturtheorie nicht ebenso intensiv mit außereuropäischen Schriftkulturen befaßt. Zwar ergäben sich damit zweifellos aufschlußreiche Querverweise; doch wird sich generell sagen lassen, daß nur im abendländischen Kulturraum die Textualität optimal genutzt und zum Augangspunkt aller wichtigen Kulturbereiche, angefangen von Kunst und Literatur bis hin zu Rechtspflege, Wirtschaft und Politik erhoben wurde.

96 Daß der anselmische Gottesbeweis unter diesem Gesichtspunkt mit dem kartesianischen Ansatz zusammengefaßt werden kann, ergibt sich schon aus der gemeinsamen Herkunft der beiden Paradigmen im Denken *Augustins*; dazu auch die Ausführungen in meiner Studie ›Theologie als Therapie‹, Heidelberg 1985, 47–53.

97 Dazu nochmals die Ausführungen S. 62.

98 Von *Freuds* kulturtheoretischer Analyse war bereits S. 76f die Rede. Zu *Nietzsches* Programmziel, die an Gott abgetretenen Attribute für den Menschen zurückzufordern, siehe die Ausführungen meiner Schrift ›Gottsucher oder Antichrist?‹ (37ff).

99 Darin unterscheidet sich das Theorem von der Existenzerfahrung des späten *Reinhold Schneider*, auf die das nächste Kapitel eingehen wird.

100 *A. Gehlen*, Die Seele im technischen Zeitalter. Sozialpsychologische Probleme in der industriellen Gesellschaft, Hamburg 1957, 47–51. In diesem Zusammenhang ist auch an *Guardinis* These von der Schwächung des religiösen Sinns und dem ›Schwinden der religiösen Erfahrung‹ in der heutigen Lebenswelt zu erinnern; dazu *H. Kleiber*, Glaube und religiöse Erfahrung bei Romano Guardini, 139–144.

101 Daß diese Grundbedeutung entgegen der von *Martin Buber* in seiner Kampfschrift ›Zwei Glaubensweisen‹ (von 1950) entwickelten Kritik auch auf den christlichen Glaubensbegriff zutrifft, zeigt meine Abhandlung ›Glaubensverständnis. Grundriß einer hermeneutischen Fundamentaltheologie‹, Freiburg/Br. 1975, 72f; 159ff.

102 Die nähere Explikation dieser Strukturbestimmung erbrachte mein fundamentaltheologischer Grundriß ›Glaubensverständnis‹, 47–59; dazu *Harald Wagner*, Einführung in die Fundamentaltheologie, Darmstadt 1981, 44ff.

103 *H. Kuhn*, Die Kirche im Zeitalter der Kulturrevolution, Graz 1985.

104 A.a.O., 150f.

105 A.a.O., 104.

106 A.a.O., 14f; 27f; in ungleich milderer Form erhebt diese Vorwürfe auch *Wilhelm Weber* in seiner nachgelassenen Schrift ›Wenn aber das Salz schal wird ... Der Einfluß sozialwissenschaftlicher Weltbilder auf theologisches und kirchliches Sprechen und Handeln‹, Würzburg 1984, 17ff; 71ff; 117ff.

107 A. a. O., 21–29.

108 A. a. O., 109ff.

109 A. a. O., 121f.

110 A.a.O., 157ff.

111 A. a. O., 70; 154f.

112 A. a. O., 91f.

113 Dazu der Band ›Unsere geschichtliche Zukunft. Ein Gespräch über »Das Ende der Neuzeit« ‹, Würzburg 1953, 97–108, und mein S. 316, Anm. 81, erwähnter Beitrag.
114 A.a.O., 7f; 137.
115 Dazu nochmals die Angaben und Ausführungen S. 129 und S. 319, Anm. 22.
116 A.a.O., 152.
117 Dazu *Gehold Becker*, Theologie in der Gegenwart, Regensburg 1978, 108–112.
118 So *Hermann Fischers* Darstellung der systematischen Theologie, in: *G. Strecker* (Hrsg.), Theologie im 20. Jahrhundert, Tübingen 1983, 364.
119 *Kuhn*, a.a.O., 118f.
120 Dazu *Juan Alfaro*, Die Frage nach dem Menschen und die Gottesfrage, in: *Elmar Klinger/Klaus Wittstadt* (Hrsg.), Glaube im Prozeß. Christsein nach dem II. Vatikanum, 456–470; ferner die christologischen Beiträge von *Werner Löser, Karl Lehmann, Helmut Merklein, Jacob Kremer, Walter Kern* und mir zu dem von *W. Kern, H.J. Pottmeyer* und *M. Seckler* hrsg. Handbuch der Fundamentaltheologie II: Traktat Offenbarung, Freiburg/Br. 1985, 108–240.
121 Dazu *Günter Lanczkowski*, Das Phänomen Religion in der Menschheitsgeschichte, in: Handbuch der Fundamentaltheologie I: Traktat Religion, Freiburg/Br. 1985, 19–33; ferner *Mircea Eliade*, Geschichte der religiösen Ideen (Originaltitel: From Primitives to Zen), Freiburg/Br. 1981.
122 Dazu die Ausführungen meiner Schrift ›Paulus für Christen‹, 39.
123 Näheres in meinem Beitrag ›Furcht und Angst. Werner Bergengruen und Gertrud von Le Fort – zwei Paradigmen dichterischer Angstbewältigung‹ in der von *Lothar Bossle* hrsg. Filbinger-Festschrift ›Ein Mann unserer Zeit‹, Dießen 1983, 196–226.
124 Dazu *Helmut Merklein*, Jesu Botschaft von der Gottesherrschaft, Stuttgart 1983, 84–89; ferner *Hans Waldenfels*, Kontextuelle Fundamentaltheologie, 253–256.
125 *K. Rahner*, Geist in Welt. Zur Metaphysik der endlichen Erkenntnis bei Thomas von Aquin, Innsbruck/Leipzig 1939, 79–90; *ders.*, Hörer des Wortes. Zur Grundlegung einer Religionsphilosophie, neu bearbeitet von *J. B. Metz*, München 1963, 63–88.
126 *Cusanus*, De visione Dei, c. 7, 25.
127 *J. Kardinal Ratzinger*, Zur Lage des Glaubens. Ein Gespräch mit Vittorio Messori, München 1985, 179–203.
128 A.a.o., 200.
129 A.a.O., 202. Es fällt auf, daß *Leonardo Boff* in seinem zur Rahner-Festschrift beigesteuerten Aufsatz über die ›Theologie der Befreiung‹ nirgendwo auf *Rahner* selbst Bezug nimmt: Glaube im Prozeß, 628–654.
130 *M. Seckler*, Das eine Ganze und die Theologie. Fundamentaltheologische Überlegungen zum wissenschaftstheoretischen Status der Grundkurs-Idee Karl Rahners, in: Glaube im Prozeß, 826–852.
131 *K. Rahner*, Grundkurs des Glaubens. Einführung in den Begriff des Christentums, Freiburg/Br. 1976, 46ff; 101ff; 122–139.
132 A.a.O., 122. Dem hatte Rahner bereits aufs nachdrücklichste in den beiden ersten Bänden seiner ›Schriften zur Theologie‹ (Einsiedeln 1950 und 1955) vorgearbeitet, insbesondere mit seinen Ausführungen über die »Freiheit Gottes« und die sich daraus ergebende »Freiheitssituation des Menschen« (I, 123–126), durch seine Erwägungen über »Personalität und Freiheit« (I, 182; II, 96) und seine Begriffsbestimmung der christlichen Freiheit (II, 97f).
133 *J. Ratzinger*, Zur Lage des Glaubens, 27; 43.
134 A.a.O., 142. Die Stelle ist auch deswegen von erhöhtem Belang, weil sie diese offenkundig metaphorische Äußerung als Argument für die Realexistenz des Teufels ausspielt; dazu der Gesamtkontext von S. 131–145.
135 A.a.O., 74.
136 A.a.O., 76.
137 A.a.O., 75.
138 Dazu die Hinweise in meinem Beitrag ›Glaube in dürftiger Zeit‹, in: *Albrecht Langer* (Hrsg.) Katholizismus und philosophische Strömungen in Deutschland, Paderborn 1982, 105–118.
139 *Ratzinger*, A.a.O., 186f.

140 Dazu nochmals die Ausführungen S. 17f.
141 *J. Derrida*, Die Schrift und die Differenz (Originaltitel: L'écriture et la différence), Frankfurt/M. 1976, 423.
142 Eine Ausnahme von dieser Regel machte wohl die von *Joseph Comblin* gleichzeitig mit meinem Entwurf einer Friedenstheologie (von 1960) vorgelegte ›Théologie de la paix‹, die vermutlich wegen der damaligen Unzeitgemäßheit des Themas mit Veröffentlichung des ersten Bandes abgebrochen wurde.
143 *G. F. Hegel*, Werke IX (Ausgabe *Glockner*, 45).
144 Davon wird bei der Erörterung der sich abzeichnenden ›Prozesse‹, also im folgenden Kapitel, ausführlicher die Rede sein.
145 Dazu die von *Horst Bürkle* aufgewiesenen »kategorialen Bedingungen« im afrikanischen Kulturraum, die vermuten lassen, daß die Befreiungstheologie als die vergleichsweise mildere Vorform von Positionen zu gelten hat, mit denen im künftigen Disput von abendländischer und negroider oder asiatischer Theologie zu rechnen ist: Einführung in die Theologie der Religionen, Darmstadt 1977, 92–121.
146 Vor einem abschließenden Urteil sollte auf alle Fälle die Veröffentlichung der auf über fünfzig Bände veranschlagten Selbstpräsentation der ›Theologia & Liberação‹ unter dem Protektorat zahlreicher lateinamerikanischer Bischöfe abgewartet werden.
147 *Paul Imhof* und *Hubert Biallowons*, Glaube in winterlicher Zeit. Gespräche mit Karl Rahner aus den letzten Lebensjahren, Düsseldorf 1985. Zu Beginn eines Interviews mit *David Seeber* aus Anlaß seines achtzigsten Geburtstages bemerkt *Rahner* zu dem Titelwort, daß er sich nicht genau entsinnen könne, wer den Ausdruck geprägt habe; doch sei er sicher von ihm selbst oft verwendet worden: Die ›winterliche‹ Kirche und die Chancen des Christentums, in: Herder-Korrespondenz 38 (1984) 165–171.
148 A.a.O., 18.
149 A.a.O., 20.
150 A.a.O., 21.
151 Dazu nochmals das zu Beginn des 2. Kapitels (S. 45–57) Gesagte.
152 *K. Rahner*, Bilanz des Glaubens, hrsg. von *Paul Imhof*, München 1985, 107.
153 *H. U. von Balthasar*, Der Friede in der Theologie, in: Internationale katholische Zeitschrift 14 (1985) 485–492.
154 In diesem Sinne äußert sich *Rahner* als »Zeuge des Konzils« in dem Band seiner letzten Gespräche ›Glaube in winterlicher Zeit‹, 51–56.
155 Dazu *Hermann Kunisch*, Interpretatio christiana. Anlaß und Grundzüge der Deutung großer schöpferischer Gestalten durch Romano Guardini, in: *Joseph Cardinal Ratzinger* (Hrsg.), Wege zur Wahrheit. Die bleibende Bedeutung von Romano Guardini, Düsseldorf 1985, 96–120.
156 Dazu meine Schrift ›Wer war Romano Guardini?‹ (Augsburg 1985), 19–23.
157 Näheres dazu in meinem Beitrag ›Romano Guardini: Wegweiser in eine neue Epoche. Überlegungen zu einer kritischen Guardini-Rezeption‹, in: *Walter Seidel* (Hrsg.), »Christliche Weltanschauung«, Würzburg 1985, 210–240.
158 *Rahner*, Glaube in winterlicher Zeit, 21f.
159 *W. Kern*, Der freie Glaube. Faktoren und Tendenzen in der heutigen Glaubenssituation, in: Stimmen der Zeit 189 (1972).
160 *K. Rahner*, Grundkurs des Glaubens. Einführung in den Begriff des Christentums, Freiburg/Br. 1976, 123–132; dazu *Peter Eicher*, Offenbarung. Prinzip neuzeitlicher Theologie, München 1977, 361ff; 386–391.

## *V. Perspektiven*

1 Noch in dem Wort des späten *Hölderlin* »Nichts ists, das Böse«, klingt diese Erkenntnis nach.
2 Dazu *Wolfgang Pross*, ›Natur‹ und ›Ethos‹ im Werk J. G. Herders – Wissenssoziologische Studien zur Geschichte der ›klassischen Peripherie‹, München 1985, 193ff.
3 Zum Gedanken der Gegensatzlosigkeit, in welcher der Friede gedacht werden muß, sei nochmals auf den S. 305, Anm. 27, erwähnten Beitrag verwiesen.

4 *R. Guardini,* Die Existenz des Christen, Paderborn 1976, 409.
5 *E. Seiterich,* Die logische Struktur des Typusbegriffes bei William Stern, Eduard Spranger und Max Weber, Freiburg/Br. 1930, 72; *P. Wust,* Die Dialektik des Geistes, Augsburg 1928, 512–530.
6 Dazu die Ausführungen meiner Gedankenskizze ›Wer bin ich? Zur Frage nach dem Sinn des Menschseins in dieser Zeit‹, in: Bibel und Liturgie 58 (1985) 200–213.
7 Dazu nochmals die Ausführungen des zweiten Kapitels.
8 Nach *Karl Löwith,* Weltgeschichte und Heilsgeschehen, Stuttgart 1956, 56.
9 A.a.O., 154. Von den »theologischen Voraussetzungen der Geschichtsphilosophie« spricht *Löwith,* von den meisten seiner Rezipienten unbemerkt, in primär destruktiver Absicht, konkret gesprochen zu dem Zweck, damit eine Ausgangsbasis für seine Kritik der Heideggerschen Vorstellung von einer »Seinsgeschichte« zu gewinnen.
10 Dazu *Johannes Beumer,* Theologie als Glaubensverständnis, Würzburg 1953, 142–151, 170–203.
11 Dazu mein Beitrag ›Der eine Glaube und die vielen Mysterien‹ in: *Wilhelm Sandfuchs* (Hrsg.), Ich glaube. Vierzehn Betrachtungen zum Apostolischen Glaubensbekenntnis, Würzburg 1975, 181–193; ferner mein Aufsatz ›Der Glaubenssinn. Der Glaube als Beantwortung der Sinnfrage‹, in: Stimmen der Zeit 196 (1981) 144–150.
12 Angesprochen ist damit die »Geschichtstheologie« *Gertrud von Le Forts,* die im späteren Zusammenhang zur Sprache kommen soll.
13 Dazu *Heinrich Schlier,* Die Kirche nach dem Briefe an die Epheser, in: Die Zeit der Kirche, Freiburg/Br. 1956, 168–171; ferner *Rudolf Schnackenburg,* Der Brief an die Epheser, Zürich/Neukirchen–Vluyn 1982, 175–189.
14 Dazu die Hinweise in meinen Schriften ›Jesus für Christen‹ (64–74) und ›Paulus für Christen‹ (76–86).
15 *H. U. von Balthasar,* Das Ganze im Fragment. Aspekte der Geschichtstheologie, Einsiedeln 1963, 245–326; auf die patristische ›Vorarbeit‹ bezieht sich mein Beitrag ›Die Geburt des Glaubens aus dem Wort‹ in: *Hans Waldenfels/Thomas Immoos,* Fernöstliche Weisheit und christlicher Glaube, Mainz 1985, 125–146.
16 Stellenangaben S. 337, Anm. 1.
17 Dazu nochmals die Angaben S. 14 und 43.
18 Dazu *Joseph Cardinal Ratzinger,* Von der Liturgie zur Christologie. Romano Guardinis Grundansatz und seine Aussagekraft, in: Wege zur Wahrheit, 121–144.
19 *R. Guardini,* Zwischen zwei Büchern, in: Die Kirche des Herrn, Würzburg 1967, 14.
20 Das zunächst ausgeklammerte Kapitel über das »Christusbild der synoptischen Evangelien« wurde erst erheblich später unter dem Titel ›Die menschliche Wirklichkeit des Herrn‹ (von 1958), freilich ohne Hinweis auf den Werkzusammenhang, veröffentlicht. Trotz dieses Mißgeschicks ist dieses zweite Christusbuch schon insofern von herausragender Bedeutung, als es der Vorbemerkung zufolge auf der Basis der als »Vorübungen« dazu gemeinten Interpretationen zu Augustinus, Dante, Pascal, Hölderlin und Dostojewskij verfaßt wurde: Jesus Christus. Sein Bild in den Schriften des Neuen Testaments, Würzburg 1940, VI; dazu die Ausführungen meiner Schrift ›Interpretation und Veränderung. Werk und Wirkung Romano Guardinis‹, Paderborn 1979, 65–80.
21 Dazu der Abschnitt »Kein anderer Grund!« meines Paulus-Buches ›Der Zeuge‹, Graz 1981, 115–120.
22 *Nietzsches* Angriff in der ersten seiner ›Unzeitgemäßen Betrachtungen‹ galt der vom späten *Strauss* vorgelegten Bekenntnisschrift ›Der alte und der neue Glaube‹ (von 1872), die zwar mit dem zeitgenössischen Atheismus konform ging, sich jedoch gleichzeitig in ärgerlicher Inkonsequenz für die Erhaltung der kulturellen und insbesondere moralischen Wirkung des Christentums aussprach; dazu *Werner Ross,* Der ängstliche Adler. Friedrich Nietzsches Leben, Stuttgart 1980, 354–363.
23 Dazu *Uwe Gerber,* Katholischer Glaubensbegriff, 15–73; ferner *Hans Waldenfels,* Kontextuelle Fundamentaltheologie, 300f.
24 *H. U. von Balthasar,* Romano Guardini. Reform aus dem Ursprung, München 1970, 33.
25 A.a.O., 32.

26 *Guardini,* Religion und Offenbarung, Würzburg 1958, 22.
27 A.a.O., 47–58.
28 A.a.O., 66.
29 A.a.O., 87.
30 A.a.O., 186–207.
31 A.a.O., 202f.
32 *F. Wechsler,* Romano Guardini als Kerygmatiker, Paderborn 1973, 106.
33 *Wechsler,* a.a.O., 106f.
34 *R. Guardini,* Das Ende der Neuzeit. Ein Versuch zur Orientierung, Würzburg 1950, 116.
35 Voll übernommen wurde Guardinis Gehorsams-Prognose demgegenüber von *Hans Urs von Balthasar,* der sich auch mit dem Entwurf seiner ›Theologischen Ästhetik‹ und seiner intuitiven Denkform wie kein anderer Theologe der Gegenwart auf der Bahn Guardinis bewegt.
36 Wie früh die umfassende Entwirklichung schon fühlbar wurde, zeigt *Wladimir Weidle* in seinem Werk ›Die Sterblichkeit der Musen. Betrachtungen über Dichtung und Kunst in unserer Zeit‹, Stuttgart 1958, 336f; zu *Bubers* Glaubenskritik siehe den folgenden Abschnitt (S. 185–192).
37 *J. H. Kardinal Newman,* Entwurf einer Zustimmungslehre (Neuausgabe der Übersetzung von *Theodor Haecker*), Mainz 1961, 14f.
38 Dazu meine Untersuchung ›Menschsein und Sprache‹, Salzburg 1984.
39 *Newman,* a.a.O., 16, 24.
40 Dazu *Eugen Seiterich,* Wege der Glaubensbegründung nach der sogenannten Immanenzapologetik, Freiburg/Br. 1938, 44–84; ferner die Hinweise in meinem fundamentaltheologischen Grundriß ›Glaubensverständnis‹, Freiburg/Br. 1985, 33ff.; sowie *Waldenfels,* Kontextuelle Fundamentaltheologie, 82f.
41 *H. Bouillard,* Blondel und das Christentum (Originaltitel: Blondel et le Christianisme), Mainz 1963, 228.
42 A.a.O., 202–215.
43 A.a.O., 206f.
44 A.a.O., 207.
45 *M. Blondel,* Die Aktion (1893). Versuch einer Kritik des Lebens und einer Wissenschaft der Praktik (Originaltitel: L'Action), Freiburg/München 1965, 381.
46 Dazu nochmals die Ausführungen und Literaturhinweise zu Beginn des dritten Kapitels (S. 88–92).
47 *M. Welker,* Theologie und funktionale Systemtheorie, 101 (unter Bezugnahme auf *Luhmanns* ›Funktion der Religion‹, 208ff).
48 *N. Luhmann,* Funktion der Religion, 218.
49 *I. Kant,* Kritik der reinen Vernunft (Ausgabe *Schmidt*), Hamburg 1956, 583; dazu die Ausführungen meiner Studie ›Theologie und Atheismus. Anstöße zu einer theologischen Aporetik‹, München 1972, 33ff; 70f.
50 Dazu die Ausführungen meiner Studie ›Der schwere Weg der Gottesfrage‹, 94–118.
51 Eindrucksvoll bestätigt das der Dank an eine Reihe von christlichen Theologen, wobei der an *Bultmann* und *Schweitzer* erstattete überdies auf einen regen geistigen Austausch schließen läßt: *M. Buber,* Zwei Glaubensweisen, 12ff.
52 Dazu der gleichnamige Abschnitt meines Jesusbuches ›Der Helfer‹, 186–198.
53 *M. Buber,* Zwei Glaubensweisen, 30ff; prototypisch für die neuerdings hervortretende Tendenz, das doktrinale Element in der Verkündigung Jesu in den Vordergrund zu rücken, ist das Werk *Rainer Riesners* ›Jesus der Lehrer‹ (von 1982).
54 Dazu nochmals die Ausführungen meiner Schrift ›Jesus für Christen‹, 60f; 109ff.
55 *Buber,* a.a.O., 35f; 41f.
56 *Buber,* a.a.O., 164f.
57 *Buber,* a.a.O., 169.
58 Dazu die Ausführungen meiner Schriften ›Theologie und Atheismus‹ (55–64) und ›Gottsucher oder Antichrist?‹ (44ff).
59 Näheres dazu in meinem Beitrag ›Die Nichtgeladenen. Zur theologischen Relevanz gescheiterter Glaubensversuche‹, in: Stimmen der Zeit 200 (1982) 627–639.
60 Dazu nochmals die medienkritischen Ausführungen des zweiten Kapitels.

61 *F. Nietzsche,* Morgenröte, §§ 195, 442.
62 *Buber,* a.a.O., 109ff; dazu *H. Waldenfels,* Kontextuelle Fundamentaltheologie, 212ff.
63 *Buber,* a.a.O., 132f.
64 Buber, a.a.O., 134.
65 *Buber,* a.a.O., 35.
66 Dazu *H. Waldenfels,* Kontextuelle Fundamentaltheologie, 291.
67 *Buber,* Zwei Glaubensweisen, 37.
68 *K. Rahner,* Theos im Neuen Testament, in: Schriften zur Theologie I, 91–167; dazu mein Beitrag ›Die Suspendierung der Gottesfrage. Erwägungen zu einer innovatorischen These Karl Rahners‹, in: Glaube im Prozeß. Christsein nach dem II. Vatikanum, hrsg. von *Elmar Klinger/Klaus Wittstadt,* 432–455.
69 Ebd; dazu auch die Ausführungen meiner Schrift ›Jesus für Christen‹, 46f.
70 *P. Wust,* Ungewißheit und Wagnis, Salzburg 1937, 168f; dazu die Ausführungen meiner Schrift ›Theologie und Atheismus‹, 35ff.
71 So zuletzt in einem Rundfunk-Interview des Südwestfunks (vom 29. Dezember 1985), in dem der 85jährige als ›Zeitgenosse‹ zu Wort kam.
72 Zum folgenden *H.-G. Gadamer,* Wahrheit und Methode. Grundzüge einer philosophischen Hermeneutik, Tübingen 1972.
73 *Gadamer,* a.a.O., 261–269; dazu auch die Würdigung durch *Hans Waldenfels,* der gleichzeitig auf analoge Äußerungen *Max Horkheimers* verweist: Kontextuelle Fundamentaltheologie, 467f.
74 *Gadamer,* a.a.O., 263.
75 Ebd.; erste Hinweise auf die theologische Relevanz dieser Konzeption gab ich in meinen Schriften ›Glaubensverständnis‹ (66) und ›Glaube nur!‹ (29f; 137).
76 A.a.O., 264.
77 So *Rahner* vor allem im vierten Gang seines ›Grundkurs des Glaubens‹, 122–142.
78 Näheres zu diesem Ansatz in dem von *Franz Josef Fuchs* und *Armin Kreiner* verfaßten Schlußkapitel meiner Festschrift ›Communicatio Fidei‹, Regensburg 1983, 399–414; ferner bei *Franz-Josef Niemann,* Jesus als Glaubensgrund in der Fundamentaltheologie der Neuzeit, Innsbruck 1983, 437–449, sowie bei *Harald Wagner,* Einführung in die Fundamentaltheologie, Darmstadt 1981, 44.
79 *Heidegger,* Sein und Zeit, Halle 1935, 142ff.
80 Dazu die Angaben S. 307, Anm. 75.
81 Verfasser ist der Geschichtsschreiber und Dichter *Georg Neumark* (1621–81).
82 Dazu die vorzügliche Orientierung von *Ingo Zimmermann,* Reinhold Schneider. Weg eines Schriftstellers, Berlin 1982; ferner *Ekkehard Blattmann,* Gehörte der späte Reinhold Schneider zur Avantgarde? in: Widerruf oder Vollendung? Reinhold Schneiders ›Winter in Wien‹ in der Diskussion, Freiburg/Br. 1981, 178–197.
83 So *Friedrich Heer* in dem von *C. P. Thiede* hrsg. Sammelband »Über Reinhold Schneider«, Frankfurt/M. 1979, 144.
84 Zum folgenden mein Beitrag ›Reinhold Schneider und die Frage der Glaubensbegründung‹, in: Stimmen der Zeit 202 (1984) 731–742.
85 *R. Schneider,* Winter in Wien. Aus meinen Notizbüchern 1957/58, Freiburg/Br. 1958, 113.
86 A.a.O., 38; 79.
87 A.a.O., 79; dazu mein Beitrag ›Versöhnter Abschied. Zum geistigen Vorgang in Schneiders »Winter in Wien«‹, in: Widerruf oder Vollendung? (129–156).
88 *Schneider, a.a.O., 79.*
89 Umgekehrt wird man sich hüten müssen, von der modischen Zuwendung zur Reinkarnationslehre vorschnell auf eine Jenseitserwartung zu schließen, da dieser Trend offensichtlich auf eine Störung im Selbstverständnis zurückgeht.
90 Dazu nochmals das zur Frage der Lehrbarkeit des Glaubens Gesagte S. 45–57.
91 *B. Pascal,*, Pensées, § 543.
92 A.a.O., § 548.
93 A.a.O., § 8.
94 Dazu nochmals das S. 85 Gesagte.
95 *F. Nietzsche,* Zur Genealogie der Moral III, § 27.
96 Mit einem deutlichen Seitenblick auf die um die Erneuerung der Rechtfertigungs-

lehre bemühte Theologie *Jüngels* und *Pannenbergs* gibt *G. Rohrmoser* das in seiner Anfrage ›Geistige Wende – warum?‹ (Mainz 1984, 67) zu bedenken. Näheres dazu S. 265.

97 *Schneider,* Winter in Wien, 261.

98 *H. Fries,* Fundamentaltheologie, 210.

99 Die gleiche Bestimmung findet sich auch bei *Johannes von Damaskus* (De fide orthodoxa III, c. 24); über ihre Fortbildung bei *Nikolaus von Kues* und *Hegel* siehe die Hinweise in meiner Schrift ›Theologie als Therapie‹, 47–51.

100 *H. Cohen,* Logik der reinen Erkenntnis, Berlin 1902, 69.

101 Näheres dazu in meiner Schrift ›Paulus für Christen‹, 85f.

102 *Anselm von Canterbury,* Proslogion: Prooemium.

103 *R. Klibanski* in seiner Eröffnungsrede zur ersten internationalen Anselm-Tagung (vom 13. September 1970).

104 Näheres dazu in meiner Schrift ›Der schwere Weg der Gottesfrage‹, 68f.

105 Dazu nochmals die Ausführungen und Literaturhinweise S. 104.

106 Näheres dazu in dem Abschnitt ›Die Erhörung‹ meines Jesusbuchs »für Christen« (68–74), der auch die dialogische Rückbindung von Kreuz und Auferstehung an die Lebensgeschichte Jesu deutlich macht; dazu auch *Hans Kessler,* Sucht den Lebenden nicht bei den Toten. Die Auferstehung Jesu Christi in biblischer, fundamentaltheologischer und systematischer Sicht, Düsseldorf 1985, 247–254.

107 Näheres dazu in meiner Schrift ›Paulus – Der letzte Zeuge der Auferstehung‹, Regensburg 1981, 30–42; ferner in meinem Paulusbuch ›Der Zeuge‹, Graz 1981, 23–48.

## *VI.*
## *Prozesse*

1 *J. B. Cobb,* Jr. und *D. R. Griffin,* Prozeß-Theologie. Eine einführende Darstellung, Göttingen 1976, 7ff.

2 Nach *Cobb/Griffin,* a.a.O, 169.

3 Dazu das von *Reiner Wiehl* eingeleitete Werk *Whiteheads* über das ›Abenteuer der Ideen‹ (Originaltitel: Adventures of Ideas), Frankfurt/M. 1971; *Ders.,* Wissenschaft und moderne Welt (Originaltitel: Science and the Modern World), Frankfurt/M. 1964.

4 Dazu das hochbedeutsame Kapitel über die menschliche Seele in *Whiteheads* ›Abenteuer der Ideen‹, 88–111.

5 *Cobb/Griffin,* Prozeß-Theologie, 11-62.

6 A.a.O., 101.

7 A.a.O., 62–78; 131–135.

8 *A. Dulles,* Umrisse einer theologischen Methode, in: *Johannes B. Bauer* (Hrsg.), Entwürfe der Theologie, Graz 1985, 51–70 (52; 55).

9 *Dulles,* a.a.O., 57.

10 A.a.O., 60.

11 A.a.O., 66.

12 A.a.O., 66f.

13 A.a.O., 66.

14 Dazu *Hans Küng/David Tracy* (Hrsg.), Theologie – wohin? Auf dem Weg zu einem neuen Paradigma, Zürich/Köln 1984.

15 *D. Tracy,* Hermeneutische Überlegungen im neuen Paradigma, in: Theologie – wohin? (76–102).

16 *Th. S. Kuhn,* Die Struktur wissenschaftlicher Revolutionen (Originaltitel: The Structure of Scientific Revolutions), Frankfurt/M. 1973, 123; dazu auch das Vorwort des Herausgebers von *Kuhns* Studien zur Struktur der Wissenschaftsgeschichte: *Lorenz Krüger,* Die Entstehung des Neuen, Frankfurt/M. 1977, 18f.

17 Dazu außer *H. Küng,* Paradigmenwechsel in der Theologie (Theologie – wohin? 44–60) die auf Origenes, Augustin, Luther, Troeltsch und die theologische Postmoderne bezogenen historischen Analysen des genannten Sammelbandes (157–230).

18 A.a.O., 60–67.
19 A.a.O., 66.
20 *H. Küng,* Theologie auf dem Weg zu einem neuen Paradigma, in: Entwürfe der Theologie, 181–209.
21 A.a.O., 187.
22 Dazu vor allem der Abschnitt ›Grundvertrauen oder Grundmißtrauen‹ in *Küngs* Beitrag zu dem erwähnten Sammelband (201–204).
23 Daß sich der Streit zwischen »alt« und »modern« noch immer nach diesem Schema abspielte, zeigte *Elisabeth Gössmann* in ihrer Untersuchung ›Antiqui et Moderni im Mittelalter. Eine geschichtliche Standortbestimmung‹, Paderborn 1974, 32–39; 124f.
24 Dazu die Äußerungen der genannten Autoren in dem Sammelband ›Entwürfe der Theologie‹, 209; 249; aber auch die einschränkende Bemerkung von *Metz* (230); *W. Marxsen* entwickelte seinen Gedanken schon in der Studie ›Die Auferstehung Jesu als historisches und als theologisches Problem‹ (Gütersloh 1964), der er die Programmschrift ›Die Sache Jesu geht weiter‹ (Gütersloh 1976) folgen ließ.
25 Dazu mein Vortrag ›Theologie im Stadium ihrer Selbstkorrektur‹ (Salzburger Universitätsreden 71), Salzburg 1981; zum Begriff selbst sei angemerkt, daß er schon von *Anton Grabner-Haider* verwendet wurde, als er in seiner Studie ›Theorie der Theologie als Wissenschaft‹ (von 1974) von »entscheidenden Selbstkorrekturen in der der kontinentalen Theologie zugrundeliegenden hermeneutischen Wissenschaft« sprach (München 1974, 210).
26 *J. Moltmann,* Theologie der Hoffnung, in: Entwürfe der Theologie, 238–243.
27 A.a.O., 249.
28 *Moltmann,* a.a.O., 243f.
29 Dazu das Kapitel ›Der freiere Glaube. Faktoren und Tendenzen der Gegenwartssituation‹ seiner Schrift: Alter Glaube in neuer Freiheit, Innsbruck 1974, 85–112.
30 *Kern,* a.a.O., 94–109.
31 So *Tracy* in seinem Beitrag zum Sammelband ›Theologie – wohin?‹ (106f).
32 Dazu das Kapitel ›Die paulinische Stunde‹ in meinem Paulusbuch »für Christen«, 122–133.
33 *Kern,* Alter Glaube in neuer Freiheit, 101.
34 A.a.O., 103.
35 A.a.O., 104.
36 A.a.O., 106.
37 A.a.O., 106ff.
38 A.a.O., 107.
39 A.a.O., 109.
40 *Kern,* a.a.O., 107.
41 *K. Rahner,* Kleines Fragment »über die kollektive Findung der Wahrheit«, in: Schriften zur Theologie VI, Einsiedeln 1965, 104–110; das Fragment war erstmals in der Festschrift für Helmut Kuhn (von 1964) veröffentlicht worden.
42 A.a.O., 110.
43 *C. Bussmann,* Befreiung durch Jesus? Die Christologie der lateinamerikanischen Befreiungstheologie, München 1980, 27.
44 Dazu auch die Ausführungen meiner Untersuchung ›Religiöse Sprachbarrieren‹, 411f.
45 *J. A. Möhler,* Die Einheit in der Kirche oder Das Prinzip des Katholizismus, § 31 (Ausgabe *Geiselmann,* Darmstadt 1957, 98); dazu die instruktive Charakteristik der Tübinger Schule von *Mark Schoof,* Der Durchbruch der neuen katholischen Theologie (Originaltitel: Aggiornamento), Wien 1969, 210–215.
46 Nach *Bussmann,* Befreiung durch Jesus? (49f).
47 Dazu der abschließende Beitrag von *J. B. Metz,* ›Politische Theologie in der Diskussion‹ zu dem von *Helmut Peukert* hrsg. Sammelband: Diskussion zur ›politischen Theologie‹, München 1969, 267–301.
48 Auf die bedenkliche Seite der Politischen Theologie, vor allem in Gestalt ihres potentiellen Integralismus, verweist *Hans Maier* in seinen ›Einwänden‹ von 1969 und 1970, in: Katholizismus und Demokratie, Freiburg/Br. 1983, 185–239.

49 Dazu nochmals der Beitrag von *J. Moltmann* zu dem Sammelband ›Entwürfe der Theologie‹, 251.
50 *J. B. Metz,* Unterwegs zu einer nachidealistischen Theologie, in: Entwürfe der Theologie, 209–233, (218f); dazu nochmals das Horkheimer-Zitat S. 109.
51 *Metz,* a.a.O., 219.
52 Dazu der Sammelband ›Auschwitz als Herausforderung für Juden und Christen‹, Heidelberg 1980, 485; 497ff; ferner *H. U. von Balthasar,* Theologik II: Wahrheit Gottes, Einsiedeln 1985, 103f.
53 Dazu nochmals sein Beitrag zu dem Sammelband ›Entwurf der Theologie‹, 252f.
54 *H. R. Müller-Schwefe,* Der Standort der Theologie in unserer Zeit, Göttingen 1958, 30ff; dazu die Ausführungen meiner Theologischen Sprachtheorie und Hermeneutik, München 1970, 18ff.
55 *Ch. Kannengiesser,* Origenes, Augustin und der Paradigmenwechsel in der Theologie, in: Theologie – wohin? (151–167); dazu auch die Einleitung *H. U. von Balthasars* zu dem von ihm gestalteten Origenes-Band ›Geist und Feuer‹, Salzburg 1938, 11–43.
56 Dazu die Ausführungen meiner Theologischen Sprachtheorie und Hermeneutik, 300.
57 Dazu *Martin Grabmann,* Die Geschichte der scholastischen Methode I, Berlin 1957, 260; ferner *Richard Heinzmann,* Anselm von Canterbury in: Klassiker der Theologie I, München 1981, 165–180, sowie *Werner Beierwaltes,* Denken des Einen. Studien zur neuplatonischen Philosophie und ihrer Wirkungsgeschichte, Frankfurt/M. 1985, 337–367.
58 *E. Wasmuth,* Der unbekannte Pascal. Versuch einer Deutung seines Lebens und seiner Lehre, Regensburg 1962, 85–95.
59 Dazu *Richard Schaeffler,* Die Wechselbeziehungen zwischen Philosophie und katholischer Theologie, Darmstadt 1980, 229–318.
60 Unter diesem Titel veröffentlichte *Guardini* einen Sammelband (Mainz 1932) mit Tagebuchaufzeichnungen und Reflexionen über Kunst-, Literatur- und Naturimpressionen.
61 Näheres dazu in meiner Studie ›Interpretation und Veränderung‹, 65–73.
62 Nach *Horst Georg Pöhlmann,* Gottesdenker. Prägende evangelische und katholische Theologen der Gegenwart, Reinbek bei Hamburg 1984, 235f.
63 Dazu meine Besprechung in der Theologischen Revue 66 (1970) 286–289; *Balthasar*-Porträts erschienen von mir (in: Tendenzen der Theologie im 20. Jahrhundert, Stuttgart 1966, 524ff), von *Herbert Vorgrimler* (in: Bilanz der Theologie im 20. Jahrhundert. Bahnbrechende Theologen, Freiburg/Br. 1970, 122–142) und von *Horst Georg Pöhlmann* (in: Gottesdenker, 229–248).
64 *Balthasar,* Theologik I: Wahrheit der Welt, Einsiedeln 1985, 145–200; II: Wahrheit Gottes, Einsiedeln 1985, 314–329.
65 *Balthasar,* Herrlichkeit. Eine theologische Ästhetik III/1: Im Raum der Metaphysik, Einsiedeln 1965, 54–59.
66 Auf eine von *Balthasar* selbst geschaffene Barriere verweist mein Artikel ›Die Beglaubigung‹, in: Christ in der Gegenwart 37 (1985) 261f. Zur Sekundärliteratur siehe *Werner Löser,* Im Geiste des Origenes, Frankfurt 1976, 265–268; dazu ferner meine Besprechungen der ›Theodramatik‹ unter den Titeln ›Theologischer Kategorienwechsel‹ und ›Das göttliche Spiel‹ in der Theologischen Revue 72 (1976) 441–445 und 77 (1981) 265–276. Eine Gesamtwürdigung bietet *Medard Kehl* zu Beginn des von ihm und *Werner Löser* hrsg. *Balthasar*-Lesebuchs ›In der Fülle des Glaubens‹, Freiburg/Br. 1980, 13–60.
67 Ob diese Zuordnung *Balthasars* eigenen Intentionen entspricht, muß freilich angesichts der Eingangsbemerkungen von *J. B. Bauer* zu seinem Sammelband ›Entwürfe der Theologie‹ (13) bezweifelt werden.
68 *Balthasar,* Herrlichkeit. Eine theologische Ästhetik I: Schau der Gestalt, Einsiedeln 1961; dazu meine Besprechung in der Theologischen Revue 66 (1970) 286–289.
69 *Balthasar,* a.a.O., 9.
70 *Medard Kehl,* In der Fülle des Glaubens, 53.
71 Näheres dazu in meinem fundamentaltheologischen Grundriß ›Glaubensverständnis‹, Freiburg/Br. 1975, 42–47.

72 *Balthasar*, Herrlichkeit I, 125; dazu auch die programmatische Schrift des im Ersten Weltkrieg gefallenen Jesuitentheologen *Rousselot*, Die Augen des Glaubens (Originaltitel: Les yeux de la foi), Einsiedeln 1963 und meine Ausführungen dazu, in: Glaubensverständnis, 38ff.

73 *Balthasar*, Herrlichkeit I, 34f.

74 *Balthasar*, Herrlichkeit I, 38.

75 *Balthasar*, Herrlichkeit I, 85ff.

76 *Balthasar*, Herrlichkeit I, 119.

77 *F. Nietzsche*, Ecce homo. Wie man wird, was man ist I: Warum ich so weise bin, § 7; daß *Nietzsche* dieses Verfahren noch in derselben Schrift auch auf sich selbst anwandte, indem er seine Werke mit Hilfe des Mediums der eigenen Person einer neuen Lektüre unterzog, zeigt meine Schrift ›Nietzsche für Christen‹, Freiburg/Br. 1983, 40f.

78 *Balthasar*, Herrlichkeit II: Fächer der Stile, Einsiedeln 1962, 429; auf die sich zu Schwärmen, Reigen, Chören, Höfen, Girlanden und Wortgruppen verkettenden Heiligen des Himmels geht auch die Dante-Interpretation meiner Theologischen Sprachtheorie und Hermeneutik (München 1970, 83–87) ein; was *Guardinis* Arbeiten zu Dante (Der Engel in Dantes Göttlicher Komödie, von 1937; Landschaft der Ewigkeit, von 1958) anlangt, so ist zu berücksichtigen, daß beträchtliche Teile wie eine Dante-Vorlesung und ein Kommentarband zur Göttlichen Komödie zu den Beständen des noch unveröffentlichten Nachlasses gehören.

79 In offenbarungstheoretischer Hinsicht steht *Balthasar* somit in einer gewissen Parallele zu *Pannenberg*, für den sich Offenbarung primär im geschichtlichen Geschehnis und erst sekundär in dem es deutenden Wort ereignet; dazu *Peter Eicher*, Offenbarung: Prinzip neuzeitlicher Theologie, München 1977, 425–464.

80 Nach seinen ausdrücklichen Angaben schuf *Guardini* das weitgespannte Werk seiner literarischen Interpretation nicht um seiner selbst willen, sondern als »Vorübungen für den Versuch, die Gestalt Dessen zu zeichnen, der Sohn Gottes und Menschensohn ist« (Jesus Christus. Sein Bild in den Schriften des Neuen Testaments, Würzburg 1940, VI); dazu die Ausführungen meiner Schrift ›Interpretation und Veränderung. Werk und Wirkung Romano Guardinis‹, Paderborn 1979, 65–75.

81 *Balthasar*, Herrlichkeit III/2: Alter Bund, Einsiedeln 1967, 379.

82 A.a.O., 281.

83 A.a.O., 346–369.

84 A.a.O., 337–345.

85 Nach dem äthiopischen Henochbuch 42,2; a.a.O., 306.

86 *Balthasar*, Herrlichkeit III/2: Neuer Bund, Einsiedeln 1969, 269f.

87 A.a.O., 298f; deutlicher hätte die Typenzugehörigkeit der ›Herrlichkeit‹ zur athanasianischen ›Inkarnationstheologie‹ kaum bestätigt werden können, auf die im weiteren Kontext der Arbeit einzugehen sein wird.

88 A.a.O., 495; 475.

89 A.a.O., 424; auch darin steht *Balthasar* in der zuvor schon beobachteten Übereinkunft mit *Guardini*, der für die nach der Neuzeit heraufkommende Epoche nur noch eine auf den reinen Gehorsam zurückgenommene Glaubensform anerkannte: Das Ende der Neuzeit, Würzburg 1950, 116f.

90 *Dante*, Divina commedia: Purgatorio X, 28–33; 37ff; 94ff; dazu mein Beitrag ›Bilder der Buße‹, in: Wort und Antwort 14 (1973) 33–42.

91 *Balthasar*, Herrlichkeit II, 14, wo außer *Michelangelo* auch die großen Maler, Komponisten und Architekten genannt werden.

92 Bei *Guardini* dürfte die Beschränkung auf die literarisch gedeutete Welt in der Einsicht motiviert sein, daß die Zeit für eine »Weltanschauung«, die auf einen Gesamtüberblick abzielte, angesichts der wissenschaftlich-technischen Expansion unwiderruflich vorbei war; dazu die Hinweise in meiner Schrift ›Interpretation und Veränderung‹, 34ff.

93 *Balthasar*, Herrlichkeit III/1, 782–787. Zur Kritik des Siewerthschen Theorems siehe *Max Müller*, Existenzphilosophie im geistigen Leben der Gegenwart, 246ff; 255f.

94 Dazu der gleichnamige Aphorismus aus *Nietzsches* ›Götzen-Dämmerung‹ (von 1888).

95 Dazu *Claude Tresmontant,* Biblisches Denken und hellenische Überlieferung (Originaltitel: Essai sur la Pensée hébraique), Düsseldorf 1956, 60ff; 72ff; 186–190.

96 Dazu nochmals die Ausführungen S. 62; in seinem Vortrag ›Die Frage nach der Technik‹ (von 1953) deutete *Heidegger* die Technik ausdrücklich als den Exzeß und die geschichtliche Ratifizierung des platonischen Wesensdenkens: Vorträge und Aufsätze, 13–44.

97 Die Nichtanwendbarkeit des Begriffs »auf Theologie und theologische Prozesse« vermerkt, wie erinnerlich, *Johann B. Metz,* in: Entwürfe der Theologie, 230.

98 Dazu nochmals meine gleichnamige Rezension in der Theologischen Revue (1976); der Zusammenhang mit der Verwendung unterschiedlicher »Interpretamente«, von der *Willi Marxsen* bei seiner Erörterung des Auferstehungsproblems spricht, springt in die Augen, (Titelangabe S. 329, Anm. 24); dazu *H. Waldenfels,* Kontextuelle Fundamentaltheologie, 266f.

99 *Balthasar,* Theodramatik II/1: Der Mensch in Gott, Einsiedeln 1976, 17ff.

100 Zum kusanischen Hintergrund dieser Stelle siehe *Balthasar,* Romano Guardini. Reform aus dem Ursprung, München 1970, 51f.

101 *Balthasar,* Theodramatik II/1, 17.

102 *Balthasar,* Theodramatik III: Die Handlung, Einsiedeln 1980, 397–468; daß *Balthasar* hier der Gedächtnisfehler unterläuft, die Ordensschwestern in der Schlußszene von *Gertrud von Le Forts* Novelle ›Die Letzte am Schafott‹ mit dem ›Te deum‹ anstatt dem ›Veni Creator‹ auf ihren Lippen in den Tod gehen zu lassen, ist dafür um so bezeichnender, als damit der Impuls entfällt, der das blutige Ende in einen schöpferischen Neubeginn verwandelt.

103 *Guardini,* Theologische Briefe an einen Freund, Paderborn 1976, 7f.

104 *Balthasar,* Theodramatik IV: Das Endspiel, Einsiedeln 1983, 463–476.

105 *Balthasar,* Prometheus. Studien zur Geschichte des deutschen Idealismus, Heidelberg 1947, 680–691 (in der Neuauflage wurde die ›Apokalypse‹ in ›Prometheus‹, nach *Karl Marx* der »vornehmste Heilige und Märtyrer im philosophischen Kalender«, umbenannt).

106 Dazu *Peter Wapnewski,* Der traurige Gott. Richard Wagner in seinen Helden, München 1978, 211ff; ferner mein S. 315, Anm. 70, erwähnter Beitrag ›Glaube und Mythos‹ sowie die ihn fortführende Replik. *Marcel Prawys* Deutung des Gurnemanz-Wortes »zum Raum wird hier die Zeit« als bloße Regieanweisung (»Nun sei bedankt...« Mein Richard-Wagner-Buch, München 1982, 243) läuft auf eine Trivialisierung der Frage hinaus.

107 Dazu nochmals *Balthasar,* Herrlichkeit III/2: Alter Bund, 337–345.

108 Dazu die Ausführungen meiner Theologischen Sprachtheorie und Hermeneutik, 143ff.

109 Daß *Balthasars* ›Theodramatik‹ nahezu gleichzeitig Gestalt gewann, als *Ralf Dahrendorf* den Rollenbegriff in die ihm eher abgewandte deutsche Soziologie einführte, wird gegen Ende der ›Prolegomena‹ ausgeführt (499ff); dazu auch *Frigga Haug,* Kritik der Rollentheorie und ihre Anwendung in der bürgerlichen deutschen Soziologie (Frankfurt/M. 1972), die allerdings von dem theologischen Diskussionsbeitrag keine Notiz nimmt.

110 Dazu *Gerhold Becker,* Theologie in der Gegenwart, Regensburg 1978, 108–112.

111 Dazu mein gleichnamiger Beitrag zur Frage nach dem Sinn des Menschseins in dieser Zeit, in: Bibel und Liturgie 58 (1985) 200–213.

112 *Balthasar,* Theodramatik I: Prolegomena, Einsiedeln 1973, 454f.

113 Dazu nochmals mein S. 313, Anm. 14, angeführter Beitrag ›Erkundung des Menschlichen. Romano Guardinis Anthropologie im Umriß‹.

114 Dazu mein gleichnamiger Beitrag in dem von *Gottfried Bachl* und *Helmut Schink* hrsg. Sammelband ›Gott in der Literatur‹, Linz 1976, 5–33.

115 Doch schon diese Fehleinschätzung, nach der die Hauptaufgabe der religiösen Literatur und Kunst darin besteht, den theologischen Abstraktionsprozeß rückgängig zu machen, müßte zu denken geben, da sie die künstlerische Produktion in eine überraschende Beziehung zu der als »Rückübersetzung« der biblischen Texte in ihr genuines Gesprochensein verstandenen Predigt bringt; dazu mein S. 315,

Anm. 62, erwähnter Beitrag ›Mit anderer Stimme. Predigt als Rückübersetzung‹. Angesichts des neu aufkommenden Fundamentalismus müßte die »nazarenische Fehleinschätzung« auch im Hinblick darauf überprüft werden, wie weit sie einem primitiv-objektivistischen, im Grunde an der Zeitungslektüre orientierten Bibelverständnis Vorschub leistete.

116 *Balthasar,* Das Abschieds-Terzett, in: Spiritus Creator: Skizzen zur Theologie III, Einsiedeln 1967, 462–471. Daß *Balthasar* die Vorliebe für Mozart mit *Karl Barth* teilt, betont er in seiner Monographie über diesen: Karl Barth. Darstellung und Deutung seiner Theologie, Köln 1962, 36f.

117 Einen Entschlüsselungsversuch zu Beckmanns spätem Triptychon ›Die Argonauten‹ unternimmt mein Beitrag ›Kunst und Realität‹, in: Kunst und Kirche 14 (1985) 105–110.

118 Dazu *Lucie Dikenmann-Balmer,* Beethovens Missa Solemnis und ihre geistigen Grundlagen, Zürich 1952, 54f; ferner *Wilhelm Virneisel,* Das Kyrie der Missa solemnis. Geschichte und Gestalt der Handschrift, Tutzing 1965, 7f; *Luigi Magnani,* Beethovens Konversationshefte, München 1967, 88–103; *Jean* und *Brigitte Massin,* Beethovens Materialbiographie, Daten zum Werk und Essay, München 1970, 542–545; *Walter Riezler,* Beethoven, Berlin und Zürich 1936, 200–206 sowie *Theodor W. Adorno,* Verfremdetes Haupwerk. Zur Missa solemnis, in: Moments musicaux, Frankfurt/M. 1964, 167–185.

119 Nachdrücklich bestätigt das für *Sailer* das feinsinnige Porträt von *Josef Maria Nielen,* Johann Michael Sailer. Der weise und gütige Erzieher seines Volkes, Frankfurt/M. 1948, 11–99.

120 Näheres dazu in meinem Gleichnis-Buch (von 1965) sowie in meiner Theologischen Sprachtheorie und Hermeneutik (191–200; vor allem 535–549); in der Ausdrucksweise *Heideggers* könnte man geradezu sagen, Jesus baue den Hörern durch die Sprache seiner Gleichnisse das »Haus« ihres neuen, durch Gotteskindschaft und Nächstenliebe gefügten »Seins«.

121 Dazu mein Beitrag ›Intuition und Innovation. Zur Bedeutung der religiösen Intuition für den theologischen Erkenntnisfortschritt‹, in: Münchener Theologische Zeitschrift 32 (1981) 169–193.

122 Dazu nochmals mein S. 321, Anm. 70, erwähnter Beitrag ›Bach als Wiederentdecker der paulinischen Heilsbotschaft‹.

123 *Balthasar,* Sponsa Verbi: Skizzen zur Theologie II, Einsiedeln 1961, 484–501.

124 A.a.O., 499.

125 A.a.O., 487.

126 A.a.O., 492f.

127 A.a.O., 501.

128 Erhellendes sagt dazu *Hans-Joachim Störig* in seiner ›Kleinen Weltgeschichte der Wissenschaft‹ I, Frankfurt/M.-Hamburg 1970, 105–109.

129 Nach *Störig,* a.a.O., 106f.

130 *R. H. Fuller,* Die Wunder Jesu in Exegese und Verkündigung (Originaltitel: Interpreting the Miracles), Düsseldorf 1967, 49–76.

131 Dazu *Robert Lachenschmid,* Christologie und Soteriologie, in: Bilanz der Theologie im 20. Jahrhundert, hrsg. von *Herbert Vorgrimler* und *Robert Vander Gucht,* Freiburg/Br. 1970, 82–120.

132 Dazu nochmals die Ausführungen meiner Theologischen Sprachtheorie und Hermeneutik, 18–25.

133 *F. Nietzsche,* Zur Geneaologie der Moral III, §9.

134 Dazu *Dolf Sternberger,* Heinrich Heine und die Abschaffung der Sünde, Hamburg/Düsseldorf 1972, 284–320.

135 Näheres dazu in meiner Abhandlung ›Theologie als Therapie‹, 117–135; aber auch nochmals der S. 246f gegebene Hinweis auf die theologischen Konsequenzen.

136 Dazu das zweibändige Lehrbuch der anthropologisch-integrativen Psychotherapie von *Dieter Wyss,* Der Kranke als Partner, Göttingen 1982; ferner seine Untersuchungen zur Vermittlung von Hermeneutik und Naturwissenschaft unter dem Titel ›Zwischen Logos und Antilogos‹, Göttingen 1980.

137 *H. Schaefer,* Plädoyer für eine neue Medizin, München 1979, 48f; ferner der von *K. Schnelting* hrsg. Dokumentationsband über ›Geistheilung‹, Mainz 1986.

138 Die angesprochene Verschiebung der Werteskala betrifft, vereinfachend ausgedrückt, die Verlagerung des normativen Schwerpunkts von den Individualwerten auf den Sozialkomplex. Während Verstöße gegen die Eigentums- und Sexualmoral längst nicht mehr so stark wie früher gewichtet werden, ist eine neue Form von »Fernstenliebe« im Entstehen begriffen, die mit den Notleidenden der Dritten Welt sogar den Naturbereich umfaßt. Verlust und Gewinn halten sich somit annähernd die Waage.

139 Dazu nochmals das Zitat S. 82 und die Ausführungen S. 140.

140 Dazu nochmals seine gleichnamige Schrift ›Die Annahme seiner selbst‹ (von 1960).

141 Dazu *Heinz Flügel,* Hiob in der Gegenwartsliteratur, in: *H. J. Schultz* (Hrsg.), »Sie werden lachen – die Bibel«. Erfahrungen mit dem Buch der Bücher, München 1985, 204–217.

142 So *Kierkegaard* sowohl in einer Tagebuchaufzeichnung (von 1846) als auch in seiner Abhandlung ›Die Krankheit zum Tode‹ (Ausgabe *Richter,* Reinbek 1962), 42.

143 Näheres dazu in ›Theologie als Therapie‹, 33–53.

144 *I. Kant,* Verkündigung des nahen Abschlusses eines Traktats zum ewigen Frieden in der Philosophie (von 1796), in: Ausgewählte Schriften, Hamburg 1965, 106f.

145 Zum Verhältnis der beiden Hymnen siehe die Ausführungen meines Taschenbuchs ›Paulus für Christen‹, 118–121; 163–166.

146 Dazu mein Versuch ›Postkarte genügt nicht! Auf der Suche nach Alternativen zur historisch-kritischen Methode‹, in: *J. Sauer* (Hrsg.), Mehrdimensionale Schriftauslegung?, Karlsruhe 1977, 9–34.

147 *E. Troeltsch,* Über die historische und dogmatische Methode in der Theologie II, Aalen 1962, 735.

148 Eine genauere Analyse des Sprechaktes zeigt, daß die Informationsvermittlung nicht zustande käme, wenn sie nicht vom »Strom« einer Gefühls- und Evidenzübertragung »getragen« würde; Näheres dazu in meinem Beitrag ›Das Wort im Stadium seiner technischen Reproduktion‹, in: *G. Pöltner/H. Vetter* (Hrsg.), Theologie und Ästhetik, Wien 1985, 90–107.

149 *F. Nietzsche,* Nachlaß (Die Unschuld des Werdens I), § 508.

150 Dazu *Walter Grundmann,* Das Evangelium nach Matthäus, Berlin 1971, 365–373.

151 Näheres dazu in meiner Schrift ›Älteste Heilsgeschichten‹, Würzburg 1984, 45–59.

152 Zitat und Stellenangaben S. 193f.

153 *K. Rahner,* Theos im Neuen Testament, in: Schriften zur Theologie I, Einsiedeln 1954, 108.

154 Dazu auch die Hinweise in meinem Taschenbuch ›Jesus für Christen‹, 45ff.

155 Dazu *Hajo Gerdes,* Sören Kierkegaards ›Einübung im Christentum‹, Darmstadt 1982; ferner *Hermann Fischer,* Die Christologie des Paradoxes. Zur Herkunft und Bedeutung des Christusverständnisses Sören Kierkegaards, Göttingen 1970.

156 Daß die »Bewegungen des neuzeitlichen Geistes zwar dem christlichen Glauben entspringen«, dann aber dahin tendieren, ihn »als einen Gegenstand von außen zu betrachten«, zeigt *Oskar Köhler* in seiner ›Kleinen Glaubensgeschichte‹, Freiburg/Br. 1982, 350f.

157 *S. Kierkegaard,* Einübung im Christentum (Ausgabe *Rest*), Köln/Olten 1952, 61.

158 *S. Kierkegaard,* Die Tagebücher II (Ausgabe *Haecker*), Innsbruck 1923, 225; *Ders.,* Die Tagebücher 1934–1855 (Auswahl *Haecker*), Leipzig 1941, 346.

159 Näheres dazu in meinem bereits erwähnten Beitrag ›Mit anderer Stimme. Predigt als Rückübersetzung‹ (von 1982).

160 *Kierkegaard,* Einübung im Christentum (Ausgabe *Hirsch*), Düsseldorf/Köln 1955, 278ff; dazu *Gerdes,* A.a.O., 12ff.

161 Dazu nochmals Zitat und Stellenangabe S. 82.

162 Dazu *Gerdes,* A.a.O., 74–78.

163 Näher ausgeführt ist dieses Motiv in meinem Jesusbuch ›Der Helfer‹, München 1973, 150–166; dazu auch *Theodor Haecker,* Sören Kierkegaard und die Philosophie der Innerlichkeit (München 1913) sowie die Stellungnahme *Carl Dallagos*

dazu: Über eine Schrift Sören Kierkegaards und die Philosophie der Innerlichkeit, Innsbruck, 1914.

164 *C. Schneider,* Geistesgeschichte des antiken Christentums I, München 1954, 722–726.

165 Hirt des Hermas, Vis. II,41; dazu die Ausführungen meiner Studie ›Religiöse Sprachbarrieren‹, 171ff.

166 Hirt des Hermas, Sim. VIII, c. 3,2.

167 Um die Klärung der semantischen Zusammenhänge von Arzt, Heilen und Erlösung im gotischen, angelsächsischen und althochdeutschen Sprachfeld machte sich Herr Georg Matschinsky, Wolfenbüttel, verdient, dem ich an dieser Stelle für seine sorgfältigen Recherchen aufrichtig danke.

168 So *Gerdes,* A.a.O., 1.

169 Nur beiläufig, im Zusammenhang mit einer »psychopathologischen Studie« über Jesus, ist von *Kierkegaard* die Rede: *A. Schweitzer,* Geschichte der Leben-Jesu-Forschung II, München/Hamburg 1966, 378f.

170 Dazu *Otto Weber,* Karl Barths kirchliche Dogmatik, Neukirchen/Vluyn 1963, 241.

171 Ein ausgesprochenes ›Christussymbol‹ glaubte *Guardini* in der Gestalt des Fürsten Myschkin, gestützt auf eine Notiz des Dichters (Tagebuch vom 10. April 1868: »Der Fürst ist Christus«), entdeckt zu haben; doch sprechen starke Gründe dafür, daß er die volle Vergegenwärtigung Christi erst in der Figur des Aljoscha Karamasow anstrebte; dazu die Ausführungen meiner Schrift ›Interpretation und Veränderung. Werk und Wirkung Romano Guardinis‹, 48ff.

172 Noch vor seinem großen Erfolgsbuch ›Der Herr‹ (von 1937) geschah das in seiner Schrift ›Das Bild von Jesus dem Christus im Neuen Testament‹ (von 1936) und im Anschluß daran in einer ganzen Reihe von Schriften, von denen das zunächst nur fragmentarisch veröffentlichte Buch ›Jesus Christus. Sein Bild in den Schriften des Neuen Testaments‹ (von 1940) besonders hervorzuheben ist, weil es das intuitiv gestaltete Erfolgsbuch durch eine methodologisch gerechtfertigte Darstellung zu ergänzen und wohl auch zu berichtigen sucht.

173 Dazu *Lachenschmid,* Christologie und Soteriologie, in: Bilanz der Theologie im 20. Jahrhundert III. Über den Verlauf der erst nach der Jahrhundertmitte voll einsetzenden Diskussion über den historischen Jesus informiert *James M. Robinson* zu Eingang seines Werkes ›Kerygma und historischer Jesus‹, Zürich/Stuttgart 1960, 7–37; dazu ferner die methodologischen Überlegungen *Ferdinand Hahns* zur ›Rückfrage nach Jesus‹ in dem von *K. Kertelge* hrsg. gleichnamigen Sammelband (Freiburg/Br. 1974, 11–77).

174 Nach *Lachenschmid,* a.a.O., 83.

175 Dazu *Roger Aubert,* Die Theologie während der ersten Hälfte des 20. Jahrhunderts, in: Bilanz der Theologie im 20. Jahrhundert II, Freiburg/Br. 1969, 7–70; sowie *Alois Grillmeier,* Zum Christusbild der heutigen katholischen Theologie, in: Fragen der Theologie heute, hrsg von *J. Feiner, J. Trütsch* und *F. Böckle,* Einsiedeln 1957, 265–299.

176 Zur Begründung dieses Phänomens meine Ausführungen in ›Religiöse Sprachbarrieren‹, 208–223.

177 Dazu die unter den Titeln ›Der Glaube von Chalkedon‹ (1951), ›Entscheidung um Chalkedon‹ (1953) und ›Chalkedon heute‹ (1954) erschienene dreibändige Aktualisierung des Konzils.

178 Dazu der die Stellungnahme der katholischen Theologie spiegelnde Band V von ›Kerygma und Mythos‹ (von 1955); ferner *R. Marlé,* Bultmann und die Interpretation des Neuen Testamentes‹ (Originaltitel: Bultmann et L'Interprétation du Nouveau Testament), Paderborn 1959, sowie ›Kerygma und Mythos‹ III: Das Gespräch mit der Philosophie (von 1957).

179 Zu *Bultmanns* Selbstrechtfertigung siehe vor allem seine Schrift ›Jesus Christus und die Mythologie‹ (Originaltitel: Jesus Christ and Mythology), Hamburg 1964, 7–20.

180 *R. Bultmann,* Zur Frage der Christologie, in: Glauben und Verstehen I, Tübingen 1966, 85–113; in meiner vor dem Kreis der Alten Marburger geäußerten Auffassung, daß es sich in diesem Satz um eine Schlüsselposition *Bultmanns* handle, sehe

ich mich durch seine Wertung bei *Willi Marxsen* bestätigt: Anfangsprobleme der Christologie, Gütersloh 1960, 12.

181 Dazu nochmals *J. M. Robinson,* Kerygma und historischer Jesus, 7–12.

182 So *Marxsen* in seinem Essay über die Anfangsprobleme der Christologie (16) unter Bezugnahme auf *Bultmanns* Theologie des Neuen Testaments, Tübingen 1953, 44.

183 Dazu die grundlegende Studie von *Ferdinand Hahn,* Christologische Hoheitstitel. Ihre Geschichte im frühen Christentum, Göttingen 1966.

184 *K. Rahner,* Systematik der kirchlichen Christologie, in: *J. Höfer* und *K. Rahner* (Hrsg.), Lexikon für Theologie und Kirche V, Freiburg/Br. 1960, 959.

185 *M Foucault,* Archäologie des Wissens (Originaltitel: L'archéologie du savoir), Frankfurt/M. 1973.

186 Dazu *F. Nietzsche,* Der Antichrist, § 40; Näheres dazu in meiner Schrift ›Gottsucher oder Antichrist? Nietzsches provokative Kritik des Christentums‹, 42–47.

187 Dazu das Kapitel »Paulus und Jesus: der Zeuge« meiner Schrift ›Paulus für Christen‹ 52–77. Daß die Auferstehung als Faktum ihrerseits ein Vorzugsinhalt menschlicher Interpretationen war, wurde vor allem von *Willi Marxsen* untersucht; siehe außer den Hinweisen S. 213 auch die folgende Anmerkung.

188 Wichtig wurde für den Fortgang der Entwicklung vor allem die Verdrängung des ursprünglich zur Deutung von Kreuz und Auferstehung eingesetzten Interpretaments »Erhöhung« für den von *Paulus* zum Sieg geführten Begriff ›Auferstehung«; dazu *W. Marxsen,* Die Auferstehung Jesu als historisches und als theologisches Problem, Gütersloh 1964, 17–24; ferner die Hinweise bei *M. Buber,* Zwei Glaubensweisen, Zürich 1950, 100–103.

189 Dazu das bereits erwähnte Werk von *Walter Kern,* Disput um Jesus und um Kirche (von 1980); ferner *W. Dantine,* Jesus von Nazareth in der gegenwärtigen Diskussion, Gütersloh 1974; *F. J. Schierse,* Christologie, Düsseldorf 1979, 134–140; *J. Blank/G. Hasenhüttl* (Hrsg.), Glaube an Jesus Christus, Düsseldorf 1980; *A. Ziegenaus* (Hrsg.), Wegmarken der Christologie, Donauwörth 1980; *Ch. Schütz,* Auf der Suche nach Jesus Christus, Düsseldorf 1982 und *K. Lehmann,* Die Frage nach Jesus von Nazaret, in: Handbuch der Fundamentaltheologie II, Freiburg/Br. 1985, 122–144.

190 Dazu mein Beitrag ›Der Helfer und die Hilfe. Plädoyer für eine Christologie von innen‹, in: *J. Sauer* (Hrsg.), Wer ist Jesus Christus? Freiburg/Br. 1977, 165–200.

191 *Ch. Schütz,* Auf der Suche nach Jesus, 69.

192 *Schütz,* a.a.O., 69f.

193 Dazu der Hinweis in ›Jesus für Christen‹, 90.

194 Dazu nochmals ›Jesus für Christen‹ (31), wo gleichzeitig der Versuch unternommen wird, Sendungsbewußtsein, Botschaft und Selbstgewährung Jesu aus der Frage »Wer bin ich?« und ihrer göttlichen Beantwortung herzuleiten (32ff; 109–116).

195 Nach *Marc Oraison,* Jesus Christus – der Tote, der lebt (Originaltitel: Jésus Christ ce mort vivant), Mainz 1975, 64; 115; ferner nochmals die Stellenangaben und Hinweise S. 107–110.

196 Nach *Hermann Vinke,* Das kurze Leben der Sophie Scholl. Ravensburg 1980, 164; ferner ›Weiße Rose. Szenen für zwei Sänger und fünfzehn Instrumentalisten‹ von *Udo Zimmermann* nach Texten von *Wolfgang Willaschek,* Szene XIII.

197 Dazu nochmals das Zitat S. 105.

198 Zu dieser sich an eine von *Bultmann* akzeptierte Formel *Karl Barths* anschließende Wendung mein Beitrag ›Im Wort auferstanden‹, in: Lebendige Seelsorge 34 (1983), 7–15.

199 Dazu *Frans van den Oudenrijn,* Kritische Theologie als Kritik der Theologie, München 1972, 198–202.

200 Dazu *Walter Kasper,* Neuansätze gegenwärtiger Christologie, in: Wer ist Jesus Christus? (121–150), ferner die Beiträge von *Kern* (Menschwerdung Gottes im Spannungsfeld der Interpretationen von Hegel und Kierkegaard) und *Ziegenaus* (Grundstrukturen neuzeitlicher Christologie), in: Wegmarken der Christologie, 81–126; 127–185.

201 Dazu der Sammelband ›Diskussion über Hans Küngs »Christ sein«‹, Mainz 1976; ferner die beiden Dokumentationsbände von *Walter Jens* (Hrsg.), Um nichts als

die Wahrheit. Deutsche Bischofskonferenz contra Hans Küng, München 1978 sowie *Norbert Greinacher* und *Herbert Haag* (Hrsg.), Der Fall Küng, München 1980.

202 Dazu *W. Dantine,* Jesus von Nazareth in der gegenwärtigen Diskussion, 42–50; *W. Kern,* Disput um Jesus und um Kirche, 16–20, sowie mein Beitrag ›Jesus Christus – Anspruch und Ausweis‹, in: Handbuch der Fundamentaltheologie II, 223–240.

203 *M. Machovec,* Jesus für Atheisten, Stuttgart 1973, 93.

204 Dazu nochmals die Ausführungen S. 251.

205 Dazu *Rudolf Gögler,* Zur Theologie des biblischen Wortes bei Origenes, Düsseldorf 1963, 264–270.

206 *Ch. Dodd,* The Parabels of the Kingdom, London 1953, 44f.

207 Dazu *Walter Lowrie,* Das Leben Sören Kierkegaards, Düsseldorf/Köln 1955, 191.

208 *Pascal,* Pensées, § 212.

209 Stellenangabe S. 203.

210 Dazu nochmals mein Plädoyer für dieses Modell, in: Wer ist Jesus Christus? (196–200). Wie wenig die gegensinnigen Modelle zur Deckung zu bringen sind, zeigt der Vermittlungsversuch von *Walter Kasper* in dem von ihm hrsg. Sammelband ›Christologische Schwerpunkte‹, Düsseldorf 1980, 17–36.

211 *W. Kern,* Christologie »von innen« und die historische Jesusfrage, in: Disput um Jesus und um Kirche, 73–87.

212 Dazu der grundlegende Beitrag von *Hans Waldenfels,* Das Christentum im Widerstreit der Religionen um die Wahrheit, in: Handbuch der Fundamentaltheologie II, 241–265; ferner die erhellenden Hinweise *Horst Bürkles* in seiner ›Einführung in die Theologie der Religionen‹ (Darmstadt 1977) und seinem Beitrag zu dem von *H. Fries, F. Köster* und *F. Wolfinger* hrsg. Sammelband ›Jesus in den Weltreligionen‹, St. Ottilien 1981, 117–145.

213 Dazu *A. Schweitzer,* Die Mystik des Apostels Paulus, Tübingen 1930, 220.

214 Dazu nochmals das S. 205 Gesagte.

215 Dazu der Hinweis S. 176.

## *VII. Prognosen*

1 Nach *Alfons Rosenberg,* Joachim von Fiore. Das Reich des Heiligen Geistes, München/Planegg 1955, 17; dazu ferner *Gert Wendelborn,* Gott und Geschichte. Joachim von Fiore und die Hoffnung der Christenheit, Wien/Köln/Graz 1974; ferner das bereits S. 174f Gesagte.

2 *K. Löwith,* Weltgeschichte und Heilsgeschehen, 136.

3 Dazu *H. U. v. Balthasar,* Herrlichkeit II, 316f; ferner G. Wendelborn, Gott und Geschichte, 275–292.

4 Vorwort zur ›Konkordanz des Alten und Neuen Testaments‹, nach *Löwith,* a.a.O., 138.

5 Dazu *M. Scheler,* Tod und Fortleben, in: Schriften aus dem Nachlaß I, Bern 1957, 20; ferner die Ausführungen meiner Schrift ›Dasein auf Abruf. Der Tod als Schicksal, Versuchung und Aufgabe‹, Düsseldorf 1981, 131f.

6 *J. Böhme,* De signatura rerum XVI, 48.

7 *F. Nietzsche,* Zarathustra I: Von den drei Verwandlungen; dazu *K. Löwith,* Weltgeschichte und Heilsgeschehen, 194f.

8 Zur Verarbeitung dieses Problems siehe das S. 193–199 Gesagte.

9 Näheres dazu in meiner Studie ›Überredung zur Liebe. Die dichterische Daseinsdeutung Gertrud von Le Forts‹, Regensburg 1981, 129–159.

10 *B. Pascal,* Le Mystère de Jésus; dazu die wichtigen Ausführungen *R. Guardinis,* in: Christliches Bewußtsein. Versuche über Pascal, Leipzig 1935, 112–119; 255ff. Wie ernst es *Pascal* mit diesem Gedanken war, zeigt seine letzte Bitte, ihm, da ihm die Wegzehrung noch vorenthalten wurde, Aufnahme in das Hospital der Unheilbaren zu gewähren, damit er so mit denen, in welchen Christus am sichtbarsten leide, kommunizieren könne: *Guardini,* a.a.O., 303.

11 Nach *G. Söhngen,* Kardinal Newman. Sein Gottesgedanke und seine Denkergestalt, Bonn 1946, 71.
12 *Le Fort,* Aufzeichnungen und Erinnerungen, Einsiedeln 1951, 83.
13 Überredung zur Liebe, 84–88; 187ff.
14 *Le Fort,* ›Das Gericht des Meeres‹, Wiesbaden 1947, 48; dazu die Schlußbetrachtung meiner Schrift ›Dasein auf Abruf‹, 144–147; ferner mein Beitrag ›Das ertastete Mysterium‹, in: Wort und Antwort 19 (1978) 161–164.
15 *K. Löwith,* Weltgeschichte und Heilsgeschehen, 56.
16 *F. Nietzsche,* Nachlaß (1887/88): Kritische Studienausgabe XIII, München 1980, 189f.
17 Ausführlicheres Zitat S. 58; Die Fröhliche Wissenschaft V, § 357, dazu *Hans M. Wolff,* Friedrich Nietzsche. Der Weg zum Nichts, Bern 1956, 252ff.
18 Näheres zur Christentumskritik des ›Antichrist‹ in meiner Schrift ›Nietzsche für Christen‹, 32–35.
19 Dazu *Gerd-Günther Grau,* Christlicher Glaube und intellektuelle Redlichkeit. Eine religionsphilosophische Studie über Nietzsche, Frankfurt/M. 1958, 177–198.
20 Näheres dazu bei *Werner Ross,* Der ängstliche Adler. Friedrich Nietzsches Leben, Stuttgart 1980, 156f; 354.
21 Wie Anm. 17.
22 Näheres dazu in meiner Schrift ›Gottsucher oder Antichrist?‹ (42–47; 65–68).
23 Kommentarband der Kritischen Studienausgabe XIV, München 1980, 474; wörtliche Anklänge dazu finden sich in der Ausarbeitung vom Spätherbst 1888: Kritische Studienausgabe XIII, 622.
24 *K. Jaspers,* Nietzsche und das Christentum, München 1963, 73.
25 *W. Seibel,* Abschied von der Aufklärung? in: Stimmen der Zeit 199 (1981) 649f.
26 *H. Blumenberg,* Die Legitimität der Neuzeit, Frankfurt/M. 1966, 395; dazu die Ausführungen meiner Schrift ›Gott verstehen. Erwägungen zum Verhältnis Mensch und Offenbarung‹, München/Freiburg/Br. 1971, 24–38.
27 *L. Kolakowski,* Geist und Ungeist christlicher Traditionen, Stuttgart 1978.
28 Dazu nochmals das S. 65–75 Ausgeführte.
29 Dazu nochmals die Ausführungen S. 88–93.
30 *G. Ryle,* Der Begriff des Geistes (Originaltitel: The Concept of Mind), Stuttgart 1969, 13, wo sogar von »absichtlicher Geringschätzung« die Rede ist; A. J. Ayer, Sprache, Wahrheit und Logik (Originaltitel: Language, Truth and Logic), Stuttgart 1970, 156f; dazu *Heinz Otto Hellerer,* Die Sprachwelt und das Lebensrätsel. Der Einfluß von Schopenhauer und Tolstoi auf Ludwig Wittgensteins ›logisch-philosophische Abhandlung‹, Dissertation München 1984.
31 *J. L. Mackie,* Das Wunder des Theismus. Argumente für und gegen die Existenz Gottes (Originaltitel: The Miracle of Theism), Stuttgart 1985.
32 Dazu nochmals die Ausführungen S. 195f.
33 *I. Kant,* Kritik der reinen Vernunft. Vorrede zur zweiten Auflage (Ausgabe *Schmidt*), Hamburg 1956, 28.
34 *M. Weber,* Gesammelte Aufsätze zur Religionssoziologie I, Tübingen 1920, 116–162.
35 *F. Nietzsche,* Nachlaß: Kritische Studienausgabe XIII, 143.
36 Nach einem noch unveröffentlichten Vortragstext *O. Marquards* zum Thema der »Futurisierung des Antimodernismus«.
37 *F. Nietzsche,* Die fröhliche Wissenschaft IV, § 276.
38 Stellenangabe S. 97.
39 *F. G. Jünger,* Nietzsche, Frankfurt/M. 1949, 91.
40 Dazu nochmals das S. 109 Gesagte.
41 Dazu nochmals der gleichnamige Abschnitt S. 164–170.
42 Unter dem Hinweis auf die seiner Meinung nach bildzerstörenden Folgen der Liturgiereform machte sich *Alfred Lorenzer* in seiner religionskritischen Schrift ›Das Konzil der Buchhalter‹ (Frankfurt/M. 1984) zu einem Hauptsprecher dieses Eindrucks, doch ohne wirkliche Überzeugungskraft, da sich seine erklärte Außenseiterkritik zu auffällig mit den Einwänden der »Verweigerungsfront« gegenüber der konziliaren Erneuerung deckt und demgemäß auch deren einseitig negativer Sicht verhaftet bleibt.

43 Dazu nochmals die Schlüsselstelle aus ›Das Ende der Neuzeit‹, die S. 92 mitgeteilt wurde.

44 *F.-J. Niemann*, Jesus als Glaubensgrund in der fundamentalen Theologie der neuen Zeit. Zur Genealogie eines Traktates, Innsbruck 1983, 362–453.

45 Nach der Übersetzung von *Wolf Peter Schnetz*. Den Text der Strophe verdanke ich der hilfreichen Bemühung von Akademiedirektor *Dr. Günter Gorschenek*, Hamburg.

46 Dazu mein Beitrag ›Der Leidensgefährte‹; in: Geist und Leben 48 (1975) 40–50; es ist nicht auszuschließen, daß das Zitat des Kreuzes-Dialogs auf dessen Würdigung in *Nietzsches* »Antichrist« (§ 35) zurückzuführen ist, die *Franz Overbeck* für besser als alles erachtete, was ihm in der Jesusliteratur seiner Zeit je zu Gesicht gekommen sei; dazu die Ausführungen meiner Schrift »Gottsucher oder Antichrist?« (80–85).

47 *K. Rahner*, Schriften zur Theologie VII, Einsiedeln 1966, 13.

48 A.a.O., 11f.

49 A.a.O., 19f.

50 A.a.O., 22.

51 Ebd.

52 Dazu nochmals das S. 14 Gesagte.

53 *Le Fort*, Die Abberufung der Jungfrau von Barby, München 1940; mit dem Ausdruck der »Fortsetzungsnovelle« ist das in literarischer Hinsicht bedenkliche, vom geschichtstheologischen Konzept der Dichterin jedoch vollauf gerechtfertigte Faktum angesprochen, daß sie in der die Zeit des reformatorischen Bildersturms verlegten Erzählung das Szenarium der Revolutionsnovelle beibehält. Näheres dazu in meiner Abhandlung ›Überredung zur Liebe‹, 84–88; 187ff.

54 *Le Fort*, a.a.O., 58.

55 A.a.O., 60.

56 Dazu nochmals die Ausführungen S. 103f.

57 *H. Waldenfels*, Kontextuelle Fundamentaltheologie, 145.

58 A.a.O., 149.

59 Als Protagonist dieser Entwicklung hat *Romano Guardini* zu gelten, dem *Balthasar* ein »fast starrsinniges Festhalten an der religiösen Erfahrung« attestiert (Stellenangabe S. 178).

60 Näheres dazu in dem titelgleichen Abschnitt meines *Paulus*-Buchs ›Der Zeuge‹, Graz 1981, 17–22.

61 Näheres dazu in meiner Schrift ›Paulus für Christen‹, 52–69; dort auch der Hinweis auf die verblüffende Entsprechung zum Verfahren *Nietzsches* beim Entwurf seines späten Selbstportraits ›Ecce homo‹, auf die S. 231 schon bei der Würdigung von *Balthasars* ›Herrlichkeit‹ hingewiesen wurde.

62 Dazu außer den bereits genannten Hinweisen auch die Ausführungen meiner Schrift ›Paulus – der letzte Zeuge der Auferstehung‹, Regensburg 1981, 30–42.

63 Dazu *Günther Bornkamm*, Stuttgart 1977, 126ff; ferner die Ausführungen meines Paulus-Buchs ›Der Zeuge‹, 228ff.

64 *W. Pannenberg*, Anthropologie in theologischer Perspektive, Göttingen 1983, 258–303.

65 *E. Jüngel*, Paulus und Jesus. Eine Untersuchung zur Präzisierung der Frage nach dem Ursprung der Christologie, Tübingen 1964, 18–25.

66 A.a.O., 33.

67 A.a.O., 20ff.

68 Dazu *Karl Hermann Schelkle*, Paulus, Darmstadt 1981, 163ff.

69 Dazu *Walter Schmithals*, Die theologische Anthropologie des Paulus. Auslegung von Röm 7,17–8,39, Stuttgart 1980; ferner die Ausführungen meiner Schrift ›Paulus für Christen‹, 28–32.

70 Auf jeden Fall handelt es sich um eine der von Kuss hervorgehobenen Bruchstellen im Römer-Brief, die *Bultmann* sogar dazu veranlaßte, an eine Glosse von der Hand des Redaptors der Epistel zu denken: *O. Kuss*, Paulus. Die Rolle des Apostels in der theologischen Entwicklung der Urkirche, Regensburg 1971, 25.

71 Dazu nochmals mein bereits S. 321, Anm. 70, angeführter Beitrag.

72 *W. Schmithals*, Die theologische Anthropologie des Paulus, 73ff; 80–83.

73 Wie gegen die Würdigung der Stelle durch *Anselm Stolz* (Theologie der Mystik, Regensburg 1936, 144–153) geltend zu machen ist, kann sie sich trotz aller chronologischen Bedenken nur auf das Damaskus-Erlebnis beziehen; zu den Möglichkeiten einer damit kompatiblen Datierung siehe *Wilhelm Schneemelcher,* Das Urchristentum, Stuttgart 1981, 43–53.
74 Zu diesem Programmwort siehe das Schlußkapitel meiner Schrift ›Paulus für Christen‹, 122–133.
75 *R. Guardini,* Das Ende der Neuzeit, Würzburg 1950, 116; dazu meine S. 305, Anm. 25, erwähnten Überlegungen zu einer kritischen Guardini-Rezeption.
76 *H. Marcuse,* Der eindimensionale Mensch, 103–138.
77 *Heidegger,* Platons Lehre von der Wahrheit, Bern 1954, 41f.
78 Dazu *Willy Stadler,* Was ist Friede? in: Symposion I, Freiburg/Br. 1948, 15–34.
79 Dazu die Hinweise in meiner Schrift ›Der Sinn des Friedens‹, München 1960, 23–42.
80 Auf diesen Zusammenhang machte mein (S. 309, Anm. 24, erwähnter) Beitrag ›Friede muß sein!‹ aufmerksam.
81 Dazu nochmals das S. 124ff Gesagte.
82 Dazu mein Beitrag ›Der Gott unserer Zukunft – Christsein in der glaubensgeschichtlichen Wende‹, in *Paulus Gordan* (Hrsg.), Die Zukunft der Zukunft, Graz 1985, 37–79.
83 Dazu die Ausführungen meiner Schrift ›Paulus für Christen‹, 115ff.
84 Dazu die Ausführungen meiner Erklärung des Kolosser- und Philemon-Briefs, Einsiedeln 1956, 30ff.
85 Dazu nochmals die Ausführungen S. 209f.
86 Dazu außer den Hinweisen S. 225 mein Beitrag ›Hermeneutische Integration. Zur Frage der Herkunft von Rudolf Bultmanns existentialer Interpretation‹, in *Bernd Jaspert* (Hrsg.), Rudolf Bultmanns Werk und Wirkung, Darmstadt 1984, 211–233.
87 Nicht zuletzt dürfte sich dahin die fehlende Bereitschaft der »Gott-ist-tot-Theologie« ausgewirkt haben, der ideengeschichtlichen Herkunft ihres Titels selbstkritisch nachzugehen; dazu die Untersuchung von *Heinrich Döring,* Abwesenheit Gottes. Fragen und Antworten heutiger Theologie, Paderborn 1977, 275–353.
88 Dazu der vorzügliche Artikel ›Theologie‹ von *Walter Kern,* in: Neues Handbuch theologischer Grundbegriffe IV, München 1985, 183–194.
89 Dieser Zwiespalt gilt nicht zuletzt auch für *Guardinis* Christologie, deren insistentes Beharren auf der Vorstellung, daß Jesus im Fall seiner Annahme durch Israel der Kreuzestod erspart geblieben wäre, darauf schließen läßt, daß er an der Schwelle zum Kreuzesmysterium und dessen mystischer Tiefe stehenblieb; dazu *Balthasar,* der im Zusammenhang damit von einer »fixen Idee« spricht (Romano Guardinis Reform aus dem Ursprung, 99) und *Horst G. Pöhlmann,* der, zweifellos überspitzend, in *Guardinis* ›Herr‹ einen »hehren Marmorchristus« findet, der den modernen Menschen kalt lasse (Gottes-Denker, Reinbek bei Hamburg 1984, 181); ferner mein Beitrag ›Wer war Romano Guardini?‹ in: Stimmen der Zeit 203 (1985) 435–448.
90 *Dante,* Purgatorio XXVII, 139–142; auf die neuplatonische Herkunft der Stelle geht meine Theologische Sprachtheorie und Hermeneutik (München 1970, 386) ein.
91 Dazu die bemerkenswerten Ausführungen *Leo Scheffczyks* in dem Sammelband ›Christliche Weltanschauung‹, 110–140.
92 *Hansruedi Kleiber,* Glaube und religiöse Erfahrung bei Romano Guardini, 231.
93 *R. Guardini,* Religiöse Erfahrung und Glaube, Mainz 1974, 7–38.
94 Dazu die Hinweise in meiner Schrift ›Glaube nur! Gott verstehen lernen‹, Freiburg/Br. 1980, 28–333.
95 Dazu die Prognosen *Walter Bühlmanns* in seinem Werk ›Weltkirche. Neue Dimensionen – Modell für das Jahr 2001‹, Graz 1984.
96 Näheres dazu in der von *Heinz Schütte* unter dem Titel ›Ziel: Kirchengemeinschaft‹ gegebenen ökumenischen Orientierung (Paderborn 1985).
97 So *G. Bitter* in dem von ihm mitherausgegebenen Sammelband ›Konturen heutiger Theologie‹, München 1976, 185.
98 So das Logion 50 des gnostischen Thomas-Evangeliums; nach *Willem C. van Unnik,* Evangelien aus dem Nilsand, Frankfurt/M. 1960, 166f.

# Namenregister


Adorno, Th. W. 314, 333
Alfaro, J. 323
Alt, F. 54
Anders, G. 86, 181
Andreas-Salomé, L. 112
Angelico, Fra 240
Anselm von Canterbury 27, 69f., 81, 97ff., 206, 224, 304
Assmann, A. und J. 319
Assmann, H. 219
Augustinus, A. 19, 36, 42, 102, 106, 112, 215, 224, 242, 289, 322
Aubert, R. 335

Bach, J. S. 106, 241, 288, 321
Bachl, G. 332
Bacon, F. 64
Balthasar, H. U. von 30, 36, 163, 167, 174, 178, 225–240, 314, 326, 330, 333, 337, 339f.
Barth, K. 155, 297, 336
Bauer, J. B. 328, 330
Beck, A. H. 310
Becker, G. 145, 307, 312, 321, 332
Becker, P. 310
Beckmann, M. 240
Beethoven, L. van 106, 240
Beierwaltes, W. 330
Ben-Chorin, Sch. 260
Benjamin, W. 62, 125, 131
Benz, R. 305
Berg, A. 102
Bergengruen, W. 132, 136, 156
Berger, P. L. 26, 90f.
Bernhard, Th. 315
Bernhart, J. 103, 115, 315
Betz, O. 317f.
Beumer, J. 325
Biallawons, H. 324
Biehl, P. 122
Blank, J. 336
Blattmann, E. 327
Bloch, E. 311
Blondel, M. 182ff.
Blumenberg, H. 93f., 276
Böckle, F. 335
Böhme, J. 268
Boethius, A. M. 85, 247
Boff, L. 36
Bonhoeffer, D. 183
Bonhoeffer, Th. 141f.
Bornkamm, G. 306, 339
Bosch, H. 240
Bossle, L. 323
Bouillard, H. 326
Bragt, J. van 317
Buber, M. 181, 185f., 190f., 193f., 199
Büchner, G. 84
Bühlmann, W. 167, 306, 340
Bürkle, H. 324, 337
Bultmann, R. 154, 189, 256f., 296f., 305, 318, 326, 336, 339
Burckhardt, J. 126
Bussmann, C. 218, 329

Calvin, J. 143f.
Camus, A. 216f.
Campanella, T. 64
Canetti, E. 57
Cassirer, E. 120
Cassiodor F. M. A. 81
Castellio, S. 144
Celan, P. 101
Chagall, M. 240
Chateaubriand, R. 230
Chirico, G. 278
Chrysostomus, J. 289
Cobb, J. B. 209f., 296
Cohen, H. 32, 206
Comblin, J. 303, 324
Comte, A. 117
Coudenhove, I. F. 307
Cox, H. 118
Cusanus (siehe Nikolaus von Kues)

Dalferth, I. 314
Dante, A. 75, 150, 231, 233, 298, 325
Dantine, W. 336f.
Darwin, Ch. 72
Dassmann, E. 322
Deissmann, A. 66, 307
Derrida, J. 117, 162f.
Descartes, R. 67f., 72, 97, 117, 210
Dewitz, Ph. 100

Dibelius, M. 306
Dilthey, W. 158
Dodd, Ch. 74, 261, 309
Döring, H. 314, 319, 340
Dostojewskij, F. 37, 255, 279, 325
Drey, J. S. von 45
Dürrenmatt, F. 216
Dulles, A. 211f.

Ebeling, G. 43, 310
Ebeling, H. 306
Ebner, F. 32, 115
Egk, W. 101
Ehrlich, J. N. 308
Eich, G. 37
Eichendorff, J. von 15, 281
Eicher, P. 318, 324
El Greco 240
Eliade, M. 323
Enzensberger, H. M. 153
Erikson, E. H. 84, 192
Eriugena, J. S. 224
Ernesti, J. H. 288
Euagrius Ponticus 289
Exeler, A. 306

Feiner, J. 335
Feuerbach, L. 32, 97
Fichte, J. G. 30, 112, 119ff.
Fischer, H. 304, 313, 323, 334
Foucault, M. 117, 257
Frank, M. 117
Freud, S. 58, 69f., 76, 82, 98, 126f., 138, 151, 181, 203, 262
Friedrich, H. 86
Fries, H. 205, 208, 256, 308, 337
Frisch, M. 111
Fromm, E. 64
Fuchs, F. J. 320, 327
Fuller, R. 243

Gadamer, H.-G. 84, 154, 195f., 277, 304, 314
Galtier, P. 255
Garrigou-Lagrange, R. 306
Gehlen, A. 119, 151
Gerber, U. 312, 325
Gerdes, H. 304, 334f.
Glatzer, N. N. 319
Gögler, R. 309, 337
Goethe, J. W. von 173, 201, 218, 227, 232
Görgey, G. 281
Görres, I. F. (siehe Coudenhove)
Gössmann, E. 329
Gogarten, F. 20, 55, 92f.
Goody, J. 309
Gordan, P. 318, 340
Gorschenek, G. 339
Gottfried von Straßburg 150
Grabmann, M. 17, 42f., 330
Grabner-Haider, A. 317, 329
Grau, G.-G. 338
Griffin, D. R. 328
Grillmeier, A. 335
Grönbeck, W. 321
Gropius, M. 102
Grundmann, W. 250, 334
Guardini, R. 14, 20f., 29f., 32f., 43, 52f., 55ff., 67, 69, 75, 84, 87, 92, 113, 119, 122, 154ff., 164, 168, 172, 175f., 182, 197, 229, 231f., 234, 239, 246, 255, 280, 283, 290, 297, 307, 314, 331, 337, 339
Gucht, R. van der 333
Güttgemanns, E. 297

Haag, H. 337
Hacker, P. 307
Haecker, Th. 326
Haenchen, E. 249
Hahn, F. 335f.
Haller, A. von 134
Hamann, J. G. 230
Handke, P. 111
Hartshorne, Ch. 209
Hauptmann, G. 255
Hasenhüttl, G. 336
Heer, F. 327
Hegel, G. W. F. 22, 100, 128f., 153, 163, 226f., 328
Heidegger, M. 10, 15, 40, 49, 63, 82, 97, 100, 103, 134, 198, 206, 225f., 235, 278f., 292, 325, 333
Heiler, F. 313
Heine, H. 94, 206, 244
Heinisch, K. 310
Heinzmann, R. 330
Heiss, R. 319
Hellerer, H. O. 338
Henrich, D. 84, 112
Hentig, H. von 62, 71f., 151, 188, 203, 235, 305
Herder, J. G. 119f., 267
Herrigel, E. 310
Hildebrand, K. 311
Hill, R. 314
Hindemith, P. 241
Hippokrates 243
Hirsch, E. Ch. 96, 314
Höfer, J. 336
Hölderlin, F. 91, 156, 324f.
Höllerer, W. 307
Hoerster, N. 314
Hohoff, C. 316
Holthusen, H. E. 307
Horkheimer, M. 37, 109, 316, 327
Hugo von Sankt Viktor 304

Huizinga, J. 149
Huonder, Q. 95
Huxley, A. 57, 138

Ibsen, H. 64
Imhof, P. 324
Immoos, Th. 317, 325
Irenäus von Lyon 152

Jacobs, W. 315
Jaspers, K. 21, 76f., 131, 138f., 151, 256, 274
Jaspert, B. 336
Jean Paul 26, 238
Jeffrey, K. 226
Jens, W. 336
Joachim von Fiore 174f., 267, 274, 337
Johannes Paul II. 89
Johannes von Damaskus 328
Jüngel, E. 309, 327, 339
Jünger, E. 94
Jünger, F. G. 279
Julian von Eclanum 224

Käsemann, E. 256
Kafka, F. 13, 187
Kalow, G. 319
Kannengießer, Ch. 224
Kant, I. 82, 97, 134, 184, 238, 247, 269, 278
Kasper, W. 314, 336f.
Kasprzik, W. 320
Kaufmann, F. X. 24, 26, 305, 319f.
Kehl, M. 227
Kern, W. 55, 166, 169, 214–217, 219, 256, 260f., 264, 307, 311, 323, 336, 340
Kertelge, K. 335
Keßler, H. 328
Kierkegaard, S. 19, 32, 43, 81, 112, 119, 121, 124, 133f., 186, 199, 204, 220, 238, 247, 251, 254, 261, 263f., 265, 289
Klee, P. 124, 131, 294
Kleiber, H. 317, 340
Kleist, H. von 40f., 84, 111ff., 263
Klibansky, R. 206
Klinger, E. 306f., 323, 327
Knauer, P. 308
Köhler, O. 334
Körner, G. 218
König, R. 27
Köster, F. 337
Kolakowski, L. 121, 276, 315
Kopernikus, N. 71, 272
Kreiner, A. 327
Kremer, J. 323
Kroker, E. 305
Krüger, G. 154
Krüger, L. 328
Küng, H. 16, 36, 212, 235, 261, 309, 329
Kuhn, H. 39, 153ff., 158, 215
Kunisch, H. 324

Lacan, J. 259
Lachenschmid, R. 335
Lanczkowski, G. 323
Landmann, M. 311, 320
Langer, A. 323
Lay, R. 306
Le Fort, G. von 105, 109f., 132f., 135, 140, 269ff., 280, 283f., 325, 332
Lehmann, K. 216, 323, 336
Lenné R. 319
Lessing, G. E. 22, 48, 58, 62
Lévi-Strauss, Cl. 117
Lobkowicz, N. 320
Löser, W. 323, 330
Löwith, K. 67ff., 117, 173, 267ff., 276, 305, 318f., 325, 338
Lowrie, W. 337
Lubac, H. de 315
Lübbe, H. 68, 88, 109, 125f., 137, 310
Luhmann, N. 184f., 313, 320
Luther, M. 19, 43, 59, 143, 152, 241, 251, 289, 320, 328

Machovec, M. 54, 108, 121ff., 260ff.
Mackie, J. 100, 277, 309
Magnani, L. 333
Malcolm, N. 100
Marcuse, H. 21, 56, 85, 127f., 130, 151, 292, 316
Marheineke, Ph. K. 30
Marlé, R. 335
Massin, J. und B. 333
Marx, K. 27f., 69, 116, 126, 246
Marxsen, W. 54, 213, 256ff., 332
Matschinsky, G. 335
Maximus Confessor 40
Mayer, H. 318
McLuhan, M. 59f.
Mead, G. H. 30, 83
Meier, E. 306
Merklein, H. 323
Messori, V. 323
Mette, N. 323
Metz, J. B. 118, 213, 217, 219ff., 225, 323, 332
Michelangelo 240
Mieth, D. 318
Mitscherlich, A. 125
Möhler, J. A. 218, 222
Möller, J. 88, 97
Moltmann, J. 214f., 217, 221f., 225
Montaigne, M. 224
Mordstein, F. 316
Morus, Th. 64
Müller, M. 28, 304
Müller, P.-G. 321

Müller-Schwefe, H.-R. 223, 225, 244
Mussner, F. 305f.

Nebel, G. 229
Newman, J. H. 181f., 270, 280
Niemann, F. J. 280, 327
Nietzsche, F. 25, 27, 58, 65, 69f., 72, 77f., 81f., 94, 97, 99, 101, 103, 111, 116f., 120, 126, 148, 151, 177, 188f., 203, 227, 231, 234, 244, 249, 251, 271–274, 278f., 283, 296, 339
Nikolaus von Kues 105, 108, 113, 146f., 158, 260, 280, 328
Norden, E. 148
Nossak, H. E. 40, 84, 111f.

Oraison, M. 336
Ortega y Gasset 86
Orwell, G. 138, 146
Otto, R. 156

Pannenberg, W. 30f., 94, 286, 297, 316f., 327, 331
Paracelsus, Th. B. 243
Pascal, B. 19, 81, 86, 97, 202f., 224, 263, 269, 280, 325
Paschasius Radbertus 259
Paul VI. 160
Paulus 18ff., 22, 31, 33, 35, 41f., 47, 49, 51, 59, 142, 148, 156, 172, 187, 190f., 199, 206f., 215, 220, 241, 248, 258, 269, 284f., 286, 289f., 292f.
Pavese, C. 111
Pelz, K. 255
Peukert, H. 317, 329
Pfeiffer, E. 316
Pfister, O. 141ff., 145, 318, 320f.
Pfitzner, H. 241
Philon von Alexandrien 147
Picard, M. 75f.
Pico della Mirandola 120
Pieper, J. 305
Platon 40
Pöggeler, O. 304
Pöhlmann, H. G. 309, 330, 340
Pöltner, G. 309, 311f., 334
Polyanyi, M. 211
Postman, N. 57, 138, 168, 291
Pottmeyer, H. J. 311, 323
Prawy, M. 332
Pross, W. 324
Pseudo-Dionysius Areopagita 31

Quintilian 106

Rahner, K. 29f., 39, 43f., 47, 55, 90, 123, 154f., 157ff., 162, 164f., 169, 193f., 197, 212, 225, 247, 250, 257, 279, 282, 284f., 290, 312
Ratzinger, J. 158, 160, 163, 313, 316, 318, 323ff.
Redlich, H. F. 314
Rendtorff, T. 318
Riesner, R. 321, 326
Riezler, H. 333
Rilke, R. M. 41, 84, 112, 229
Rivers, W. 133
Robinson, J. M. 335
Röd, W. 314
Rohmer, E. 315
Rohrmoser, G. 205, 265
Rosenberg, A. 318, 337
Rosenzweig, F. 32, 75, 85, 128ff., 155, 247f.
Ross, W. 325, 338
Rousselot, P. 228
Runge, Ph. O. 240
Ryle, G. 83, 277

Sachs, N. 109, 259, 279
Sackheim, H. A. 310
Sailer, J. M. 150, 240
Sandfuchs, W. 308, 325
Sartre, J. P. 99
Sauter, G. 122
Schaefer, H. 245
Schaeffler, R. 330
Schaff, A. 316
Scheeben, M. J. 230
Scheffczyk, L. 306, 340
Scheler, M. 119ff., 268
Schelkle, K. H. 339
Schibilsky, M. 317f.
Schierse, F. 336
Schiller, F. von 180, 218
Schink, H. 332
Schlegel, F. 67
Schleiermacher, F. E. D. 267
Schlette, H. R. 37, 279
Schlier, H. 325
Schmidtchen, G. 320
Schmithals, W. 339
Schmucker-von Koch, J. F. 306, 312
Schnackenburg, R. 256, 304, 307, 315, 320, 325
Schneemelcher, W. 340
Schneider, C. 109, 253f.
Schneider, R. 128, 140, 199ff., 262, 322
Schnetz, P. W. 339
Schönberg, A. 101f.
Scholem, G. 318
Scholl, S. 260
Schoof, M. 329
Schubert, V. 306
Schürmann, H. 321
Schütz, Ch. 258ff.
Schweitzer, A. 255, 258, 265, 286, 326
Schweizer, E. 309

Seckler, M. 159, 307, 311, 318, 323
Sedlmayr, H. 75f.
Seeber, D. 324
Seeberg, R. 19, 304
Seibel, W. 275
Seidel, W. 305, 308, 324, 340
Seiterich, E. 172, 308, 326
Seuse, H. 150
Siewerth, G. 234
Söhngen, G. 338
Sölle, D. 122
Sokrates 40
Speigl, J. 308
Spengler, O. 75
Splett, J. 306
Sporschill, G. 312
Stadler, W. 340
Steinbüchel, Th. 306, 316
Stierle, K.-H. 316
Strauß, D. F. 177
Strecker, G. 313, 323
Stolz, A. 340
Szczesny, G. 277

Tenbruck, F. H. 27, 31
Thales von Milet 91
Thiede, C. P. 327
Thiel, R. 321
Thielicke, H. 305, 308, 310
Thomas von Aquin 150, 224, 234
Thomas von Kempen 149
Thorvaldsen, B. 262
Tracy, D. 212, 235
Troeltsch, E. 145, 249, 328
Trütsch, J. 335
Tuchmann, B. 149
Tugendhat, E. 312
Tychonius 224

Unnik, W. C. van 340
Unseld, S. 318

Vetter, H. 309, 311f., 334
Vico, G. 68, 71, 79
Villers, A. von 316
Vinke, H. 336
Vinzenz von Lerin 17, 34, 162, 296
Vorgrimler, H. 330, 333

Wagner, C. 237
Wagner, H. 322, 327
Wagner, R. 111, 237, 278
Waldenfels, H. 118, 284, 308, 323, 325ff., 332, 337
Wasmuth, E. 224, 304
Watzlawick, P. 71
Weber, M. 278
Weber, O. 335
Wechsler, F. 179
Weinrich, H. 312
Weischedel, W. 98f.
Weitling, W. 107f.
Weizsäcker, C. F. von 311
Welker, M. 184, 313, 320
Werfel, F. 130
Whitehead, A. N. 23, 25, 83, 209f.
Wiehl, R. 328
Wiesel, E. 222
Wimmel, W. 59, 130f., 147f., 150, 309
Wittgenstein, L. 100, 247f., 277
Wittig, J. 108
Wittschier, St. 315
Wittstadt, K. 307, 323, 327
Wolff, H. M. 338
Wolfinger, F. 337
Woschitz, K. M. 107, 109, 259, 279
Wrede, W. 286
Wuchterl, K. 89f., 319f.
Wust, P. 36, 172, 195, 198

Ziegenaus, A. 336
Zimmermann, I. 327
Zimmermann, U. 336
Zwingli, H. 143

# Sachregister


Akt
– religiöser 96, 133f.
Akzeptanz siehe Annahme
Alexandrinismus 241f.
Andersheit 104
Angst 21, 63, 124, 131–146, 157, 162
– bewältigung 109f., 192
– Kulturangst 138
– Todesangst 139, 270
– Weltangst 138f.
– Zukunftsangst 124
– und Furcht 134
– und Gebet 140f.
Annahme 14, 38, 113, 198, 204, 283
Anthropologie 80ff., 264f.
– klassische 80
– modale 202f., 262
Antiquiertheit 86, 181, 189
Archäologie
– des Glaubens 258, 280, 287
Atheismus 167, 277
Auferstehung 190, 201, 207, 213, 258, 270f.
Aufklärung 88, 223, 230, 275f.
Aura 62
Autonomie 84
Autor 235
Autorität 36–39, 193–199
– Autoritätskrise 36

Barock 223
Befreiungstheologie siehe Theologie
Bekehrung 211
Bewußtseinserweiterung 96, 268
Bild 179, 190, 225, 249
Bildersturm 230
Bildung 189
Biographie
– innere 186
Brief 58, 66
– kultur 58
Buch 58f., 66, 291
Buddhismus 24

Christentum 216f.
– anonymes 55, 166f.
– strukturelles 172, 280, 294
– der Angstüberwindung 141, 162, 303
– der Freiheit 162, 292, 303
– des Friedens 141, 294, 303
– der Hoffnung 295, 303
Christologie 175f., 263ff.
– von innen 251, 264f.
– von oben 261ff.
– von unten 255, 261, 263

Damaskusvision 51, 289f.
Denken 247f.
– und Heilen 247f.
– und Sein 72
Dialog 215f.
– dialogisches Prinzip 30ff., 35

Eindimensionalität 21, 56, 85
Einheitskultur 161
Einsamkeit 180, 189, 192
Entfremdung 246
Entmythologisierung 225f., 256
Ekklesiozentrik 176
Entzauberung 278
Erfahrung 151, 178f., 298
Erhebung zu Gott 99, 206
Erleuchtung 96
Erlösung 39
Erkenntnisfortschritt 40f.

Fatum 146
Fernsehen 61, 70f.
Formel
– programmatische 41–44
Fortschritt 65f., 76f., 276, 296
– Fortschrittskritik 66f.
Frage 248, 259, 262
– anthropologische 80f., 128, 140, 204
Freiheit 21ff., 159, 269, 291f.
Friede 22, 32, 54, 141, 293f.
Fürwahrhalten 173, 181, 187f.
Fundamentaltheologie 45f., 228, 252
Funktion 28
Furcht 134

Gebet 94–103, 107, 140f., 185, 205–208, 288f.
Geborgenheit 252

Gegensatzlosigkeit 21, 171
Gehorsam 36, 180, 195f., 236, 269, 331
Geschichte 71, 126, 173
- innere 112
- Geschichtsgang 40f., 268ff.
- Geschichtssinn 272
Gewissen
- Existenzgewissen 85, 172
Gewißheit 71f., 80, 183
Glaube 28f., 34f., 38f., 49, 56, 80, 171, 177–201, 269, 300
- als Verstehen 197f.
- und Unglaube 277
- Buchstabenglaube 142, 167
- Satzglaube 181, 188f.
Glaubens-
- entzug 200, 202
- erfahrung 178
- geschichte 173–176
- grund 194f., 265f., 299
- inspiration 51, 93, 194, 250ff.
- sinn 46
- struktur 172f., 177–185, 198, 209
- subjekt 218, 220ff.
- wende 20ff., 27, 69f., 75, 171–177, 215ff. siehe auch Wende
Gleichzeitigkeit 251, 253
Gott 27, 88, 192ff., 210, 277
Gottes-
- attribute 69
- autorität 193ff., 197
- begriff 99, 179
- beweise 95, 98, 183, 194, 202, 209f.
- frage 94–98, 111, 206, 222, 250
- freundschaft 269, 290
- erkenntnis 202
- reich 53, 67, 74, 318
- verkündigung 157
- wirklichkeit 26, 74, 182, 191, 194

Heil 144, 244
Heiliges 135
Heilung 242f., 262f.
- Heilungswunder 243
Hermeneutik 38f., 153–158, 277
- philosophische 49, 195
Herrschaftswissen 73
Heteronomie 180, 233, 297
Hoffnung 38, 214f.
Hybris 244

Ich 30, 114, 118, 238
Identität 30, 84, 111–114, 116, 262, 264, 294
Idole 228
Illusion 64
Information 59ff., 189
Innerlichkeit 31, 75, 116ff., 264, 275, 281
Innovation 21, 41, 168, 211f., 224, 234, 237
Inspiration siehe Glaubensinspiration

Kategorienwechsel 163, 237f.
Kirche 33ff., 176f., 214, 221, 241, 268
Kirchen-
- basis 34f.
- bewußtsein 175f.
- modelle 211
- struktur 23
Komparativität 130f., 147
Kontingenz 133, 136f.
- bewältigung 89f., 102, 135, 184
Kreuz 214
Krankheit 243, 246
Kritik
- historische 194
Kritische Theorie 117
Kultur 76f., 138, 210

Lebenswille 201
Leiden 31f., 221f.
Leseverhalten 241f.
Liebe 37f., 159, 210f., 219
Lustprinzip 127, 203

Mediatisierung 187
Medien 25, 57–65, 79, 138, 150f., 168, 181, 188, 240, 252, 291
- abhängigkeit 147
Medizin 242f., 245f.
Memoria 221
Mensch 27f., 83, 117, 188f., 286
- Menschenwelt 71
- als Mängelwesen 119f.
- als Mikrokosmos 82
- als Prothesengott 69, 77, 82f.
- als Utopie 86
Möglichkeit 111f.
Mündigkeit 180
Musik 240f.
Mystik 171, 200, 229, 274f., 283ff.
Mystagogie 165, 282
Methode 176, 214, 276
- historisch-kritische 249, 251, 273, 297

Ökumene 298
Ökologie 32, 210f.
Offenbarung 48, 104ff., 108, 110f., 173f., 197
- und Erziehung 48
Orthopraxis 192, 217

Paradigmenwechsel 212, 296
Person 249, 251
Pluralismus 209, 211, 215, 217f., 299
Privatisierung 217
Psychoanalyse 245

Realität siehe Wirklichkeit
Rechtfertigung 205, 241, 265, 286, 288
Reflexion 147, 150f.
Regression 127
Reinkarnation 327
Religion 23f., 73, 141
– und Angst 133
Resignation 127, 130
Restauration 112, 212
Retrospektive 125, 129
Rezeption 173, 227, 265
– Rezeptivität 195, 200, 227, 277

Säkularismus 69, 92ff., 98, 177, 215, 275–278, 294
Schau 230f.
Schrift 57f., 130
– kultur 56, 147
– Schriftlichkeit 61, 125, 131, 239f.
Sein 68f., 72, 278
– Seinsvergessenheit 235
Selbst 30
– bewußtsein 83
– entfremdung 113, 140, 246
– korrektur 213, 254
– setzung 112
– verhältnis 84, 112, 204, 327
– verständnis 184, 233, 275
– verwirklichung 114, 120
Soteriologie 243
Sinn 119–123, 177, 197, 221
Spirale 40, 111f., 233, 254, 266
Spontaneität 227
Sprache 72, 117, 177
– Sprachdenken 32
– Spachqualität 252
Staunen 75, 128f., 227
Struktur 158
– wandel 209
Sünde 224, 286, 288
– Sündenbewußtsein 244, 262

Technik 73, 76, 78
Teufel 144
Textualität siehe Schriftlichkeit
Theologie 209, 213f.
– ästhetische 222, 233
– politische 217, 241
– therapeutische 244, 246, 253
– wissenschaftliche 243f.
– der Befreiung 158, 210, 217f., 298, 339
Tod 32, 102f., 116, 139f., 201ff.
Todesschrei 104, 185, 214, 260
Tradition 211
Transzendentalien 229
Trieb-
– verzicht 58, 127, 203
– struktur siehe Vitalität

Unfehlbarkeit 213
Urvertrauen 91, 192, 218
Utopie 53f., 67, 76f.
– realisierte 53, 69, 74
– und Wirklichkeit 73, 77, 79f., 262

Vermittlung 210
Vernunft
– instrumentelle 68
Verstehen 158, 193–199, 251, 277
Verzweiflung 82, 143
Vitalität 204, 262

Wahrheit 22, 67, 190, 218, 229f., 273
Weisheit 22, 232
Welt 111, 128
Wende 15f.
– anthropologische 86, 159, 238, 265
– siehe auch Glaubenswende
Wesen 128
Wirklichkeitsschwund 25, 62, 70–73, 79, 188, 235

Zeit 85, 124f., 131
– diagnose 75f.
Zen-Buddhismus 310
Zukunft 124ff., 267
– Zukunftsunfähigkeit 128, 131
Zustimmungslehre 181
Zweifel 276
Zwischenmensch 115